COLLECTION

DE

DOCUMENTS INÉDITS

SUR L'HISTOIRE ÉCONOMIQUE

DE LA RÉVOLUTION FRANÇAISE

PUBLIÉS PAR LES SOINS

DU MINISTRE DE L'INSTRUCTION PUBLIQUE

Par arrêté du 23 février 1917, le Ministre de l'Instruction publique, sur la proposition de la Commission chargée de rechercher et de publier les documents d'archives relatifs à la vie économique de la Révolution, a chargé M. Le Parquier, professeur au Lycée de Rouen, de publier un *Recueil des Cahiers de doléances des paroisses du bailliage d'Arques pour les États généraux de 1789.*

M. A. Aulard, vice-président de la Commission, a suivi l'impression de cette publication en qualité de commissaire responsable.

COLLECTION DE DOCUMENTS INÉDITS

SUR

L'HISTOIRE ÉCONOMIQUE DE LA RÉVOLUTION FRANÇAISE

PUBLIÉS PAR LE MINISTÈRE DE L'INSTRUCTION PUBLIQUE

DÉPARTEMENT DE LA SEINE-INFÉRIEURE

CAHIERS DE DOLÉANCES

DU

BAILLIAGE D'ARQUES

(SECONDAIRE DE CAUDEBEC)

POUR LES ÉTATS GÉNÉRAUX DE 1789

PUBLIÉS PAR

E. LE PARQUIER

PROFESSEUR D'HISTOIRE

AU LYCÉE CORNEILLE ET A L'ÉCOLE SUPÉRIEURE DES SCIENCES ET DES LETTRES DE ROUEN

TOME II

LILLE

IMPRIMERIE-LIBRAIRIE CAMILLE ROBBE, ÉDITEUR

O. MARQUANT, Successeur

98, rue Léon-Gambetta, 98

MDCCCCXXII

CAHIERS DE DOLÉANCES

DU

BAILLIAGE D'ARQUES

MEULLERS (auj. MEULERS)

Dép. : Seine-Inf. ; arr. : Dieppe ; canton : Envermeu. Sur la Béthune, à 15 k. au S.-E. de Dieppe.

Gén. : Rouen ; El. : Arques.

Pop. : 1738 : 100 f. ; 1789 : 104 f.

Seigneur et patron : Le Pelletier de Martainville, (Ch. Jérôme), marquis d'Estouteville (1).

Procès-verbal

Assemblée 8 mars 1789, au lieu ordinaire, devant J.-B. Houssaye, syndic ; 20 comparants : Dav. Le François, Rob. Duvivier, P. Paquet, Rob. Vasselin, Franç. Gamelin, Paul Viguerard, L. Le François, J. Guise, Franç. Le Vasseur, Jac. Boulé, Dav. Le François, J.-L. Bulé, J.-B. Boulé, Brument, J. Le François, Milhet, Franç.-Paul Vasselin, J. Lemaître, Jac. Morel, P. Le Vasseur. Vingt signatures.

Députés : Duvivier, Paquet (2).

Cahier du Tiers Etat de la paroisse de Meulers.

1º Le tiers état, surchargé de taille et de capitation, demande que le clergé et la noblesse y soit imposé (sic) et lui aide à acquitter cet impôt (3).

(1) On voit par le rôle de la taille qu'il était aussi le principal propriétaire de la paroisse. Il n'a, malgré son titre, rien de commun avec la famille des ducs d'Estouteville, dont le prince de Monaco était l'héritier.

(2) Meulers était habité surtout par des vanniers : le rôle de la taille, en 1788 mentionne 33 pennetiers ou paneliers et 2 corbeillers ; il indique aussi douze manliers, un fabricant de galoches et 5 tisserands. L'assemblée se compose de fermiers comme Dav. Le François (20 acres pour 300 l.), imposé à 147 l., Duvivier, (ferme des mineurs de Blainville, 12 acres d'herbage, 50 acres de labour pour 1.000 l.), imposé à 556 l., P. Paquet et son père, (ferme des marquis d'Estouteville : 20 acres d'herbage, 50 acres de labour pour 1.300 l.), imposés à 642 l., Rob. Vasselin, Franç. Gamelin, (ferme du marquis d'Estouteville, 4 acres d'herbage, 20 acres de terre pour 260 l.), imposé à 108 l. ; de pennetiers, comme Franc. Le Vasseur, Jac. Boulé, J. Le François, Jac. Morel, P. Vasseur, ; de manliers, comme Viguerard et J.-B. Bulé. Il n'y a qu'un tisserand ; Guise. Le syndic, Houssaye, petit propriétaire et fermier, est imposé à 81 l. Les deux députés, Duvivier et Paquet, sont, comme on l'a vu plus haut, les deux principaux fermiers.

(3) En 1788, (le rôle de 1789 n'existe pas), taille : 2.170 l. ; accessoires : 1.291 l. ; capitation : 1.449 l. ; au total : 4.910 l. Exempts : le curé, J. Horcholle, le vi-

2° A être déchargé des impôts relatifs aux grandes routes, vu que les chemins vicinaux et de traverse sont à sa charge et lui causent annuellement une grande dépense, et que le clergé, la noblesse et les habitants des villes soient chargés des frais de ces grandes routes.

3° La suppression des aides et gabelles, onéreuses au peuple ; pour le remplacement de ces impôts en substituer un autre sur les chiens de chasse, la livrée, les carrosses des seigneurs, sur les abbayes et communautés religieuses.

4° La destruction des colombiers, des lapins, sangliers et autres bêtes fauves, qui détruisent les grains en tous temps et occasionnent la perte des récoltes des terres sur lesquelles ils se répandent (1).

5° La réforme dans la manière d'administrer la justice, plus simple et moins dispendieuse, et d'être dispensé de paraître devant les juges seigneuriaux, ce qui occasionne de grands frais à nombre de familles.

6° Que le cultivateur ne soit obligé de payer aux décimateurs que les dîmes solites et soit entièrement déchargé des dîmes insolites et de charnage (2).

7° La suppression des banalités des moulins, afin que chacun puisse être libre d'aller faire moudre son grain où bon lui semblera (3).

8° Le tiers état est forcé d'exposer que les indigents ont besoin d'un prompt secours, qu'ils sont contraints, pour la cherté des blés, de sortir de nuit, de frapper aux portes des habitants et de demander du pain ou de l'argent pour subsister, et causer, par ce moyen, l'alarme dans les villages. Si les blés, d'un prix excessif, occasionnent une grande misère, la disette des bois met le comble aux malheurs du peuple ; les pauvres n'osent aller dans les forêts. L'assemblée du tiers état demande qu'il soit distribué dans les bois du Roy, chaque année, dans les rigueurs de l'hiver, une certaine quantité de bois pour chauffer les pauvres gens.

caire, Vallée, Jac. Jos. Milhet, clerc laïc, fait valoir la maison d'école des garçons, la sœur de la Providence, la maison d'école des filles. (Arch. S.-Inf., C· 1853). Milhet est un des comparants. Le rôle comprend 116 cotes ; le taux des impositions est très élevé dans cette paroisse, comme on peut en juger par les chiffres que nous avons donnés plus haut.

(1) C. f. Freulleville, 4. Meullers, situé un peu au-dessous de Freulleville, sur la Béthune, était à l'ouest de la fôrêt du Croc.

(2) Sur les dîmes insolites et de charnage, c. f. le cahier d'Auberville, 5.

(3) C. f. Fresles, 2, et la note, Freulleville, 3. Ces paroisses de la vallée de la Béthune souffraient tout particulièrement de la banalité des moulins.

Le tiers état de cette assemblée espère tout des bontés du Roi qui, en tout temps, n'a cessé de donner des marques de son amour pour son peuple ; il déclare qu'il n'a d'autre désir que de lui prouver sa fidélité pour sa personne sacrée et son zèle pour sa gloire et l'éclat de sa couronne.

Signé : David Le François, Duvivier, Paquet, Rob. Vasselin, Gamelin, Viguerard, L. Le François, Guise, Vasseur, Boulé, David Le François, J.-L. Bulé, J.-B. Bulé, Brument, J. Le François, Milhet, Franç.-Paul Vasselin, J. Lemaistre, Jac. Morel, P. Vasseur, J.-B. Houssaye, syndic.

MONT-DE-BOURG (ou MONTEBOURG)

Réuni à Ouville-l'Abbaye en 1822. Dép. : Seine-Inf. ; arr. : Yvetot; canton : Yerville. A 12 k. N.-E. d'Yvetot.

Gén. : Rouen ; El. : Arques.

Pop. : 1738 : 22 f. ; 1789 : 30 f.

Seigneur et patron : le comte de Hunolstein.

Assemblée 13 mars, devant J. Grindet, syndic; 6 comparants : J. Martin, Ad. Lépron, Tourneroche, Jac. Vimare, Nic. Legendre, Ange Plichet. Six signatures, y compris celles du syndic et du greffier, Franç. Vallois.

Députés : Jac. Tourneroche, Ad. Lépron (1).

Cahier

Pour procéder à l'effet du cahier des plaintes, doléances et remontrances que doit présenter chaque communauté, conformément à la lettre de S. M. en date du 24 de janvier, présente année, et du règlement y joint. Conformément à ces maximes, les sujets citoyens autorisent leurs représentants aux Etats généraux à demander :

1º La répartition égale des impositions et l'extinction des privilèges pécuniaires, tant du clergé que de la noblesse, abbayes et biens appartenant aux gens de mainmorte.

2º La réforme la plus prompte de l'administration de la jus-

(1) En 1789, taille : 620 l.; accessoires : 379 l.; capitation : 398 l.; en tout, avec les frais divers : 1.405 l. Exempts : le curé (bénéfice et dîme. 1.200 l.), le clerc Motet (son logement, valeur 50 l.) ; le comte d'Hunolstein, seigneur et patron. — Le syndic Grindet, tourneur, paie 48 l. ; Tourneroche, député, (ferme de 100 acres de M. Bermonville, pour 2.000 l.) : 448 l.; Léperon, (ferme du comte d'Hunolstein, de 100 acres), 400 l. Ce sont de beaucoup les deux plus fortes cotes de la paroisse qui comprend un certain nombre de tisserands.

tice, tant civile que criminelle, et la création des bailliages, tribunaux supérieurs, placés dans divers cantons de la province, [qui] seront plus à la portée des justiciables et qui épargneront aux riches, comme aux pauvres, les frais ruineux de voyage et procédure (1).

3º La suppression des fermes générales, et particulièrement celle des aides et gabelles, traites et entrées, dont on reconnaîtra facilement l'inutilité, en considérant la tyrannie et les vexations que les régisseurs ou commis, tant supérieurs que subalternes, se permettent d'exercer sur les trois ordres en général, mais particulièrement sur le peuple, parce que l'on pourra mettre tout en un seul impôt.

4º Les citoyens donnent un mandat spécial à leurs représentants aux Etats généraux de demander la création des Etats provinciaux en Normandie qui se chargeront de l'administration intérieure de la province, de réformer les abus énormes qui règnent depuis longtemps, à l'extirpation desquels les assemblées provinciales avaient déjà travaillé avec succès (2), et de cette demande il est facile de conclure [que l'avis] desdits citoyens serait que les représentants obtiennent de l'assemblée nationale qu'elle défende les mendiants (3), la mendicité étant véritablement une race de crime et de brigandage, parce que l'on pourrait mettre une cotisation sur les habitants et propriétaires pour le soulagement des pauvres.

5º Supplions très humblement S. M. d'avoir pour agréable de faire faire et publier un règlement pour prévenir les abus qui se commettent dans la vente des bois de haute futaie, ordonner qu'il n'en soit vendu qu'argent comptant et non par vente de gré à gré, le tout par ces dites ventes ramassant tous les bois dans trois ou quatre mains, ce qu'il [ce qui] peut et pourra arrêter et

---

(1) Il s'agit ici de la division du ressort du Parlement de Normandie en un certain nombre de grands bailliages jugeant sans appel. Cette réforme avait été réalisée par l'article 1 de l'Ordonnance sur la réformation de la justice, mai 1788 (Isambert XXVIII, p. 534-550) ; mais on sait qu'elle ne fut pas appliquée.

(2) C'est une allusion aux projets de réforme, votés par les trois assemblées provinciales de Normandie et en particulier par celle de Rouen, pour la répartition de la taille et de la capitation. C. f. Le Gourel, 7, et la note.

(3) Il faut comprendre : qu'elle défende la mendicité. L'assemblée provinciale s'était occupée aussi de la mendicité sans du reste aboutir à une conclusion ferme et à un plan définitif. C. f. *Procès-verbal* passim et la correspondance de la Commission intermédiaire avec les départements et en particulier avec celui d'Arques.

prévenir les concussions et monopoles qui y interviennent fort fréquemment par ces sortes de ventes (1).

6° Supplions très humblement S. M. d'annuler, anéantir et défendre toutes faillites et banqueroutes quelconques, comme étant un moyen de détruire totalement ou, au moins, infirmer le commerce par la mauvaise foi qu'il s'y rencontre (2).

7° Supplions encore S. M. d'interdire et défendre incessamment tous cafés, buvettes, tavernes dans les bourgs, villes et campagnes autres que les auberges nécessaires sur les grandes routes, bourgs et gros villages, et dans lesquels, cependant, sera fait très expresse défense de donner à boire à gens du lieu, ou voisins d'icelui, et seulement aux voyageurs, connus comme tels, à peine de très grièves amendes, et qu'il vous soit agréable d'ordonner enfin à vos officiers, établis à cet effet, de veiller et tenir la main qu'il n'y soit commis aucuns abus quelconques et d'y défendre tous jeux de billard, trictrac, cartes, dés, dominos, et généralement tous jeux quelconques, ce qui, jusqu'ici, a occasionné, faute d'y veiller, un grand nombre d'ouvriers et autres, tels qu'ils soient, d'y passer le temps des offices, aux jours de dimanches et fêtes, et pareillement les nuits, dans lesquels lieux il est dépensé en jeu et débauche tout ce qu'il aurait pu gagner pendant la semaine, laissant leurs femmes sans pain et argent. Le tout, cependant, après avoir fléchi et arrêté préalablement le courroux de la justice divine par des prières publiques et autres bonnes œuvres, que nous supplions très humblement de bien vouloir ordonner selon qu'il le jugera convenable.

(1) D'autres cahiers comme celui de Dieppe et celui de Grainville-la-Renard se plaignent des abus dans les ventes de bois. Les paiements n'avaient lieu qu'à un assez long délai : dix ou quinze mois environ. Les ventes, faites le 30 et le 31 août 1787, dans les forêts d'Arques et d'Eawy étaient payables en deux termes : le premier à la Saint-Jean-Baptiste, le second à Noël de l'année suivante. Mais il faut ajouter que les adjudicataires avaient aussi un long délai, de dix mois à un an, pour couper et expédier leurs bois. Arch. S.-Inf., C. 2859. Les adjudications se faisaient par lots considérables et les acquéreurs étaient forcément peu nombreux : un seul par exemple, le 30 août 1787, pour 20 arpents de la forêt d'Arques, Le Forestier du Pollet, puis Frigot de Saint-Saëns par surenchère d'un tiers ; trois pour la forêt d'Eawy le 31 août : Lefebvre de Grèges, un lot de 38 arpents ; P. Forestier ou Le Forestier, deux lots de 41 et de 33 arpents ; Godebit, de Dieppe, dix arpents (Id. id.). Ce sont évidemment de gros marchands de bois et il était bien difficile d'éviter une entente préalable entre eux. c'est-à-dire « ces concussions et ces monopoles », dont parle le cahier.

(2) Ces plaintes contre les faillites et banqueroutes sont très rares dans les cahiers des bailliages de Neufchâtel et d'Arques : on en trouve cependant un autre exemple dans le cahier de la Fontelaye, paroisse du même bailliage et de la même région que Mont-de-Bourg. Elles sont plus fréquentes dans le bailliage de Coutances (Bridrey, *Cahiers du Cotentin* I 255, Carantilly, et passim) et de Honfleur, cahier de La Rivière, 20, etc. Blessier, *Cahiers*, etc., 67.

8° Les citoyens soussignés déclarent s'en rapporter à ce que leurs députés estimeront, à leurs âmes et conscience, devoir être statué et décidé pour le plus grand bien commun. Fait et arrêté ce jourd'hui 3 mars 1789. Franç. Vallois, greffier, Ange Plichet, Jac. Tourneroche, Jac. Grindel, syndic, Ad. Leperon, J. Martin.

MONTREUIL

Dép. : Seine-Inf. ; arr. : Dieppe ; canton : Tôtes. A 35 k. Sud de Dieppe. Gén. et El. : Rouen.

Pop..: 1738 : 113 f.

Patron : l'abbé du Bec.

Procès-verbal

Assemblée 4 mars ; ni syndic, ni comparants mentionnés ; mais 13 signatures, dont celle du syndic : Fosse, P. Féret, Franç. Mauger, Chauvet, Guérinot, Mirville, Le Coffre, syndic, Le Compte, P. Dubos, Den. Loure, Hildevert Tuilier, Roberge, Berthelot.

Députés : Loure, Thuillier (1).

Cahier de doléances, plaintes et remontrances à présenter par les députés du Tiers Etat de la paroisse de Montreuil au bailliage d'Arques, séant à Dieppe.

[Le cahier est une réduction des cahiers de Dracqueville et de Tôtes ; il est également divisé en plusieurs parties qui portent chacune un titre particulier].

I. — *Sur les abus*, etc., comme à Dracqueville, sauf les derniers mots « *sur les biens et sur les personnes* ».

Les privilèges d'exemption de taille, accessoires, capitation taillable, corvée, milice, transport par voitures des troupes et bagages, dont jouissent, en ladite paroisse, les nobles et ecclésiastiques, sont cause que les impôts et charges retombent sur les seuls habitants taillables et leur deviennent très onéreuses, surtout pour le logement des troupes, la paroisse étant en aide avec Saint-Victor (2).

(1) Le rôle de la taille de cette paroisse ne se trouve pas aux archives du département ; nous ne pouvons donc donner de renseignements sur le syndic, les comparants et les députés. En 1785 et 1786, le chiffre global de la taille, des accessoires et de la capitation, était de 4.367 l. ; taille : 1.1.950 l. ; acces.: 1.165 l. ; capit.: 1.252 l. Tableau du département de la taille par élections et paroisses. Arch. S.-Inf., C. 251.

(2) Saint-Victor-l'Abbaye, arr. de Dieppe, canton de Tôtes, paroisse voisine de Montreuil, mais qui relevait du bailliage de Rouen.

Ils demandent qu'elles soient toutes converties en contribution pécuniaire et réparties sur chacun desdits habitants, sans aucune distinction, et affectées sur les propriétés personnelles.

Qu'un second impôt soit établi, par forme de capitation, sur tous les citoyens, dont la division sera faite par classes, et dans laquelle on pourra faire les distinctions personnelles que méritent les citoyens des deux premiers ordres de l'Etat.

La suppression des gabelles produirait au roi des sommes considérables par les dépenses qu'elles occasionnent et beaucoup de douceur à son peuple.

L'impôt pour la corvée, entretien et réparation des chemins, ponts et chaussées, devrait être affecté en plus grande partie sur les commerçants, manufactures des villes, les plus intéressés à ces communications.

Que les deux impôts, etc., comme à Dracqueville, art. 10, sauf la suppression des mots « ou modifiés ».

Que le compte général de la recette et de toute perception et l'emploi qu'on en aura fait sera chaque année imprimé et rendu public.

Que toute espèce de propriété, etc., comme à Dracqueville, art. 13, jusqu'aux mots « et décimables » inclusivement.

II. — *Sur les abus à réformer dans la perception des droits de régie.*

La suppression des droits d'inspecteurs aux boucheries et de ceux des cuirs, qui exigent et multiplient les bureaux de commis et d'employés qui, répandus dans les campagnes, vivent aux dépens du peuple sans enrichir l'Etat.

Tous ces droits peuvent être remplacés par des péages et des droits de transit sur les villes où s'en fait la plus grande consommation.

III. — *Sur les abus à réformer dans les tribunaux de judicature.*

L'abolition de la vénalité, etc., comme à Dracqueville, 1, avec adjonction à la fin, des mots « des préjugés et de la partialité ».

La suppression des hautes justices, etc., comme à Dracqueville, 2, jusqu'aux mots « sujets à leur juridiction ». La fin ainsi modifiée : « où elles multiplient les abus et vexations inséparables de pareils tribunaux. Si le grand nombre de sujets qu'elles occupent ont du mérite, ils seraient mieux dans les bailliages voisins ; mais s'ils n'en ont pas, ils ne font que répandre dans les campagnes, où ils résident, l'esprit de chicane et la facilité de s'y livrer ».

IV. — *Sur l'utilité des assemblées provinciales établies en 1787.*

Les peuples du tiers état de la Normandie, etc., comme à Dracqueville, jusqu'au mot *établissement*, la suite ainsi « et de demander, pour chacune leur municipalité, le droit et le pouvoir de juger les petites difficultés, qui surviennent souvent, dans les campagnes, à raison de voisinage et d'intérêt, qui, la plupart du temps, sont si peu de chose qu'elles ne valent pas la peine d'être poursuivies en justice réglée, quoiqu'elles deviennent très onéreuses par les frais de chicane. ».

Signé : Fosse, Feret, Mauger, Chauvet, Guérinot, Mirville, Lecoffre, syndic, Le Compte, P. Dubos, Louré, Thuilier, Roberge, Berthelot.

MUCHEDENT -

Dép. : Seine-Inf. ; arr. : Dieppe ; canton : Longueville. Sur la Varenne, à 21 k. au S. de Dieppe.

Gén. : Rouen ; El. : Arques.

Pop. : 1738 : 42 feux ; 1789 : 50 f.

Seigneur : M. de Muchedent ; patron : la Chartreuse de Gaillon.

Procès-verbal

Assemblée 5 mars 1789, en l'église, devant Noël Plaisant, syndic ; 8 comparants : J. Matte, Ch. Déchamps, Ad. Gosse, Jac. Cardon, Isidore Vénambre, Jac. Boucher, Martin Baril, Mic. Langlois. Ils signent le procès-verbal ; en plus signatures du greffier, Ant. Delaporte, de J.-L. Gibert, de Nic. Fécamp.

Députés : J. Matte, Ch. Déchamps (1).

(1) Le syndic, Plaisant, tient une ferme de M. de Muchedent, de 20 acres de labour pour 300 l. ; il paie 116 l. de taille et suites ; le premier député, Matte, tient le moulin à blé du comte de la Heuse et autres terres pour 1.150 l. ; il paie 341 l. ; Déchamps fait valoir une ferme de 50 acres de labours ; il paie 220 l. En 1789, taille : 820 l. ; acces. : 480 l. ; capit. : 518 l. ; en tout avec les frais : 1.856 l. Exempts : le curé Moinet, (son bénéfice); M Benchiquet, prieur du Pubel, (manoir, jardin, bois taillis) ; M de Muchedent fait valoir sa ferme : 50 acres de labours, 6 d'herbage, 4 de bois taillis, valeur 900 l. Arch. S.-Inf. C. 1855. Le prieuré de Sainte-Marguerite-du-Pubel ou Pubelle, à Muchedent, dépendait de celui de Saint-Laurent-en-Lions.

Cahier des représentations de la paroisse de Muchedent (1).

1º Nous demandons l'égalité avec les autres états du royaume pour payer la totalité des impôts de différente nature. Qu'ils soient diminués si les facultés de l'état peuvent le permettre ; que la perception en soit simplifiée ; que cette multitude d'impôts, perçus sous différentes dénominations, soient réunis en un seul (2).

2º Que les aides et gabelles et le tabac soient supprimés ; que le sel et le tabac soient mis en commerce libre.

3º Que l'administration de la justice soit simplifiée et abrégée, les droits perçus sur les sentences et arrêts, pour le compte du roi, soient retirés, l'étendue des tribunaux, diminuée, afin que les plaideurs n'éprouvent pas un si long déplacement ; qu'une infinité de petites affaires, qui naissent dans les paroisses de la campagne entre particuliers, habitants voisins, pour entreprises de propriétés les uns sur les autres, dommage de bestiaux, querelles, etc., que toutes ces matières soient jugées par le curé, le seigneur de la paroisse, ou, en son absence, le plus ancien gentilhomme et trois des anciens et plus notables, élus chaque année par le général de chaque paroisse, soient les juges sans frais et sans appel de toutes ces matières (3). Il y aura bien des familles de préservées de la ruine de leur état, bien des haines, des inimitiés, des vengeances même, qui ne naîtront pas dans les citoyens du même État.

4º Que la mendicité soit bannie et éteinte ; que chaque ville, chaque paroisse soit, à l'aide d'une sage administration, chargée de la subsistance de ses pauvres; que chaque habitant soit cotisé, pour cette contribution, à raison de ses facultés de commerce, de propriété et d'agriculture.

Que les vagabonds, gens sans aveu, soient renfermés dans les maisons de force, où il y ait des manufactures de différents genres pour occuper ceux en état de travailler.

Que, dans le moment actuel, où la denrée de première nécessité est à un prix exorbitant, que le gouvernement porte son activité

----

(1) Le cahier appartient au groupe du Catelier et il a certains rapports avec ce dernier cahier ; mais il est plus concis et mieux rédigé. Il ne contient pas d'article analogue à l'article 2 du Catelier et de Cent-Acres sur la protection des manufactures nationales, Muchedent n'étant pas une paroisse industrielle.

(2) Pour cet article et le suivant, c. f. Le Catelier et Cent-Acres, 1.

(3) La phrase est incorrecte ; mais le sens est clair. Pour cet article, c. f. l'art. 3, du Catelier qui est plus développé et plus oratoire.

vigilante à trouver les moyens de faire baisser le prix du blé;
que le cultivateur soit défendu et protégé contre toute entreprise
à sa propriété ; que les émeutes populaires, dans les halles et
marchés de cette province, soient dissipées, que visite soit faite
des magasins, des greniers des cultivateurs, qu'il soit fait des
états de la quantité des blés qu'il se trouvera, [que] les laboureurs
soient contraints de garnir les halles (1).

5° Que les travaux des grandes routes, à la charge des habitants taillables, soient poussés avec plus d'activité pour les mettre
à leur perfection ; que chaque communauté d'habitants ait la
faculté de faire, par elle-même, sa tâche.

6° Que les forêts du Roy soient mieux conservées et que la
police de leur administration soit mieux tenue, que les gibiers
qui détruisent les récoltes des cultivateurs, qui avoisinent les
forêts, soient détruits.

7° Que les terrains vains et vagues et sans valeur, ne produisant aucune récolte, appartenant au Roy, faisant partie des domaines de la couronne, soient aliénés et arrentés, soit en grains
ou en argent, pour être défrichés; que les anciens domaines de
la couronne, déjà anciennement engagés et arrentés, le soient
de nouveau, parce qu'ils doubleront et tripleront de prix.

8° Que tous les terrains vains et vagues et côtes de la province,
appartenant tant aux communautés des paroisses, seigneurs de
fiefs, laïcs ou ecclésiastiques, soient partagés entre tous les
habitants propriétaires de chaque paroisse, chacun à raison de
sa propriété, pour être défrichés, cultivés ou plantés en bois
taillis ou arbres fruitiers, avec liberté néanmoins, accordée à
chaque propriétaire et habitant, de convertir la part qui lui
échoira de telle nature qu'il voudra (2).

9° Que soient supprimées nombre de petites cantines, buvettes
et cafés, qui se trouvent dans les petits bourgs et villages, qui
ne servent que de retraite aux vagabonds, gens sans aveu, qui
[ce qui] est une occasion, pour les gens du lieu et des environs,
de consommer ce qui leur serait de la plus grande nécessité pour
leurs familles.

---

(1) Les deux premiers alinéas correspondent à l'art 6 du Catelier ; mais
notre article est plus concis ; le troisième alinéa correspond à l'art. 5 du Catelier, mais avec d'assez grandes différences.

(2) Pour cet article et le précédent, c. f. Le Catelier, 7 et 8. On remarquera
que les deux cahiers demandent le partage entre les seuls propriétaires et à
raison de la propriété.

Fait et arrêté le jour et an susdits : Mallet, Cardon, Déchamps, Venambre, Boucher, Baril, Gosse, Plaisant, syndic. Delaporte, greffier, Gibert, Fécamp.

NEUVILLE-ET-PUITS (1)

Dép. : Sein-Inf. ; arr. et canton : Dieppe. Sur la mer, à 3 k. à l'Est de Dieppe.
Gén. : Rouen ; El. : Arques.
Pop. : 1789 : 100 f.
Seigneur et patron : le prieur de Longueville.

Procès-verbal

Assemblée 7 mars, au lieu ordinaire et en la forme accoutumée, devant le syndic, Jac. Ledoux ; 29 comparants : Franç. Picard, Guil. Linnemer, Jac. Fiquet, Guil. Bruneval, J. Fromentin, Nic. Paturon, Franç. Montalan, J. Poyer, J. Verdier, L. Aubé, Ch. Caron, J. Simon, Franç. Le Fai, « soussignés » ; Ch. et Jac. Gréboval, J. Fiquet, Franç. Abraham, Ant. Aubé, Jac. Abraham, Nic. Bly, Toussaint-Mercier, Jac. Paturon, Guil. Mercier, Paschal, Fromentin, Ad. Pêqueux, Ant. Cacheux, Jac. Lateux, J. Fromentin, Franç. Linnemer, « qui ont déclaré ne savoir écrire » (2).

Députés : Messire J. César, Ch.-Michel Labbé, ancien brigadier des gardes du corps du roi et chevalier de l'ordre royal et militaire de Saint-Louis ; L. Niel, maire de Dieppe, procureur-syndic du Département d'Arques (3).

Le procès-verbal contient l'acceptation signée des deux députés ; mais il n'est signé lui-même que par le syndic Ledoux.

Cahier

Avons d'abord dressé nos doléances ainsi qu'il suit. Recommandons aux députés, que nous allons nommer, de solliciter :

(1) On écrit aujourd'hui : Puys : ce hameau est devenu une station balnéaire bien connue ; le nom actuel de la commune est Neuville-lès-Dieppe. « La paroisse est, pour la plus grande partie, en plaine, y ayant seulement une petite côte du côté de Dieppe. Comme elle est située le long de la mer, la plupart de ses habitants sont matelots pêcheurs, le restant occupé à l'agriculture. Le commerce ne consiste qu'au travail des grains et jardinage ». (Registre des vingtièmes en 1758. A. S.-Inf., C. 531, f. 384). On disait souvent Neuville-le-Pollet.

(2) Il n'y a qu'une seule pièce qui contient le cahier et le procès-verbal. L'assemblée se compose pour un tiers de jardiniers ; ils étaient très nombreux à Neuville.

(3) Niel n'était pas inscrit sur le rôle de la taille de Neuville ; son élection fut attaquée à l'assemblée préliminaire, le 9 mars, et, sur les conclusions du procureur Bourdon, elle fut cassée par le lieutenant général du bailliage, Le Prince. Labbé fut seul admis à représenter Neuville.

1º Une modération sur la taille et ses suites, et, s'il n'était pas possible d'obtenir ce qu'on désire sur le principal, de demander une réduction au moins sur les accessoires (1).

2º De représenter l'inégalité des impositions de paroisse à paroisse, de demander que la répartition de terres de la même paroisse soit exacte et relative à leur valeur et produit.

3º De faire tous leurs efforts pour parvenir à l'extinction de la gabelle, d'exposer combien le sel est nécessaire dans la campagne pour le soulagement des bestiaux, l'ensemencement des terres et le progrès de l'agriculture (2).

4º De requérir, en notre nom, tout ce qui peut intéresser le bien particulier du peuple et la prospérité générale du royaume.

Au presbytère de Neuville, les mêmes jour et an que dessus.

NOTRE-DAME D'ALIERMONT (3)

Dép. : Seine-Inf. ; arr. : Dieppe ; canton : Envermeu.
Gén. Rouen ; El. : Arques.
Pop. : 1738 : 135 f. ; 1789 : 108 f.
Seigneur et patron : l'archevêque de Rouen, Dominique de La Roche-foucaud.

Procès-verbal

Assemblée le 4 mars, « en la paroisse de Notre-Dame d'Aliermont de ce lieu », devant J. Pinchon, syndic ; 17 comparants : Gab. Dardanne, J.-F.

---

(1) En 1788, — le rôle de 1789 n'existe plus, — le total de la taille, accessoires et capitation s'élevait à 6.269 l. ; taille : 2.770 l. (en tout 2.841 l.) ; accessoires : 1.650 l. ; capit. : 1.778 l. Exempts : le curé, (maison et grosses dîmes), Capron, vicaire, Labbé, chevalier de St-Louis, (son logis). — Le syndic Ledoux, propriétaire, paie 108 l. Arch. S.-Inf., C.1856. Le curé de Neuville, Bruno, était, comme Niel, procureur-syndic du bureau intermédiaire d'Arques ; il avait un riche bénéfice comprenant presbytère, cour, jardin (120 l.), un tiers des grosses dîmes (1.125 l.), les vertes dîmes et les novales (1.100 l.), 5 acres de terre (250 l.). Le reste des grosses dîmes appartenait aux religieux de Longueville.

(2) Neuville relevait du grenier de Dieppe et était taxé à 6 setiers ou 24 minots.

(3) La paroisse était une des cinq paroisses du comté d'Aliermont, qui relevait des archevêques de Rouen. C. f. le cahier de Croixdalle et la note. Elle est située sur le plateau entre la Béthune et l'Eaulne. Voici l'appréciation du contrôleur des vingtièmes en 1759 : « Cette paroisse est située en pleine campagne ; le terrain qui se trouve le long du village est d'assez bonne qualité ; l'autre est médiocre, étant beaucoup caillouteux et difficile à manœuvrer... Les habitants n'y font aucun commerce ; l'agriculture des terres fait leur unique occupation ; le général des habitants y est fin et rusé pour ce qui concerne leurs intérêts. » (Arch. S.-Inf. C. 532, II, f. 44).

Detroussard, J. Sannier, Nic. Fournier, P. Hélie, Nic. Davesne, P. Chevalier, Ch. Lelong, Ant. Bermon, Franç. Picard, J.-B. Legrand, J. Poulain,
L. Thomas, L. Dardanne, Jac. Viel, L. Lecat, Jac. Fournier, Ils ont signé le
procès-verbal, sauf Viel et Detroussard ; en plus signature de J. Stalin.

Députés : Jean Sannier, Gabriel Dardenne, laboureurs (1).

*Cahier de plaintes, doléances et remontrances de la paroissse
de Notre-Dame d'Aliermont.*

[Le cahier, qui appartient au groupe d'Angreville, est un arrangement des cahiers d'Angreville et de Douvrend, à l'exception
des articles 8, 9, 10 et 11 qui reproduisent textuellement les
articles 7, 8, 3, 5 d'Auberville-sur-Eaulne, paroisse aujourd'hui
réunie à Envermeu et qui était assez voisine de Notre-Dame-
d'Aliermont].

Plaintes

Nous soussignés, propriétaires et habitants de ladite paroisse
de Notre-Dame d'Aliermont, nous nous plaignons :

1º Comme à Angreville, 1.

2º Comme à Douvrend, 2.

3º De la rareté des bois et conséquemment de la cherté d'iceux
provenant du peu de soin qu'on apporte à leur amélioration.

4º Comme à Angreville, 4.

5º De la mendicité, provenant souvent de la fainéantise et du
libertinage qui porte nombre de gens de tout sexe et de tout âge
à se répandre dans les campagnes, dont ils deviennent les fléaux,
d'où il s'ensuit encore le défaut de bras pour la culture.

6º Des corvées des grandes routes qui tirent de notre paroisse
une somme considérable pour la confection et entretien des
chemins éloignés de nous et qui ne nous sont d'aucune utilité.

---

(1) En 1789, taille : 2.600 l. (2.667 l. 7 s. en tout ; accessoires : 1.549 l. 8 s. ;
capitation : 1.669 l. 7 s., en tout 5.886 l. 2 s. — Exempts : le curé Caqueray, fait
valoir son bénéfice valant 1.400 l., (dîme de grains et verte dîme), Abraham,
vicaire ; le clerc Balavoine ; M. de la Ferté, fait valoir son bien, (30 acres, valeur
650 l.) ; Le Prévost, (sa maison, 40 l.), Mlle du Mesnillé, son bien d'un revenu de
100 l. ; Mlles de Crétot, 18 acres de terre d'un revenu de 300 l. — Le syndic
J. Pinchon, propriétaire, (maison, 28 acres), paie 132 l. ; J. Sannier, (ferme de
60 acres pour 1.200 l. et un herbage et 24 acres pour 600 l.), paie 624 l. ; Gab.
Dardanne, (maison, 24 acres en location pour 350 l. et partie des dîmes de
l'archevêque pour 500 l.), paie 250 l.

Demandes

1º Comme à Douvrend, (demandes 1).

2º La suppression totale de la gabelle et que le sel soit, à l'avenir, vendu à un prix raisonnable, comme toute autre denrée (1).

3º Comme à Angreville, (demandes 3), avec cette adjonction à la fin : « comme aussi de faire planter les terrains inutiles et incapables de labour ».

4º Comme à Angreville, (demandes 4), jusqu'au mot « procès », la suite ainsi : « plus de vénalité dans les charges de judicature, établissement d'un tribunal de paix dans chaque paroisse, présidé par les plus notables et capables de rendre justice à qui appartiendra ».

5º Comme à Angreville, (demandes 5), jusqu'au mot « seulement », la suite ainsi : « ou dans l'arrondissement d'une lieue de leur paroisse pour les pauvres, dont les paroisses se trouvent surchargées, et munis de certificat de leur curé ».

6º La conservation des propriétés de nos biens et des droits y annexés (2).

7º Nous demandons enfin l'abolition des corvées et qu'il nous soit accordé d'employer la somme que nous payons pour les routes, qui nous sont d'aucune utilité, à raccommoder et entretenir celle de notre paroisse qui est très fréquentée par les marchands et commerçants de nos bourgs et villes voisines de nous.

8º Lesdits habitants souhaiteraient qu'il n'existât qu'un seul boisseau, pot et mesure dans la province, de même qu'il n'y a qu'une seule aune pour mesure dans le royaume (3).

9º Que les haras fussent supprimés, objets onéreux à l'Etat et aussi gênants qu'à charge aux cultivateurs (4).

(1) Notre-Dame d'Aliermont relevait du grenier à sel de Dieppe et était taxé à 5 setiers ou 20 minots.

(2) Ces droits sont certainement les droits féodaux. On trouve un article analogue à Douvrend, Demandes, 1, et à Saint-Nicolas d'Aliermont, 3. Mais le cahier de Notre-Dame est le seul qui mentionne expressément les droits annexés aux propriétés. On ne sait à quelle influence il faut attribuer cette demande du maintien des droits féodaux qui est unique dans les cahiers de cette région.

(3) Cet article étant la reproduction textuelle de l'article 7 d'Auberville-sur-Eaulne, nous renvoyons aux notes de ce cahier.

(4) Même remarque pour cet article. Sur les haras et étalons, c. f. Dieppe, 11, et Ancourt, 4.

10° Les banalités en tout genre anéanties, étant trop à charge aux peuples gémissant en tout temps sur cet objet, vu le prix des grains (1).

11° Lesdits habitants demandent l'interdiction des dîmes de laine et charnage, en outre, suivant l'usage exercé dans les pays conquis et reconquis, que la reconstruction du manoir presbytérial, la réparation de l'église et du chancel, soient à la charge du curé et du gros décimateur, objet assez frappant puisqu'il est vrai que les deux tiers des biens de la France sont possédés par l'Etat ecclésiastique (2).

Fait double ce 4 mars 1789, Pinchon, syndic, Detroussard, J. Sannier, P. Chevalier, Hélie, Gab. Dardenne, Picard, Davesne, L. Dardenne, J. Poulain, Ch. Lelong, Le Cat, J. Fournier, Thomas, Stalin, Jac. Fournier, Ant. Bermont.

NOTRE-DAME-DU-PARC

Dép. : Seine-Inf. ; arr. : Dieppe ; canton : Longueville. Sur la Scie, à 22 k. au Sud de Dieppe.

Gén. : Rouen ; El. : Arques.

Pop. : 1738 : 35 f. ; 1789 : 44 f.

Patron : l'abbé de St-Evroul ; seigneur : de Raimbouville.

Procès-verbal

Assemblée 8 mars devant Franç. Osmont, syndic ; 9 comparants : Jos. Bénard, Nic. Masse, Nic. Gruel, P. Hébert, Nic. Boerel, J. Lemonnier, Ad. Aubry, Jac. Doublet, P. Lemoinne. Ils ont tous signé au bas de la première page.

Députés : Osmont, Bénard (3).

(1) Cet article est encore identique à l'article 3 d'Auberville. Les habitants de Notre-Dame d'Aliermont étaient soumis à la banalité de moulin ; les moulins de l'archevêque étaient situés à Angreville et à Douvrend, sur l'Eaulne.

(2) Cet article est la reproduction de l'article 5 du cahier d'Auberville. Nous renvoyons aux notes de ce cahier. Le pays conquis est l'Artois et la Flandre française ; le pays reconquis, Calais, le comté de Guines et Boulogne. Le gros décimateur était l'archevêque de Rouen qui avait les deux tiers des grosses dîmes, louées pour 9 ans, depuis 1786, 1.650 l. en deux locations. Le trésor avait le reste des grosses dîmes, louées 800 l. Le curé avait lui-même un riche bénéfice : presbytère, jardin d'une acre (100 l.), des terres et le reste des dîmes (novales, charnage, vertes dîmes), le tout évalué 3.000 l. en 1790. Mais le rôle de la taille de 1789 ne l'évalue qu'à 1.400 l.

(3) En 1789, taille : 500 l. ; accessoires : 293 l. ; capitation : 316 l. ; en plus 25 l. de collecte et divers ; au total : 1.134 l. — Exempts : le curé, Rebours, (son

Caillet (sic) de doléances, plaintes et remontrances (1).

1º Que depuis viron quatre ans, lesdits paroissiens soussignés se trouvent extraordinairement privés du pâturage de leurs bestiaux, vu qu'ils ont toujours joui, d'un temps immémorial, de viron 50 acres de commune que M. du Fossé, seigneur du Boisguillaume, hameau de Cropus, et d'une partie de ladite paroisse, et M. de Raimbouville, seigneur honoraire de ladite paroisse, se sont emparés, en leur qualité de seigneurs, lesquelles communes sont plantées en joncs marins et bois, qui vont multiplier une grande quantité de gibier qui endommageront les riverains, ce qui causera un grand dommage et perte dans ladite paroisse (2).

2º Que M. de Raimbouville, il a jugé à propos de retirer d'une ferme, à lui appartenant, payant 81 l. du principal de la taille, savoir : dix acres de bois, six acres de terre et sept acres de côtes, dont la paroisse n'a point été déchargée de la taille et autres impositions (3).

3º Que, par la grande cherté, il se trouve la plus grande misère dans notre paroisse, ce qui fait qu'on ne peut percevoir les deniers royaux qu'avec grand peine, et la grande abondance des mendiants, tant de jour que de nuit, fait que les plus aisés ne sont point en sûreté.

4º Que, dans les environs de la moisson, si on a le malheur qu'il vienne quelque orage et que les grains viennent à tomber, la grande abondance de pigeons des colombiers endommage presque tout et l'on ne récolte que la paille (4).

bénéfice), le clerc, Bienaimé, (petite maison du trésor). — Le syndic Osmont, (ferme de 60 acres pour 600 l.), est imposé à 165 l.; Bénard, (ferme de 60 acres de M du Fossé pour 800 l.), est imposé à 169 l. (A. S.-Inf., C. 1.840). Le bénéfice du curé comprenait presbytère, cour, jardin, (60 l.), les dîmes, 1.140 l. Les moines de St Evroul avaient pour 250 l. de dîmes qu'ils louaient au curé.

(1) Le cahier, incorrect et naïf, est en partie dirigé contre les seigneurs, mentionnés au premier article, du Fossé et de Raimbouville.

(2) C. f. le cahier de Criquetot-sur-Longueville, 3, qui contient la même accusation contre les seigneurs : cette paroisse est située dans le voisinage de Notre-Dame-du-Parc.

(3) Le rôle de la taille, en 1789, ne mentionne qu'une ferme dont le chiffre de taille se rapproche de celui que donne notre cahier : c'est celle qui est occupée par le député Bénard qui paie 77 l. de taille et 92 d'accessoires et de capitation. Mais elle est indiquée comme appartenant à M. du Fossé. En 1770, elle appartenait à Mme de Raimbouville : elle comprenait une maison, 3 acres de masure, 2 acres de prairie, 6 acres de bois taillis, 60 acres de labours et elle était louée 1.200 l. Arch. S.-Inf., C. 334, f. 367.

(4) C. f. le cahier de Saint-Aubin-sur-Scie, 2.

5º Que, dans la moisson et aux environs, il se trouve plusieurs Messieurs, tant que maîtres et gardes de chasse, [qui] se donnent la liberté de chasser dans les grains et causent de grands dommages (1).

6º Que s'il était possible de réformer l'imposition du sel, cela causerait un grand bien dans tout le royaume.

Ce fait et arrêté par nous, habitants soussignés, ce même jour et an que dessus. Osmont, syndic, Bénard, Masse, Gruel, Hébert, Lemonnier, Aubry, Doublet, Boerel, P. Moinne, Aug. Bienaimé, greffier.

OFFRANVILLE

Dép. : Seine-Inf. ; arr. : Dieppe ; canton : Offranville. A 8 k. S. de Dieppe, Gén. : Rouen ; El. : Arques.

Pop. : 1738 : 300 f. ; 1772 : 320 f. ; 1789 : 380 f.

Seigneur : Chauvin d'Offranville, maître de camp des armées du roi (2) ; patron : le prieur de Longueville (3).

Procès-verbal

Assemblée 1er mars, au lieu ordinaire, devant P. Bernard Lheureux, syndic ; 11 comparants : Ad. Lemasson, Ch. Mouquet, Nic. Batel, L. Vauquelin, Jac. Brunel, L. Evrard, Nic. Potdevin, Nic. Sanson, P. Guiant, P. Sanson, Jac. Lemarchand. Signatures des comparants, excepté Brunel.

Députés : Ant. Mutel, Al. Vallée, J. Grandsire, Franç. Lemoine (4).

(1) C. f. l'art. 5 du cahier de Saint-Aubin-sur-Scie qui est plus détaillé. C. f. aussi l'art. 5 du cahier de Cropus, paroisse voisine de Notre-Dame-du-Parc, article d'autant plus intéressant qu'il s'applique aux mêmes seigneurs.

(2) Il y avait du reste plusieurs autres seigneurs à Offranville : 1º Parent de Lanoy, écuyer, capitaine de cavalerie, chevalier de St-Louis, seigneur des fiefs, terres et seigneuries d'Offranville, de Neufmesnil, Genneville, etc., au droit de sa femme, sœur et héritière de Franc.-Jac. Lefournier d'Offranville, (aveu du 18 mai 1889). Le fief d'Offranville constituait un quart de fief de haubert ; le chef-mois était à Offranville ; 2º le prieur de Longueville pour deux parties d'un plein fief de haubert ; 3º la duchesse de Mortemart, marquise de Manneville, pour un quart de fief de haubert.

(3) Le prieur de Longueville y percevait deux traits de dîme, affermés en 1789 à P. Guiant père, un des comparants, pour 1.100 l. (Arch. S.-Inf., C. 1861).

(4) Le chiffre des comparants n'est pas en rapport avec l'importance de la paroisse : l'assemblée ne comprend que des cultivateurs et surtout les principaux fermiers. P. Sanson, (ferme de 120 acres de Lannoy d'Offranville pour 2.500 l., autre ferme de 1.110 l.), est le plus fort imposé de la paroisse : il paie 1.045 l. de taille, capitation et accessoires. Evrard, (100 acres), Guiant, Lemarchand, (60 acres), fermiers de Chauvin d'Offranville, paient respectivement 661 l., 476 l., 371 l. ; deux autres fermiers, Batel, (50 acres), et Vauclin, (30 acres), paient

Remontrance de condoléances des habitants d'Offranville.

Nous soussignés, habitants de la paroisse d'Offranville, portons humblement les supplications suivantes :

[1] Nous mandons qu'aux Etats généraux il soit enfin pris les plus promptes et les plus efficaces mesures pour faire revivre le commerce dont la chute, jointe à la cherté excessive des denrées de première nécessité, occasionne, principalement dans le pays de Caux, la plus extraordinaire et la plus alarmante misère.

[2] Nous désirons qu'aux mêmes Etats on avise aux moyens de bannir la mendicité, source fatale des plus grands maux et que, pour parvenir à ce but, depuis longtemps désiré de tout le royaume, chaque paroisse soit désormais tenue de se charger de ses pauvres.

[3] A l'égard de la corvée, que ladite paroisse est chargée de faire en la partie du chemin de Rouen à Dieppe, [elle] est très à charge aux habitants de ladite paroisse par sa continuation ; que, depuis plus de trente ans, elle a toujours payé annuellement, année commune, 1.800 l., au lieu que les autres paroisses n'ont commencé à payer que depuis viron 9 à 10 ans (1). S'il était possible de diminuer ces sortes de taxes par quelque autre moyen, comme de faire payer les rouliers et autres voituriers, on rendrait assurément un service à ladite paroisse ainsi qu'aux autres paroisses qui ont la même charge à supporter.

[4] Les dits habitants se plaignent avec raison que leur paroisse est, depuis beaucoup d'années, chargée d'une taxe de taille,

375 l. et 195 l.; Nic. Sanson, laboureur et marchand, 178 l.; Podevin, maréchal et laboureur, 192 l.; enfin trois cultivateurs plus modestes, propriétaires ou petits fermiers, Mouquet, Brunel, Lemasson, sont imposés à 69 l., 59 l., 56 l. Le syndic L'heureux, (ferme de 60 acres de M. de Belleville pour 1.400 l.), est imposé à 415 l. — Les députés ne figurent ni parmi les comparants, ni parmi les signataires du cahier. Tous les quatre sont aussi des fermiers : Mutel (60 acres pour 1.600 l.), paie 485 l. ; Vallée (50 acres pour 1.000 l. et deux autres petites locations), 320 l. ; Grandsire (15 acres et prairie à foin pour 600 l.) : 50 l. : Lemoine (72 acres pour 2.400 l., 18 autres acres pour 500 l.), 618 l. (Arch. S.-Inf. C. 1.861).

(1) La route de Rouen à Dieppe par Tôtes passe un peu à l'ouest d'Offranville. Dans le tableau des routes de la généralité elle figure dans la première classe ; elle était achevée et à l'entretien simple. Le mot continuation n'est donc pas très exact. D'autre part cet article nous montre qu'Offranville avait opté depuis longtemps pour le système de l'adjudication et remplacé la corvée en nature par une imposition additionnelle à la taille. Ce système, favorisé par les intendants et le gouvernement, même après la chute de Turgot, s'était, comme on voit, peu à peu étendu aux paroisses voisines jusqu'à la suppression définitive de la corvée en nature, le 27 juin 1787 (c. f. Marion. *Les impôts directs sous l'ancien régime*, 113-119, et Arch. Seine-Inf., C. 580).

pour ainsi dire extraordinaire aux paroisses voisines, et, attendu qu'il y a plusieurs propriétaires non taillables qui occupent au moins 200 acres de terres labourables, ainsi que plusieurs masures, qui ne sont pas de leur ancien propre, ce qui forme en partie le montant excessif de la taille de ladite paroisse (1), nous désirons que, dans la suite, lorsqu'il y aura quelque imposition à faire, soit taille, etc., il se trouve plusieurs personnes notables pour régler avec le collecteur proposé la taxe de chaque particulier afin que chaque taillable, etc., soit tranquille et jouisse tranquillement de toutes ses locations.

[5] Nous demandons aussi, s'il était possible, la suppression des gabelles, aides et autres droits, si onéreux et gênants pour tout le peuple, que, depuis longtemps, il gémit et crie sur ces sortes d'impôts qui réduisent en partie le pauvre peuple de la campagne.

[6] Nous nous empressons aussi de remontrer aux états généraux que, pour la conservation des biens de la campagne, on fasse détruire, au moins fermer pendant la semence et la moisson, les colombiers et volières de pigeons, entendu qu'il est clair et évident qu'ils font un tort considérable, depuis que les grains sont en maturité jusqu'à ce qu'ils soient récoltés, ainsi

(1) La paroisse était étendue et les terres de bonne qualité. Les terres imposables aux vingtièmes, en 1780, comprenaient: masures, 58 acres, revenu, 2.903 l.; labours, 431 acres, revenu, 10.365 l.; prairies, 6 acres, revenu, 391 l.; bois, 80 perches. La taille, les accessoires et la capitation s'élevaient, en 1789, à 16.677 l. : taille : 7.556 l. avec la collecte et les frais; accessoires: 4.317 l.; capitation : 4.804 l., avec la collecte des deux derniers articles. Ce chiffre de 16.677 l. dépasse de beaucoup celui du revenu foncier imposable aux vingtièmes. Pour expliquer cette anomalie, il faut tenir compte des terres non imposées aux vingtièmes, des revenus du commerce, des salaires, des terres des paroisses voisines dont les propriétaires paient les impositions à Offranville, et surtout de la dissimulation du chiffre réel des fermages qui servaient de base aux contrôleurs des vingtièmes. — Les deux principaux propriétaires étaient Chauvin d'Offranville, (20 acres de masure et 177 de labour, affermées 4.800 l.), et Fournier d'Offranville. Les exempts étaient nombreux. En 1789 : le curé, Romain Bénard, (presbytère, cour, jardin. 100 l.; dîmes, 3.400 l.); le vicaire Duval, un autre Duval, prêtre habitué; le clerc Chaillou ; la sœur de la Providence, maîtresse d'école des filles, (logement, masure, clos en herbage); Chauvin d'Offranville, maréchal des camps et armées du roi, faisant valoir son manoir seigneurial, un herbage, 38 acres de terre; Lannoy d'Offranville, sa maison d'honneur, 12 acres de terre; Duval, sa maison d'honneur, 50 acres en herbage, 7 acres en côte ; Mme Duval ; Parent d'Alençon, sa maison d'honneur, Mme Duchâtel, sa maison d'honneur, 15 acres de terre ; Masier, chevalier de St-Louis, son pavillon, 7 acres de terre ; Mme Baudry, maison d'honneur, masure, jardin, 7 acres. — Ces terres, non taillables, comprennent 136 acres ; mais il faut y ajouter d'après le registre des vingtièmes, 17 acres de masure et de labours, exploitées par Fournier d'Offranville, 14 acres, exploitées par Labbé, 6 acres exploitées par d'Anglesqueville, le jardin et la cour d'honneur de Chauvin d'Offranville, 8 acres 61 perches ou 11 acres. On arrive ainsi au total de 184 acres, chiffre voisin de celui de 200 acres, que donne le cahier.

que pendant la semence (1), ajoutant à ceci la destruction des lapins qui font aussi un tort considérable aux grains qui sont proches des bois taillis et garennes.

[7] Nous espérons, avec la plus ferme confiance, de la bonté de notre digne monarque que nos justes demandes seront favorablement reçues ; aussi serons-nous toujours de S. M. les plus reconnaissants et respectueux fidèles sujets.

A Offranville, ce 1er mars. P. Lheureux, syndic, Lemasson, Guyant, Labbé, Vauquelin, Evrard, Mouquet, P. Sanson, Nic. Sanson, Potdevin, Marchand, Batel, Lemoyne.

OMONVILLE

Dép. : Seine-Inf.; arr.: Dieppe ; canton : Bacqueville. A 20 k. S.-O. de Dieppe.

Gén. : Rouen; El. : Arques.

Pop. : 1738 : 57 f. ; 1789 : 74 f.

Seigneur et patron : J.-B. P. Bataillier, chevalier.

PROCÈS-VERBAL

Assemblée 8 mars 1789, dans la nef de l'église, devant Ant. Lagnel, syndic; 17 comparants : MM. Nion et Martel, Guil. Bled, Ad. Verdure, Simon Mallet, J. Fortier, P. Terrien, Franç. Fouache, Jac. Cauchois, J. Mutel, Nic. Bret, Bonav. Pillon, Jac. La Quièvre, le sieur Gaillard, Franç. et Denis Auzou, Mic. Pillon. Douze signatures seulement, y compris celle du syndic (2).

Députés : Nion, conseiller du roi en l'élection d'Arques, Martel, propriétaire.

Cahier de doléances, plaintes et remontrances que présentent les habitants de la paroisse d'Omonville.

[1] L'arrêt du conseil, qui supprime la corvée des grandes routes pour y substituer une prestation ou contribution en argent,

(1) Il y avait deux colombiers sur les terres de Chauvin d'Offranville.

(2) La paroisse était composée surtout de journaliers et de tisserands qui sont aussi très nombreux à l'assemblée. En 1789, elle payait 765 l. de taille, 448 d'accessoires; 480 de capitation; au total : 1.734 l., avec la collecte et les frais. Exempts : le curé, Nasse, le vicaire. Verdure, le seigneur, Bataillier, (château et 20 acres en labour). — Le syndic, Lagnel ou Laignel, n'est imposé qu'à 27 l.; Nion, (maison et 50 acres sur cette paroisse et les voisines), est taxé d'office à 99 l.; Martel, (ferme de 83 acres), paie 391 l. (Arch. S.-Inf., C. 1.862).

qui est pour les campagnes un quart du principal de la taille, est un impôt évidemment onéreux aux habitants (1). La raison en est sensible : une paroisse, payant 1.000 l. du principal de taille, paie pour sa contribution 250 l. Avant cet arrêt, chaque paroisse avait une partie de chemin, qui lui était assignée, qu'elle entretenait très bien. Elle y avait d'ailleurs intérêt : sa négligence, pendant une année aurait beaucoup augmenté son travail. Le cultivateur portait son caillou dans les mois de mai et juillet, temps où il n'était point occupé à la culture de ses terres ; en trois jours, tout au plus, il portait la quantité suffisante de caillou pour sa tâche, de manière que cela ne lui coûtait rien. Il n'en coûtait pas davantage aux malheureux des paroisses, qui aidaient à le ramasser et charger ledit caillou, puisqu'ils en étaient quittes en trois jours, et fort souvent deux jours leur suffisaient pour faire tout le travail. Mais il y aurait un moyen bien plus simple pour subvenir à l'entretien des grandes routes, sans qu'il en coûte à l'Etat ou à la nation, ce serait d'établir, de trois lieues en trois lieues, un bureau où chaque voiture, soit berline, chaise, cabriolet, chariot, charette, et généralement toutes les voitures et chevaux, fussent tenus de payer un droit qui serait fixé à chaque bureau par la quantité de voitures qui passent.

Nous croyons qu'on percevrait assez pour l'entretien de toutes les routes. Comme leur destruction n'est occasionnée que par les négociants, marchands, ainsi que par les voituriers, il est juste que ceux qui en sont la cause coopèrent à leur rétablissement. En prenant ce parti on ne fera que suivre ce qui se pratique en Angleterre, où cet établissement est approuvé de toute la nation ; mais il convient, pour la conservation des routes, que l'on oblige les voituriers d'avoir des roues à jantes larges (2).

[2] La mendicité mérite, dans ce moment-ci, toute l'attention possible par le grand nombre de pauvres qui viennent, attroupés de trois à quatre lieues loin, et vous forcent en quelque manière de leur donner. Nous croyons que le ministère n'est pas informé d'un pareil abus ou que ceux chargés de ses ordres restent dans l'inaction. Il n'y aurait qu'un moyen à prendre, pour en empêcher

(1) Il s'agit de l'arrêt du conseil du 6 nov. 1786, définitivement confirmé l'année suivante par la Déclaration de Versailles du 27 juin 1787, qui convertit la corvée en une prestation en argent, (Isambert XXVIII, 374). C. f. sur cette question Anneville, 1, et la note, Auberville-sur-Eaulne. 1, Herbouville, 1, et Royville.

(2) Parce qu'elles détériorent moins les routes que les roues à jantes étroites. Sur cette question, c. f. le cahier de Bertreville, paroisse voisine d'Omonville, 6.

la continuation, ce serait d'établir un bureau dans toutes les paroisses, où chaque habitant aisé serait tenu d'y déposer une somme pour subvenir aux besoins des pauvres, eu égard à la fortune d'un chacun ; que la répartition en sera faite par le curé avec deux habitants des plus notables, avec défense à aucuns pauvres de sortir de leur paroisse sous peine d'être arrêtés et punis.

[3] Le grand nombre des colombiers qu'il y a dans les paroisses mérite encore qu'on y ait attention par le tort considérable que font les pigeons dans le temps des semences et lors de la récolte des grains ; il conviendrait donc de ne laisser subsister que ceux qui appartiennent aux propriétaires de fiefs et de faire fermer ou détruire tous les autres (1).

[4] Nous trouvons encore un abus à réprimer qui est celui de priseurs-vendeurs, qui devient une charge onéreuse pour celui qui veut faire une vente ; non seulement il est tenu de payer les 4 deniers pour livre du montant de sa vente, mais encore d'être obligé de se servir de celui qui a les prisées et ventes, d'où dépend la chose qu'il veut vendre ; il serait donc à propos de supprimer ce droit de 4 deniers et qu'il soit permis à tout requérant de se servir de tel huissier ou sergent qu'il lui plaira pour faire sa vente (2).

[5] Nous aurions à demander qu'il fut substitué, au lieu et place de l'assemblée provinciale, des Etats provinciaux dont les membres seraient choisis de la manière que porte le règlement du Roy du 24 janvier 1789 (3).

[6] Nous croyons qu'il est de toute équité de demander que tous les curés, ou gros décimateurs, soient tenus de réédifier tous leurs bâtiments, et même leur presbytère, sans espérer aucun recours sur les propriétaires. Car il est juste que ceux qui ont le revenu d'un bénéfice en réédifient seuls tous les bâtiments (4).

---

(1) C. f. Ancourt, 5, et la note. D'après la coutume de Normandie, il ne devait y avoir de colombiers que sur les fiefs de haubert ou les démembrements de ces fiefs restés aux mains de familles nobles. Mais, en 1789, beaucoup de colombiers étaient possédés sans titre légitime et il en existait même sur des terres en roture.

(2) C. f. Auberville-sur-Eaulne, 9, et la note.

(3) C. f. Dieppe, 8. Sur la composition des anciens États provinciaux de Normandie, c. f. de Beaurepaire. *Cahiers des Etats de Normandie.*

(4) Le gros décimateur était l'abbaye de St-Amand de Rouen qui avait les deux tiers des grosses dîmes, louées 600 l. en 1789, (bail de 9 ans à Viard, du 1er fév. 1781). Le curé avait le reste des dîmes, (tiers des grosses dîmes vertes dîmes et novales) ; son bénéfice était estimé 2.000 l. en 1789. En dehors des dîmes, les

Nous avons encore à représenter l'inégalité dans la répartition des impôts dont l'arbitraire seul préside. On doit prévenir un pareil abus en faisant supporter à un chacun les impôts eu égard à son revenu ou à son faire valoir. C'est cependant ce qui se pratique, depuis l'établissement des impôts, que les seigneurs ne paient que la vingtième partie de ce qu'ils doivent, proportion gardée à leur revenu, et même beaucoup d'entre eux font valoir nombre de bois et prairies sans être aucunement imposés, ce qui est de la plus grande injustice.

[8] Nous croyons encore devoir représenter qu'il serait à propos de faire contribuer le clergé en général aux vingtièmes et à la taille avec tous les autres possédant fonds, eu égard à leur revenu et faire valoir ; à ce moyen, on serait tenu de les décharger des décimes, ce qui est d'autant plus juste et équitable, que chacun doit payer à proportion de son revenu, sans distinction d'état.

[9] Et quant à toutes les maisons religieuses, qui possèdent des terres nobles, telles que marquisats, comtés, baronnies, et autres fiefs de dignité et d'haubert, nous pensons aussi que la nation est trop éclairée pour ne pas faire apercevoir que c'est un abus des plus grands, que de leur laisser de pareilles propriétés, et que le roi devrait bien s'en emparer et les vendre au profit de l'état, ce qui produirait des sommes immenses (1).

[10] A l'égard des poids et mesures, qui sont inégaux dans toutes les parties du royaume, nous pensons qu'il serait bon qu'il y eût un règlement qui fixât toutes ces inégalités à une seule mesure et à un seul poids, [ce] qui obvierait à bien des difficultés qui naissent journellement de cette inégalité (2).

[11] Nous pensons de même qu'il serait à propos de simplifier les droits de perception pour ce qui concerne les fermes générales d'aides, gabelles, tabac et autres, ainsi que des receveurs généraux et particuliers des finances, et qu'on pourrait faire régir ces parties de finances à beaucoup moins de frais.

biens d'église, à Omonville, comprenaient encore : 5 vergées de labour ; aux religieux de St-Wandrille, revenu 28 l. et les biens du trésor : maison, moulin, masure, 7 acres 3 vergées de labour ; le tout estimé 645 l. en 1789 (C. 529, reg. 2, f. 234, etc.). — Sur la reconstruction des presbytères, c. f. le cahier d'Auberville, sur-Eaulne, 5, et la note.

(1) C. f. Bacqueville, 14, et le cahier du bailliage d'Arques, 50. La même idée est développée et exprimée en termes plus violents dans les cahiers de Crasville-la-Roquefort, 9, et de Royville.

(2) C. f. Dieppe, 11, Auberville, 7 et la note.

[12] Selon nos connaissances, nous croyons qu'il conviendrait de remédier à un abus qui se commet presque tous les jours, dans les bourgs et villages, par la fréquentation continuelle et l'énorme dépense qui se fait dans des prétendus cafés, érigés depuis quelques années sans aucune permission, ni autorisation, ce qui perd, affaiblit et énerve la jeunesse dans chaque endroit, et même les personnes d'un certain âge, vu l'excès immodéré qu'ils font de cette sorte de boisson.

[13] Nous croyons qu'il conviendrait aussi de fixer, dans chaque paroisse, un certain nombre de toiliers et siamoisiers sur celui des habitants, vu que, tous les jours, les jeunes gens s'adonnent à ces sortes de métiers, ce qui fait qu'aujourd'hui on ne trouve plus, pour ainsi dire, que des vieillards pour cultiver la terre et pour tous les métiers si nécessaires, tels que les charpentiers, maçons, couvreurs et autres ouvriers et journaliers de différents genres (1).

[14] Nous pensons que les dîmes, attribuées à tous bénéfices quelconques, au lieu d'être payées et livrées en essence aux bénéficiers, curés et tous autres, pourraient être converties en argent pour éviter aux difficultés qui arrivent assez souvent dans les campagnes, dans le temps de la moisson, entre les curés ou leurs dîmerons et les habitants de leurs paroisses. D'ailleurs, ce n'est point le fait, ni l'état d'un ecclésiastique de s'exposer, ni être exposé à de pareilles difficultés, presque toujours accompagnées d'invectives.

[15] Nous pensons que l'on pourrait simplifier les frais de procédure dans tous les tribunaux supérieurs ou subalternes et que l'on pourrait former un nouveau code pour l'administration de la justice tant civile que criminelle.

[16] En finissant nos doléances, nous supplions S. M. que les voix soient prises aux Etats généraux par tête et non par ordre.

Le présent cahier, arrêté et signé ce 8 mars 1789. Bled, Verdure, Martel, Nion, Terrien, Cauchois, Pilon, Malet, Fortier, Mutel, Gaillard, Ant. Lagnel, syndic.

---

(1) La siamoise était une étoffe de fil de lin et de coton ; on en faisait beaucoup dans le pays de Caux au XVIIIe siècle ; c. f. le cahier de Biville-la-Baignarde, 2. — Le manque de bras pour la culture et les autres métiers à cause du développement de l'industrie rurale, filature et tissage, préoccupait les esprits à cette date. En 1788, le Bureau intermédiaire de Gisors demandait qu'on empêchât des hommes, que leur constitution robuste rend propres aux opérations agricoles, de s'adonner à la filature du coton. Sion, ouv. cité, 186-189.

ORIVAL

Réuni à Saint-Hellier n 1813. Dép. : Seine-Inf. ; arr. : Dieppe ; canton : Bellencombre. Sur la Varenne, à 26 k. S. de Dieppe.

Gén. : Rouen ; El. : Arques.

Pop. : 1738 : 21 f. ; en 1748 : 20 f., 63 hab. ; en 1789 : 36 f., 90 hab.

Patron : le seigneur.

PROCÈS-VERBAL (1)

Assemblée vendredi 6 mars, devant nous, [P. Lamotte, syndic] ; 8 comparants : L. Maillard, P. Caron, H. Guédon, Nic. Delahaye, J.-B. Delamare, Franç. Journois, Franç. Cahon, P. Lamotte, syndic. Huit signatures, mais 5 tout à fait informes.

Députés : L. Maillard, P. Lamotte.

Suppliment, remontrance, doléance, plainte de la paroisse d'Orival, élection d'Arques.

1º La paroisse d'Orival contenant 36 feux, viron 90 habitants, sur lequel nombre, il y en a, au nombre de 24, qui mendient leur vie dans les paroisses voisines, sans compter les malades (2).

2º Lesdits habitants ont la valeur de 40 acres de terre à cultiver, voisine de la forêt du roi, abîmée par le lapin et autres bêtes sauvages, qui met lesdits habitants hors d'état de les cultiver, viron 14 acres de prairie qui sont ravagées par les eaux presque tous les ans (3).

3º Ladite paroisse pour la taille, accessoires, capitation et

(1) Le cahier et le procès-verbal sont sur la même pièce, qui est du reste en double. Le cahier très court est l'œuvre de paysans illettrés. Le style est tout à fait incorrect.

(2) La paroisse, située sur la Varenne, et bornée, à l'est, par la forêt d'Eawy, était réellement très pauvre : elle se composait surtout de tisserands, de journaliers et de quelques très petits cultivateurs. Il n'y avait qu'une ferme, tenue par Maillard, un des députés : elle comprenait 24 acres de labour, 4 acres de prairie, six acres d'herbage. Le syndic Lamotte faisait valoir 7 acres de labour, 3 acres de prairie et la dîme des foins. (Rôle de la taille en 1789. Arch. S.-Inf., C. 1.863).

(3) Ces chiffres sont exacts. L'acre d'Arques, qui était en usage dans tout le bailliage, vaut un peu plus de 68 ares ; les 40 acres de terre labourable font donc environ 28 hectares ; les 14 acres de prairie font 9 hectares et demi. En 1751, le contrôleur des vingtièmes appréciait ainsi la valeur du terrain de cette paroisse : « les terres de labour sont en hauteur ; les bois taillis, en côtes et les marais et masures, en vallée... les masures, prés et bois taillis, sont d'assez bonne qualité ; mais les terres labourables, par leur situation en fond caillouteux et en côtes, sont en plus grande partie médiocres et mauvaises ». (Id. C. 530, f. 375).

corvée, paie 722 livres, vu son petit nombre d'habitants qui sont bien pauvres (1).

4° Une déclaration, faite en 1774 par l'ancien syndic des biens de ladite paroisse, qui a fait augmenter les vingtièmes d'un tiers, sans en avoir prévenu lesdits habitants qui sont presque tous fieffataires.

Ce que nous certifions véritable, en foi de quoi nous avons signé ce jourd'hui, 6 de mars 1789 : Delamare, P. Caron, Delahaye, Franç. Cahon, Journois, H. Guédon, L. Maillard, Lamotte, syndic.

OSMOY-SOUS-BURES (2)

Réuni à Saint-Valéry-sous-Bures en 1823. Dép. : Seine-Inf. ; arr. : Neuf-châtel ; canton : Londinières. Sur la Béthune, à 14 k. N.-O. de Neufchâtel, à 22 k. S.-E. de Dieppe.

Gén. : Rouen ; El. : Arques.

Pop. : 1738 : 49 f. ; 1789 : 42 f.

Patron : l'abbé de Fécamp ; seigneur : P.-J. de Trévet, écuyer, sieur d'Osmoy.

PROCÈS-VERBAL

Assemblée 4 mars, en l'église paroissiale, devant And.-L. Pernet, avocat en Parlement (3) ; 11 comparants : P. Cartier, syndic, P. Malleville, maréchal, Jac. Drouet, maçon, Ant. du Crocq, laboureur, Jac. Vigner, laboureur, J. Auvray, Nic. Cartier, Nic.-Phil. Brison, tisserand, P. Prevot, couvreur en chaume, Franç. Guedot, tisserand, Franç. Lefebvre. Ils ont tous signé le procès-verbal (4).

______

(1) En 1789, taille : 299 l. ; accessoires : 170 l. ; capitation : 183 l. ; en tout avec les frais divers : 658 l. 10 s. ; la corvée se montant au quart du principal de la taille, le chiffre de 722 l. paraît un peu faible : il faut peut-être lire 732 l. — Le rôle de la taille comprend 41 lignes ou cotes de contribuables. Le plus fort imposé est L. Maillard ; il paie 163 l. ; c'est la seule cote de plus de 100 l. ; le syndic paie 80 l. La plupart des cotes sont inférieures à 10 l. ; un certain nombre même, à 5 l. Un seul exempt : le curé. (Id. C. 1.863).

(2) Le nom de cette paroisse est souvent défiguré dans les documents, où il est écrit : Aumoy ou Aumay, d'après la prononciation locale, (C. f. la carte de l'élection d'Arques en 1772 et le tableau de la taille par sergenteries et élections, (Arch. S.-Inf., C. 251).

(3) Osmoy relevait de la haute justice de Bures ; mais ce n'est pas comme juge seigneurial, — ce juge était le bailli Delacoudre, — que Pernet a présidé l'assemblée d'Osmoy et celle de St-Valéry. Il était propriétaire à Osmoy, (12 acres en labour et un cheval, d'un revenu de 300 l.), et il y était imposé à la taille pour 112 l.

(4) Sur 11 comparants, l'assemblée comprend 5 cultivateurs : Ant. du Croq

Députés : Pernet, avocat et notaire en cette paroisse, Jac. Vigner, laboureur.

Plaintes, doléances et remontrances du tiers état de la paroisse d'Osmoy-sous-Bures (1).

Les habitants, composant le tiers état de la paroisse d'Osmoy, pénétrés de respect et de reconnaissance pour les vues bienfaisantes de S. M., exposent que :

1º *Assemblées provinciales ; leur attribution.* — Il est essentiel au bonheur du souverain, comme à celui de ses sujets, que les assemblées provinciales, déjà établies, continuent d'avoir lieu et qu'il leur soit attribué nommément l'admission, la répartition et la perception exclusive de toute espèce d'impôt (2).

2º *Impôts supportés par les trois ordres. Noblesse, clergé, banalités.* — Il est juste que les impôts, sous toute dénomination, soient supportés également par les trois ordres de l'Etat, et que ce serait un abus et une injustice perpétuée s'il en était autrement (3). Le peuple qui travaille ne mérite pas d'être avili, méprisé, opprimé par ceux qui vivent de son travail et de son industrie. La noblesse, contente des honneurs qui lui sont déférés, doit renoncer au système d'oppression et faire contribuer sa gloire autant à contribuer aux charges de l'Etat qu'à le défendre. Le clergé ne doit pas perdre de vue son origine et sa constitution :

(fermier de M. de Trevet par bail à moitié, 50 acres), imposé à 189 l. ; J. Auvray, propriétaire et fermier (160 l.) ; Nic. Cartier, laboureur et syndic sortant, (70 l.) ; Franç. Lefebvre, propriétaire et fermier de 40 acres, imposé à 196 l., enfin, le second député, Jac. Vigné, propriétaire, père de 10 enfants et taxé seulement à 13 l. Le syndic P. Cartier, (15 acres en propre, une charrue, deux chevaux), paie 82 l. Mais plusieurs des principaux fermiers n'assistent pas à l'assemblée.

(1) Le cahier, qui est probablement, au moins en partie, l'œuvre de Pernet, a des rapports assez étroits avec celui de St-Valéry-sur-Bures ; mais il en diffère aussi par le nombre des articles, (8 au lieu de 12), et par leur rédaction. On remarquera, dans les deux cahiers, un dernier article sur le retour périodique des États comme loi constitutionnelle.

(2) C. f. Avremesnil, 1, Le Gouret, 1 et 2 ; mais notre article, à moins que l'expression n'ait dépassé la pensée de ses rédacteurs, étend singulièrement la compétence des assemblées provinciales en matière d'impôt; l'édit de juin 1787 leur attribuait seulement la répartition et l'assiette des impositions foncières ou personnelles : taille, capitation, vingtièmes, imposition représentative de la corvée.

(3) En 1789, taille : 1.190 l.; accessoires : 697 l.; capitation : 752 l.; en plus 52 l. 10 s. pour la collecte et les frais ; en tout 2.691 l. 10 s. Exempts : P. Jean de Trevet, écuyer, sieur d'Osmoy, fait valoir partie de sa ferme; Le Roy, curé d'Osmoy, fait valoir son bénéfice (Arch. Seine-Inf., C. 1731).

il prie pour le peuple et le peuple le nourrit ; mais il est, dans son corps, une classe de privilégiés : les évêques, les abbés, les monastères ; ceux-là enlèvent la graisse de nos terres. Les rentes seigneuriales sont une seconde taille dans nos contrées. Ils perçoivent en outre la dîme de nos biens et nous laissent encore seuls chargés du poids des impôts. S'ils ont un moulin banal, c'est pour eux un nouveau moyen d'oppression. Ils afferment ce moulin moyennant un prix excessif ; le fermier ne peut y vivre qu'en égorgeant le malheureux vassal soumis à la loi injuste et abusive qui le rend esclave.

3º *Les municipalités chargées du recouvrement gratuit. Aides, gabelles, contrôles.* — Le peuple gémit sous le poids énorme des impôts. Cependant la dette nationale est immense : ne serait-il pas possible de charger les assemblées provinciales du recouvrement gratuit de toutes les impositions dont elles verseraient, ellss-mêmes, le montant dans les coffres de S. M. ? Ne serait-il pas possible aussi de commuer en une taxe, proportionnée à la fortune ou à la consommation de chaque individu français, la masse des revenus du roi sur les fermes des aides, gabelles, et nommément des contrôles, dont la perception, souvent arbitraire, met tant d'entraves dans le commerce et tant de trouble dans les familles ? Alors l'Etat y gagnerait les frais de perception qui sont énormes et, par dessus tout, sa tranquillité et son bonheur.

Réformes dans la justice. Hautes justices. — Un objet qui n'intéresse pas moins le bonheur de tous les citoyens, c'est la réforme si désirée dans l'administration de la justice : qu'elle devienne plus expéditive. La lenteur, avec laquelle on la rend, est abusive et oppressive, — abusive, par les frais et les présents qu'elle provoque et multiplie, — oppressive, par la frayeur qu'elle inspire à ceux qui, avec le meilleur droit, n'osent s'y confier ; on n'a que trop de preuves de la vérité de cette assertion. Ce serait trancher la racine d'un semblable abus que de supprimer tous ces petits tribunaux subalternes qui ne servent qu'à faire gémir un honnête homme quand, malgré la bonté de sa cause, il n'a pas la faveur du juge.

5º *Tribunal de paix.* — Un tribunal de paix serait un établissement utile et précieux dans chaque paroisse. Il jugerait les contestations qui s'y éléveraient, le tout sans frais, sauf l'appel devant le juge royal.

6º *Taxe sur les valets.* — Les campagnes sont dénuées de bras pour la culture des terres. Le luxe rassemble dans les villes les

individus des campagnes pour servir l'ambition et le faste des
grands ; un impôt sur les domestiques des nobles, des ecclésiastiques et des bourgeois des villes, dont seraient exempts les négociants et les cultivateurs, offrirait un remède efficace à ce mal et
nos campagnes ne seraient plus dépeuplées (2).

7° *Grande route par la vallée.* — La route de Forges à Dieppe,
sur la hauteur, est à charge et inutile à la vallée. Les denrées de
toute la vallée sont essentielles à Dieppe et rendent utile et
indispensable l'établissement d'une grande route le long de la
vallée (2).

8° *Retour des Etats généraux.* — Nous désirons et votons pour
le retour périodique des Etats généraux et qu'il soit considéré
comme loi constitutionnelle de l'Etat.

Fait et arrêté en l'assemblée du tiers état d'Osmoy ce jour-
d'hui, 4 mars 1789. P. Cartier, syndic, Malleville, Drouet, Ducroq,
Vigné, Auvray, Nic. Cartier, Nic.-Phil. Brison, P. Prevot, Guedot,
Lefebvre, Pernet.

OUVILLE-LA-RIVIÈRE

Dép. : Seine-Inf. ; arr. : Dieppe ; canton : Offranville. Sur la Saâne, à
12 k. à l'O. de Dieppe.
Gén. : Rouen ; El. : Arques.
Pop. : 1738 : 79 f. ; 1789 : 90 f.
Seigneur : le marquis de Thiboutot, comme baron d'Ouville ; patron :
le prieur de Longueville.

Procès-verbal

Assemblée 3 mars, devant le syndic, [J.-P. Caron], et le greffier, [Baudribos]
et les membres de l'assemblée municipale ; 11 comparants : Ant. Sanson,
Jac. Radiguet, L. Carruel, Franç. Hébert, J.-B. Barbe, Brière, Aug. Barbe,
Nic. Boudet, P. de Lafontaine, Nic. Sanson, Ant. Lavieuville. Douze signa-

(1) Même demande à Croixdalle et Douvrend, 6.
(2) Il s'agit de la route de Dieppe à Paris par les Grandes Ventes et Forges ;
elle porte le n° 4 des routes de première classe dans le tableau des routes
de la généralité (*Procès-verbal des séances de l'assemblée provinciale* 1787). A
partir du Petit-Torcy, où elle quittait la vallée de la Varenne, elle suivait le
plateau situé entre la Varenne et la Béthune. Sur cette route, c. f. Ardouval,
7, et la note. La route, réclamée par Osmoy, est celle de Dieppe à Neufchâtel par la vallée de la Béthune, qui intéressait toutes les paroisses de la
vallée et dont le département d'Arques avait demandé le classement dans
la première classe pour en hâter l'ouverture. C. f. Archelles, 1, et la note.

tures, y compris celles du syndic et du greffier ; plusieurs sont informes.
Députés : Franç. Hébert, Nic. Sanson (1).

*Cahier des remontrances, plaintes et doléances de la paroisse
d'Ouville-la-Rivière, élection d'Arques (2).*

1º *Pour à l'égard des grandes routes.*

Ceux qui profitent de l'avantage de l'utilité des grandes routes
sont ceux qui n'y contribuent en rien. Cependant il y aurait un
moyen solide seul à les y faire contribuer.

Qu'est-ce qu'il paie la façon et entretien des grandes routes ?
Ce sont les taillables de la campagne, que l'on fait payer 5 s.
pour livre d'impositions, en sus celles de la taille, pour les grandes
routes, tandis qu'il y a la moitié des taillables qui n'en profitent
nullement, puisqu'ils n'ont point de chevaux, et une partie des
autres, qui ont des chevaux, sont occupés uniquement à labourer.

Ce sont les négociants et les voituriers qui profitent de la
facilité des grandes [routes] ; les négociants, en faisant parvenir
leurs marchandises, à plus juste prix, à leur destination, ils en
profitent. Aussi les voituriers profitent à cause de la facilité
de voiturer une plus grande quantité de marchandises à la fois.

Enfin de les faire contribuer aux grandes routes, il n'y a qu'à
établir des bureaux à l'entrée des villes et leur faire payer tant
par chariot et tant par charrette ; à ce moyen, ils contribueront
aux grandes routes, à la décharge des paroisses (3).

2º *Pour la gabelle.*

L'on impose, l'on force un pauvre particulier à se livrer d'une
certaine quantité de sel à prix excessif, qui est de 29 l. 7 s. le
boisseau, mesure de Dieppe, tandis qu'il ne peut pas avoir de
pain, avec défense que ce sel ne servira que pour pot et salière
seulement ; car s'il en a de trop, il ne peut saler ni beurre, ni
autre chose, sans être susceptible d'être rapproché des commis (4).

---

(1) L'assemblée se compose surtout de cultivateurs et de riches fermiers
comme Ant. Sanson (ferme de 208 acres), qui paie 495 l. de taille et suites ;
J.-B. Barbe qui paie 530 l. Le syndic Caron est imposé à 53 l. ; le premier
député, Hébert est tisserand ; le second ne figure pas sur le rôle de la taille
(Arch. S.-Inf., C. 1864).

(2) Le cahier est l'œuvre directe des habitants : le style est incorrect ; il y
a de nombreuses phrases inachevées ou mal construites, des expressions
locales, des termes impropres.

(3) C. f. Bacqueville, 4.

(4) C. f. La Frenaye, 4, où le boisseau vaut 29 l. 8 s. et la note. Le boisseau,
mesure de Dieppe, est le boisseau de 16 pots : il y a deux boisseaux par minot.
Sur la défense de se servir du sel de pot et salière pour les salaisons, c. f. le
cahier de Freulleville, 9, qui donne des détails précis.

Chose aussi affreuse, il n'est permis à personne de faire usage de l'eau de la mer, pas même pour faire des remèdes à des bestiaux, vu que, si l'on était vu ou rencontré de ces malheureux commis, [ils] dresseraient à l'instant un procès-verbal, tandis que la mer est un élément que Dieu a établi pour l'utilité et la commodité des peuples (1).

3° *Pour les pauvres.*

Nous avons à vous représenter qu'un grand nombre de mendiants vont nuïtamment, la force à la main, même jusqu'à faire fracture ; et se voyant forcé par les vagabonds, on est obligé de leur donner, malgré soi, l'aumône, quoique ce soit des pauvres inconnus. Le moyen serait de les empêcher de marcher nuitamment par quelque opposition de vos ordres.

4° *Pour les pigeons.*

C'est une chose bien fâcheuse, surtout dans les ensemencements et dans les récoltes des grains, que l'on soit pillé par une grande abondance de pigeons qui font un dégât considérable dans ces saisons.

Le moyen ce serait de les faire enfermer dans les semences et dans les récoltes (2).

5° *Pour les lapins.*

Comme ce sont des animaux qui parcourent dans toutes les campagnes, qui mangent tous les grains, on demande le moyen de détruire ces animaux.

6° *Pour taille et accessoire* (3).

C'est un fait certain qu'il faut qu'il y ait, dans la Normandie et autres endroits, des droits royaux pour la construction des ports de mer et autres choses. Mais il n'est pas un fait constant que ce soit des pauvres malheureux fermiers, qui ont bien du mal

(1) Sur l'usage de l'eau de mer, c. f. Ancourt, 2.

(2) Il y avait plusieurs propriétaires nobles à Ouville : le marquis de Thiboutot, un de Béthencourt, un d'Anglesqueville ; mais le registre des vingtièmes, dans la dernière vérification de cette paroisse en 1770, ne mentionne pas de colombiers sur leurs terres. Sur la fermeture des colombiers à certaines époques, c. f. Lindebeuf, 7, qui demande qu'ils soient fermés du 1ᵉʳ août au 1ᵉʳ novembre, et sur l'état de la législation à ce sujet, Auffay, 7, et la note.

(3) En 1789, taille : 1.790 l. ; accessoires : 1.048 l. ; capitation : 1.130 l. ; au total, avec la collecte et les frais : 4.254 l. 14 s., y compris 200 l. pour un procès à propos de la collecte en 1784. — Exempts : Guil. Ferand, curé, (son bénéfice) ; le marquis de Thiboutot, (herbage et bois taillis) ; d'Anglaiville, [d'Anglesqueville], château, cour, jardin, 30 acres de labour ; de Milleville de Béthencourt, (château, cour, jardin, 30 acres de terre de labour). Arch. S.-Inf., C. 1864.

à payer leur maître, qui soient obligés de payer ces droits tandis que, dans toutes les paroisses en partie, les seigneurs et gentilshommes font valoir une quantité de fermages, sans qu'ils ne paient aucune chose de ces impositions (1).

Il faut donc, par ce moyen, que ces pauvres fermiers, leurs femmes et leurs enfants, cessent de faire valoir leur fermage puisqu'ils ne peuvent subvenir à payer ses [leurs] impositions. Il faillirait [faudrait] pour cela que S. M. délivre un arrêt d'imposer, au lieu des fermiers, les maîtres, et cela ferait un soulagement pour les fermiers.

[7º] *Pour les moulins.*

En Normandie les meuniers doivent prendre la 16e livre pour le droit de moute; au lieu de prendre la 16e, prennent quelquefois la 8e, ce qui fait une erreur dans cette partie (2).

N'est-il [pas] affreux, surtout dans une cherté de grains, qu'un pauvre particulier qui [a] cinq à six enfants, qui travaille jour et nuit, et sa femme, pour gagner ce qui leur faut pour vivre ? Il est fâcheux qu'il soit forcé par le meunier d'aller à son moulin. L'on peut répondre à cela qu'il y a un brancard au moulin, qu'il pèse son blé et sa farine.

Voulez-vous que ce pauvre particulier, à qui le temps est si précieux, perde sa journée pour aller voir moudre son blé et le peser ? Le meunier moud autant de nuit que de jour ; à quelle heure ce pauvre particulier se rendra-t-il au moulin ? Hélas ! souvent ceux qui pèsent, comme ceux qui ne pèsent point, se trouvent aussi mal servis.

Il y aurait un moyen d'empêcher le doute d'être pillé. La police met le prix au pain tous les deux ou trois mois, suivant la variation du prix du blé; de même la police rendrait, tous les trois mois, une ordonnance qui autoriserait les meuniers à percevoir tant d'argent du boisseau, pour le droit de moute, au lieu de blé, laquelle ordonnance serait affichée aux halles et aux moulins enfin qu'elle fût vue et lue de tous ceux qui y vont.

(1) Il y avait à Ouville trois grands propriétaires : le marquis de Thiboutot, (un moulin. 100 acres de labour, 6 acres de prairie, 40 acres de côtes, 2 acres de bois taillis), le tout loué 2.600 l. en 1774; de Béthencourt : 4 acres de masure, 115 acres de labour, 9 acres de bois, d'un revenu de 2.400 l. en 1774; d'Anglesqueville : cour d'honneur, jardin, masure et terres, d'un revenu de 1.800 l. (Arch., S.-Inf., C. 536, f. 204).

(2) Il y avait un moulin à eau sur les terres du marquis de Thiboutot. Le cahier de Crosville-sur-Scie se plaint aussi que les meuniers prennent le double de ce qui leur est dû. En général le droit de moute, en Normandie, était d'un peu plus du onzième, et non du 16e, comme le dit le cahier.

Et si les meuniers, il leur était prouvé d'avoir pris du blé pour le droit de moute, qu'il fût puni publiquement et faire une amende aux pauvres.

Fait et arrêté par nous soussignés ce jourd'hui 13ᵉ de mars 1789. Ant. Sanson, Carruel, Hébert, Boudet, Nic. Sanson, Lavieville, De Lafontaine, Aug. Barbe, Barbe, Brière, Caron, syndic, Baudribos, greffier.

POMMERÉVAL (ou POMMERVAL)

Dép. : Seine-Inf. ; arr. : Dieppe ; canton : Bellencombre. Au bord de la forêt d'Eawy, à 29 k. au S.-S.-E. de Dieppe.

Gén. : Rouen ; El. : Arques.

Pop. : 1738 : 102 f. ; 1749 : 83 f. ; 1772 : 90 f. ; 1789 : 107 f. ; 1749 : 180 hab.

Seigneur et patron : le comte de Sedaige (1).

Procès-verbal

Assemblée 1ᵉʳ mars, « en un appartement du château, manoir de Pommeréval », devant J. Vitrebert, syndic ; 15 comparants : J.-J. Delalande, L. Vitrebert, Nic. Grenier, Georges Adam, Franç. Saint-Aubin fils, P. Vielle, Nic. Delalande, Jac. Pinel, Machabée Batement, J. Davous, Mic. et Thom. Bréard, Ant. Delaunay, Franç. et Nic. Varin. Quinze signatures, dont plusieurs informes.

Députés : Denis Brument, Franç. Lamoureux (2).

Etat des remontrances et doléances que présentent les habitants de la paroisse de Pommeréval, élection d'Arques.

1º Les habitants se plaignent qu'ils sont beaucoup surchargés aux impositions. La majeure partie n'est composée que de bûcherons qui ont nombre d'enfants.

____

(1) Il y avait 2 fiefs dans la paroisse : celui de Pommerval, qui relevait, ainsi qu'une partie de la paroisse, de la baronnie et haute justice de Bures, et le fief Diel, qui relevait de la haute justice de Fresles (Arch. S.-Inf., C. 530).

(2) En 1789, taille : 1.304 l. ; access. : 756 l. ; capit. : 815 l. Le syndic Vitrebert, propriétaire d'une maison et masure, (revenu : 100 l.), paie 15 l. de taille, (le rôle ne donne que la taille) ; Brument, (ferme de M. de Sedaige, 150 acres, 10 chevaux, 12 vaches, 150 moutons pour 1.700 l. et autre ferme de 600 l.), paie 290 l. ; Lamoureux, tourneur, ne paie que 9 l. Le rôle ne mentionne que dix bûcherons ; mais il y en a peut-être d'autres parmi les journaliers. L'assemblée électorale se compose de cultivateurs, de gens de métier et d'un seul

2º Ils sont considérablement chargés de pauvres, qui demandent jour et nuit, à cause de la grande augmentation du blé (1).

3º La paroisse est située dans le centre des forêts de S. M. Les bêtes fauves et les lièvres et lapins font journellement un tort considérable aux grains (2).

4º Les dames de Saint-Amand de Rouen possèdent les grosses dîmes de la paroisse qu'elles louent au curé ; il n'en paie aucune imposition, quoique cet objet soit de 5 à 600 l., au moins, de revenu (3).

5º Lesdits habitants ont la douleur de payer annuellement 5 sous pour livre de leur imposition à taille pour l'entretien des grandes routes, fardeau écrasant.

6º Ils se plaignent aussi de payer le sel à près de 30 l. le boisseau.

7º Ils demandent aussi l'anéantissement des moines.

Signé : Brument, Bréard, Nic. Varin, Vielle, Pinel, Lamoureux, Delaunay, Adam, Nic. Delalande, Franç. Saint-Aubin, Grenier, Franç. Varin, Davous, Battement, J.-J. Delalande, Vitrebert.

POURVILLE

Réuni à Hautot-sur-Mer en 1822. Dép. : Seine-Inf. ; arr. : Dieppe ; canton : Offranville. Sur la mer, à l'embouchure de la Scie, à 4 k. à l'Ouest de Dieppe.

Gén. : Rouen ; El. : Arques.

Pop. : 1738 : 25 f. ; 1789 : 20 f.

Seigneur et patron : le prince de Monaco, comme duc d'Estouteville.

PROCÈS-VERBAL

Assemblée 8 mars devant J.-B. Hénault, syndic ; 8 comparants : Et. Heude, Franç. Bonnechose, capitaine du guet, Alex. de Grave, père et

bûcheron, Fr. Varin. — Les exempts sont : de Beauchâtel, curé (son bénéfice-cure) ; Lebourgois, vicaire ; le comte de Sedaige, seigneur et patron, fait valoir son château ; Nic. Delalande, soldat invalide, fait valoir son bien de plus de 50 l. (Id. C. 1868).

(1) Le rôle de la taille mentionne 10 mendiants, « imposés à une obole ».

(2) La paroisse était située, comme celle d'Ardouval, entre la forêt d'Eawy et celle des Nappes. C. f. Ardouval, 6.

(3) D'après le registre des vingtièmes, ces dîmes n'étaient louées que 100 l. en 1749 ; mais ce chiffre est certainement trop faible. Le curé avait le reste des grosses dîmes, les vertes dîmes et les novales, estimées 500 l. en 1789.

fils, J.-B. Gruyer, J.-B. Hénault fils, Nic. Stale, P. Cabuse. Pas de signatures, sauf celle du syndic.

Député : Et. Heude (1).

Cahier

Remontrent à S. M. lesdits habitants et propriétaires et que ceux, actuellement y demeurant, pour pouvoir subsister, eux et leurs familles, sont obligés journellement, vu leur médiocre santé, de s'abandonner aller ramasser des coquillages, et autres mêmes poissons pour pouvoir subsister, ce qui, avec le reflux de la mer leur occasionne annuellement des fièvres continues ou putrides. Il y a plus ; ces malheureux ne recueillent, en quelque sorte, aucuns fruits et du [le] peu qu'ils en recueillent, sont de très mauvaise qualité, la récolte toujours très mauvaise pour la rigueur des saisons et les vents brûlants. Quant au commerce, il ne s'en fait aucun que celui ci-devant cité. Ce que nous certifions véritable. J.-B. Hénault, syndic ; les autres paroissiens ont déclaré ne savoir écrire.

QUIBERVILLE

Dép. : Seine-Inf. ; arr. : Dieppe ; canton : Offranville. A l'embouchure de la Saâne, à 16 k. à l'Ouest de Dieppe.

Gén. : Rouen ; El. : Arques.

Pop. : 1738 : 68 f. ; 1789 : 70 f.

Seigneur et patron : le comte de Choiseul-Gouffier.

Procès-verbal

Assemblée 4 mars, en l'église, devant J. Guilbert, syndic ; 7 comparants mentionnés : Ant. Leclerc, Ad. Giffard, J. Perey, Franç. Lavenu, Jac. Prieu, Nic. Guilbert, P. Eustache, etc., etc. Six signatures de comparants

---

(1) Pourville était une très pauvre paroisse. Le registre des vingtièmes, en 1770, y compte 14 maisons, une acre de masure, 29 acres de labours, dont 6 biens d'église, 32 acres de prairies. Ces prairies étaient médiocres, étant exposées aux inondations de la rivière ou de la mer dans les grandes marées. Les fièvres paludéennes, dont parle le cahier, ont duré jusqu'à nos jours et n'ont cessé qu'après la construction de la buse qui a assuré un écoulement régulier aux eaux de la Scie, asséché les prairies et assaini le pays. En 1789, la taille était de 135 l., les accessoires et la capitation réunis de 161 l. Cotes très faibles, deux seulement de plus de 60 l., plusieurs de 1 à 2 l. Le syndic paie 19 l. ; le député Heude est un charpentier : il paie 2 l. 15 s. Un seul exempt : le curé. (Arch. S.-Inf., C. 1869).

y compris le syndic ; en plus signatures de J. Lesueur, de P. et Vincent Guilbert.

Députés : Ant. Leclerc, Ad. Giffard, fermiers (1).

Cahier

Les habitants de la paroisse de Quiberville, pénétrés du respect le plus profond pour la personne du seigneur leur roi, attachés à son empire et par sentiment et par religion, ne cesseront, dans tous les temps, de bénir un prince qui, l'image de l'Etre suprême, cherche ici-bas à adoucir leurs malheurs et à les rendre heureux. Leurs mains élevées vers le ciel, ils demanderont, dans leurs prières, la conservation d'un monarque qui leur est d'autant plus précieux qu'il leur rappelle ce roi chéri, l'estime et l'amour des vrais Français, dont un autre Necker était la figure et l'emblème. S'ils se permettent quelques doléances, c'est autant pour obéir à un monarque que pour instruire un père qui veut adoucir le malheur de ses enfants.

[1] La justice étant un des attributs de la divinité, et le droit de la rendre un des devoirs essentiels d'un monarque, nous croyons que la vénalité des charges de judicature est un obstacle qui souvent s'oppose à son exécution ; ne pourrait-on pas, dans les villes, dans les bourgs, dans les paroisses, choisir des personnes autant recommandables par leur âge, leur expérience, que par leur probité qui, devenues arbitres des différends qui s'y élèvent, arrêteraient, par leur sagesse, des procès souvent commencés pour des matières bien légères, et [qui], trop souvent, deviennent la ruine de particuliers et le principe de ces divisions si contraires à cette union qui doit exister entre les enfants d'un père commun.

[2] Les chemins publics, ouverts pour la facilité du commerce, nous laissent à désirer leur entière exécution, (quoique l'on paie des droits chaque année pour leur confection). En travaillant à leur perfection, il serait à souhaiter qu'ils fussent garnis d'un double rang d'arbres qui, plantés pour satisfaire l'œil du voyageur

(1) L'assemblée se compose surtout de cultivateurs ; un seul journalier, Lesueur, et un tisserand, Nic. Guilbert. Le syndic, (maison, masure, 6 acres en location pour 60 l.), paie 27 l. de taille et suites. Le député Leclerc fait valoir deux fermes, l'une de 84 acres, à M. Desmarquais, pour 1.400 l., l'autre de 20 acres en propre, d'un revenu de 400 l. ; il a 6 chevaux, 2 charrues, et il paie 418 l. de taille, etc. L'autre député, Giffard, cordonnier et fermier, (3 chevaux, une charrue), paie 74 l. — En 1789, taille : 1.037 l. ; acces. : 591 l. ; capitation : 638 l. Exempt : Le Gendre, prêtre desservant, (son logement et la moitié du jardin). Quelques tisserands mentionnés sur le rôle ; pas un matelot, ni un pêcheur (Arch. S.-Inf., C. 1871).

et le mettre à couvert des rayons du soleil, fourniraient à la postérité un bois dont probablement elle manquera.

[3] Le prix trop bas du blé arrête, il est vrai, l'industrie et les travaux du cultivateur, dont on a voulu, par l'exportation, encourager les succès ; mais, d'un autre côté, le prix trop haut de cette même denrée, en absorbant les fonds du consommateur, doit arrêter et anéantir les autres branches de commerce. Pour remédier à ce double inconvénient, le roi est supplié d'établir des greniers publics qui, dans des années d'abondance, suppléant aux années de disette, mettraient dans le prix de cette denrée un juste milieu, qui ne serait préjudiciable ni au cultivateur, ni au consommateur : par là nous ne serions plus exposés, toutes les nuits, à l'importunité de ces vagabonds qui, venant nous demander du pain, nous forcent, à main armée, à leur prodiguer le fruit de nos sueurs et souvent notre nécessaire. Il est, il est vrai, des vieillards, des pères de famille, des veuves, des orphelins, au secours desquels il faut subvenir, mais en défendant strictement aux pauvres de divaguer, en punissant les contrevenants ; ne pourrait-on pas, dans chaque paroisse, établir des bureaux de charité, subvenir aux besoins des malheureux et arrêter par là le désordre ?

[4] La paroisse de Quiberville, située sur le bord des côtes de la Normandie, à une lieue de la ville de Dieppe, est exposée, par sa position, à être souvent dévastée par les orages et les tempêtes. Une nuit orageuse, un vent brûlant désole en un instant l'espoir du laboureur et le met à la misère (1). Cette circonstance, plus encore son sol, naturellement aride, devraient lui faire donner quelques adoucissements dans l'imposition de la taille.

[5] La proximité de cette paroisse de deux vallées, également baignées par la mer dans son flux, en rendant le pays, et ce qui l'avoisine, malsain, ne pourrait-on pas obvier à cet inconvénient en opposant le long des bords de ces rivières une digue aux extravasions de la mer qui serait contenue dans le lit des rivières ? En rendant à ce pays la salubrité qui lui manque (2), on défri-

---

(1) Sur ces tempêtes et ces vents arides, mais plus souvent glacés que trop chauds, qui soufflent du nord et du nord-est, c. f. le cahier de Hotot, préambule. La situation de Quiberville était celle de toutes les paroisses limitrophes de la mer, dont les terres de labour s'étendaient sur le plateau jusqu'au bord de la falaise. En 1780, ces terres n'y sont estimées, selon leur catégorie, qu'à 25 l. 15 l. 10 l., au lieu de 36 l. 24 l. 12 l. à Offranville (Registre des vingtièmes, C. 536).

(2) Ces deux vallées sont, à l'est, celle de la Saâne, qui finit à Quiberville

cherait, au profit de l'agriculture, un terrain perdu et qui lui serait restitué.

[6] Cette paroisse, comprise dans le nombre de celles que l'on appelle garde-côtes (1), fait de ses habitants autant de personnes, chargées de veiller toute leur vie à la sûreté de la chose publique, en sorte que chaque individu en naissant devient soldat, mais n'est-ce pas un double emploi pour elle et celles qui sont dans le même cas, que de tirer au sort pour fournir son contingent de matelots pour monter les flottes de S. M. (2)? Ces malheureux, enlevés à leurs travaux rustiques ordinaires, sont livrés sur les vaisseaux du roi à des travaux qui leur sont absolument étrangers : de là les maladies, le chagrin et la mort. L'expérience, dans la guerre dernière, a constaté ce fait : le voisinage de la mer ne forme pas le marin : il faut de l'habitude et de la bonne volonté (3).

[7] Le voisinage de la mer les mettant à portée d'y trouver l'eau salée, si nécessaire et pour les bestiaux et pour les besoins de la vie, souvent hélas ! ils éprouvent des refus et sont forcés par la dureté des préposés de se priver d'un bienfait que le ciel a mis, pour ainsi dire, sous leurs mains.

[8] Les lapins, trop multipliés dans cette paroisse, dévastent les champs des particuliers qui les avoisinent ; des lois sages ont déjà tenté d'en diminuer l'espèce ; mais, trop souvent, les terres

même, à l'ouest, celle du Dun, qui finit à Saint-Aubin-sur-Mer : le territoire de Quiberville s'étendait sur le plateau situé entre ces deux rivières. Comme à Pourville, les hautes marées inondaient les prairies et les fièvres paludéennes y sévissaient : on y a remédié de nos jours par la construction de buses à l'embouchure des deux rivières ; de plus, une digue naturelle, formée de gros galets, mais entretenue aujourd'hui avec soin, protège contre la mer la vallée de la Saâne, large à cet endroit de près d'un kilomètre et qui est formée de riches prairies.

(1) Les canonniers garde-côte avaient été organisés par le règlement du 15 déc. 1778 (Isambert XXV, p. 465) : ils remplaçaient l'ancienne milice garde-côte. Il y avait 393 paroisses sujettes à ce service dans la généralité de Rouen ; 82 appartenaient au bailliage d'Arques. Quiberville faisait partie de la division d'Avremesnil et de la compagnie du Bourg-Dun qui comprenait les paroisses du Bourg-Dun, Avremesnil, Quiberville, Saint-Aubin-sur-Mer, Saint-Denis-du-Val. En 1786, sur 9 hommes appelés au tirage, deux seulement sont jugés bons pour le service et un tombe au sort pour la garde-côte (Arch. S.-Inf., C. 719).

(2) Il s'agit des matelots auxiliaires ou canonniers-matelots, dont l'ordonnance du 1er janvier 1786 avait créé 9 divisions pour suppléer à l'insuffisance des matelots classés, nos inscrits maritimes actuels. Les canonniers-matelots étaient tirés au sort parmi les hommes des paroisses côtières, qu'ils fussent ou non marins de profession : c'est précisément ce dont se plaint notre cahier. Sur cette question, c. f. Dieppe, 12, Belleville-sur-Mer, 3, Blosseville, 3.

(3) Les matelots auxiliaires, levés pendant la guerre d'Amérique, avaient péri en grand nombre de chagrin, de misère et d'épidémie. Plusieurs cahiers du Cotentin et du bailliage d'Arques font allusion à ces faits encore récents. C. f. Dieppe, 12, et Berneval, 6, et la note. La paroisse de Varengeville, voisine de Quiberville, avait perdu près des sept huitièmes de son contingent.

conservées par des gardes-chasse, soutenus du nom et de l'autorité de leurs seigneurs, sont détruites et le fermier, arrêté par
la crainte, n'ose porter les plaintes parce qu'elles sont souvent
infructueuses, et souvent dangereuses, par les suites.

Telles sont les doléances, plaintes et remontrances des habitants de la paroisse de Quiberville, soussignées par ceux des habitants qui savent signer... Ant. Leclerc, Ad. Giffart, Nic. Guilbert,
J. Perrée, J. Lesueur, Vinc. Guilbert, P. Guilbert, P. Eustache,
J. Guilbert, syndic.

RAINFREVILLE

Dép. ; Seine-Inf. ; arr. : Dieppe ; canton : Bacqueville. Sur la Saâne,
à 21 k. S.-O. de Dieppe.

Gén. : Rouen ; El. : Arques.

Pop. : 1738 : 33 f. ; 1789 : 32 f.

Seigneur : M. de Ricq, écuyer ; patron : l'abbé de Corneville.

Procès-verbal

Assemblée 7 mars devant Ch. Retout, syndic ; 12 comparants : Michel
Guérout, Mlle Pillon, Noël Poulain, Vinc. Berville, Jean. Fécamp, Nic.
Courbe, Mic. Boust, Mic. Mulot, Mic. Berville, P. Lucas, Nic. Pillon, Jac.
Retout. Signatures de tous les comparants, dont Anne Pillon (1).

Députés : Nic. Pillon, Jac. Retout.

Cahier de plaintes, doléances et remontrances.

Avons unanimement arrêté ce qui suit :

1º Demandons à S. M. que les Etats généraux se tiennent tous
les trois ans.

---

(1) La présence d'une femme, Anne Pillon, parmi les comparants et les
signataires, est un fait exceptionnel que rien n'explique : elle ne figure même
pas sur le rôle de la taille comme dirigeant une exploitation agricole. Il est
probable qu'elle est la sœur du député Nic. Pillon. — L'assemblée comprend
cinq ou six tisserands : Poulain, Berville, Fécamp, Courbe, Lucas ; ils étaient
nombreux dans la paroisse.
En 1789, taille : 940 l. (en tout 966 l.) ; accessoires : 560 l. ; capitation : 602 l. Exempts : le curé Mullot, (bénéfice et dîmes 900 l.) ; M. de Ricq,
écuyer, seigneur du grand Ecaquelon, occupe son manoir seigneurial, a trois
domestiques. — Le syndic Ch. Retout et son frère occupent une ferme de
60 acres pour 1200 l. ; ils sont imposés à 330 l. ; le premier député, Nic. Pillon,
marchand et laboureur, paie 7 l. 18 s. seulement. Le second député, Jac.
Retout, n'est pas inscrit au rôle de la taille ; c'est probablement le frère du
syndic (Arch. S.-Inf., C. 1872).

2º Il serait très nécessaire que tous les impôts fussent réduits à un seul et sans aucune exception de privilège.

3º N'ayant qu'un seul impôt, il ne suffira qu'un seul homme pour en faire le recouvrement dans chaque paroisse.

4º L'abolition de la gabelle, des aides et autres charges de finance dont le poids et les vexations écrasent les citoyens.

5º Pour la corvée des grandes routes, que l'on fait payer aux taillables, à raison de 5 s. pour livre du principal de taille, il serait plus à propos de les faire payer par les voituriers et rouliers puisque ce sont eux qui en font les destructions.

Si S. M. rendait contribuables la noblesse et les messieurs du clergé, de quel ordre et condition qu'ils soient, cela lui formerait un grand bénéfice ; dans notre paroisse, MM. Dericq, père et fils, font valoir leur fief et viron huit acres de masure et, en outre, viron 17 à 18 acres de terre en labour, pour lesquelles ils ne paient point de taille (1). M. le curé de ladite paroisse fait valoir son bénéfice, pour lequel il n'en paie point de taille, et, en outre, il fait valoir les grosses dîmes dudit lieu, appartenant à M. l'abbé de Corneville (2), lesquelles dîmes étaient occupées avant lui par un particulier du lieu, qui en payait 60 l. de taille en principal, pendant que le sieur curé ne paie aucune imposition. S. M. pourrait faire du bien à son peuple en les assujettissant, ces M^{rs}, à une imposition de leurs semblables (sic) : ils ne seraient point si avides à faire valoir. S. M., qui est le protecteur des pauvres et le défenseur des opprimés, pourrait assujettir les occupants des grosses dîmes à payer une somme de tant pour livre, tel qu'il jugerait à propos, qu'il [qui] serait déposée en mains sûres dans la paroisse, pour subvenir au besoin des pauvres, qui se

(1) Le revenu de la portion que les Dericq faisaient valoir directement était estimé 500 l. en 1789 (Reg. des vingtièmes C. 529, II, f. 243). Mais leur fief, terre et seigneurie d'Ecaquelon, était bien autrement important : il comprenait pavillon, cour, jardin, 3 acres et demie de médiocre labour, maison, moulin à eau, une acre de médiocre pré ; une ferme de 2 acres de bonne masure, 25 acres de médiocre labour, 15 acres de mauvais pré ; une demi-acre de bonne masure, une acre et demie de bon labour ; une autre ferme, (maison, bâtiments, 9 acres de bonne masure, 60 acres de bon labour, 40 acres de mauvais, 3 acres de médiocre pré, deux acres et demie de bons bois taillis) ; une autre maison et bâtiments, avec une demi-acre de bonne masure et une acre et demie de bon labour. Le tout, évalué à 2.810 l. de revenu avant 1764, avait été ramené à 820 l. en 1764, relevé à 1.000 l. en 1774 (Id. f. 237). Nous voyons, par cet exemple, comment les seigneurs réussissaient, grâce à leurs influences, à échapper, en partie, aux vingtièmes.

(2) Le curé avait son presbytère, maison, jardin, cour, évalué 60 l. en 1789, et une partie des dîmes, 600 l. Le reste des dîmes appartenait à l'abbé de Corneville et était loué 800 l. au curé (Id. f. 243).

trouveraient dans l'indigence, de sorte qu'il prendrait les dîmes sur cette condition. Avec les aumônes de la paroisse on pourrait, par ce moyen, parvenir à arrêter la mendicité.

Nous soussignés, habitants taillables de la paroisse de Rainfreville, reconnaissons avoir été présents à la rédaction du présent cahier de doléances, plaintes et remontrances...

Signé : Retout, syndic, Poulain, Fécamp, P. Lucas, Vinc. Berville, Mic. Berville, Boust, Mulot, Courbe, Jac. Retout, Guéroult, Anne Pillon, Nic. Pillon.

RÉUVILLE (1)

Dép. : Seine-Inf. ; arr. : Yvetot ; canton : Doudeville. A 20 k. N.-E. d'Yvetot, à 2 k. à l'O. de Saint-Laurent-en-Caux.

Gén. : Rouen ; El. : Arques.

Pop. : 1738 : 61 f. ; 1772 : 80 ; 1789 : 100 f.

Seigneur et patron : Franç. Louis Le Seigneur, chevalier, seigneur de Réuville, conseiller au Parlement de Rouen.

Procès-verbal

Assemblée 5 mars : tous les habitants taillables et domiciliés, en personne, devant Nic. Blard, syndic ; 12 comparants : Nic. Volet, Bruno d'Epinay, J.-B. Niel, Ch. Antheaume, Mic. Bonnet, Ch. Valois, Christ. Hinfray, Franç. Fiquet, Franç. Delaunay, Jac. Antheaume, Franç. Bénard, P. Rouy. Dix-neuf signatures dont celles d'Ad. Lecoutre, Léon ..., Ad. Nic. Roger, Nic. et Laurent Edet, non mentionnés parmi les comparants.

Députés : Nic. Blard, J.-B. Niel (2).

(1) Réuville était une paroisse industrielle, comme Saint-Laurent-en-Caux et les paroisses voisines, Beauville et Bretteville. Ces paroisses, dont les cahiers forment un groupe particulier, signalent la crise qui sévit à ce moment sur la toilerie et qui laisse la moitié des tisserands sans ouvrage, (art. 5 de Beauville, art. 4 de Réuville). C'est le développement de l'industrie au XVIIIe siècle qui explique l'accroissement régulier du chiffre des feux. L'assemblée électorale comprend 5 toiliers et trois tisserands.

(2) Nic. Volet, Ch. Antheaume, Mic. Bonnet, Ch. Valois, Hinfray sont des toiliers, la plupart à la fois cultivateurs et toiliers : ils sont imposés respectivement à 94 l., 80 l., 52 l., 110 l., et 90 l. de taille, accessoires et capitation. Mais le syndic et premier député, Blard, est un fermier, (100 acres de terre de M. de Réuville pour 1.800 l.) : il paie 507 l. d'impositions ; le second, Néel ou Niel est un cultivateur et marchand, imposé à 70 l. — Parmi les comparants : Bruno d'Epinay, (ferme de M. de Réuville pour 2.200 l.), paie 489 l. ; Jac. Antheaume, (moulin à vent de M. de Réuville et dix acres pour 300 l.), paie 132 l. — En 1789, taille : 1.410 l., acces. : 826 l., capit. : 891 l. ; au total, avec les frais : 3.193 l. 4 s. 9 d. Exempts, le curé, J. Bougard, fait valoir son bénéfice, presbytère et dîmes, le vicaire, J.-B. Potier, le clerc, Rouy ; Franç. L. Le Seigneur, chevalier, seigneur et patron, fait valoir son château, cour d'honneur et jardin. Arch. S.-Inf., C. 1873.

*Cahier du placet, doléance et remontrance de la paroisse de
Reuville à l'assemblée du Tiers Etat du département d'Arques
qui se tiendra à Dieppe, lundi prochain 9 mars, ainsi qu'il suit.*

[Le cahier appartient au groupe de Beauville ; il est la reproduction textuelle du cahier de Beauville pour les 10 premiers
articles ; mais il supprime l'art. 3 de Beauville, sur les terres
occupées par les seigneurs et qui ne sont pas imposées à la taille,
et il introduit un article sur la difficulté de recueillir les impôts
et les fermages (art. 5). Les articles 11-15 sont originaux. Nous
renvoyons donc au cahier de Beauville pour les articles 1, 2, 3,
4, 6, 7, 8, 9, 10 qui correspondent aux articles 1, 2, 4, 5, 6, 7,
8, 9, 10 de Beauville : la seule différence est la substitution du
mot Reuville au mot Beauville, quand le nom de la paroisse
est cité, et l'emploi du mot liards, au lieu du mot deniers, dans
l'art. 1 sur la gabelle. Nous donnons ci-dessous les articles
originaux].

[5] Vu cette misère générale, le collecteur ne peut recouvrer
les impôts, ni le propriétaire son fermage ; de là l'impossibilité
d'augmenter les tailles et la nécessité indispensable de les diminuer.

[11] Que les dîmes soient partagées, comme dans le premier
temps qu'elles ont été données aux églises, savoir un quart
pour le curé, un quart pour les prêtres habitués et autres officiers
de l'église, un quart pour les réparations du lieu saint et presbytère et le dernier quart pour le soulagement des pauvres.

[12] Que la répartition des impôts soit confiée aux Assemblées
municipales.

[13] Que la récolte de 1787, ayant été considérable en tous
grains et fourrages, les pauvres avaient lieu d'espérer que,
quoique celle de 1788 ait été modique, les halles se trouveraient
fournies de blé, le plus nécessaire à la vie, et qui ne manque
dans le canton que, parce que, au lieu de le porter aux halles,
les cultivateurs l'ont vendu furtivement dans leurs maisons à
des monopoleurs, qui l'ont enlevé, et mis, par leur manœuvre
nocturne, la disette la plus affreuse dans le pays.

[14] Que l'exportation des blés ne soit plus permise à l'avenir
afin que le pain soit à un prix plus modique, vu le prix exorbitant où il est monté dans notre canton, qui est de quatre sols
la livre. Le souverain monarque remarquera qu'il est impossible

que son menu peuple puisse vivre, ni payer les impôts et leur fermage, vu le commerce tombé, comme il est ci-dessus représenté.

[15] Il serait encore nécessaire pour le bien public que les pigeons fussent détruits, ainsi que les lapins, qui font un tort considérable à la récolte.

Fait et arrêté par nous·soussignés, composant le général de la paroisse de Reuville, ce jourd'hui, jeudi cinq mars mil-sept cent quatre-vingt-neuf, et avons signé après lecture : Blard, syndic, Niel, Ch. Antheaume, Le Coutre, Franç. Bénard, Nic. Edet, Léon ..., Bénard, Roger, Hinfray, Fiquet, P. Rouy, Laur. Edet, Bruno Dépinay, Valois, Jac. Antheaume, Nic. Volet, Mic. Bonnet, Franç. Delaunay.

RIBEUF

Réuni à Ambrumesnil en 1822 ; dép. : Seine-Inf. ; arr. : Dieppe ; canton : Offranville ; commune : Ambrumesnil.

Gén. : Rouen ; El. : Arques.

Pop. : 1738 : 8 f. ; 1789 : 11 f.

Patron : le roi.

Procès-verbal

Assemblée 3 mars, devant Jacques Boitout, laboureur et syndic ; 5 comparants : Ch. Houx, laboureur, Henri Doudement, meunier, J. Thuillier, mégissier, Ch. Détoudville, tisse and, Ch. Neveu, tisserand. Six signatures dont celle du curé, Vieillot (1).

Députés : Jacques Boitout, Jean Thuillier.

Cahier de doléances, plaintes et remontrances des habitants de la paroisse de Ribœuf, assemblés en la manière accoutumée.

Nous avons trouvé que notre paroisse est surchargée d'impositions en ce que :

1º M. le marquis de Thiboutot occupe et fait valoir 40 à 50 acres de terre, qu'il a plantées en bois taillis, semées en luzerne,

____

(1) La présence du curé s'explique probablement par le fait qu'il est imposé à la taille (6 l. 10 s.) pour une acre de terre du trésor qu'il loue 30 l. Boitout, Thuillier et Doudement sont des locataires du comte de Canouville. Cf. plus loin la note de l'article 7.

côtes, aussi plantées, au moins de six acres, tous objets autrefois loués et aidant aux charges, et aujourd'hui exempts, étant dans les mains dudit seigneur (1).

2º M. le comte de Canouville fait aussi valoir viron deux acres de bois taillis en quatre différentes petites remises, lesquelles deux acres faisaient autrefois partie de la ferme.

3º M. le curé fait valoir deux acres de terre, qui sont aussi exemptes, ainsi que son presbytère, qui ne consiste qu'en un jardin sans masure (2).

4º La gabelle est une charge dont tout le monde sent la pesanteur (3).

5º On en peut dire autant des aides.

6º Les corvées ne sont pas moins à charge.

7º Les taille et capitation sont fortes, surtout pour les années de disette (4).

8º Les mendicités écrasent les cultivateurs.

9º Les gros décimateurs, qui laissent à peine de quoi vivre au curé, ne suppléent point au besoin de la paroisse (5).

10º Réforme de la justice dans le code civil et criminel, et surtout abolir, autant qu'il sera possible, les différents degrés de juridiction ; et il serait bien à désirer que les procès se terminassent dans l'année et que les petits objets fussent jugés sans appel jusqu'à la concurrence de 300 livres.

(1) Le registre des vingtièmes, pour 1790, porte cette mention : le marquis de Thiboutot, pour bois, terres labourables et sainfoins, [ou luzernes], qu'il fait valoir, estimés à 400 l., imposé à 40 l. ; le comte de Canouville, pour bois et remises [à gibier], estimés 20 l., imposé à 2 l. (Arch. S.-Inf., C. 536, f. 306).

(2) Le curé avait presbytère, cour, jardin et les dîmes évaluées à 1.400 l. en 1789 ; le même bénéfice n'était évalué qu'à 600 l. en 1759 (Id.).

(3) Ribeuf relevait du grenier de Dieppe et était taxé à trois minots.

(4) En 1789, taille : 530 l., (545 l. en tout) ; accessoires : 300 l. ; capitation : 325 l. — Exempts : le curé Vieillot, le clerc Catel. Sur 25 cotes, il y en a dix de cultivateurs d'Ambrumesnil et une d'un cultivateur de Luneray, L. Ouvry, qui exploite la seule ferme importante de Ribeuf avec celle de Boitout. Boitout est le principal fermier ; il occupe une ferme du marquis de Canouville, (60 acres pour 1.000 l.), et 30 acres du prieuré de Ribeuf pour 400 l. ; il a 6 chevaux, 2 charrues, un troupeau et il est imposé à 417 l. Le second député, Thuillier, autre locataire du marquis de Canouville, est un bourrelier ; il paie 17 l.; Doudement tient le moulin à blé du même propriétaire : il paie 114 l. (Arch. S.-Inf., C. 1874). Ni le collecteur principal, ni les consorts ne savent signer.

(5) Il n'y avait pas de gros décimateurs à Ribeuf. Le trésor de la paroisse avait un trait de dîme de 616 l. ; le curé avait le reste des dîmes. Mais le prieuré de Saint-Laurent d'Envermeu y avait des terres, d'un revenu de 1.120 l. en 1789, tenues par Boitout, qui n'avouait qu'un fermage de 400 l. Voir la note précédente.

Voilà à peu près les sujets de plaintes que nous osons porter au pied du trône, et nous supplions S. M. de vouloir bien y avoir égard.

Signé : Vieillot, curé de Ribeuf, Jac. Boitout, Thuillier, Doudement, Neveu.

RICARVILLE

Dép. : Seine-Inf. ; arr. : Dieppe ; canton : Envermeu. Sur la Béthune, à 20 k. S.-E. de Dieppe.

Gén. : Rouen ; El. : Arques.

Pop. : 1738 : 65 f. ; 1789 : 70 f.

Seigneur et patron : de Ricarville, lieutenant des maréchaux, à Dieppe.

Procès-verbal

Assemblée 5 mars, «la majeure partie des habitants taillables de ce lieu», devant J.-B. Bienaimé, fermier, syndic ; 19 comparants : P. Lefebvre, laboureur, J.-Bapt. Bienaimé, Vinc. Lefebvre, Ant. Pinchon, Jac. Prévost, Jac.-Et. Le Vistre, Nic. Jacques, Ch.-Franç. Bénard, J. Ratel, Ch: Febvre, J. Le Vistre, L. Gommarin, Nic. Dubuc, Toussaint-Bigot, Noël, Cambour, Ad. Balluet, Guil. Roulland, J.-Bapt. Sellier, Ant. Cambour. Treize signatures seulement, la plupart informes (1).

Députés : P. Le Vistre, laboureur, Jean Le Vistre, laboureur (2).

Cahier des doléances et remontrances des habitants de la paroisse de Ricarville.

Demandent : 1º Que les États généraux assemblés s'occupent des moyens les plus efficaces pour simplifier et diminuer les frais de régie dans la perception de l'impôt et l'administration des finances.

2º Une marche plus prompte et plus simple dans la plaidoirie, dont les formes et les longueurs ruinent les plaideurs.

____

(1) Il y avait pourtant « un magister », mentionné par le rôle de la taille.

(2) En 1789, taille : 735 l., (en tout 756 l.) ; accessoires : 430 l.; capitation : 464 l. Exempts : le curé Vincent, le magister, faisant valoir une maison de l'église. — Le syndic Bienaimé, (moulin à blé pour 300 l.), paie 77 l. ; Le Febvre, (deux fermes de 40 acres pour 600 l.), paie 231 l.; Le Vistre, (maison, masure et plusieurs pièces de terre), paie 54 l. La paroisse comprend beaucoup de petits locataires ; il n'y a pas un seul tisserand de mentionné sur 77 cotes. Neuf mendiants et absents (Arch. S.-Inf., C. 1875).

B. A. 29

3º Que le pauvre et le faible soient soutenus contre les prétentions et entreprises des seigneurs soit laïcs, soit ecclésiastiques.

4º La suppression absolue de toutes les banalités, droits de colombiers, garennes, etc., servitudes odieuses et tyranniques dans un gouvernement libre.

5º Que la répartition de l'impôt se fasse avec plus d'égalité sans que l'acception des personnes nobles, religieuses ou ecclésiastiques, puisse gêner désormais les chargés de l'assiette et recouvrement des deniers publics ainsi que des charges particulières des communautés.

6º Qu'il soit sollicité de l'autorité royale des ordres positifs pour la destruction des bêtes fauves et autre gibier de toute espèce dans toute l'étendue des forêts de S. M. en ce pays, où leur trop grande multiplication saccage et anéantit habituellement les moissons des cultivateurs riverains (1).

7º Que, pour le soulagement du peuple, et en particulier des habitants de cette paroisse, composée de 70 feux, dont 40 sont habités par des indigents, non encore mendiants, il soit pris les mesures les plus sages et les plus sûres pour faire baisser la hausse effrayante du prix des blés, qui cause actuellement ici une misère affreuse et générale (2).

8º Enfin l'abus le plus criant, contre lequel les soussignés sont forcés de réclamer la justice bienfaisante du souverain, est l'usage inique et révoltant que l'on a fait ici, depuis vingt ans, des deniers perçus de plus de vingt paroisses dans cette vallée, pour l'entretien des chemins, lesquelles sommes, qu'on peut évaluer à 150.000 livres au moins, n'ont été injurieusement (sic) et abusivement employées jusqu'alors qu'à la confection d'un prétendu chemin, qui nous sera toujours inutile, et qui, quoique de dix lieues seulement pour conduire de Dieppe à Forges, après nous avoir déjà coûté des sommes immenses, ne finira probablement pas d'ici à cinquante ans encore, tandis que notre vraie, notre seule grande route de Dieppe à Neufchâtel, est

(1) Ces forêts sont la forêt de Hellet, à droite de la vallée de la Béthune, et la forêt des Nappes, à gauche. Mêmes plaintes dans le cahier de Maintru, paroisse voisine de Ricarville.

(2) Cette affirmation paraît exagérée. Le rôle de la taille mentionne 9 mendiants et absents, dont 3 veuves et 2 filles ; mais l'ensemble des cotes, bien qu'il y en ait quelques-unes de 2 livres seulement, ne révèle pas une situation pire que dans les autres paroisses. Il n'y avait pas de grosses fermes, mais un assez grand nombre de petites exploitations.

tellement impraticable qu'elle nous prive pendant la plus grande partie de l'année de toute espèce d'exportation de nos récoltes, ce qui fait notre ruine, notre malheur et notre désespoir commun (1).

Nos présentes doléances et remontrances, ainsi rédigées, ont été signées par nous, habitants de ladite paroisse, tous nés Français, le jeudi 3 de mars 1789, en l'assemblée, pour être, par les Etats généraux du royaume, assemblés à Versailles, mises sous les yeux du roi et obtenir de sa justice la cessation prochaine de nos calamités.

Signé : J.-Bapt. Bienaimé, Goumarin, Roulland, J. Le Vistre, Noël Cambour, Jac. Prévost, Ch. Febvre, Toussaint-Bigot, Vinc. Le Febvre, Ant. Cambour, J.-.B. Sellier, Bienaimé, syndic.

ROUXMESNIL (auj. ROUXMESNIL-BOUTEILLES)

Dép. : Seine-Inf. ; arr. : Dieppe ; canton Offranville. A 5 k. au S. de Dieppe.
Gén. : Rouen ; El. : Arques.
Pop. : 1738 : 6 f. ; 1789 : 7 f.
Patron : le seigneur.

Procès-verbal

Assemblée 4 mars, « au buffet de ce lieu », devant P. Dubos, syndic ; 5 comparants : Nic. Saint-Saëns, P. Paon, J. Canel, J. Martel, André Rochette. Ils ont tous signé le procès-verbal.
Députés : P. Dubos, Nic. Saint-Saëns (2).

(1) Cet article est intéressant parce qu'il nous montre que, bien avant l'édit du 27 juin 1787, les intendants avaient, dans cette région, remplacé la corvée en nature par une taxe en argent. Nous avons fait la même constatation à Offranville. Le cahier de Freulleville, autre paroisse de la vallée de la Béthune, dit, (art. 10), que dix-huit paroisses de la vallée paient, depuis 25 ans, 10.000 l. par an pour les routes : on voit que ces chiffres n'ont pas de base précise. — Sur la route de Dieppe à Paris par Forges (nº 4 des routes de première classe dans le tableau dressé par l'assemblée provinciale), consulter la note de l'art. 7 du cahier d'Ardouval. Il restait encore 4.167 toises à faire dans le département d'Arques. La route de Dieppe à Neufchâtel, par la vallée de la Béthune, était instamment réclamée par les paroisses de cette région, et le département d'Arques appuyait énergiquement leur demande. Procès-verbal du département, oct. 1788, p. 32-34, Arch. S.-Inf., C. 2.154.

(2) Les comparants sont tous des cultivateurs et des fermiers, sauf le syndic, Dubos, maréchal, imposé seulement à 15 l. ; Saint-Saëns, (ferme de 45 acres pour 1.000 l.), paie 291 l. ; Paon, (38 acres pour 900 l., etc.) : 328 l. ; Canel : 55 l. ; Martel : 104 l. ; Rochette : 129 l. (taille : accessoires et capitation). En 1789, taille : 420 l. ; accessoires : 246 l. ; capitation : 265 l. ; en tout avec la collecte et les frais : 952 l. 17 s. Exempts : le curé J.-B. Paon, le clerc Gaillard. Il y a huit cotes de contribuables. (Arch. S.-Inf., C. 1876).

Cahier des doléances du Tiers Etat de la paroisse de Rouxmesnil.

[Le cahier est la reproduction textuelle du cahier d'Arques ; mais il supprime les deux premiers articles de ce dernier cahier qui sont des articles d'un caractère politique, le second surtout, (délibération en commun et vote par tête). L'art. 1 de Rouxmesnil correspond donc à l'article 3 d'Arques et ainsi de suite. Il est signé de : Jean Canel, Rochette, Paon, Martel, Dubos, Nic. Saint-Saëns].

ROYVILLE (1)

Dép. : Seine-Inf. ; arr. : Dieppe ; canton : Bacqueville. A 22 k. S.-O. de Dieppe.

Gén. : Rouen ; El. : Arques.

Pop. : 1738 : 80 f. ; 1772 : 125 f. ; 1789 ; 140 f.

. Seigneur et patron : de Tocqueville.

Procès-verbal

Assemblée 7 mars devant le syndic [Ch. Ant. Prévost] ; 11 comparants : Franç. Furon, Jac. Burel, J. Biville, P. Lefebvre, Ant. Prévost, P. Cantrel, Mic. Langlois, Ch. Bénard, Jac. Tristan, L. Dumontier, J. Bonamy. Douze signatures, dont celle de Nic. Biville non mentionné.

Députés : Nic. Biville, Ch. Prévost (2).

(1) Voici une note intéressante du contrôleur des vingtièmes sur cette paroisse en 1751. « Elle est située partie en pleine campagne et partie sur le bord de la rivière de Saâne, dont elle ne retire autre avantage que celui d'un moulin à eau pour blé et de quelques morceaux de prairie d'inégale valeur et qualité ; les masures et terres labourables y sont, pour la plupart, en assez bon fonds ; mais les bois taillis, joncs marins et pâtis, qui sont tous sur le penchant de la colline, sont de médiocre qualité. — Les habitants de cette paroisse, outre le labourage, s'occupent encore du travail de la siamoise, dont le commerce s'étend de plus en plus dans toute la contrée ; les fils de lin et de coton se trouvent dans le pays même où le principal travail est de les filer, après quoi les fabricants leur donnent toutes les préparations convenables et font les siamoises dont ils ont le débit en la ville de Rouen, éloignée d'environ 9 lieues ; comme il n'y a en cette paroisse ni foire ni marché, n'étant qu'un village, l'imposition du vingtième de l'industrie n'y a point encore eu lieu ». (Arch. S.-Inf., C. 529 f. 301). L'accroissement régulier du nombre des feux au 18e siècle est dû à l'industrie.

(2) Le rôle de la taille mentionne 6 toiliers, 34 tisserands, plusieurs fileurs, et il est possible qu'il y ait encore des tisserands parmi ceux dont la profession n'est pas indiquée et qui habitent le couvert. L'assemblée comprend cinq cultivateurs ou fermiers : Furon, (ferme de 40 acres et une autre de 12 acres), imposé à 321 l. ; Burel, (ferme de 60 acres), imposé à 315 l. ; Biville, imposé à 111 l. ; Lefebvre, (ferme de M. de Tocqueville, 100 acres), imposé à 416 l. ; P. Cantrel, propriétaire, imposé avec sa mère à 310 l. ; un marchand : Tristan

Doléances et représentations de la paroisse de Roiville-en-Caux, adressées aux Etats Généraux convoqués pour le 27 avril 1789. La gloire de la monarchie et le bonheur du peuple (1).

[1] Le roi assemble les Etats généraux pour concourir avec lui au plus sublime projet que son généreux cœur pût concevoir, celui d'acquitter les dettes de la nation sans fouler son peuple ; avant de recueillir nos plaintes, nos soupirs, ce père tendre adresse lui-même les siens à ses enfants ; il n'est pas heureux, *depuis longtemps le calme et la tranquillité sont bannis de son âme* : c'est lui qui ne craint pas de nous le dire ; après cet aveu touchant et digne de la belle âme du bon Henri, tous les cœurs français ne volent-ils pas autour du sien pour y verser la consolation en y ranimant l'espérance ? Si la paroisse de Royville n'ose se flatter de répandre des lumières auprès du trône, elle peut au moins répondre du plus parfait dévouement et de la plus respectueuse confiance dans les intentions de son vertueux monarque et du nouveau Sully qu'il vient de rendre à son peuple.

[2] L'Etat est obéré, aujourd'hui tout le monde le sait ; ce n'est plus le secret de la politique ; grâce à l'intrépide fermeté de ces notables, qui ont été l'objet de nos épigrammes, et qui n'auraient jamais dû l'être que de nos hommages, le voile mystérieux qui couvrait cette plaie gangreneuse, est enfin levé (2) ; l'honneur de la monarchie est compromis si un prompt secours ne vient combler l'abîme que l'esprit de déprédation a creusé.

[3] L'État est obéré ; mais l'État n'a-t-il plus de ressources ? Oui, sans doute, il en a encore ; mais il faut une secousse pour les mettre en jeu ; le moment de crise est arrivé : que la nation sache en profiter ; qu'elle seconde les vues de son roi ; qu'elle se prête à la réformation des abus dont le royaume est la victime ; qu'elle arrache cette rouille ancienne qui la ronge depuis des

(66 l.) ; un toilier : Prévost (38 l.), et quatre tisserands : Bénard (15 l.), Langlois (7 l.), Dumontier (6 l.), Bonamy (13 l.). Le syndic Prévost, (maison, masure, etc.), paie 154 l. — Rôle de la taille en 1789 : taille : 1.700 l., accessoires : 996 l. ; capitation : 1.074 l. (en plus : 73 l. 2 s. de collecte et divers). Exempts : le curé, Hochel, le vicaire, H. Paine, le clerc, Ch. Allais ; M. de Tocqueville, seigneur et patron, (son logis et jardin), (Arch. S.-Inf., C. 1877).

(1) Ces mots servent d'épigraphe et sont soulignés dans l'original. — Il n'y a pas, à vrai dire, d'articles dans ce cahier qui conserve le ton oratoire d'un bout à l'autre ; mais nous avons numéroté entre crochets les alinéas pour faciliter les comparaisons et les renvois

(2) Allusion à l'assemblée des notables de 1787, (22 fév.-25 mai), et à son conflit avec Calonne sur la question des états de finances et des nouveaux impôts.

siècles, et il ne tardera pas à reprendre son plus haut degré de splendeur et de prospérité.

[4] Le temps n'est plus où les plébéiens, qu'on appelait ignominieusement *vilains*, étaient regardés comme un méprisable troupeau, digne à peine de manger le blé que ses mains avaient fait croître ; l'illusion est détruite ; l'humanité, longtemps avilie, recouvre enfin ses droits sacrés et imprescriptibles ; l'homme sait aujourd'hui qu'il est homme, et qu'avec des titres de noblesse, on n'est jamais qu'un homme. A Dieu ne plaise qu'on veuille insulter à ces illustres familles, presqu'aussi anciennes que la monarchie ; qu'elles reçoivent ici le tribut de nos hommages et de nos respects ; màis puisqu'elles et leurs fortunes sont sous la protection de l'État, pourquoi ne porteraient-elles pas une partie des charges de l'État ?

[5] C'est en vain que, pour conserver ses privilèges, la noblesse dirait qu'elle a toujours été l'appui du trône ; cette emphase n'en impose plus aujourd'hui ; les temps sont changés ; autrefois, la noblesse entretenait des troupes au service du monarque ; aujourd'hui c'est le monarque qui entretient la noblesse à son service. De nos jours, toute la différence qui existe dans nos armées entre le noble et le plébéien, c'est que l'un tire de son service quelquefois du profit et toujours de l'honneur, tandis que l'autre se fait massacrer pour un morceau de pain noir et presque sans gloire. Il meurt pour la patrie et personne ne le sait que sa pauvre mère, des bras de laquelle on l'a arraché.

[6] Qu'on cherche après un combat, sur le champ de bataille ; ont y trouvera cent têtes plébéiennes contre un noble (1) ; s'il faut des privilèges dans une nation, d'après ce tableau fidèle, qui serait en droit de les réclamer ? A moins qu'on ne dise qu'un noble vaut mieux que cent roturiers ; mais, encore un coup, cette supposition n'est plus admise aujourd'hui ; elle fait rire et rien de plus.

Que la noblesse paie comme la roture, voilà le cri de la nation, et, on ose le dire, de la raison. En parlant avec cette franchise, nous sommes sûrs du suffrage de ces vrais nobles, dignes descendants de ces chevaliers français qui offraient à leur monarque leurs bourses avec leurs bras ; quant à ces nobles

(1) On retrouve la même idée, et presque la même forme, dans un des pamphlets normands de cette époque : *Le Tiers État de Normandie éclairé ou ses droits justifiés.* Hippeau. *Le gouvernement de Normandie,* VI, 297-307. On peut rapprocher aussi de cette brochure les articles 8 et 10 de ce cahier.

factices, ces hommes nouveaux, qui ne sont gentilshommes que parce que leurs pères étaient des sangsues, que nous importe leur approbation ? (1).

[7] La noblesse n'est pas le seul corps qui doive souffrir la réforme; il en est un, dont les privilèges doivent être rangés plus formellement encore dans la classe des abus; on devine aisément que c'est du clergé que nous entendons parler.

[8] A l'égard de ces bons et utiles pasteurs, dont le revenu n'excède pas l'honnête nécessaire, qu'on les laisse en paix partager charitablement leurs bénéfices avec leurs pauvres ; à la bonne heure. Mais ces prélats, ces successeurs des apôtres, qui laissent leurs diocèses pour aller à la capitale étaler le luxe des publicains et s'endormir dans la mollesse des Sybarites (2), serait-ce un grand mal quand on les prierait, aux Etats généraux, de se défaire d'une partie de leur monstrueux superflu pour soulager les besoins de la patrie ? La religion serait-elle perdue quand l'Etat recevrait d'eux quelque chose de plus que des bénédictions?

[9] Pourquoi encore n'imposerait-on pas, à raison de leurs revenus, ces curés à gros bénéfices qui, dans notre pays de Caux surtout, le disputent presqu'aux évêques pour la magnificence?(3). N'est-il pas temps d'anéantir ces prétendues immunités qui ne se sont établies qu'à la faveur de l'ignorance et de la superstition ?

[10] Pour les moines, il y a longtemps que la nation n'attend plus que la main d'un sage réformateur pour les faire revenir à leur première institution : il ne faut pas des revenus immenses pour jeûner ; il ne faut pas des droits de chasse pour se mortifier ; il ne faut pas des seigneuries et des hautes justices pour être humble ; qu'on leur ôte ce superflu et ces honneurs, qui ne sont faits que pour les gens du siècle ; qu'on ne laisse plus à ces bons religieux d'occasions de violer les règles de leurs pieux

(1) C'est une allusion aux officiers de finance et aux employés des fermes qui achètent des terres et des charges. Le terme de sangsue leur est plusieurs fois appliqué dans nos cahiers. C. f. Fontaine-le-Dun, 1, Grèges, 14. Le mot est de Vauban dans la *Dîme royale* : il avait fait fortune.

(2) Cet article fait peut-être allusion à l'archevêque de Rouen, Dominique de la Rochefoucaud. Les revenus de l'archevêché montaient, en 1789, à plus de cent mille livres. Outre leur célèbre château de Gaillon, les archevêques de Rouen avaient un hôtel à Paris, près de la porte Saint-Germain-des-Prés.

(3) Le curé de Royville était précisément un de ces curés à gros bénéfice. Il avait son presbytère, un petit jardin, 4 acres de bon labour, 3 acres de masure et toutes les dîmes évaluées à 1.200 l. en 1751. En 1789, le tout était évalué à 3.900 l.

fondateurs ; ils s'attendent eux-mêmes à cette révolution ; plusieurs d'entre eux la désirent; la nation soupire après ; qu'attend-on donc pour satisfaire tout le monde ? Le cœur de tout bon patriote nage d'avance dans la joie quand il considère quelle riche moisson l'Etat peut recueillir de toutes ces sages réformes (1).

[11] Il est peut-être encore un moyen non moins efficace d'enrichir le trésor royal sans toucher au pain des malheureux ; ce serait de simplifier la perception des revenus de l'Etat et, osons le dire, puisqu'il est permis de parler, ce serait de réduire en un seul tribut cette effrayante multiplicité d'impôts dont les noms sont aussi barbares que les cœurs de ceux qui les ont inventés Ce tribut unique serait assis dans les campagnes sur les terres et sur les propriétés en général.

Des voyageurs géomètres assurent que, si chaque acre de terre était taxée à quatre francs, cette imposition doublerait les revenus de la France. Il est aisé de vérifier ce calcul : qu'on arrête provisoirement aux Etats généraux que chaque paroisse sera tenue d'envoyer un dénombrement exact et fidèle de toutes les terres qui la composent.

De son côté, la paroisse de Royville s'engage, si on y consent, de fournir aux Etats, à ses dépens, un procès-verbal d'arpentage qui, sous la foi du serment, constatera le nombre et la qualité des acres de terre, bois, prairies et côtes, qui sont dans son enclave (2); que toutes les autres paroisses imitent la nôtre et la nation assemblée sera à portée de juger d'un seul coup d'œil, et presque sans frais, si cet impôt unique peut absorber tous les autres impôts : le Tiers état ne doit pas craindre de faire connaître ses forces, il y a longtemps qu'on les a éprouvées, il n'y a que celles des nobles, des gens d'église, et des privilégiés en général, qui ne sont pas connues et qu'il est intéressant de mettre au jour.

[12] On objectera peut-être qu'il n'y aurait que les proprié-

(1) Il n'y avait pas de biens monastiques de quelque importance à Royville : l'abbaye de Saint-Wandrille possédait une acre de labour, évaluée 13 l. à cause du fief de Carcuit; l'abbesse de Saint-Amand, une rente de 51 l. ; les Feuillants d'Ouville, une rente de 12 l. ; les Carmes de Dieppe, une de 17 l. ; les Ursulines de Dieppe, une de 17 l. ; l'Hôpital de Dieppe, une de 16 l. L'article a donc une portée générale.

(2) Le registre des vingtièmes nous donne pour Royville, en 1751, un tableau des terres et des revenus de la paroisse. Il y a 593 acres de terre, dont 68 acres de masure, 413 de labour, 14 de bois, 69 de pâtis et de joncs marins, 12 de prés, un moulin à eau, loué 300 l., 100 maisons, évaluées à 2.504 l. de revenu, 119 l. de rentes seigneuriales. Le total des biens laïcs est de 577 acres et leur revenu est évalué à 11.082 l.; celui des biens ecclésiastiques, (15 acres, rentes et dîmes), à 1.568 l.

taires de fonds qui paieraient et que les gens à argent échapperaient à l'impôt; mais il serait aisé de les y assujettir ; qu'on permette le prêt à usure, qui n'est que toléré ; qu'on établisse un officier public, qui ne sera ni à timbre, ni à contrôle; que cet officier reçoive tous les contrats de prêts et qu'on impose les prêteurs, à raison de leurs capitaux ; qu'on prononce de grosses amendes, la confiscation même, contre ceux qui essaieraient de se soustraire à la loi ; de cette manière toute la horde des Israélites modernes supporterait sa part des fardeaux de l'Etat.

Que d'avantages naîtraient de cette nouvelle forme d'administration ! Dès lors, l'État n'aurait plus à soudoyer ces légions de traitants, qui coûtent plus à la patrie pour la dévorer que les soldats pour la défendre ; dès lors on ne verrait plus ce cordon effrayant de furets des fermes, qui règne le long de nos côtes maritimes, milice impitoyable, qui dispute l'eau de la mer aux malheureux qui ne peuvent pas aller à la gabelle ; la gabelle elle-même, cet impôt odieux qui rendit ridicule Philippe VI qui, le premier, en chargea les Français, et lui attira de la part d'un ennemi triomphant le surnom *d'auteur de la loi salique* (1), la gabelle serait à jamais anéantie. Dès lors l'État ne serait plus obligé d'acheter, au prix du sang des peuples, des secours momentanés des fermiers généraux, les plus avides de tous les déprédateurs ; dès lors, nos lois ne seraient plus hérissées de cette foule d'édits bursaux qui font de la jurisprudence financière un dédale inextricable pour ceux qui sont obligés de le parcourir ; dès lors, on ne verrait plus de receveurs des tailles prêter à grosse usure l'argent du roi pendant des six mois, tandis qu'ils font vendre les meubles du malheureux taillable qui n'a pu payer au jour fixe ; dès lors, on ne verrait plus nos cachots peuplés de pauvres contrebandiers qui vont ensuite servir comme forçats à côté des voleurs ; dès lors, l'œil ne serait plus effrayé de ces fortunes rapides qui ne sont cimentées que des sueurs et des larmes des malheureux ; dès lors, on ne verrait plus ces opulents publicains scandaliser nos villes et insulter à la misère du peuple par le luxe le plus effronté.

[13ᵉ] Dans la foule des abus qui désolent la France, il en est un qui regarde plus particulièrement les habitants de la campagne, c'est le fardeau de la réparation des grands chemins dont on

---

(1) Ce jeu de mots paraît avoir eu du succès à l'époque et se retrouve dans un certain nombre de brochures. En 1789, Royville relevait du grenier à sel de Dieppe et était taxé à 8 setiers ou 32 minots.

charge les agriculteurs, tandis qu'ils ont été faits pour l'utilité
des villes et du commerce. Il est vrai que la corvée n'est plus
personnelle, mais quel effet a produit ce changement, qu'on avait
fastueusement annoncé comme une faveur singulière ? Ce qui
coûtait aux paroisses deux cent livres, leur en coûte aujourd'hui
près de quatre. D'ailleurs est-ce que la corvée a jamais été
personnelle ? Est-ce que le corvéable n'était pas libre de payer
des ouvriers pour remplir sa tâche ? Au reste, s'il est écrit que
les campagnes ne pourront jamais secouer la charge des grandes
routes, elles redemandent comme une grâce l'ancienne corvée ;
au moins elles n'auront pas la douleur de voir des piqueurs,
ingénieurs, entrepreneurs, etc. s'enrichir à leurs dépens (1).

[14] Que d'abus encore dans la législation, dans l'administration de la justice, dans ces pensions accordées à des gens sans
mérite, dans ces grâces extorquées par ces courtisans, dont l'avare
importunité force en quelque sorte le trésor royal ! Et que d'autres
dont la précision qui nous est recommandée ne nous permet pas
de parler ! C'est à la sagacité des Etats de les découvrir et à leur
courage de les extirper. La tâche est pénible sans doute ; mais
doit-elle les rebuter, quand ils sont animés par leur roi et secondés
par un Necker ? La France a presque besoin d'une entière
régénération ; le miracle est heureusement commencé. Quelle
gloire pour les Etats généraux, s'ils ont la noble fermeté de
l'achever, et que de bénédictions sur la personne chérie de
Louis XVI, s'il s'opère sous son règne !

[15] La paroisse de Royville, composée en grande partie de
commerçants, ne peut s'empêcher de faire une observation qui
intéresse singulièrement le négoce de la province : il y avait autrefois, dans le bureau d'inspection des toiles et toileries de la ville
de Rouen, une règle invariable qui assujettissait toutes les marchandises à avoir une largeur fixe, de manière que l'étranger, qui
achète par commission, n'était jamais trompé; aujourd'hui, dans
ce même bureau; il s'est glissé un abus qui fait un tort meurtrier
au commerce; toutes les marchandises indistinctement passent,
de quelque largeur qu'elles soient, de manière que le fabricant,
qui les fait moins larges, est à portée de les donner à quelque chose
de moins, et celui qui y met la largeur portée par le règlement,

(1) Le cahier de Royville est un de ceux qui se prononcent le plus énergiquement contre le remplacement de l'ancienne corvée en nature par une contribution en argent. Sur cette question, voir l'Introduction, 2me partie,
chap. II.

ne peut venir à bout de vendre (1). L'étranger, une fois trompé,
quitte la province et va se fournir ailleurs. La paroisse de Royville
demande que l'ancien ordre soit rétabli et qu'on arrête et saisisse
toutes les pièces qui seront présentées sans la largeur prescrite.

Signé : Tocqueville, Furon, Burel, J. Biville, P. Lefebvre,
Cantrel, Prévost, Langlois, Bénard, Voisin, Tristan, Dumontier,
J. Bonamy, Nic. Biville.

SAINT-AUBIN-LE-CAUF

Dép. : Seine-Inf. ; arr . Dieppe ; canton : Envermeu. Sur la Béthune,
à 11 k. S.-E. de Dieppe.

Gén. : Rouen ; El. : Arques.

Pop. : 1738 : 134 f. ; 1789 : 117 f.

Seigneur : la présidente de Torcy (2) ; patron : l'abbé de St-Wandrille.

Procès-verbal

Assemblée 5 mars, devant J.-L. Boulais, syndic ; 20 comparants : Rob.
Duvivier, Ch. Le Febvre, J. Gamelin, Franç. Vigueiard, P. Langlois,
Al. Blondel, Ad. Paquet, J.-B. Dumon, L. Paquet, P. Chauvet, P. Prévot,
Mic. des Aulthieux, P. Paquet, P. Houlet, J.-P. Dumouchel, J.-B. Alain,
J. Laurance, Léon Prévet. Franç. Payel, Jac. Le Grand. Deux signatures
seulement : celles de des Aulthieux et de Boulais.

Députés : Ch. Lefebvre, Al. Blondel (3).

Cahier de doléance, plainte et remontrance de Saint-Aubin-le-Cauf.

[Préambule comme à Martigny, mais avec l'emploi du style
direct : « nous avons remarqué » au lieu de « ils ont remarqué »

---

(1) C. f. le cahier des Innocents, 2, et la note. Il y avait eu des lettres patentes
du roi portant règlement pour la fabrication des toiles et toileries, du 28 juin
1780.

(2) Marie-Louise Desmarets de Saint-Aubin, veuve d'Alex.-Ch.-Marie Dumoucel de Torcy, président à mortier au Parlement de Normandie, mort en
1781 ; elle était tutrice de son fils mineur, Alex.-Louis Dumoucel de Torcy.

(3) En 1789 : taille : 2.860 l. ; accessoires : 1.675 l. ; capit. : 1.806 l. ; en tout
avec les frais: 6.472 l. 18 s. Exempts : Mme la présidente de Torcy, faisant valoir
son manoir seigneurial par son garde ; le curé Métais, le vicaire Planquais. —
Le syndic, Boulais, petit cultivateur, est imposé à 66 l. ; Lefebvre, (ferme de
Mme de Torcy : 30 acres de labour, 30 acres de pré, pour 2.000 l.), paie 534 l. ;
Blondel, (ferme de la même : 30 acres de terre, 10 acres de pré pour 1.200 l.),
paie 384 l. La majorité des comparants se compose de cultivateurs et de riches
fermiers comme L. Paquet, (12 acres de terre, 30 acres de pré), imposé à 441 l.,
Dumon, (20 acres de terre, 8 acres de pré), imposé 419 l., Duvivier, P. Prévôt,
etc.

jusqu'aux mots « si nous ne vous les exposions pas »] (1).

[1] Votre Majesté sait que c'est le tiers état qui paie tous les impôts : taille, accessoire, capitation. En outre, nous sommes obligés à la construction des grandes routes et corvée, qui est très coûteuse pour ladite paroisse, que la somme se monte à un quart de la taille, sans l'entretien des routes de traverse, et qu'il s'y passe tant d'abus qu'il y a plusieurs particuliers cette année présente, [qui] ont payé dix années pour neuf, et que ce sont les marchands, qui commercent d'une ville à l'autre, qui occupent ces routes, et qui n'en sont aucunement chargés, et que nous sommes obligés de payer pour leur tenir en état (2).

[2] En outre ne serait-il pas possible que le sel fût au compte de V. M. à prix modéré ? Il rentrerait plus d'argent à V. M., par les frais qu'il se trouve pour empêcher la contrebande, ce qui excède la moitié de l'impôt (3).

[3] Nous représentons [que] les droits de don gratuit sont très coûteux pour l'entrée des villes (4).

[4] C'est le tiers état qui paie tous ces droits ; qu'ils se peut [peuvent] se monter environ aux trois quarts, qui sont demandés au nom de S. M. (5), parce qu'il y a une partie de biens, tenue tant par le clergé et communautés et la noblesse, qui ne paie aucun droit.

[5] Que l'assujettissement au moulin banal est beaucoup ridicule, entendu que tous les particuliers sont tenus de faire moudre leur blé par force, qu'il s'y cause beaucoup d'abus (6).

[6] Nous représentons à S. M. les colombiers et volières, qu'il y a [dans] des cantons un quart de la récolte battu par les pigeons.

(1) Le cahier emprunte à Martigny le préambule et la péroraison ; mais, sauf le premier article, le reste est assez différent. Nous avons mis entre crochets les numéros des articles, qui n'existent pas dans l'original. — Les deux paroisses de Martigny et de Saint-Aubin-le-Cauf se touchent ; la première est située sur la Varenne, la seconde sur la Béthune, mais l'une et l'autre, tout près du confluent de ces deux rivières.

(2) C. f. Bacqueville, 4, et Beaunay, 3, qui proposent d'établir des péages sur les routes pour faire payer les rouliers et les commerçants.

(3) C. f. Martigny, fin de l'art. 1. Saint-Aubin relevait du grenier de Dieppe et était taxé à 5 setiers ou 20 minots.

(4) Le don gratuit était un droit payé sur certaines denrées depuis 1758, à l'entrée de Dieppe. C. f. Martigny, 1 et 3, et Dieppe-faubourgs.

(5) Ce passage est très obscur : il y a deux sens possibles : les trois quarts du revenu du cultivateur ou les trois quarts des impôts payés au roi. Le cahier de Martigny se contente de dire, art. 1, que c'est le tiers état qui paie tous les impôts : taille, accessoires, corvées, sel. don gratuit.

(6) Cet article et les trois suivants n'ont pas d'articles correspondants à Martigny. Les paroisses de la vallée de la Béthune souffraient tout particulièrement de la banalité de moulin. C. f. Fresles, 2, et la note.

[7] A l'égard des bêtes sauvages, comme nous sommes riverains des bois et forêts, nous en sommes beaucoup endommagés par les bêtes qui mangent et détruisent tous les grains qui s'y trouvent (1).

[8] Nous représentons à S. M. beaucoup de misère provenue par la grande cherté du blé qui occasionne beaucoup de mendiants la nuit.

[9] Nous vous représentons que M. le curé de cette paroisse exige des dîmes insolites de plusieurs natures, comme fève, trèfle, lin, chanvre et autres, jusque dans les jardins potagers (2), et qu'il y a plusieurs fermes dans cette paroisse, qui donnent tous les ans un petit morceau de terre par charité à des pauvres gens (3), et que le dit sieur curé en exige une portion sous prétexte de dîme ; qu'il se figure que ces pauvres ont beaucoup de peine pour parvenir à leurs nécessités et ne sont pas dans le cas d'en intenter de procès et sont obligés de les donner par force.

[10] Sire, nous vous représentons que l'agriculture se trouve beaucoup affaiblie et que, s'il ne [lui] vient pas quelque secours, on se trouvera hors d'état de faire valoir.

Voilà, Sire, ce que le tiers état de votre paroisse de Saint-Aubin-le-Cauf représente à V. M. [Le reste comme à Martigny, sauf la dernière phrase ainsi modifiée : « nous ne cesserons de faire des souhaits pour que le ciel remplisse tou, vos vœux »].

Signé : Gamelin, Ad. Paquet, Alain, Dumouchel, Prévet, Dumont, Viguerard, Chauvet, P. Paquet, Houlet, Legrand, Laurence, Langlois, J. Duvivier, pour mon père, Paielle, Ch. Le Febvre, Blondel, des Aulthieux, Boulais, syndic.

SAINT-AUBIN-SUR-MER

Dép. : Seine-Inf. ; arr : Yvetot ; canton : Fontaine-le-Dun. A 35 k. au N.-N.-E. d'Yvetot.

Gén. : Rouen ; Él. : Arques.

Pop. : 1738 : 84 f. ; 1789 : 75 f.

Seigneur et patron : le comte de Choiseul-Gouffier.

---

(1) Saint-Aubin-le-Cauf est situé entre la forêt d'Arques au nord, et le bois Pimont au sud. Sur cette question, c. f. encore Fresles, 4.

(2) Sur les dîmes insolites, consulter Houard, *Dict.*, I., p. 503. Il en est question dans un certain nombre de cahiers. Voir en particulier celui d'Envermeu, 12, et la note correspondante.

(3) Cet usage existe encore aujourd'hui dans le pays de Caux.

PROCÈS-VERBAL

Assemblée 3 mars dans le lieu ordinaire, devant Jean Santais, greffier de la municipalité (1) ; 26 comparants : le sieur Vincent Dépinay, Jac. Holingue, L. Pacquer, Rob. Barth. Vallet, Franç. Eustache, dit La Fontaine, Nic. Tiersinier, P. Colombel, J. Le Clerc, Jac. Le Clerc, Remy Languin, Jac. Pecquet, Et. Gille, Benoit Dumas, Jac. Grongnette l'aîné, Romain David, J. Violette, Guil. Petit, J.-Bapt. de Geures, Mic. Grout, Martin Lanfry, Nic. Grenier, Amand Morel, Franç. Michel, dit Montagu, Jac. Grongnette, le pères et Jean Viollette, l'aîné, syndic de la pêche (2), « laboureurs, tisserand, et journaliers ». Treize signatures, dont celles de Guil. Petit, syndic, et de Santais, greffier.

Députés : Vincent Dépinay, Louis Pacquer (3).

Doléances des habitants de Saint-Aubin-sur-Mer.

Avant de remettre ce cahier à leurs députés, les dits habitants observent avec douleur que le pain, valant, dans la campagne, depuis 42 jusqu'à 48 sols les douze livres, qu'il est à craindre que cette excessive cherté ne fasse périr de faim beaucoup de pauvres, non dans la paroisse de Saint-Aubin, où les indigents sont secourus par le seigneur, le curé et les laboureurs, mais dans d'autres paroisses du pays de Caux, où il ne s'exerce point de charités.

Les dits habitants observent encore qu'il serait à désirer, pour pourvoir à la subsistance des pauvres qui, ne recevant point d'aumônes dans leurs paroisses, sont obligés de mendier pour se

---

(1) Jean, ou plutôt Jean-Baptiste Santais était en même temps maître d'école, comme on le voit par le rôle de la taille. On ne sait pourquoi il a présidé à la place du syndic, Guil. Petit, qui figure cependant parmi les comparants et les signataires. Il est probable que c'est Santais qui a rédigé et écrit le procès-verbal et le cahier. Il a comparu également à St Denis-du-Val, dont l'assemblée a été présidée aussi par le greffier, P. Leclerc, et dont le cahier est une reproduction partielle de celui de Saint-Aubin-sur-Mer.

(2) Le rôle de la taille le qualifie de garde de l'amirauté ; il est taxé à 14 l.

(3) En 1789, taille : 1.200 l. (1.233 l. 12 s. en tout) ; accessoires et capitation : 1.485 l. 7 s., en tout : 2.719 l. Exempts : le curé de Monchy, (presbytère et dîmes) ; le vicaire, Nic.-Ant Rouen ; le maître d'école, J.-B. Santais ; le comte de Choiseul-Gouffier, seigneur de la paroisse, « occupe son château, manoir seigneurial, dans lequel réside M. Lesueur, receveur des terres et seigneuries de mondit seigneur. » — Vincent d'Epinay et Paquier ou Pasquet, les deux députés, sont deux fermiers imposés l'un à 43 l., l'autre à 32 l. de taille, capitation et accessoires. Cette paroisse n'a pas de fortes cotes ; celles de Vallet (150 l.) et de Holingue 115 l., deux des comparants, sont parmi les plus élevées ; il y en a beaucoup de très faibles (1 livre) ; douze mendiants fugitifs sont imposés à 3 deniers. Il y a beaucoup de dérogeants des paroisses voisines : 7 du Bourgdun, 2 de St-Denis-du-Val, 5 de Sotteville, 8 de Quiberville. Ajoutons enfin que, dans cette paroisse, la taille, accessoires et capitation sont exactement du dixième du revenu réel ou supposé du contribuable.

soustraire à la misère, qu'en vertu d'un règlement, qui pourrait être aisément obtenu dans cette calamité, on fera [fasse] une cotisation sur les biens, etc... C'est aux âmes charitables et sensibles à solliciter cette loi.

Enfin les dits habitants répètent que la classe indigente a un patrimoine et qu'elle en a été injustement privée, quoiqu'elle ait des droits incontestables sur ce bien. Plusieurs des administrateurs de ce patrimoine s'en attribuent la propriété et le domaine absolu. Qu'on prenne la peine de s'instruire à fond des lois canoniques et civiles sur les biens donnés à l'église ; qu'on compare ensuite leur destination sacrée avec leur emploi moderne ; qu'on rapproche surtout les horreurs de la faim et de la nudité, qui dévorent des familles indigentes, du faste indécent d'un riche bénéficier qui, seul au milieu d'un nombreux domestique, dépense chaque jour pour sa personne, pour sa table, pour ses chevaux, etc., une somme capable de faire subsister, pendant une semaine entière, un grand nombre de ces familles dont on parle (1).

Le roi assemble la nation comme un bon père ; il s'entoure de sa famille, il va chercher le bonheur où il peut uniquement le trouver, dans le bonheur d'enfants chéris qui adorent leur père : il fait tout pour eux, ils feront tout pour lui.

Toutes les lumières, comme tous les vœux, vont se concentrer dans cette assemblée nationale, la plus auguste et la plus puissante qui fût jamais, pour le bonheur de S. M. et la félicité de son peuple.

Grâces immortelles soient rendues au meilleur des rois, auteur d'un si grand bienfait ! Son nom, chéri comme celui de Louis XII, le père du peuple, sera gravé en caractères ineffaçables dans le cœur de tous les Français.

Dans cette circonstance importante, nous, habitants de Saint-Aubin-sur-Mer, jaloux de l'honneur de la nation française, à laquelle nous nous faisons gloire d'appartenir, animés du désir de voir nos compatriotes heureux, pressés par notre conscience de répondre à la confiance du monarque qui veut bien entendre les remontrances de tous ses sujets, nous avons arrêté de demander :

(1) Voir plus loin l'art 15, dernier alinéa. Il n'y a pas de riches bénéficiers à St-Aubin, sauf le curé. Les Ursulines de Dieppe ont une acre de terre louée 26 l., mais dont il faut déduire 19 l. de rente seigneuriale. Le trésor de la paroisse a des terres louées 462 l., un trait de dîme (102 l.) et une grange (20 l.). Le curé a presbytère et jardin (60 l.) et les dîmes : 1.800 l. (Arch. S.-Inf., C. 572, f. 261-262).

1º Que les impôts qui pèsent directement et uniquement sur le tiers état soient également répartis sur les trois ordres de l'État. Puisque les richesses sont partagées, il est juste que les charges soient partagées aussi. Puisque la protection de l'État est pour tous, n'est-il pas juste que tous paient pour cette protection ? Puisqu'elle est égale pour tous, ne faut-il pas que tous la paient également ?

2º L'anéantissement de tout impôt sur la gabelle ou, au moins, un allègement sur ce même impôt.

3º L'uniformité des poids et mesures, qui maintiendrait la balance et l'égalité dans le commerce et empêcherait des contestations ruineuses.

4º Une plus exacte surveillance dans les villes et dans les campagnes sur la vente du pain.

5º L'affranchissement de la circulation intérieure par le reculement des barrières aux frontières et par la suppression d'une infinité de droits onéreux au commerce.

6º Des établissements de cours d'accouchement dans les villes pour former des élèves sages-femmes dans les campagnes (1).

7º La réforme des abus et des exactions qui se commettent dans la perception des droits établis sur les denrées.

8º La proscription d'une foule d'entraves nuisibles à la navigation, à la pêche et à l'industrie.

9º L'avancement du travail, avec une épargne sévère dans la confection et dans l'entretien des grandes routes.

10º De l'économie dans l'administration des domaines et forêts de S. M. et dans plusieurs parties des dépenses publiques.

11º La liberté pour les riverains de la mer d'y prendre de l'eau pour leurs besoins, sans être exposés à des exactions de la part des préposés de la ferme. Cette tolérance pour ces mêmes riverains est d'autant plus juste qu'ils éprouvent très souvent des dégâts considérables dans leurs récoltes qui sont occasionnés par les tempêtes et l'influence de l'air de la mer. La perte du tiers de leurs grains, etc., qu'ils ont essuyée en l'année 1788, est un exemple récent des effets désastreux qui se manifestent sur ses rivages.

(1) Sur cette question, dont l'assemblée provinciale s'était occupée, c. f. le cahier de Blancmesnil, 5, et celui de Derchigny, 16, et les notes correspondantes.

12° La réforme du code criminel.

13° L'adoucissement du sort des pauvres enfants trouvés, contre lesquels les lois ont élevé le fléau de la disgrâce et de l'humiliation en les couvrant de la honte du crime qui les a produits, tandis qu'il est facile d'adoucir leur triste existence en leur rendant quelques parties des effets civils sans donner atteinte à l'esprit des lois. C'est aux âmes honnêtes et sensibles à élever la voix en faveur de ces malheureux et à la porter, s'il en est besoin, jusqu'au pied du trône.

14° Un nouveau code de lois simples et uniformes à substituer à la multitude et à l'obscurité des anciennes lois.

15° La destruction de la mendicité, qui est une de ces grandes réformes que la religion, le gouvernement et l'honneur de l'humanité sollicitent depuis longtemps.

Dans le moment actuel, nous sollicitons la sévérité des lois contre les attroupements de mendiants qui parcourent, le jour, et même la nuit, depuis trois mois, les campagnes du pays de Caux, en demandant partout avec hardiesse, arrogance et menace. Ces hommes méritent toute l'animadversion de la société : ils sont le fléau et la terreur des campagnes ; ils dérobent à l'attendrissante et vraie misère le tribut de la bienfaisance et refroidissent la charité ; le produit de ces aumônes, qu'ils ont ainsi surprises et obtenues par l'importunité et la crainte, est employé à les entretenir dans leur paresse, dans leur intempérance, dans leur libertinage et, pour comble de malheur, ils ont des enfants qu'ils élèvent dans les mêmes principes.

L'abolition d'un mal aussi réel est très nécessaire pour les habitants des campagnes, qui redoutent d'autant plus ces vagabonds attroupés qu'ils ne les connaissent pas et qu'ils les regardent comme capables de tous les désordres et de toute espèce de crime.

Quel objet plus digne du zèle des députés de la nation que celui de détruire la mendicité, aussi humiliante pour l'humanité que funeste à l'Etat ? Quel autre objet plus digne encore de leurs soins que de faire rendre aux pauvres de tous les États les biens que les lois de l'église, les capitulaires et les ordonnances de nos rois leur ont donné dès le principe de la religion et de la monarchie ? Les pauvres ont un patrimoine et, tant que ce patrimoine ne sera point épuisé, on ne peut prendre dans la bourse des citoyens les ressources nécessaires à l'indigence.

B. A. 30

16º Des adoucissements sur les impositions que les agriculteurs supportent.

Telles sont les choses et autres, qui tendraient à la prospérité de l'État, que nous désirons de voir s'opérer par les moyens que les représentants de la nation indiqueront, nous en rapportant entièrement à leurs lumières.

Arrêté à Saint-Aubin-sur-Mer ce 3 mars 1789. Barthélemy Vallet, L. Paquier Eustache La Fontaine, Romain David, Holingue, Guil. Petit, syndic, Gille, Grout, Colombel, Grongnette, Santais, greffier, Rivière, Dépinay.

Les habitants de Saint-Aubin-sur-Mer sollicitent encore la suppression d'un grand nombre de directeurs, receveurs, contrôleurs, inspecteurs, commis, gardes, etc., etc., dont les salaires sont aussi onéreux que multipliés, et la proscription de ces monopoles, de tous ces abus qui sèchent, maigrissent et ruinent sans retour cette racine de l'État, la sage, la féconde, la respectable *agriculture.*

Finalement, les dits habitants désirent que la justice soit rendue avec moins de lenteur et moins de frais dispendieux, afin que les infortunés aient la facilité et les moyens de se défendre contre l'oppression des riches.

SAINT-AUBIN-SUR-SCIE

Dép. : Seine-Inf. ; arr. : Dieppe ; canton : Offranville. A 6 k. S. de Dieppe.
Gén. : Rouen ; El. : Arques.
Pop. : 1738 : 79 f. ; 1789 : 69 f.
Seigneur et patron : l'abbé de Fécamp (1).

Procès-verbal

Assemblée 8 mars, «les habitants du tiers état», devant Fournier, syndic ; 11 comparants : Thom. Prunier, Ch. Cheminel, Franç. Bernier, Et. Frérot, Jac. Saint-Arnoult, L. Lemoyne, L. Laisné, J. Grenet, Mic. Decroville, J. Mauconduit, Guil. Delaporte. Il ont tous signé le procès-verbal.

Députés : Mauconduit, Delaporte (2).

(1) Il y avait d'autres fiefs dans la paroisse : le contrôleur des vingtièmes signale, en 1758, celui de M. de Miroménil et de M. du Hamelet ; mais celui de l'abbé de Fécamp était le plus étendu pour ce qui concernait les droits seigneuriaux. (Arch. S.-Inf., C. f. 350). L'abbaye de Fécamp avait : maison, jardin, 24 acres de labour, 4 acres de pré, des pâtis, des bois, un moulin, des rentes et la grosse dîme. Le tout était loué 10.000 l. en 1789. (Bail à P. Ficet pour 9 ans le 15 déc. 1787, devant Le Gingois, notaire à Rouen).

(2) Sur le syndic et les députés, voir plus loin la note de l'article 4.

Doléances et plaintes de la paroisse de Saint-Aubin-sur-Scie

[1] La paroisse de Saint-Aubin-sur-Scie est à une demi-lieue de la ville de Dieppe (2) ; au travers de cette paroisse passent trois chaussées, ou grandes routes, qui diminuent d'autant la valeur des fonds en ce qu'ils sont détériorés par l'arrachement des cailloux, qui en désastrent le terrain, qui s'y prennent pour les réparer, par les charrois et chevaux, qui en désastrent la production, et par ceux qui travaillent à ces chemins, sans recevoir jamais aucune indemnité des dommages (1).

[2] Dans la dite paroisse, il y a un très grand nombre de pigeons colombreaux (2), qui dévorent les récoltes et qui ramassent une partie des grains que l'on sème, quand ils ne se trouvent pas bien recouverts, ainsi que dans toutes les autres paroisses. Ces animaux domestiques, qui ne sont enfermés en aucun temps, font le dégât au moins d'un dixième sur ses productions, ce qui doit retenir l'attention des Etats généraux.

[3] La paroisse désire l'abolition des aides et gabelles, ces deux impôts désastreux, et qu'il n'y ait qu'un seul impôt et qui soit réparti sur tous les fonds sans qu'aucun puisse s'en prétendre exempt. L'impôt est pour subvenir aux besoins de l'État et chacun doit le supporter à raison de ses facultés. Les dîmes, qui diminuent la valeur du fonds et le profit du cultivateur, doivent le supporter, comme les autres biens, relativement à leur produit (3).

[4] La taille, les accessoires, la capitation, le sel et les corvées sont autant de droits qui se prennent sur les fonds : le vœu général est qu'il ne soit levé qu'un seul droit qui sera supporté par la noblesse, le clergé et la roture également et en proportion des valeurs (4).

(1) Il y a en réalité 6 kilomètres, ou une lieue et demie, de St-Aubin à Dieppe. « Le terrain est généralement bon ; partie est en plaine et l'autre partie en demi-côte ; les habitants n'y font aucun commerce ; les manouvriers travaillent souvent à Dieppe lors de la salaison ». Note du contrôleur des vingtièmes, Limozin, 10 fév. 1758. — Les trois routes sont celle de Paris à Dieppe par Forges et les Grandes-Ventes, celle par Rouen et Tôtes, et enfin une troisième route qui se détache de la précédente, un peu avant Saint-Aubin, pour suivre la vallée de la Scie et gagner Dieppe par le bas de Hotot et Petit-Appeville.

(2) Les pigeons colombreaux sont les pigeons de colombier : le nom est encore employé dans le pays de Caux : on le donne à une espèce de pigeons plus petits que les pigeons ordinaires.

(3) Les religieux de Fécamp avaient les grosses dîmes, évaluées 1.000 l. en 1758. Le curé avait les vertes dîmes et les novales évaluées 1.100 l. en 1789.

(4) En 1789, taille : 2.230 l. ; accessoires : 1.306 l. ; capitation : 1.408 l. ; au total, avec la collecte et les frais divers : 5.047 l. 6 s. 11 d. Exempts : le curé, J.

[5] La chasse est bien le droit des seigneurs ; mais il doit leur être défendu, et à leurs gens, de chasser dans les grains, suivant la disposition de l'ordonnance, et vu qu'ils y contreviennent et désastrent les grains avec un grand nombre de chiens, en constatant le fait contre eux, ils doivent être, sinon privés de ce droit pour toujours, au moins suspens de l'exercer pendant un temps qui sera prescrit par les Etats généraux (1).

[6] Les cabarets et les cafés dans les campagnes font le plus grand mal en ce qu'ils attirent la jeunesse, l'induisent et l'entretiennent dans une sorte de libertinage et occasionnent toujours la dissipation du produit des travaux journaliers, sinon en totalité, au moins en grande partie. Il est à désirer pour le bien du public qu'ils fussent supprimés ou qu'il fût fait défense d'y donner à boire à qui que ce soit, les fêtes et dimanches, sous peine d'amendes.

[7] La paroisse désire l'abolition des haras, vu qu'il s'y trouve un trop grand nombre de cavales pour faire servir et peu se trouvent pleines (2). Il serait à désirer qu'il fût permis aux laboureurs d'avoir des chevaux mâles pour faire servir leurs juments. Ceci... procurerait la multiplication des chevaux.

Signé : Fournier, Mauconduit, Prunier, Cheminel, Delaporte, Decroville, Bernié, J. Quenel, Lemoine, Frérot, L. Laisné, Saint-Arnoult.

SAINT-CRESPIN

Dép. : Seine-Inf. ; arr. : Dieppe ; canton : Longueville. A 18 k. S. de Dieppe.

Gén. : Rouen ; El. : Arques.

Pop. : 1738 : 43 f. ; 1772 : 45 f. ; 1789 : 30 f.

Marie Boudevillain, (un domestique, une servante), le clerc Laîné. — Le syndic Fournier, (15 acres en propre), est imposé à 75 l. ; Mauconduit, fermier, à 330 l. ; Delaporte, marchand et cultivateur, à 176 l. Huit mendiants ; pas de tisserands. (Arch. S.-Inf. C. 1880).

(1) Même plainte dans les cahiers de Cropus, 5, et de Notre-Dame-du-Parc, 5. — L'Ordonnance, qui est invoquée, est la grande ordonnance sur les eaux et forêts de 1669 ; elle défend à toutes personnes, ayant droit de chasse, de chasser à pied ou à cheval, avec chiens ou oiseaux, sur les terres ensemencées depuis que le blé est en tuyau jusqu'après la dépouille, à peine de privation de leur droit, de 500 l. d'amende et de tous dépens, dommages et intérêts envers les propriétaires. (Edit portant règlement général pour les eaux et forêts, Saint-Germain-en-Laye, août 1669, Isambert, XVIII, 295, n° 571). La coutume de Normandie, art. 81, déclarait déjà en défense toutes les terres ensemencées jusqu'après la récolte. Mais ni la coutume, ni l'ordonnance n'étaient observées par les seigneurs. C. f. Houard, *Dict. analyt.* ,art. Chasse, I, 227.

(2) Même plainte dans le cahier des Ifs, 9. Le cahier d'Ancourt signale un

Seigneur et patron : Ch. H. Dambray, avocat général au Parlement de Paris.

PROCÈS-VERBAL

Assemblée 6 mars, en l'église, devant François Jourdain, syndic; 11 comparants : Aléx. Ubelesky (1), Franç. Cauchois, P. Leroux, L. Faucon, J. Phil. Simon, Ad. Aupaix, J. Prevel, Jac. Fauvel, Nic. Delaporte, Nic. Samson, Jac. Prevel. En plus, signatures de Nic. Boulard, Jac. Prevel, Simon Morisse.

Députés : Cauchois, Leroux (2).

Cahier de doléances, plaintes et remontrances (3) *aux Etats Généraux par les habitants de la paroisse et communauté de Saint-Crespin.*

Supplient et demandent les dits habitants de la paroisse de Saint-Crespin :

1º Que l'égalité soit observée dans la plus juste proportion avec les deux autres états du royaume pour supporter les impôts, sous telle dénomination qu'ils puissent être demandés et perçus.

Que cette multitude d'impôts, sous tant de dénominations différentes, soient réunis en un seul et unique impôt.

Que la gabelle soit supprimée, que le sel, devenu par augmentations graduelles à un prix exorbitant, devienne une denrée de

autre inconvénient des haras; les étalons sont trop fins et pas appropriés aux besoins du pays. C. f. Ancourt, 4, et la note.

(1) Al. Ubelesky, ou Ubelesky l'aîné, était un des treize contrôleurs des vingtièmes de la généralité de Rouen : il y en avait deux dans l'élection de Dieppe : Ubelesky l'aîné, à Longueville, et Ubelesky le jeune, son fils ou son frère, à Dieppe.

(2) L'assemblée comprend 5 cultivateurs ; un maçon, deux journaliers, trois tisserands, Fauvel, Aupais, Jac. Prevel. Le syndic Jourdain, fermier de Dambray, (50 acres et une prairie), est imposé à 295 l.; Cauchois, (ferme de 80 acres de Dambray), paie 582 l. ; Leroux, (moulin de Dambray, terres et herbage), paie 476 l. Ils paient ensemble près de la moitié des impositions de la paroisse en dehors des vingtièmes. — En 1789, taille : 1.320 l.; accessoires 773 l.; capitation : 834 l.; au total 2.927 l., et, avec la collecte et les frais : 2.989 l. Exempts : le curé Talmy, le clerc Battement ; 46 cotes, un mendiant et deux exempts. (C. 1881).

(3) Le cahier appartient au groupe du Câtelier ; il est le plus développé et le mieux rédigé des cinq cahiers du groupe : Le Câtelier, Cent-Acres, Muchedent, Saint-Honoré, Saint-Crespin. On peut se demander s'il n'est pas l'œuvre d'Ubelesky qui l'a signé le premier. Les neuf premiers articles ont été reproduits d'assez près par Le Câtelier, (mais ce cahier réunit en un seul les articles 7 et 8 de Saint-Crespin), par les Cent-Acres, qui copie Le Câtelier ; les cahiers de Muchedent et de Saint-Honoré sont une réduction de celui de Saint-Crespin, dont ils s'inspirent sans le reproduire servilement. Nous renvoyons pour les notes au cahier du Câtelier.

commerce libre, étant bien propre à l'engrais des bestiaux, herbages et terres labourables (1).

Que les droits d'entrée aux villes et barrières, comme autant d'entraves à la liberté du commerce, n'aient plus lieu.

2º Que les manufactures du royaume et l'exploitation des mines soient protégées par l'État et que tous Français soient assujettis, par une loi de l'Etat, à s'habiller et se meubler des étoffes et toileries des manufactures établies dans les provinces du royaume (2).

3º Que la justice soit rendue dans les tribunaux aux sujets de l'Etat plus promptement, que les actes de procédure soient abrégés et simplifiés, que tous les droits, perçus pour le compte du roi sur les sentences, arrêts et autres actes de judicature, soient retirés et supprimés, la forme des décrets abrégée, et les bureaux des consignations détruits. Donner aux bailliages royaux la compétence de juger sans appel jusqu'à une somme limitée, augmenter dans iceux le nombre des juges pour éviter aux plaideurs des déplacements de plus de 60 lieues.

Que toutes difficultés pour anticipations de propriétés d'un voisin sur l'autre, dommage de bestiaux, querelles, le tout depuis 50 l. et au-dessous, ces matières attribuées à être jugées par le curé, le seigneur et trois des anciens et plus notables de chaque paroisse, éligibles par le général, chaque année, et sans que l'on puisse appeler de ces jugements. Combien de familles conservées dans leur état qui souvent en sont déchues par les ruineuses procédures ! Que de haines, inimitiés, vengeances, qui ne prendraient pas naissance dans les familles, dans les communautés des paroisses, dans les bourgs et villes, provinces, et dans les citoyens du même royaume !

4º Que les offices de priseurs-vendeurs de biens meubles soient supprimées, que le citoyen ne soit plus dans le cas d'une nécessité absolue de se servir d'un homme souvent sans capacité et [qui] néanmoins devient le juge arbitraire de la veuve, de l'orphelin et du citoyen poursuivi par ses créanciers, accablé de dettes. Il finit par le ruiner en vendant mal ses meubles et

(1) Pour le sel, Saint-Crespin relevait du grenier de Dieppe et était taxé à deux setiers ou 8 minots.

(2) C. f. l'art. 2 du Câtelier et de Cent-Acres. L'article, reproduit également par St-Honoré, a été supprimé par Muchedent, qui n'était pas une paroisse industrielle. Mais St-Crespin seul parle de l'exploitation des mines ; il s'inspire donc davantage des vœux émis par l'assemblée provinciale.

gardant ses deniers en ses mains. Qu'il soit permis de se servir pour faire les ventes de tous sergents exerçant dans le bailliage d'arrondissement où la vente doit se faire.

5° Que l'agriculture soit protégée, la sûreté publique établie et consolidée, que le cultivateur soit en sûreté chez lui et dans les foires et marchés, que toutes les denrées y soient portées et que la police y soit bien tenue et observée.

6° Que la mendicité soit absolument proscrite et défendue, que chaque ville, bourg et paroisse, sous l'autorité du gouvernement, soit chargée de la subsistance de ses pauvres, que l'administration en soit confiée aux municipalités, que l'état ecclésiastique, pour raison de leurs propriétés, leurs dîmes, soient contribuables, les nobles pour leurs fiefs et propriétés, le négociant et le marchand, à raison de son commerce, et le propriétaire roturier, pour raison de son revenu, le cultivateur pour son exploitation ; que les vagabonds et gens sans aveu, exerçant la mendicité et souvent le brigandage, soient renfermés dans les maisons de force établies dans chaque ville sous l'autorité du gouvernement ; qu'il y ait dans ces mêmes maisons des ateliers pour occuper ceux en état de travailler.

7° Que les forêts du roi soient bien conservées et administrées. Que les gibiers en soient détruits, au moins diminués, pour la conservation des récoltes des cultivateurs voisins des forêts.

8° Que tous terrains vains et vagues, dépendant des domaines de la couronne, soient arrentés, soit en grains ou en argent, pour être défrichés, mis en culture ou plantés.

9° Que toutes les terres vaines et vagues, coteaux de la province, appartenant aux communautés, aux seigneurs de fief, soit ecclésiastiques, soit laïcs, soient partagées entre tous les habitants propriétaires de cette paroisse, chacun à raison de ses propriétés, et non par tête, à la charge de défricher, mettre sa quote-part en culture ou la planter en bois taillis ou en arbres fruitiers (1).

10° Que défense soit faite à toute communauté des deux sexes, de tel ordre qu'ils soient, de faire valoir leurs fermes par eux-mêmes, mais qu'ils soient tenus de les affermer. Ce cultivateur, père de famille, élèvera des citoyens à l'État ; il supportera avec

____

(1) C. f. Le Câtelier, 8, et la note. Notre cahier se prononce aussi nettement que celui du Câtelier pour le partage entre les propriétaires, à proportion de la propriété et non par tête.

les autres concitoyens sa part des impôts et des corvées. Il sera syndic à son tour, trésorier, collecteur, etc.

11° Que les récoltes des habitants de cette province, étant toujours dévastées par la grande quantité de pigeons, l'assemblée demande qu'ils soient renfermés aux temps des récoltes et semences. Que les cafés soient supprimés dans les bourgs et villages où la haute justice ne s'exerce point.

Qu'il soit permis aux laboureurs d'avoir chez eux un cheval entier pour faire servir leurs cavales, vu que les étalons du pays sont trop faibles pour leurs usages.

Que l'impôt considérable pour l'entretien et la perfection des grandes routes devient de plus en plus à charge au public et que le seul moyen de l'adoucir est d'obliger à se servir de jantes larges.

12° Que les droits des aides soient supprimés ou qu'il soit fait un règlement pour fixer invariablement les enclos des villes et bourgs, y assujettis, attendu que les employés accroissent tous les jours leurs droits et l'[les]exercent sur des habitations qui ne sont ni dans l'enclave desdits bourgs et villes, ni même dépendant de ces endroits.

13° Que les aînés, ayant la faculté de rembourser leurs cadets, au denier vingt, de la portion qui leur revient de la succession de leur père, soient contraints à l'avenir de faire ce remboursement au denier quarante (1).

L'assemblée charge encore ses députés de solliciter et faire employer les objets ci-dessus exprimés et autres, non exprimés, dans le cahier unique du bailliage d'Arques, qui tend au plus grand bien général et particulier. Fait et arrêté en l'assemblée générale des habitants composant le tiers état de la paroisse de Saint-Crespin, ce 8 mars 1789.

Signé : Ubelesky, Cauchois, Aupaix, J. Prevet, Fauvel, Simon, Nic. Delaporte, Nic. Boulard, Jac. Prevel, Morisse, Sanson, L. Faucon, P. Le Roux, Jourdain, syndic.

SAINT-DENIS-D'ACQUELON (auj. D'ACLON) (2)

Dép. : Seine-Inf. ; arr. : Dieppe ; canton : Offranville. A 13 k. S.-O. de Dieppe, sur la Saâne.

(1) C. f. le cahier d'Auffay, 13, et la note et le cahier général du bailliage d'Arques.

(2) « La situation est en vallée, où passe une petite rivière, nommée la

Gén. : Rouen ; El. : Arques.

Pop. : 1738 : 29 f. ; 1789 : 22 f. ; 76 habitants en 1751.

Patron : le roi. Seigneurs : le marquis d'Herbouville et le comte de Choi-seul-Gouffier (1).

PROCÈS-VERBAL

Assemblée 5 mars, «en l'appartement destiné aux assemblées municipales», devant P.-Jean-Michel Saffray, syndic ; 15 comparants : Ant. Neveu, Nic. Godehen, J. Guérout, Ad. Ricard, J. Bloseville, Jac. Cappon, Franç. Alleaume. P. Trolet, Aug. Urbain, Laur. Nottias, Et. Doudement, Nic. Cappon, J. Gosse, Jac. Quibel, Jean Le Coq. Huit signatures seulement.

Députés : P. Saffray, syndic, Ant. Neveu, « deux des plus notables habitants de lad. paroisse » (2).

Cahier des plaintes, doléances et remontrances
des habitants de la paroisse de Saint-Denis-d'Haquelon.

Nous soussignés, habitants de la paroisse de Saint-Denis d'Haquelon, élection d'Arques, assemblés aujourd'hui jeudi, cinquième jour de mars 1789, pour répondre aux bontés du roi et obéir aux ordres de Sa Majesté, portés par ses lettres, données à Versailles le 24 janvier 1789, et règlement y annexé, et se con-

rivière de Saâne, qui ne lui procure d'autre avantage que celui d'un moulin à huile et d'un morceau de prairie. Les masures sont d'assez bonne qualité ainsi que les terres de labour, lesquelles s'étendent sur la hauteur et en campagne... Ni foire, ni marché, aucun siège de juridiction. Il ne s'y fait aucun commerce, les habitants n'étant que laboureurs et journaliers. Il y a 22 feux, 76 personnes ». (Note du contrôleur des vingtièmes, Amblard, 23 déc. 1751. Arch. S.-Inf., C. 536, f. 370). En 1751, les biens laïcs, sujets aux vingtièmes, comprenaient : masures : 21 acres, revenu 820 l. ; labours : 152 acres, revenu : 2.362 l. ; prés 24 acres, revenu : 120 l. ; un bois taillis : 10 l. ; un moulin à huile : revenu 120 l., quart déduit ; 17 maisons : 445 l. ; droit de pêche : 13 l. ; total 3.890 l.; les biens ecclésiastiques : 14 acres de terre de labour : 269 l. ; une grange : 8 l.; les dîmes : 1.000 l. ; deux hypothèques : 65 l. : total : 1.342 l.

(1) « Cette paroisse relève de M. le marquis d'Herbouville et de Samuel Bernard, qui en sont seigneurs chacun en partie, par extension de leurs seigneuries voisines, n'y possédant aucun fief noble. Elle est justiciable des hautes justices du Bourg-Dun et de Longueuil qui appartiennent à ces deux seigneurs». (Id. id.). Un d'Herbouville en était encore seigneur en 1789 (C. f. plus loin l'art. 7), et le comte de Choiseul-Gouffier avait hérité de la châtellenie de Longueil, qui avait appartenu à Samuel Bernard. Le marquis d'Herbouville avait une ferme de 43 acres, (masure et labours).

(2) L'assemblée se compose en majorité de tisserands : Blosseville, Jac. Cappon, Alleaume, Trolet, Nic. Cappon, Quibel et de journaliers : Urbain, Doudement, Notias, Lecoq ; mais les deux députés sont de riches cultivateurs : P. Saffray, (40 acres en propre, 4 chevaux, une charrue), imposé à 262 l. de taille, etc. ; Ant. Neveu, (ferme de 45 acres pour 900 l.), imposé à 155 l. — En 1789, la paroisse payait : taille : 420 l. ; accessoires : 246 l. ; capitation : 265 l., non compris la collecte et les frais. Exempts : le curé Ricard, le vicaire Lorent (Arch. S.-Inf., C. 1882). Il y avait un assez grand nombre de tisserands.

former aux ordonnances de Monsieur le lieutenant général particulier civil du bailliage de Caux, siège d'Arques, séant à Dieppe, avons rédigé le cahier de nos doléances, plaintes et remontrances, que nous présentons à notre dit Seigneur Roy bienfaisant ainsi qui suit :

1° Nous pensons qu'il est absolument nécessaire de remédier et même de supprimer l'abus des frais excessifs, que les fermiers ont établis pour la perception de tous les impôts en général, qui absorbent plus de la moitié du capital qui doit revenir à l'Etat. Le moyen le plus sûr d'abolir cette injuste vexation est sans doute celui de maintenir et de conserver à toujours l'heureux et nécessaire établissement des assemblées provinciales et municipales, qui seront chargées de faire scrupuleusement et à petits frais toutes les répartitions égales entre tous les sujets de sa Majesté et de tous ordres (1), particulièrement de la taille, qui est le fardeau le plus accablant du Tiers état, puisqu'à cet impôt est joint la capitation et accessoires, qui surpassent du quart l'impôt de la taille ; il convient donc de confier aux assemblées provinciales et municipales le soin de remédier à tous ces maux et d'abolir ces frais excessifs pour la perception de toutes les impositions royales, frais qui obèrent l'Etat et ruinent les peuples.

2° Nous supplions ledit seigneur roi que, parmi les tribunaux d'exception, celui des élections et celui des gabelles soient supprimés (2). N'est-il pas intolérable que le boisseau de sel, mesure de la ferme à Dieppe, qui ne revient pas à vingt sols aux fermiers,

---

(1) Ces deux sortes d'assemblées avaient été établies par l'édit de Versailles, juin 1787, dans Isambert. Anc. lois XXVIII, n° 2.350. Un certain nombre de cahiers du bailliage d'Arques ont demandé, comme celui de Saint-Denis-d'Aclon, le maintien de ces assemblées et de la mission de répartir la taille et les autres contributions directes, qui leur avait été confiée par cet édit. Voir en particulier le cahier d'Avremesnil, 1, et celui du Gourel, 1, et les notes correspondantes. Ces articles sont peut-être une protestation contre l'opposition de la Cour des Aides qui avait obtenu de la faiblesse de Necker que la répartition des impositions de 1789 restât confiée à l'intendant et aux élus. La Commission intermédiaire de Haute-Normandie avait déjà protesté vivement contre cette décision qui la dessaisissait de la principale fonction que lui avait donnée l'édit de 1787 (Lettre au Directeur général, 27 nov. 1788).

(2) Les tribunaux d'exception et en particulier ceux d'élection et des gabelles, supprimés par les édits du 8 mai 1788, avaient été rétablis par Necker après la chute de Brienne. L'élection, formée des élus, à la fois administrateurs et juges, jugeait en premier ressort les litiges relatifs à l'assiette et au paiement de la taille ainsi que le contentieux des aides. Le tribunal des gabelles, appelé grenier à sel, comme le magasin royal du même nom auprès duquel il était établi, jugeait tout le contentieux de la gabelle. Les appels de ces deux tribunaux étaient portés devant les cours des Aides. Sur la composition de l'élection et du grenier à sel de Dieppe, voir le procès-verbal de l'assemblée électorale de Dieppe.

[ils] le vendent au malheureux peuple vingt-neuf livres sept sols ? Outre que, dans les cantons où les habitants sont imposés au rôle du sel, les plus aisés sont encore forcés d'en lever au grenier pour leurs salaisons au-dessus de ce qui [qu'ils] sont imposés au dit rôle, et beaucoup plus qui [qu'il] leur en faut pour leur consommation, et que les peuples des villes maritimes privilégiées n'en peuvent pas avoir assez pour leurs besoins, ce qui occasionne de fréquentes visites et perquisitions, que font les employés des fermes, d'où il résulte souvent des procès frauduleux, qui accablent ceux qui tombent sous leurs mains (1).

3º Demandent aussi les dits habitants la suppression des aides, des droits sur les boucheries, des droits sur les cuirs et autres de pareille nature (2), servant à la nourriture et entretien nécessaire et la conservation de la vie du peuple, droits qui chargent beaucoup tous les ordres de l'Etat et répandent peu de choses dans les coffres du Roy par les frais des receveurs et commis employés à les percevoir.

4º Que le moyen de remédier et de supprimer tous les abus d'avidité, qui ne se glissent que trop et qui augmentent tous les jours dans la perception des impôts, serait d'adopter le projet d'administration de notre estimable citoyen et voisin M. de Lammerville, projet qui a mérité l'approbation du roi, qui a été imprimé et rendu public par son ordre (3).

(1) Le boisseau de sel, mesure de la ferme à Dieppe, contenait 16 pots et pesait 48 livres, que l'on comptait en pratique pour 50 ; il y avait deux boisseaux au minot. Ce sel ne coûtait pas en effet plus de vingt sous le boisseau aux fermiers ; en Bretagne, pays de franc salé, le minot n'était vendu qu'une livre dix sous dans les cantons voisins de la mer, deux à trois livres à l'intérieur. — Le prix de 29 l. 7 s. le boisseau est le même qu'à Ouville-la-Rivière, paroisse voisine de Saint-Denis-d'Aclon : c'est un prix minimum ; à La Frenaye et à Pommerval, (canton de Bellencombre), le boisseau de sel valait 29 l. 8 s. et près de 30 l. Sur l'interdiction d'employer pour les salaisons le sel de pot et salière, c. f. Freulleville, 9, et Ouville-la-Rivière, 2. Les mots « et beaucoup plus qui leur en faut pour leur consommation » font allusion à ce fait que les plus aisés, lorsque l'impôt du sel était levé par imposition et collecte, ce qui était le cas de la plus grande partie du bailliage d'Arques, étaient taxés à une quantité souvent supérieure à celle d'un minot pour 14 personnes. Le but était de diminuer la charge des moins aisés. — Les villes maritimes privilégiées étaient dans la généralité de Rouen : Dieppe, Eu, Le Tréport, Saint-Valéry-en-Caux, Fécamp, Le Havre, Harfleur, Honfleur. Elles ne payaient le sel que 3 l. 10 s. le minot, tandis que le reste de la généralité le payait 54 l. 15 s., sans tous les frais accessoires, (timbre, transport, collecte, qui faisaient monter le minot à près de 60 livres).

(2) Sur les droits sur les boucheries ou d'inspecteurs aux boucheries, qui dataient de 1704, c. f. Beauville-la-Cité, 10. Sur les droits sur les cuirs, c. f. Auffay, 4, et la note.

(3) Le projet du comte de Lammerville est également cité par Avremesnil et Le Gouret. C. f. Avremesnil, 4 et la note sur Heurtault de Lammerville et son ouvrage : *L'Impôt territorial*, etc.

5° Que la dépense pour la confection et entretien des grandes routes soit imposée avec égalité, sur les riches comme sur les pauvres, sur les privilégiés comme sur les non privilégiés, puisqu'ils jouissent tous de la commodité des grandes routes et plus souvent que ceux qui en font la dépense actuellement.

6° Qu'outre ces charges accablantes, les laboureurs et cultivateurs sont exposés à la perte de leurs bestiaux, leurs grains à la rigueur des saisons : la grêle et les fléaux du ciel, il semble que tout conspire à rendre malheureux le Tiers état.

7° Que la mendicité soit entièrement abolie ; car quoique nous ayons un bureau de charité, établi dans notre paroisse par les charitables soins et généreuses contributions de M. le marquis d'Herbouville et autres personnages respectables, ce qui retient nos pauvres chez eux, nous sommes cependant accablés des pauvres, même de gens aisés des paroisses circonvoisines, qui s'attroupent par douzaines, qui viennent la nuit à nos portes demander l'aumône avec violence, entrent dans les maisons, prennent le pain et autre nourriture qu'ils peuvent trouver par force et menacent d'incendier ceux qui s'opposent à leur brigandage. Le moyen de remédier au désordre est sans doute l'établissement des bureaux de charité dans toutes les paroisses du royaume, fondés sur des contributions, volontaires ou forcées, pour le soulagement des pauvres nécessiteux, dans laquelle contribution doit nécessairement entrer sinon la totalité au moins une grande partie des grosses dîmes, tant ecclésiastiques qu'inféodées, dans les paroisses où elles sont assises (1).

Nous espérons que [ces] illustres et fameux gros décimateurs se feront honneur de souscrire, d'adopter et d'exécuter notre projet en se souvenant de ces temps apostoliques où tous les biens étaient communs (2).

8° Comme la coutume de Caux est désavantageuse pour les puînés, ainsi que les successions collatérales, qu'elle soit supprimée à coutume générale (sic) ; nombre de familles d'enfants se

---

(1) Les dîmes inféodées sont les dîmes qui appartiennent aux seigneurs laïcs ; il y en avait un exemple dans ce même bailliage, à Berneval et à Saint-Martin-en-Campagne, où le prince de Monaco percevait la dîme. A Saint-Denis-d'Acquelon, c'était le curé qui avait la dîme. Son bénéfice comprenait presbytère, cour, jardin (80 l.), une vergée et demie de terre (8 l.), les dîmes 2.000 l. Arch. S.-Inf. C. 536, f. 368.

(2) Il n'y avait, comme on vient de le voir, d'autre gros décimateur que le curé. Les biens ecclésiastiques étaient peu importants. Les Minimes de Dieppe avaient une acre (36 l.), le trésor environ 12 acres (617 l.). Id., id.

trouvent, ayant perdu leur père et mère, sans bien, ni fortune, réduits à être les domestiques de leurs aînés ou servir ailleurs ; les aînés, qui ont le préciput de père, de mère, et les deux tiers du bien, et deviennent riches et souvent ne regardent pas leurs puînés (1).

9º Que le seigneur Roy est très humblement supplié de ne pas perdre de vue la promesse, qu'il a faite à son peuple, d'une réforme simple et moins dispendieuse dans l'administration de la justice afin d'éviter les longues procédures que des fréquents appels entretiennent pendant plusieurs années.

Enfin, quoique nous soyons chargés d'une multitude d'impôts sur toutes sortes de denrées, accompagnés de ces sols pour livres, multipliés et augmentés graduellement depuis plusieurs années, nous paierons avec joie les nouveaux impôts, qui [qu'il] sera nécessaire d'établir avec égalité entre les trois ordres, pourvu qu'ils remédient essentiellement aux maux de l'Etat, fassent régner la paix, calment les esprits, fassent cesser les troubles, procurent la prospérité du royaume, la tranquillité du souverain, et que le lion et l'agneau vivent ensemble en paix à l'ombre de sa puissance et de sa protection. Nous confiant à la divine Providence, que nous prions de répandre son esprit de lumière, d'équité, d'union et de paix sur cette illustre assemblée, dont nous attendons avec impatience le plus heureux succès.

Nous prions avec la plus vive instance Messieurs nos députés aux Etats généraux, en nous reposant sur leurs lumières, de défendre la cause du malheureux tiers état, qui porte tout le poids des impôts, et de représenter à notre seigneur roi tous les moyens capables de remplir ses vues, qui sont au-dessus de nos connaissances, qui peuvent et doivent concourir au bien de l'Etat et des peuples.

Signé : Saffray, syndic, Neveu, Jac. Capon, Trolet, Ricard, Godeheu, J. Guéroult, François [Alleaume].

(1) La rédaction de cet article est très fautive ; dans la première phrase, en particulier, il faut lire : qu'elle soit supprimée et ramenée à la coutume générale. La coutume de Caux attribuait à l'aîné, même dans les familles roturières, les deux tiers des biens fonciers et le préciput qui comprenait le manoir et le pourpris. Dans les successions collatérales, c'était encore l'aîné qui, au détriment de ses autres frères ou sœurs, avait tous les immeubles. Ces dispositions avaient été maintenues, même après la réforme de la coutume en 1582. C. f. Houard, *Dictionnaire*, IV, p. 284, art. II. Succession aux propres de Caux en ligne directe ou collatérale. Un certain nombre de cahiers protestent contre ces articles de la coutume de Caux, en particulier ceux d'Auzouville, Gouchaupré, Saint-Sulpice, Saint-Denis-d'Acquelon. Voir aussi Auffay, 13, et la note.

Fait et arrêté ce jourd'hui, 5 mars 1789. Saffray, syndic municipal.

SAINT-DENIS-DU-VAL (ou FLAINVILLE) (1)

Réuni au Bourg-Dun en 1822. Dép. : Seine-Inf. ; arr. : Dieppe ; canton : Offranville. A 16 k. à l'O. de Dieppe.

Gén. : Rouen ; El. : Arques.

Pop. : 1738 : 23 f. ; 1789 : 22 f.

Patron : le seigneur.

PROCÈS-VERBAL

Assemblée 3 mars 1789, au lieu ordinaire, devant P. Le Clerc, greffier ; 20 comparants : J. Delabarre, Jac. Violette, P. Boullean, Franç. Maudhuit, Mic. Lefesvre, P. Alonnes, Jac Boullard, Ad. Hauduc, Jac. Neveu, Jac. Canhan, Bapt. Santais, P. Bellette, Nic. Durammé, Nic. Hammel, Phil. Liver, P. Guerout, Nic. Fischet, Nic. Le Clerc, Et. Doray, Franç. Piquet. Sept signatures seulement, dont celle de Franç. Neveu, non mentionné.

Députés : P. Leclerc, Franç. Neveu (2).

Doléances des habitants de Saint-Denis-du-Val.

[Le cahier est une copie partielle de celui de Saint-Aubin-sur-Mer.

Les deux cahiers ont été rédigés et écrits par J.-B. Santais qui a présidé l'assemblée électorale de Saint-Aubin et qui a assisté à celle de Saint-Denis : son nom figure en tête des signataires du procès-verbal et du cahier de cette dernière paroisse].

Article préliminaire, sur le prix du pain, comme à Saint-Aubin-

---

(1) Cette ancienne paroisse, aujourd'hui hameau du Bourg-Dun, est plus connue sous le nom de Flainville. Le cahier, comme on le verra plus loin, l'appelle lui-même : Saint-Denis-du-Val-Flainville.

(2) En 1789, taille : 720 l. ; accessoires : 422 l. ; capitation : 455 l. ; en tout avec la collecte et les frais : 1.692 l. ; [le chiffre de la taille est erroné dans l'original ; il faut lire 780 l.]. Exempts : le curé Rousselion, occupe son presbytère et fait valoir la dîme, Santais, clerc, occupe la maison cléricale. — Dans le rôle de la taille, il y a un P. Leclerc, tisserand, imposé à 31. 10 s., et un François Neveu, syndic, imposé à 2 l. 15 s. Les trois premiers comparants sont des fermiers : Delabarre et Violette, fermiers de Choiseul-Gouffier, 60 acres pour 1.000 l., sont les plus fort imposés dans la paroisse (305 l. et 295 l.). Mais tout le reste de l'assemblée se compose de journaliers et de tisserands (Arch. S.-Inf., C. 1883).

sur-Mer, avec quelques changements de mots sans importance dans le premier alinéa. — Le deuxième ainsi modifié : « Lesd. habitants observent encore qu'il serait à désirer qu'en vertu d'un règlement, il y eût une cotisation pour pourvoir à la subsistance des pauvres ».

La suite ainsi : « Pour répondre à la confiance du roi, qui veut bien entendre les doléances de tous ses sujets, les habitants de Saint-Denis-du-Val-Flainville se sont réunis pour solliciter :

1º La destruction de la mendicité, aussi humiliante pour l'humanité que funeste à l'État. Cette réforme est d'autant plus nécessaire dans le moment actuel que les habitants des campagnes ont tout à craindre des attroupements de vagabonds, qui demandent partout, depuis trois mois, pendant les nuits, avec hardiesse, arrogance et menaces. Ces hommes méritent toute la sévérité des lois : ils sont le fléau et la terreur des campagnes ». [La suite textuellement comme à Saint-Aubin, 15, jusqu'aux mots : « les mêmes principes » inclusivement].

2º Comme à Saint-Aubin, 1, mais seulement jusqu'aux mots : « sur les trois ordres de l'État ».

3º Comme à Saint-Aubin, 4.

4º Comme à Saint-Aubin, 3.

5º La réforme du code criminel, et la justice rendue avec moins de lenteur et moins de frais, pour que les infortunés aient la facilité de se défendre contre l'oppression des riches.

6º (Sur les enfants trouvés), comme à Saint-Aubin, 13, mais jusqu'aux mots : « et de l'humiliation », seulement.

7º La réforme des abus qui se commettent dans la perception des droits établis sur les denrées, sur les marchandises, etc., etc.

8º (Douanes intérieures), comme à Saint-Aubin, 5.

9º (Cours d'accouchement), comme à Saint-Aubin, 6.

10º (Entraves à supprimer), comme à Saint-Aubin, 8.

11º (Gabelle et eau de mer). Reproduit textuellement les articles 2 et 11 de Saint-Aubin, excepté les mots : « la perte du tiers de leurs grains », remplacés par : « la perte du quart dans leurs récoltes ».

12º De l'économie sur le travail de la confection et de l'entretien des grandes routes.

13º Moins de directeurs, moins de receveurs, moins d'inspecteurs, moins de contrôleurs, moins de gardes, commis ambulants ou sédentaires, à pied ou à cheval.

14° Plus de ces monopoles, plus de tous ces abus qui sèchent, maigrissent et ruinent sans retour cette racine de l'État : la sage, la féconde, la respectable *agriculture.*

15° La restitution des biens que les lois de l'église, les capitulaires et les ordonnances de nos rois ont donnés aux pauvres dès le principe de la religion et de la monarchie, dont des abbés, prieurs, chanoines et moines jouissent sans donner des secours à l'indigence. Il est temps de les ramener aux maximes que le clergé prêche au peuple et de ne plus accumuler sur leurs têtes d'immenses richesses.

Telles sont les choses que les habitants de Saint-Denis-du-Val désirent de voir s'opérer et autres qui pourraient tendre à la prospérité de l'État par les moyens que les représentants de la nation indiqueront, s'en rapportant entièrement à leurs lumières.

Arrêté ce 3 mars 1789. P. Leclerc, J.-B. Santais, Jac. Neveu, Nic. Duramé, P. Grout, P. Hellot, Franç. Neveu.

SAINT-DENIS-SUR-SCIE

Dép. : Seine-Inf. ; arr. : Dieppe ; canton : Tôtes, à 28 k. S. de Dieppe.
Gén. : Rouen ; El. : Arques.

Pop. : 1738 : 93 f. ; 1789 : 121 f.

Patron : l'abbé de Saint-Evroul (1). Seigneur : J. François-Thomas du Fossé, baron d'Auffay.

PROCÈS-VERBAL

Assemblée 6 mars, en l'endroit ordinaire, devant Nic. Parent, syndic municipal, 7 comparants : Romain-Alex. Frichet, David Talbot, Claude Quenel, Vinc. Barbe, Jac. Desseaux, J. Nouvel, Clém. Fizet. Sept signatures, y compris celles du syndic et du greffier Ad. Flandre. « Claude Quenel et Jac. Desseaux ont déclaré ne savoir signer ».

Députés : Nic. Parent, Clém. Fizet (2).

(1) Sur les patronages de cette célèbre abbaye du diocèse de Lisieux dans cette région, c. f. les cahiers d'Auffay et de Beaunay. L'église de Saint-Denis lui avait été donnée vers 1060.

(2) En 1789, taille : 1.940 l. ; accessoires : 1.136 l. ; capitation : 1.225 l. ; en plus 90 l. 19 s. pour la collecte et les frais ; en tout : 4.301 l. Exempts : le curé et le vicaire. Le syndic Parent, ferme de 30 acres, paie 142 l. de taille, acces-

Cahier de doléances, plaintes et montrances (1).

1º Le Tiers Etat seul surchargé des impôts. Les dépositaires de l'autorité, chargés seuls d'ordonner la répartition, sont, par leurs intérêts personnels, portés à traiter favorablement les grands dont ils ont quelque chose à craindre ou à espérer ; et, par ces motifs, la nation se trouve partagée en deux classes, dont l'une est affranchie de l'impôt, et l'autre accablée sous une double charge : taille, capitation, accessoires, entretiens des grands chemins, logement des troupes, corvées, avec l'entretien des régiments provinciaux, qui occasionne un grand nombre de misère, causée par de jeunes gens qui se marient, n'ont point d'état, ni d'établissement, et tout à la charge du tiers état. Les privilèges de la noblesse ne doivent s'étendre qu'aux rangs et aux distinctions, et non aux privilèges pécuniaires ; la noblesse doit, par conséquent, être imposée comme le tiers état, au prorata de ses revenus. Il doit régner une égalité dans la répartition des impôts et chaque sujet doit être taxé à proportion de ses biens, sans distinction, ni privilège quelconque.

2º Les moines, à l'abri de leur privilège et exemptions, savent aussi se soustraire aux charges de l'Etat : possesseurs de deux tiers du revenu de la plupart des paroisses (2), ils refusent, même dans ces temps malheureux, d'aider d'une légère partie de ces gros biens les pauvres qui manquent de pain et des choses les plus essentielles à la vie.

3º Lors de la vacance de quelque abbaye ou autres biens de mainmorte, il pourrait être tiré une pension viagère pour chaque sujet qui aurait rendu des services importants à la patrie, cette récompense ne devant être que personnelle et non héréditaire (3).

4º Les droits des gabelles, des aides, des cuirs sont très onéreux aux cultivateurs. Les sommes immenses, dont elles enrichissent leurs membres, revertiraient au profit de l'Etat (4). Il est plus

soires et capitation ; le second député, Fizet, propriété de 40 acres, paie 214 l. ; toute l'assemblée se compose de cultivateurs, excepté Jac. Desseaux, tisserand et cultivateur, imposé à 52 l. ; parmi eux, Frichet, (ferme de 140 acres), et Quesnel, sont imposés respectivement à 544 l. et 561 l. La paroisse compte un assez grand nombre de tisserands. (Arch. S.-Inf., C. 1884).

(1) Le cahier a certains rapports avec celui de Gonneville ; mais les articles sont plus développés et ne sont pas disposés dans le même ordre. Il est précédé de quelques lignes de procès-verbal sans intérêt.

(2) C. f. Gonneville, 3 ; mais Gonneville dit : les deux tiers du revenu des biens ecclésiastiques.

(3) C. f. Gonneville, 4.

(4) C. f. Gonneville, 8.

avantageux que tous les droits se réduisent en un seul impôt, vu les abus qui se glissent dans leur perception. Les abus qui règnent dans l'administration de la justice, dans les juridictions de campagne, doivent aussi occuper le tiers état (1).

5° Un grand nombre de cafés, dans les environs, qui s'accroissent encore tous les jours, qui causent un grand nombre de libertinage dans la jeunesse, qui, si ils ont gagné six livres la semaine, ils ne sortent pas de dans ces misérables endroits qu'ils n'aient dépensé tout leur argent, et qui ruinent leur père et le mettent dans le cas de mendier, jour et nuit, après être fatigué de travailler à l'agriculture, et viennent à toute heure, la nuit, troubler le repos des cultivateurs.

6° Une quantité de colombiers et de volières qui occasionnent beaucoup de pigeons, qui mangent un grand nombre de grains et qui font un tort considérable à la récolte, et comme aussi les lapins qui font un grand tort aussi.

7° Le tiers état demande la liberté pour les moulins banaux que, dans beaucoup d'endroits, que le monde est tenu par force, et qui désireraient que la banalité fut supprimée ; ça éviterait beaucoup de frais et qui donnerait une grande tranquillité au tiers état (2).

Disent les habitants de la dite paroisse qu'ils sont accablés d'impôts de toute espèce et qu'ils espèrent de la bonté de sa Majesté qu'il leur en sera retiré une grande partie dans l'assemblée prochaine des Etats Généraux.

Fait et arrêté à Saint-Denis-sur-Scie ce 6 de mars 1789. Nic. Parent, syndic municipal, Fizet, Talbot, Frichet, Barbe, Le Nouvel, Flandre.

SAINT-HELLIER

Dép. : Seine-Inf. ; arr. : Dieppe ; canton : Bellencombre. A 26 k. S. de Dieppe, près de la Varenne.

Gén. : Rouen ; El. : Arques.

Pop. : 1738 : 47 f. ; 1772 : 55 f. ; 1789 : 70 f.

Patron : l'abbé de Saint-Victor-en-Caux.

---

(1) C'est une allusion à la haute justice d'Auffay, qui appartenait par moitié à Thomas du Fossé, et dont relevait Saint-Denis-sur-Scie.

(2) C. f. Auffay, 6, et la note. Saint-Denis est situé sur la Scie, un peu au-dessus d'Auffay. Le droit de moulin, dans les deux paroisses, appartenait au même seigneur, Thomas du Fossé. Cet article a peut-être été inspiré par l'article correspondant d'Auffay ; mais ce dernier est plus clair et plus explicite.

PROCÈS-VERBAL

Assemblée 3 mars devant le syndic [J. Poulard] ; 8 comparants : Nic. Maromme, P. Mailliard, Ad. Colombel, P. Lefebvre, Nic. Roland, P. Sandret, Jac. Godeheu, And. Braquehais « pour son père ». Sept signatures et initiales de Godeheu : J. G. H.

Députés : Nic. Maromme, P. Mailliard (1).

Doléances, plaintes et remontrances des habitants de Saint-Hellier pour être présentées à messieurs du Tiers Etat du bailliage d'Arques, tendant à alléger les dettes de l'Etat et à procurer en même temps l'aisance des sujets de Sa Majesté.

Démontrent :

1º Que la situation de leur paroisse, chargée d'impôts, la plus étroite et la plus enfoncée de la vallée de Saint-Saëns, garde et retient une infinité d'eau croupissante, qui cause en tout temps des fièvres de toute espèce et des maladies de tout genre, ce qui y occasionne la plus grande misère (2).

2º La suppression des gabelles serait un des plus grands secours que l'on procurerait aux sujets de Sa Majesté ; car, sans énumérer les infâmes incursions que les employiers (sic) font dans nos paroisses, qui, étant juges et parties, condamnent en même temps le coupable et l'innocent, pour n'en pas dire davantage ; d'ailleurs, on pourrait se servir du sel comme un des meilleurs engrais et des moins dispendieux pour les terres.

3º L'abolition des aides produirait au peuple le plus grand bien, vu les gros droits que cette ferme tire sur les boissons, présent, que la nature semble accorder au misérable cultivateur en récompense de l'art dur et pénible qu'il pratique.

4º Celle des cuirs et boucheries qui influent considérablement sur l'artisan (3).

(1) Sur le syndic et les députés, voir la note suivante.

(2) La vallée de Saint-Saëns est la vallée de la Varenne, rivière qui se réunit près d'Arques, avec la Béthune et l'Eaulne : elle prend sa source un peu en amont de Saint-Saëns, près de Saint-Martin-Omonville ; les eaux croupissantes et les fièvres paludéennes étaient fréquentes dans les vallées de la région. La paroisse, malgré l'accroissement du nombre des feux au XVIIIe siècle, était pauvre. En 1789, taille : 980 l. ; accessoires et capitation : 1,193 l. ; en tout avec la collecte et les frais : 2.220 l. 7 s. Exempts le curé et le clerc. — Le syndic Poulard est imposé à 8 l. Nic. Maromme, laboureur, est imposé à 122 l. ; P. Maillard à 22 l. Un assez grand nombre de cotes inférieures à une livre. (Arch. S.-Inf., C. 1885).

(3) C'est-à-dire : l'abolition des droits sur les cuirs et les boucheries. Sur

5º La suppression des religieux et religieuses qui jouissent de gros biens, et qui sont plus à charge à l'Etat qu'à profit.

6º Les abbés et les moines, tirant des gros avantages dans les campagnes, s'en attribuent le profit et dévorent la substance du pauvre, refusant même de les secourir dans les plus affreuses calamités ; c'est ce qu'on éprouve tous les jours (1).

7º On pourrait prendre sur les gros bénéficiers, même à charge d'âme, une forte portion de leur revenu pour fournir aux besoins de l'Etat ou au soulagement des pauvres, vu qu'il s'en trouve un grand nombre depuis quatre mille jusqu'à quinze mille livres (2).

8º Celle des étalons, qui décourage le cultivateur, étant obligé de payer présentement sept livres et de souvent faire deux ou trois lieues pour se servir d'un étalon stérile ou épuisé par deux ou trois cents cavales, qu'il aura à servir, ce qui fait renoncer à faire des élèves, chose cependant très utile à l'Etat (3).

9º Celle des banalités, qui semble autoriser les rapines des meuniers, ce qui fait le produit des seigneurs et ruine les baneaux (sic) (4).

10º Pour ce qui regarde la mendicité, nous ne nous récrions point contre ces malheureux qui se trouvent réduits à la dernière misère, occasionnée par la cherté du blé et par le peu de gain que l'on fait actuellement dans la filature, mais bien contre ces mendiants de nuit, qui, à l'ombre d'une pauvreté honteuse, nous mettent à contribution, quoique la plus grande partie puisse vivre, tant par le bien qu'ils ont que par leur travail.

11º La destruction des colombiers produirait au cultivateur un grand bénéfice, parce que cet oiseau domestique cause un

les premiers, c. f. Auberville, 6, et surtout Auffay, 4, et la note. Sur les seconds, droits d'inspecteurs aux boucheries, c. f. Beauville-la-Cité, 10, et la note.

(1) L'abbaye de Saint-Victor-en-Caux avait la moitié des grosses dîmes, louées 1.050 l. en 1789, (bail de 9 ans, le 25 juin 1782, devant Lavandier, notaire à Auffay). L'abbaye de Saint-Victor, d'abord simple prieuré, dépendant de Saint-Ouen de Rouen, érigée en abbaye en 1074, était déserte depuis 1686 ; la mense conventuelle avait été réunie, en 1741, au grand séminaire de Rouen ; mais elle avait toujours des abbés commendataires : le dernier fut René de Goyon (1785-1790).

(2) C'est une allusion au curé qui, comme beaucoup des curés du pays de Caux, était un gros bénéficier : il avait, en 1789, presbytère, cour et jardin, en plus la moitié des grosses dîmes (1050 l.) ; les vertes dîmes et les novales (800 l.) (Arch. S.-Inf., C. 530, f. 486-487).

(3) C. f. le cahier des Ifs, 9, qui fait la même critique des étalons. C. f. aussi Ancourt, 4, qui fait la critique générale du système des haras.

(4) En 1775, le moulin à blé appartenait à M. du Fossé et était loué avec quelques terres à Sauval pour 650 l.

tort considérable au laboureur, tant dans les semences que dans la récolte.

12° Il serait à souhaiter que chaque paroisse nourrisse ses pauvres ; ce serait le seul moyen d'abolir le brigandage, de détruire les personnes sans aveu, qui sont le fléau de nos campagnes.

13° Il serait à propos que les propriétaires ne prissent point pour fermiers des gens sans aveu, que préalablement on en eût prévenu la municipalité.

14° Ce serait un grand bien d'accorder à la municipalité le jugement, en dernier ressort, des légères discussions, qui souvent ruinent le misérable, lui occasionnant de gros frais pour des bagatelles.

15° La corvée en argent pour les grandes routes est plus à charge qu'elle n'était ci-devant lorsqu'on la faisait soi-même. Les chemins eux-mêmes étaient en meilleur état qu'ils ne le sont aujourd'hui (1).

16° On pourrait encore diminuer les charges de l'État en obligeant les collecteurs de chaque paroisse, et autres chargés de la recette des deniers royaux, de porter leur argent au bureau général à Rouen.

Ce considéré, nous espérons de la justice de messieurs les députés aux Etats généraux, qu'ils voudront bien porter nos justes plaintes aux pieds du trône et apporter tous leurs soins pour alléger notre fardeau.

Fait et arrêté par nous, syndic et habitants de Saint-Hellier, le 3 mars 1789.

Signé : Nic. Maromme, Nic. Roulland, Sandret, Delacroix, Maillard. Fortin, Colombel, Varnier, Poulain, Poulard, syndic, Lesueur.

SAINT-HONORÉ

Dép. : Seine-Inf. ; arr. : Dieppe ; canton : Longueville. Sur le plateau, entre la Scie et la Varenne, à 18 k. S. de Dieppe.

Gén. : Rouen ; El. : Arques.

Pop. : 1738 : 52 f. ; 1789 : 50 f.

Seigneur et patron : Ch. H. Dambray, avocat général au Parlement de Paris.

(1) Même plainte dans un certain nombre de cahiers. C. f. en particulier les cahiers d'Herbouville, 1, et de Royville, 13.

Procès-verbal

Assemblée 6 mars, en l'église, devant Ch. Andrieu, syndic ; 13 comparants : Ad. Boulenger, Ad. Le Rouge, Ch. Toutain, Domin. Philippe, David Boulenger, Jac. Duval, J. Roger, Jac. Laplace, le sieur Martin, Nic. Deschamps, Nic. Danet, Ch. Lefebvre, le sieur Le Vasseur. Onze signatures sur le procès-verbal.

Députés : P. J. L. Le Vasseur, L. Ch. Martin (1).

Cahier de doléances, plaintes et remontrances.

[Le cahier est la reproduction textuelle du cahier du Castelier]. Signé : Andrieu, syndic, Dom. Philippe, Nic. Dechamps, Lefebvre, Leboulenger, Toutain, Duval, Le Vasseur, Martin, Danet, L. La Forge.

SAINT-JACQUES-D'ALIERMONT (2)

Dép. : Seine-Inf. ; arr. Dieppe ; canton : Envermeu. Sur le plateau, entre l'Eaulne et la Béthune, à 17 k. S.-E. de Dieppe.

Gén. : Rouen ; El. : Arques.

Pop. : 1738 : 71 f. ; 1772 : 68 f. ; 1789 : 58 f.

Seigneur et patron : l'archevêque de Rouen.

Procès-verbal

Assemblée 2 mars 1789, devant Guil. Guilbert, faisant les fonctions d'officier ; 8 comparants : Gab. Hinfray, P. Thérin, Guil. Hinfray, P. et Simon Le Prestre, J. Vigrard, Nic. Brunel, Guil. Ferment, « et autres habitants soussignés ». Six signatures, dont celle d'Ad. Dumest non mentionné.

Députés : Gab. Hinfray, Guil. Guilbert (3).

(1) En 1789, taille : 930 l., (avec les divers suppléments : 955 l. 17 s. 5 d.) ; accessoires : 556 l. ; capitation : 597 l. Exempts : le curé, Noël-Nic. Fécamp, le vicaire, Nic. Cotard. — Le syndic Andrieu, marchand et cultivateur, imposé à 53 l., Le Vasseur, feudiste de Dambray, paie 37 l. ; Martin, ferme de Dambray, 30 acres de labour, dix acres de prairie et herbage, paie 288 l. Un seul tisserand mentionné (Arch. S.-Inf., C. 1886).

(2) Saint-Jacques est une des cinq paroisses du comté d'Aliermont (c. f. Croixdalle, note 1). Le cahier appartient au groupe d'Angreville (c. f. ce cahier et la note) ; mais il est de beaucoup le plus sommaire du groupe : on peut le considérer comme une réduction de la seconde partie (Demandes) du cahier de Croixdalle.

(3) En 1789 : taille, capitation et accessoires : 3.159 l., au total, avec la collecte et les frais : 3.225 l. 13 s. 9 d. Exempts : le curé Routier, (bénéfice de 700 l.) ; le vicaire, Bloquel ; M. Davanne, écuyer, chevalier de Saint-Louis, (ferme de 50 acres, valeur 700 l.) ; Mme de Guirant, veuve de messire Davanne ;

Cahier d'assemblée de la paroisse de Saint-Jacques
d'Aliermont (1).

Après en avoir mûrement réfléchi, nous demandons : 1º Que la continuation des assemblées provinciales subsiste comme bon et seul moyen de bien faire en toute occasion (2).

2º La suppression de la gabelle, que nous croyons être de grands frais et de peu de ressource pour l'Etat.

3º Que les justices soient rapprochées des justiciables.

4º La suppression de la mendicité, surtout nocturne, attendu que chaque paroisse doit se charger de ses pauvres.

5º Qu'il soit établi une route aisée et facile de Dieppe au Neuf-châtel, comme utile et bien nécessaire (3), nous promettant toujours de nous conformer aux ordonnances de S. M. royale et d'être entièrement obéissant à son autorité légitime avec une inviolable fidélité.

Ce que nous avons fait et signé en état de commun, ce dit jour et an que dessus : P. Thérin, Simon Le Prestre, Guil. Hinfray, Ad. Dumest, Ferment, Gab. Hinfray, Guilbert.

SAINT-JUST

Réuni à Bourg-de-Saâne en 1822; auj. Saâne-Saint-Just. Dép. : Seine-Inf.; arr. : Dieppe ; canton : Bacqueville. Sur la Saâne, à 25 k. S.-O. de Dieppe.
Gén. : Rouen ; El. : Arques.
Pop. : 1738 : 15 f. ; 1789 : 25 f.
Patron : le seigneur.

Procès-verbal

Assemblée 1er mars, en la nef de l'église, lieu ordinaire des assemblées paroissiales, devant Franç. Bourard, syndic ; 12 comparants : J.-B. Varin,

et Mme Davanne, veuve de messire Dardanne, occupe le couvert ; Mme Dacheux, veuve de messire de Foville, fait valoir sa petite ferme de 15 acres de terre, valeur de 400 l. — Le député Hinfray, fermier de Mme de Fougré, (80 acres pour 2.000 l.), est imposé à 509 l. ; le syndic et député, Guilbert, (15 acres et une maison en propre, 2 acres en location), paie 94 l. (Arch. S.-Inf., C. 1887).

(1) Au début, quelques lignes de procès-verbal sans intérêt.

(2) Cette demande a été faite par beaucoup de cahiers, même en dehors du groupe d'Angreville ; mais elle a été rarement faite avec plus d'énergie. C. f. sur cette question le cahier d'Avremesnil, 1, et celui du Gourel 1, et 2, et les notes.

(3) Sur cette route, c. f. Archelles, 1, Etran, 1, Martin-Eglise, 1, Ricarville, 8.

P. Lheureux, P. Vallée, Franç. Lheureux, Ch. Giard, J. Hennetier, Ad. Cappron, J. Lemarchand, L. Faucon, Jac. Bourard, Ch. Thierry, P. Bureaux. Neuf signatures, outre celle du syndic. « Les sieurs Ch. Giard, Ch. Thierry et P. Bureaux, présents à la délibération, nous ont déclaré ne savoir signer ».

Députés : P. Vallée, Franç. Lheureux.

Cahier des plaintes, doléances et réclamations de la paroisse de Saint-Just-en-Caux (1).

[Le cahier est la reproduction textuelle du cahier de Bourg-de-Saâne]. Signatures de Vallée, Hennetier, Jac. Bourard, Varin, Capperon, Lemarchand, Franç. Lheureux, L. Faucon, P. Lheureux.

SAINT-LAURENT-D'ENVERMEU

Réuni à Envermeu, en 1822. Dép. : Seine-Inf. ; arr. Dieppe ; canton : Envermeu.

Gén. : Rouen ; El. : Arques.

Pop. : 1738 : 11 f. ; 1789 : 10 f.

Patron : l'abbé du Bec (2). Seigneur : Cath. Françoise Baudouin, dame de Gonseville, baronne d'Envermeu.

PROCÈS-VERBAL

Assemblée dimanche 1er mars, devant Nic. Dubos, syndic ; 7 comparants : Ant. Aubé, P. Peltier, J. Chevalier, L. Hardy, Mic. Aubé, Franç. Couvreur, Ils ont signé le procès-verbal ; en plus signature de L. Troude, qui du reste est tout à fait informe.

(1) En 1789, taille : 590 l. (en tout 607 l. 17 s. 5 d.) ; accessoires : 345 l. ; capitation : 373 l. ; en plus, la collecte des deux derniers articles : 11 l. 19 s. Exempt : J.-B. Béhéray, curé, fait valoir son manoir presbytéral 4 acres de terre et la dîme. — Le syndic Bourard, teinturier, est imposé à 18 l. 14 s. ; P. Vallée, (ferme de 40 acres de terre, 4 acres de prairie pour 1.000 l.), paie 242 l. Franç. Lheureux, blanchisseur de fil, imposé à 13 l. 4 s. — La paroisse comprend des tisserands, des toiliers et des teinturiers, qui ont des représentants à l'assemblée. (Arch. S.-Inf., C. 1888).

(2) Le prieuré de Saint-Laurent d'Envermeu, fondé vers 1050 par Hugues et Turold d'Envermeu pour des chanoines réguliers, fut donné peu après à l'abbaye du Bec. Depuis la fin du 16e siècle, il ne subsistait plus que comme bénéfice simple : le prieur commendataire, en 1789, était l'abbé d'Eygurande, dont il sera question dans le cahier.

Députés : Dubos, syndic, Troude « herbager de cette paroisse, absent ; personnages dignes de cette confiance par leur intégrité » (1).

Cahier des plaintes et doléances
des habitants de la paroisse de Saint-Laurent-d'Envermeu.

1. Ant. Aubé, J. Chevalier, P. Peltier, petits propriétaires de cette paroisse, représentent qu'ils paient les vingtièmes à un taux supérieur que Mlle de Gonseville, noble et riche propriétaire dans la même paroisse, et que, si les biens ecclésiastiques, possédés par M. le curé et M. l'abbé d'Aiguirande, payaient les vingtièmes, l'un, pour le revenu de sa cure, et l'autre, pour les biens-fonds d'un riche prieuré, ils se trouveraient déchargés, — et qu'il serait juste de répartir cet impôt sur tous les biens et revenus, sans avoir égard aux qualités des possesseurs (2).

2. Tous les habitants en général se plaignent que leurs dîmages se trouvent à portée d'être cultivés par ceux de Notre-Dame d'Envermeu et, ayant droit les cultivateurs d'Envermeu de se faire enrôler pour la taille de ces dites terres au lieu de leurs domiciles, ceux de Saint-Laurent sont surchargés. Ils souhaiteraient qu'aux Etats généraux il fût arrêté que chaque fonds taillable payât la taille sur la paroisse où il est assis (3).

3. Les mêmes habitants se plaignent de payer à M. leur curé la verte dîme à la onzième, tandis qu'on ne paie cette même dîme

(1) Le procès-verbal est le modèle imprimé. L'assemblée ne comprend que des cultivateurs : le syndic et député, Dubos, (ferme de Mlle de Gonseville : 30 acres de labour, 2 acres de pré, 5 acres d'herbage pour 600 l), imposé à 198 l. ; Troude, (maison et herbage de la même, etc., pour 620 l.), imposé à 119 l. Un autre comparant, Hardy, fermier du prieur de Saint-Laurent, paie 196 l.

(2) Ant. Aubé : maison, demi-acre d'herbage, 6 acres de terre : revenu, 100 l., paie 30 l. 16 s. de taille, accessoires et capitation; J. Chevalier : maison, 4 acres d'herbage, revenu, 80 l., paie 17 l. 12 s.; Peltier : maison, demi-acre d'herbage, 5 acres de terre : revenu, 80 l. paie 18 l. 3 s. Nous ne pouvons donner le chiffre de leurs vingtièmes. Tous les trois assistent à l'assemblée. — Mlle de Gonseville était propriétaire, en particulier, de la ferme de Dubos, mentionnée dans la note précédente : en 1755, elle appartenait au président de Courvandon : le revenu était évalué à 563 l. et elle payait 28 l. de vingtièmes. Le prix avoué en 1789 (600 l.) paraît bien faible. L'abbé d'Eygurande, prieur de Saint-Laurent, avait une ferme de 3 acres de masure, 50 acres de labours, louée 780 l., (12e déduit), à Hardy, en 1789. (Arch. S.-Inf., C. 533, f. 265).

(3) Déjà, le 18 déc. 1787, l'assemblée provinciale avait demandé la suppression de la faculté laissée aux contribuables de transporter leurs impositions d'une paroisse à l'autre : elle voulait que les terres payassent dans la paroisse où elles étaient situées. Sur cette question du transport des impositions, c. f. Blosseville, 2, et la note, Dracqueville, I, 13. — En 1789, (le rôle est daté par erreur de 1788), taille : 361 l. en tout : acc. : 208 l ; capit.: 225 l.; au total 794 l. 2 s. 5 d. Un seul exempt, le curé (Arch. S.-Inf., C. f., 1889).

dans plusieurs paroisses voisines qu'à la treizième, de payer la dîme de sainfoin, fèves, trèfles, etc. et autres dîmes insolites (1).

4. La suppression des gabelles flatterait et soulagerait les habitants, ainsi que quelque changement dans les aides.

5. Les mêmes habitants supplient leurs représentants aux Etats généraux de faire nommer dans chaque paroisse quelqu'un, comme le syndic ou un autre, pour y tenir la police, empêcher qu'on y boive, dans des maisons publiques, pendant l'office de la paroisse et après neuf heures du soir, et que les délinquants soient condamnés à une amende en faveur des pauvres de ladite paroisse.

Signé : Aubé, Chevalier, Pelletier, Dubos, Hardy, Couvreur, Troude, Aubé.

SAINT-LAURENT-EN-CAUX

Dép. Seine-Inf. ; arr. Yvetot ; canton : Doudeville. A 29 k. N.-E. d'Yvetot, 29 k. S.-O. de Dieppe.

Gén. : Rouen ; El. : Arques.

Pop. : 1738 : 149 f. ; 1772 : 180 f. ; 1789 : 225 f.

Seigneur et patron : Alexandre de Malherbe.

Procès-verbal

Assemblée 5 mars, tous les habitants taillables et domiciliés, devant René Biard, syndic ; 17 comparants : P. Dupré, L. Ransonnette, G. Quentin, P. Grout, Jac. Lecanu, Franç. Jeunehomme, Franç. Savoye, Franç. Laurent, Hippolyte Asse, Ch. Delorgeril, P. Le Sade, Jac. Heuzé, Ch. Yzet, L. Signol, Franç. Folanfant, L. Cordouen, Guil. Biard. En plus signatures de trois Delaporte, de L. Ygou, Ad. Prévost, Franç. Rouy, Romain Bénard, Alex. Forget, Franç. Glatigny (2).

Députés : P. Dupré, Guil. Biard, Hippolyte Asse.

(1) La verte dîme est la dîme des fruits, surtout des pommes et des poires ; on y comprend aussi celle du lin et du chanvre, même celle du sainfoin et du trèfle. Les curés du pays de Caux prélevaient la verte dîme qui constituait une notable partie de leurs revenus. Sur les dîmes insolites, consulter Houard, *Dictionnaire*, I, 498 art. Dîmes. Les vertes dîmes rentraient toutes dans la catégorie des dîmes insolites. — Le curé de Saint-Laurent avait presbytère, cour, jardin (60 l.), sept acres de terre (100 l.) et les dîmes : 700 l. Elles n'étaient évaluées qu'à 400 l. en 1755.

(2) La paroisse était très industrielle ; le rôle de la taille, en 1789, mentionne de nombreux tisserands, des toiliers, un drapier et un badestamier. L'assemblée la représente assez exactement : elle se compose de laboureurs, d'ouvriers de divers métiers, de journaliers, de toiliers et de tisserands. Le syndic, René Biard, un fermier, (ferme de 80 acres de M. de Malherbe pour 1.000 l.), est

Cahier des plaintes, doléances et remontrances

[Le cahier est identique à celui de Reuville, mais il s'arrête à la fin de l'article 10 aux mots : « dans les différents marchés où elles se débitent »].

Signé, après lecture : Ransonnette, Le Sade, Heuzé, J. Delaporte, Yzet, Duprey, L. Ygou, Ad. Faucon, Savoye, Lecanu, Laurent, Rouy, Bénard, Jeunehomme, Forget, Glatigny, Quentin, Delorgeril, R. Biard, syndic, Guil. Biard, Asse, Cordouen, Guérout (1).

SAINT-MARS (Auj. SAINT-MARDS)

Dép. : Seine-Inf. ; arr. : Dieppe ; canton : Bacqueville. A 20 k. S.-S.-O. de Dieppe, sur la Vienne, affluent de la Saâne.

Gén. : Rouen ; El. : Arques.

Pop. : 1738 : 133 f. ; 1789 : 150 f.

Patron : le prieur de Longueville.

Assemblée 1ᵉʳ mars, en l'église, devant Mic. Hébert, syndic; 14 comparants : M. Feret, le sieur Rolland, Jac. Le Breton, J. Bertelot, Mic. Cacheux, J. Fortier, Jac. Hébert, J. Sehet, J. Roquigny, J. Lhérondelle, Ménard, Ad. Digeon, P. Dumont, Nic. Lenormand. Ils ont tous signé le procès-verbal avec le syndic et le greffier.

Députés : Féret, Le Breton (2).

imposé à 132 l.; Guil. Biard, député, (ferme de 50 acres pour 800 l.), est imposé à 198 l. ; Dupré, (ferme de 100 acres pour 1.200 l.), paie 364 l.
Le troisième député, Asse, ne paraît pas figurer sur le rôle de la taille. En 1789, taille : 1.970 l., (au total 2.021 l. 12 s.); accessoires : 1.154 l.; capitation : 1.244 l. (au total 1.283 l. 19 s.); en tout 4.459 l. 11 s. Exempts, J. B. Baltazar Masselin, curé, Hue, vicaire, J. Delaporte, clerc ; Molard Tibermont, officier dans les garde-côtes, fait valoir son château et cour d'honneur ; P. Al. de Malherbe, seigneur et patron de la paroisse, sa coutume : Arch. S.-Inf., C. 1890. Parmi les contribuables et les comparants, un L. Ygou, écolâtre. L'accroissement du nombre des feux au XVIIIᵉ siècle est dû, comme dans beaucoup d'autres paroisses, à l'industrie. Saint-Laurent avait le titre de bourg et son marché était important pour la vente du blé.

(1) Le cahier de Reuville reproduit lui-même le cahier de Beauville-la-Cité dans ses dix premiers articles sauf la suppression de l'art. 3 de Beauville et l'adjonction d'un article, l'article 5.

(2) En 1789, taille : 1.900 l. ; accessoires : 1.113 l. ; capitation : 1.200 l. ; collecte et frais : 89 l. 3 s. Exempts : le curé, le vicaire ; Le Clerc, écuyer, fait valoir sa ferme, Mᵐᵉ Suzanne d'Epinay : sa maison, Rousland : sa maison et jardin. — Le syndic Hébert, (maison, masure, 4 acres en propre), paie 97 l.; Féret, (cent acres en propre), 578 l. ; Le Breton (60 acres), 374 l. La paroisse

Cahier (1)

Puisque la bonté du roi veut bien s'étendre sur les calamités publiques de tout son peuple et qui [qu'il] veut bien recevoir nos doléances, il est d'utilité que les députés, nommés ci-dessus à cette occasion, représentent les griefs suivants :.

Que la taille, corvée de la grande route, capitation, soit jointe au territorial et que la noblesse et curés, ou bénéficiers, paient pour ses biens comme le tiers état ; et que le sel soit libre ; que le droit de boucherie, ou pied fourchu, soit joint au territorial ; et que les colombiers soient fermés depuis la mi-mars jusqu'au 1er mai et depuis le 1er juillet jusqu'à la fin d'octobre, vu que les pigeons font grand tort à la récolte, au moins du tiers ; et que les gibiers, lapins, levrauts et perdrix soient détruits, ou, du moins, que les fermiers soient permis de fureter pour le tort que cela fait (2) ; et cependant défendre à ceux qui sont au-dessous de 20 l. du principal de la taille, d'avoir des fusils chez eux. Que toutes personnes soient permises de faire couvrir ses juments par quel étalon qu'il souhaitera et que le garde-étalon soit supprimé (3). Et que les communes soient louées ou vendues au profit du roi (4) ; et que les pauvres soient nourris dans leur paroisse et qu'il soit fait défense à tous vagabonds de sortir de leur paroisse pour mendier sous le nom de pauvres. Nous nommons pour nos députés M. Feret et Jacques Breton.

Signé : Hébert, syndic, Féret, Lebreton, Rolland, Lenormand, Bertelot, Planage, Sehet, Cacheux, Nic. Ménard, Jac. Hébert, Roquigny, Lhérondelle, J.-B. Ménard, Fortier fils, Digeon, Dumont.

---

compte un grand nombre de toiliers et de tisserands, mais ils ne sont guère représentés à l'assemblée que par Bertelot, toilier, et Foitier, tisserand.

(1) Le texte est très incorrect ; nous le reproduisons intégralement en corrigeant seulement l'orthographe. Au début, un court procès-verbal, avec les noms des comparants.

(2) Sur les pigeons et le gibier, c. f. le cahier de la paroisse voisine, Beaunay, 7-9.

3. C. f. Ancourt, 4, et la note, et Colmesnil, 3.

(4) Sur les communes ou biens communaux c. f. Le Câtelier, 8. Mais la solution, proposée par ce cahier et son groupe, le partage entre les propriétaires, est très différente.

SAINT-MARTIN-DE-VEULES (1) (Auj. VEULES-LES-ROSES)

Dép. : Seine-Inf. ; arr. : Yvetot ; canton : Saint-Valéry. Sur la Manche, à 30 k. au N.-N.-E. d'Yvetot.

Gén. : Rouen ; El. : Arques.

Pop. : 1738 : 187 f. ; 1789 : 230 f.

Seigneur et patron : l'abbé de Fécamp (2).

Procès-verbal

Assemblée 6 mars, en l'auditoire, devant J. Lange; syndic; 21 comparants nommés : P. Vattement, J. Féron, J. Dujardin, Alex. Joutel, Mic. Mignot, Ad. Vattement, J. Maret, Jac. Deniau, J. Héricher, P. Jouttet, P. Collé, Nic. Vattement, Franç. Simon, J. Dufour, J. Savay, J. Ebran, J. Viellot, J. Quesnel, P. Saint-Saëns. P. Malleville, L. Vattement « et un grand nombre d'autres ». Seize signatures seulement, toutes de comparants mentionnés.

Députés : Michel Mignot, Adrien Vattement, J. Maret (3).

Cahier

Nous, soussignés, principaux habitants de la paroisse de Saint-Martin-de-Veules, étant assemblés au son de la cloche, le 6 de mars 1789, aux fins de procéder aux représentations de la paroisse, et vous remontrons très respectueusement, Messieurs, que la

(1) Il y avait, avant la Révolution, deux paroisses à Veules, non seulement au point de vue religieux, mais aussi au point de vue administratif : Saint-Martin, la plus importante, et Saint-Nicolas, que nous trouverons plus loin. Saint-Martin avait été donné à l'abbaye de Fécamp qui avait le patronage de l'église, un fief, des terres, des dîmes, une grange, des moulins, les coutumes du port et les droits sur la boucherie. Mais le vicomte de Blosseville y exerçait aussi des droits qui le mirent souvent en conflit avec les moines de Fécamp : droit de prélever 1.000 harengs sur tout bateau de harengs, déchargé à Veules, coutume du marché. C. f. abbé Tougard *Geog.* Yvetot, 255, et le cahier de Saint-Martin. La haute justice appartenait aussi au vicomte de Blosseville. Veules avait le titre de bourg ; mais ce titre ne lui valait guère que l'obligation de payer un certain nombre de droits onéreux, comme le don gratuit. Son port était ruiné depuis longtemps et son marché en décadence depuis l'incendie de 1781, dont il sera question dans le cahier.

(2) L'abbé de Fécamp était le cardinal de La Rochefoucaud, archevêque de Rouen. Outre les grosses dîmes, louées 1.300 l. au curé, il avait, à Veules, deux moulins à blé, loués à Quesnel, un des comparants, pour 2.700 l.

(3) L'Assemblée ne comprend qu'un petit nombre de cultivateurs ; toutes les professions sont représentées, même les employés des gabelles (Franç. Simon) ; mais les tisserands, qui forment près de la moitié de la paroisse, le sont à peine. Les trois députés, du reste, sont des cultivateurs, comme dans la plus grande partie du pays de Caux. L'un d'eux, Vattement, est un cressonnier ; cette culture locale est encore aujourd'hui très florissante, grâce à la petite rivière de Veules. Parmi les comparants, Quesnel, meunier, imposé à 497 l., et L. Vatement, (ferme à troupeau de 1.038 l.), imposé à 301 l.

paroisse de Saint-Martin-de-Veules est un petit bourg, dans lequel il n'y a aucun commerce ; il n'est habité que par un petit nombre d'habitants et occupants et un grand nombre d'ouvriers tisserands, qui travaillent pour les bourgeois de Rouen, et, comme le commerce est tout à fait tombé, et que les pauvres ouvriers sont obligés de chercher leur vie nuitamment pour nourrir leur famille.

Cette paroisse a été incendiée le 6 juillet 1784 ; 168 ménages ont été réduits par le feu ; plusieurs habitants ont été obligés de leur [se] retirer dans les paroisses voisines pour y demeurer et faute de logement. Les dits habitants n'ont éprouvé aucun dédommagement, puisqu'ils n'ont été exempts de taille et vingtième que pendant trois années.

Preuve de cette vérité : M. le vicomte de Blosseville, propriétaire du marché, n'a pu trouver, depuis ce temps, à faire valoir son marché ; mais il a été obligé de le faire valoir à son compte (1).

Vers les années 1779 et 1780, on a accordé la remise des droits réservés de don gratuit à plusieurs bourgs, vu et regard au peu [de] commerce qui s'y faisait, tel au grand Torcy, aux Grandes-Ventes, Bellencombre, Pitié, Le Bouretout, Vitefleur, et autres, et on l'a refusé à Veules où l'on y paie, pour 200 pots de cidre, la somme de 3 l. 15 s. 9 d. (2).

Outre toutes ces représentations, le bourg de Veules est encore un lieu d'étapes, ce qui est une grande charge pour ses pauvres habitants : point de logement, point de linge, puisque tout est consumé par les flammes. Cette paroisse étant sur le bord de la mer, la récolte est souvent endommagée, de sorte que, sur six années, on ne récolte pas trois sans être endommagé. Le 11 et 12 de juin dernier, un vent impétueux a réduit toute la récolte en

(1) Sur le vicomte de Blosséville Bénigne Poret, et la vicomté de Blosseville, c. f. le cahier de Blosseville.

(2) Le don gratuit était un droit sur certaines denrées, en particulier sur les boissons, levé à l'entrée des villes et bourgs de Normandie. C. f. Dieppe-faubourgs. — Le Grand-Torcy ou Torcy-le-Grand, les Grandes-Ventes, Bellencombre sont des paroisses du bailliage d'Arques : nous renvoyons à leurs cahiers. Pitié est un hameau de Saint-Pierre-le-Vieux, qui fait partie du même bailliage. Son marché appartenait, comme celui de Veules, au vicomte de Blosseville. Le Bouretout, ou Le Bouretour, est un hameau d'Anglesqueville-La-Braslong, du bailliage de Cany, (auj. arr. d'Yvetot, canton de Fontaine-le-Dun). Vittefleur, près de Cany, (auj. arr. d'Yvetot, canton de Cany) était le chef-lieu d'une baronnie de 13 paroisses et d'une haute justice appartenant à l'abbaye de Fécamp. Sur ces deux dernières paroisses, consulter Romain. *Cahiers de doléances des paroisses du bailliage de Cany*, 11-19 et 155-157. Le cahier d'Anglesqueville contient des détails intéressants sur le marché du Bouretout.

blé et lin le long du dit rivage ; quatre-vingts acres de blé et dix acres de lin ont été réduits en totalité (1) ; en outre, dans le dit bourg, c'est un lieu où on n'y a point de bois, ni plants ; on y récolte que très peu de fruits. Par les mauvais vents, on n'y blute que de la paille.

Cette paroisse paie en taille et capitation 4.600 l. Cette somme n'est qu'à peine suffisante pour satisfaire au paiement des aides et employés.

Cette paroisse est sujette aux grandes routes (2).

MM. les curés font valoir les grosses dîmes de Monseigneur le cardinal, abbé de Fécamp, au prix de 1.300 livres, plus un autre trait de dîme de M. l'abbé de Saint-Victor, au prix de 400 l., et s'exemptent de taille.

A la gabelle, dans ledit bourg, le sel se vend 13 s. la livre ; un grand nombre de paroissiens, n'ayant point d'argent pour en acheter, sont obligés d'aller à l'eau de mer et les employés les empêchent d'en enlever pour faire leur potage et ont souvent l'impudence de casser leur cruche.

Signé : P. Vattement, Deniau, Féror, Michel, Dujardin, Al. Joutel, J. Maret, J. Dufour, Ad. Vattement, J. Vieillot, P. Malleville, J. Héricher, J. Lange, syndic, Guil. Quesnel, J. Ebran, Jac. Masson.

SAINT-MARTIN-EN-CAMPAGNE

Dép.: Seine-Inf. ; arr. Dieppe; canton: Envermeu. Près de la mer, à 13 k. à l'E. de Dieppe.

(1) Cette tempête soufflait du Nord ; elle avait ravagé toutes les paroisses côtières. Le cahier d'Epineville signale aussi ces vents glacés de juin qui ont gâté les blés et les lins (paragraphe Plaintes). Les cahiers de Saint-Aubin-sur-Mer et de Saint-Denis-du-Val (art. 11) mentionnent la perte du tiers ou du quart de leurs récoltes. Toutes les paroisses maritimes se plaignent des vents de mer. C. f. Hotot-sur-Mer, préambule, et la note correspondante.

(2) La rédaction laisse à désirer ; il faut lire : sujette à l'impôt des grandes routes, c'est-à-dire à l'impôt en rachat de la corvée, et, à la ligne précédente, il faut lire : les employés des aides. — En 1789, le rôle très mal fait, ne donne que le chiffre de la taille : 2.100 l. (2.155 l. avec la collecte, la quittance et le timbre). En 1788, le chiffre de la taille est à peu près exactement le même ; accessoires : 1.251 l. ; capitation : 1.348 l. ; au total : 4.753 l. 17 s. Le chiffre, donné par le cahier, est donc un peu inférieur au chiffre réel : ce n'est pas la première fois que nous faisons cette constatation. — Exempts : le curé Christophe Saint-Saëns fait valoir la dîme, le curé Coruble, id., le vicaire Tiennoi, le chapelain Bé ; Mme de Parfondeval, (sa maison et jardin). — Le syndic Lange est imposé à 39 l. ; les députés Mignot, Vattement, Maret, sont imposés à 105 l., 52 l., 55 l. (Arch. S.-Inf., C. 1892).

Gén. : Rouen; El. : Arques.

Pop. 1738 : 157 f.; 1789 : 195 f.

Seigneur et patron : Grimaldi de Monaco (1).

Assemblée 4 mars, tous les habitants en personne, devant Louis Jolly, président, syndic; 15 comparants nommés : Belhomme, Delaloche, Fouré, J.-B. et Ant. Jolly, Delestre, Ferrant, Fournier, Pollet, Le Compte, Vasselin, Compiègne, Le Febvre, Le Quien, Thérin, J. Le Quien, greffier, « et autres qui ont déclaré ne savoir écrire ». Pas de signatures.

Députés : J.-B. Heu, Nic. Baril (2).

Cahier des plaintes, doléances et remontrances (3).

1º Les deux tiers des habitants de notre paroisse sont gens de mer ou classés, souvent pris et occupés au service de Sa Majesté.

2º A raison de l'autre tiers, notre communauté fournit encore des matelots, par voie de sort, et des canonniers, plus que toutes autres paroisses non maritimes et, sans parler ici du service qu'elle est obligée de faire à son tour pour la garde de la côte en temps de guerre ; ce qui l'écrase en nuisant à la population et à l'agriculture d'icelle et plongeant les trois quarts de ses familles dans la plus affreuse misère (4).

3º L'assiette de tout son terroir, étant limitrophe à la mer, il est par là exposé aux tempêtes, aux tourmentes des vents qui, sans exagération, dévorent et abîment annuellement un quart des récoltes (5).

(1) Honoré-Camille-Léonor Grimaldi-Malignon, duc d'Estouteville, comte de Torigni. Saint-Martin faisait partie du duché d'Estouteville et de la baronnie de Berneval. Sur les Grimaldi-Matignon, c. f. la note du cahier de Berneval. A Saint-Martin, comme à Berneval, le seigneur percevait toute la dîme.

(2) Le procès-verbal est le modèle imprimé. Sur le chiffre des impositions et sur les comparants, c. f. la note de l'art. 6.

(3) Préambule de quelques lignes sans intérêt.

(4) Dans l'article 1, il était question des matelots classés, nos inscrits maritimes. Dans l'article 2, il s'agit des canonniers matelots ou matelots côtiers, des canonniers gardes-côte et du service de guet en temps de guerre. Ce sont les quatre services auxquels étaient assujetties les paroisses maritimes. En 1786, dans le dernier tiers, dont parle notre article, sur neuf hommes en âge de servir, quatre avaient été exemptés pour divers motifs ; trois étaient tombés au sort ; il en fallait un pour les canonniers gardes-côte et un pour les canonniers-matelots.

(5) Sur les ravages des vents de mer, c. f. les cahiers de Saint-Martin-

4º Elle est contrainte de fournir six logements à une compagnie de six employés, exempts de tout fardeau public, et au préjudice des co-habitants, souvent même privés de l'usage des eaux de mer.

5º Elle est encore astreinte à l'esclavage odieux et ruineux d'une impitoyable banalité, et ses pauvres ne recevant aucun secours de la dîme qui est totalement perçue au profit du seigneur (1).

6º Malgré toutes ces raisons et d'autres, moins importantes, mais aussi réelles, elle est chargée d'impôts, subsides et autres charges onéreuses, plus que toutes autres paroisses qui n'ont pas les mêmes plaintes et doléances à alléguer (2).

Nota : Le commerce et occupation étant sur la filasse, pour la pêche du poisson, est sujet à bien des révolutions désastreuses pour le pays.

Remontrances désirées par notre bon roi.

1º Notre communauté souhaiterait qu'on substituât à la multiplicité dispendieuse des différents impôts actuels un impôt unique et général, affecté sur tous les biens quelconques du royaume et sans exception et exemption d'aucun d'iceux.

2º Que chaque communauté ait le droit et autorité de départir, par elle-même, sa quote-part de l'impôt général à chacun de ses membres respectifs, et ce, à raison de ses biens et possessions.

3º Que la perception dudit impôt soit toute simple, faite par chaque communauté et directement versée dans les coffres du roi et sans frais.

4º Que tout soit libre dans l'intérieur du royaume et parmi tous les concitoyens.

de-Veules et de Hotot. Mais le terrain, par lui-même, n'était pas mauvais ; « sa situation est en plaine et proche de la mer ; le terrain y est généralement bon ». Note du contrôleur des vingtièmes en 1756.

(1) Le seigneur était Grimaldi de Monaco : il percevait toute la dîme, à charge de faire une pension congrue au curé. La dîme, évaluée 2.200 l. en 1756, était louée 3.000 l., en 1789, à Vincent Thérin, un des comparants. Le curé avait le presbytère, un jardin, un herbage, évalué 60 l., 7 acres de terre (210 l.), une portion congrue de 270 l., les novales 280 l. (C. 532, f. 355).

(2) En 1789, taille : 2.910 l. (2.985 l. avec les frais) ; accessoires : 1.705 l. ; capitation : 1.838 l. ; en tout : 6.528 l. Exempts : le curé, le vicaire, les employés des gabelles. — Le syndic Joly, propriétaire, paie 60 l. ; les députés Huc, cultivateur, et Baril, maçon, paient 59 l. et 22 l. Le plus imposé est Belhomme, qui paie 320 et 330 l. pour deux fermes. (Arch. S.-Inf., C. 1893).

5° Que nos invalides soient départis sur les côtes et frontières de l'Etat pour s'opposer au prohibé et aux contrebandes étrangères ; qu'ils veillent aussi à la sûreté publique et à l'anéantissement du coquinisme et, étant appuyés et aidés en tout cela par nos troupes, cantonnées et répandues dans l'étendue du royaume, aux fins que bien des êtres onéreux, devenus inutiles, soient supprimés au grand avantage de toute la nation.

6° Que toutes les pensions, faites aux personnes quelconques qui peuvent subsister de leur propre fonds, soient subrogées, leur service rendu et à rendre à l'Etat ne pouvant être un titre raisonnable pour surcharger et grever leurs concitoyens. La gloire de servir la patrie doit tenir lieu de récompense à tout cœur non mercenaire. Les marques de distinction, les croix de mérite, doivent plus que suffire.

Nos faibles lumières ne nous permettent pas de viser plus loin ; mais nous nous reposons sur la sagacité, sagesse et le zèle des assemblées supérieures à la nôtre, vers lesquelles nous députons deux émissaires pour y présenter le double du présent cahier et pour, en notre nom, étant munis de tous les pouvoirs nécessaires, y proposer, remontrer, aviser et consentir au nom de notre communauté.

Fait et arrêté d'un consentement unanime et expédié ce même jour et an que dessus et par nous soussignés, avec notre président syndic et le greffier de notre municipalité.

Signé : Belhomme, Delaloche, Fouré, Delaistre, J.-B. Jolly, Ant. Jolly, Et. Ferrant, Ch. Fournier, Pollet, Conte, Vasselin, Compiègne, Lefebvre, Thérin, L. Jolly, syndic, J. Lequien, greffier.

SAINT-MARTIN-SOUS-BELLENCOMBRE

Réuni à Bellencombre en 1813. Dép. : Seine-Inf. ; arr. : Dieppe ; canton : Bellencombre.

Gén. : Rouen ; Él. : Arques.

Pop. : 1738 : 15 f. ; 1789 : 21 f.

Patron : le prieur de Saint-Martin (1).

Procès-verbal

Assemblée 2 mars, en la maison de Pierre Louis, syndic municipal, devant lui, 7 comparants : J.-B. Louis, P. Euzuel, P. Monnier, Mic. Ango, P.

____

(1) Le prieuré de Saint-Martin-de-Bellencombre avait été fondé en 1130 par les châtelains de la Heuze.

Cauvry, David Morin, Franç. Savary. Trois signatures seulement : Buzuel
et les deux Louis.

Députés : J.-B. Louis, P. Buzuel (1).

Cahier.

1⁰ Remontrent les habitants de la dite paroisse, composant
le Tiers état, que, vu la situation de la paroisse, qui est au bord
d'une forêt, n'ayant point de terres pour occuper une charrue,
ne peuvent pas récolter de quoi les nourrir le quart de l'année ;
pourquoi ne peuvent aider les pauvres qui sont en grand
nombre, vu la cherté des grains. (2).

2⁰ Il serait bien à propos que l'on puisse trouver un moyen
de diminuer les dépenses, tant pour les grands chemins et autres
ouvrages publics que pour les finances, et de trouver un moyen
de soulager les pauvres ainsi que de réprimer beaucoup d'abus
qui règnent dans la province.

Les dits composant le Tiers état sont tous prêts et dévoués à
concourir, pour leur part, à tout ce qui peut contribuer au bien
public, aux besoins de l'Etat, la réforme des abus, l'établissement
d'un ordre fixe et durable dans toutes les parties de l'administration, la prospérité du royaume, suivant les avis qui leur seront
donnés par gens plus éclairés qu'eux. Délibéré ce deux mars mil
sept cent quatre-vingt-neuf.

Signé : P. Buzuel, J.-B. Louis, Louis, syndic municipal.

SAINT-NICOLAS-D'ALIERMONT (3)

Dép. : Seine-Inf. ; arr. : Dieppe ; canton : Envermeu. Sur le plateau,
entre la Béthune et l'Eaulne, au N. de Saint-Jacques-d'Aliermont, à
13 k. S.-E. de Dieppe.

Gén. ; Rouen ; El. : Arques.

Pop. : 1738 : 400 f. ; 1789 : 338 f. Habitants : 1422 en 1790.

Seigneur et patron : l'archevêque de Rouen.

____

(1) Le syndic P. Louis ; les députés J.-B. Louis, Buzuel sont des fermiers ;
ils paient respectivement 123 l. 116 l. et 48 l. de taille et suites de la taille.
Mais le reste de l'Assemblée se compose de 4 journaliers, Monnier, Ango,
Morin, Savary, et d'un boucher, Cauvry.

(2) La forêt est celle d'Eawy. La paroisse était assez lourdement imposée,
étant donné sa petitesse et sa pauvreté. En 1789, taille : 340 l. ; accessoires :
199 l. ; capitation : 215 l. ; en plus, 18 l. 10 s. pour le droit de collecte, la quittance et le timbre ; un seul exempt : le curé, (Arch. S.-Inf., C. 1894).

(3) Sur le comté d'Aliermont, c. f. le cahier de Croixdalle. Saint-Nicolas

Procès-verbal

Assemblée électorale dimanche 8 mars, au presbytère, lieu ordinaire des assemblées, devant J. Fournier, syndic ; 18 comparants : Ch. Vanet, Jac. Paquet, Et. Allix, Nic. Ragot, Jac. Dumouchel, Laur. Le Febvre, J.-B. Durand, J. Fouré, L. Le Febvre, Ch. Le Febvre, Denis Vasselin, Michel Cailly, Franç. Hollingue, Franç. Papin, Jac. Hardy, Jean Fournier, syndic de la municipalité, P. Binet, P. Guérard, Nic. Quetteville. Dix-huit signatures.

Députés : Fournier, J.-B. Durand, Ch. Vanet, P. Guérard (1).

Remontrances, plaintes et doléances, moyens et avis, proposés par les habitants de la paroisse de Saint-Nicolas-d'Alièremont (2), élection d'Arques...

1º Remontre la dite assemblée que les habitants des campagnes payent près de la moitié de leur revenu : par exemple un propriétaire, possédant un fond de viron cent livres de revenu annuel, paye : 1º onze livres pour les vingtièmes ; 2º douze livres dix sols de principal de taille ; 3º quinze livres de capitation et accessoires ; 4º trois livres pour la confection des grandes routes avec l'entretien et les réparations des bâtiments. Tous ces objets réunis forment au moins la moitié du revenu. Cependant, pour donner des preuves de leur respect et amour envers Sa Majesté, ils consentent faire les sacrifices nécessaires pour le bien de l'Etat ; mais ils demandent que le clergé et la noblesse et les corps privi-

avait et a encore une industrie particulière, la fabrication des horloges ; dans le rôle de la taille de 1789, il y a 40 cotes d'horlogers. C'est à Saint-Nicolas que se trouvait le manoir des archevêques, vendu en 1790, démoli en 1816, siège de la haute justice de l'Aliermont, exercée par le bailli seigneurial de Dieppe.

(1) L'assemblée comprend des gens de divers métiers ; les horlogers y sont représentés par Fouré, Dumouchel, Quetteville. Mais le syndic, les députés et les principaux assistants sont des cultivateurs. Le syndic Fournier, membre de l'assemblée du département d'Arques, est imposé à 57 l. seulement ; mais son fils qui n'assiste pas à la séance, tient une ferme de 60 acres pour 1.050 l. ; il est imposé à 308 l. Le second député, Durand, fait valoir deux fermes, l'une de 40 acres, avec un trait de dîme de l'archevêque, pour 2.000 l. ; l'autre de 15 acres. Il est imposé à 525 l. pour la première, à 110 l. pour la seconde : au total : 635 l. ; c'est la plus forte cote de la paroisse. Vanet, (ferme de 120 acres pour 1.500 l.), imposé à 481 l., sera le premier maire de Saint-Nicolas pendant la Révolution. Guérard est un propriétaire : il paie 66 l. Parmi les cultivateurs présents, citons encore Allix, élu maire le 14 nov. 1790, Ragot, élu maire le 7 avril 1793, Paquet. etc.

(2) Le cahier, rédigé probablement par le syndic Fournier, n'appartient pas au groupe des cahiers de l'Aliermont. Voir sur ce groupe la note du cahier d'Angreville. Nous supprimons quelques lignes du début qui répètent le procès-verbal.

légiés supportent dans une parfaite égalité et, chacun à proportion de la fortune, les impôts et contributions de la dite élection (1).

2° La dite assemblée supplie Sa Majesté de supprimer la gabelle pour éviter les recherches des commis, qui sont presque toujours vexatoires, et, pour suppléer à cet impôt, chaque paroisse sera augmentée, au marc la livre de la taille, de la somme proportionnée au revenant bon dans les coffres de sa majesté.

3° La dite assemblée demande la conservation des propriétés de tous les ordres et de tous les individus (2).

4° La dite assemblée demande que les impôts soient répartis par les membres de la municipalité, avec trois adjoints choisis, ainsi qu'il est ordonné par l'arrêt du conseil du huit août mil sept cent quatre-vingt huit (3).

5° Sa Majesté sera suppliée de supprimer, dans les campagnes, les cafés pour ne pas laisser subsister une occasion prochaine à une infinité de personnes de dépenser un argent nécessaire à la subsistance de leur famille.

6° Demande aussi la dite assemblée que le prix du bois soit fixé ; que les riverains, qui souffrent déjà des bêtes fauves et autres bêtes des forêts, soient fournis de la quantité qui leur est nécessaire, (les pauvres les premiers), et qu'il y ait des encordeurs

(1) Le total s'élève à 41 et demi pour cent. Les chiffres, fournis par le cahier, sont exacts pour la taille, les accessoires et la capitation ; on les payait à Saint-Nicolas dans la proportion de 27,5 pour cent du revenu déclaré ou estimé, qui était toujours inférieur au revenu réel. La proportion variait du reste avec chaque paroisse.
Rôle de la taille en 1789 : taille : 4.365 l. (4.414 l. en tout) ; accessoires : 2.520 l. (2.562 l. en tout) ; capitation : 2.718 l. (2.763 l. en tout) ; au total : 9.740 l. 5 s. 11 d. Exempts : Fouchet de Pannerville, procureur du roi aux Eaux et Forêts de la maîtrise d'Arques, les curés David et Maillard, le vicaire David, le clerc Cellier.
(2) On trouve une formule analogue dans le cahier de Douvrend, Demandes, 1 : « conservation de toutes les propriétés ecclésiastiques, nobles et roturières ; conservation de nos droits de communes qui, de tout temps, ont appartenu à notre communauté ».
(3) Il s'agit de l'arrêt du conseil « portant règlement pour les assemblées provinciales de département et municipales sur les formes de la répartition et assiette de la taille, capitation et autres impositions » (Arch. nat., H. 1595). La répartition devait être faite par la commission intermédiaire entre les départements, par les bureaux intermédiaires entre les paroisses et, dans chaque paroisse, entre les contribuables, par les membres taillables des municipalités, complétés par des adjoints. Mais après la chute de Brienne, l'opposition de la Cour des Aides rétablie empêcha l'exécution de cet arrêt ; la répartition fut enlevée aux bureaux intermédiaires et aux municipalités et remise aux intendants et aux élus. Ce dessaisissement avait mécontenté vivement la Commission et les bureaux intermédiaires, et notre article, inspiré sûrement par Fournier, qui était bien au courant de la question, est un écho de ce mécontentement.

jurés pour ne pas être exposé au caprice des adjudicataires ; les forêts seront moins pillées et le revenu, à ce moyen, sera le même (1).

7º Pour procurer plus de facilité d'avoir du bois, Sa Majesté sera suppliée de supprimer les verreries qui portent à l'étranger (2).

8º Sa Majesté sera suppliée, et les seigneurs engagés, à réduire les banalités à ce qui suit : aucun meunier, qui n'a pas de banalité, ne pourra porter, ni reporter blé ou farine dans les paroisses sujettes à a banalité ; mais les habitants auront la liberté d'aller à tel moulin qu'ils jugeront à propos ; à ce moyen, le meunier, d'un côté, intéressé à conserver ses pratiques, les traitera avec justice ; de l'autre côté, l'habitant banal, qui paye moins ordinairement que les autres, gêné par la difficulté de porter lui-même son blé à un moulin étranger, ne quittera pas le moulin banal sans de bonnes raisons (3).

9º Demande la dite assemblée que les pauvres soient circonscrits dans leur paroisse ou, tout au plus, à une lieue de distance, et munis d'un certificat des curés et syndics de leurs paroisses, parce que, faute de certificat, ils seront arrêtés et mis au dépôt (4).

10º Demande la dite assemblée que les contrôleurs des actes ne puissent point forcer les notaires de ne pas faire d'inventaire sans, au préalable, la grosse de la tutelle, parce qu'il est vexatoire que des pauvres, dont les magistrats ont fait la tutelle gratis,

---

(1) Saint-Nicolas était situé à l'extrémité septentrionale de l'Aliermont et son territoire s'étendait jusqu'au voisinage de la forêt d'Arques. C. f. le cahier d'Ancourt, voisin de la même forêt, 10.

(2) Il s'agit ici de la verrerie du Hellet, située dans la forêt du même nom et qui faisait une grande consommation de bois. Dans le registre des vingtièmes (C. 5, f. 424), on lit cette mention : « Le domaine, pour une coupe de 13 arpents de haute futaie dans la forêt d'Eslet, pour le chauffage de la verrerie du dit Hellet : 5.270 l., (délivrance du 18 nov. 1789) ». Six semaines auparavant, le 8 octobre 1789, le domaine avait déjà adjugé une coupe de 20 arpents à Simon le Borgne pour 22.700 l. (Id., id.). Les verreries étaient mal vues des paroisses voisines : on leur reprochait la cherté et le manque de bois, dont on souffrait à cette époque. C. f. les cahiers du bailliage de Neufchâtel, où les verreries étaient nombreuses, en particulier ceux de Bezancourt, 11, Dancourt, 23, Orival, 8.

(3) Les vassaux de l'Aliermont devaient porter leur grain aux moulins de l'archevêque, à Angreville et à Douvrend.

(4) D'après une statistique du 19 sept. 1790. il y avait à Saint-Nicolas 316 pauvres ayant besoin d'assistance et 100 mendiants vagabonds. Les causes de la mendicité étaient le défaut de travail dans l'horlogerie et la dentelle, « dont le commerce est entièrement tombé ». J. Vacandard. *La vie municipale à Saint-Nicolas-d'Aliermont pendant la Révolution.*

soient forcés de lever une grosse en parchemin pour être obligés de payer un sceau aux traitants (1).

11° Demande la dite assemblée qu'il plaise à Sa Majesté mettre toutes les mesures de grains égales par tout le royaume et que tous les grains soient mesurés partout ras.

12° Demande la dite assemblée que les baux de gens de main-morte subsistent après la mort des bailleurs, parce que les bailleurs et preneurs seront obligés de prêter serment, lors de la passation des baux, s'il y a pot-de-vin, ou non, afin qu'en cas de décès du bailleur, la part du pot-de-vin soit destituée, par les héritiers du défunt, à son successeur, à proportion du temps et de la somme donnée au temps de jouissance (2).

13° Demande aussi la dite assemblée la suppression des colombiers et volières.

Signé : J. Fournier, syndic ; Franc. Papin, Ch. Vanet, Durand, Denis Vasselin ; L. Le Febvre, Nic. Ragot ; Et. Allix ; Ch. Le Febvre ; Jac. Paquet ; Jac. Dumouchel ; Laurent Le Febvre ; Jac. Hardy ; P. Guérard ; Mic. Cailly ; P. Binet ; Franç. Holingue.

SAINT-NICOLAS-DE-VEULES

Réuni à Saint-Martin-de-Veules. Dép. : Seine-Inf.; arr. Dieppe ; canton : Saint-Valéry-en-Caux ; commune : Veules.

(1) Voici l'explication de cet article dont la rédaction n'est pas très claire : le début d'une tutelle était précédé de deux actes essentiels : 1° la constitution de la tutelle, c'est-à-dire, à défaut de l'aïeul, du père ou du frère aîné, tuteurs de droit, l'élection d'un tuteur par les proches parents en présence d'un magistrat ; 2° l'inventaire des biens du mineur fait par un notaire ; mais le contrôleur exigeait que le notaire rédigeât au préalable la grosse, c'est-à-dire l'acte en forme constatant la constitution de la tutelle ; le cahier l'appelle la grosse de la tutelle : cet acte était onéreux à cause des honoraires du notaire et surtout des droits de parchemin et des droits de sceau, affermés aux traitants. C. f. Houard, Dictionnaire : art. Grosse II, 690, et Tutelle IV, 423-424. Houard, dans ce dernier article, dit, comme notre cahier, que le juge qui constitue la tutelle fait remise de ses droits aux familles pauvres, mais qu'il n'est guère imité par les notaires ou les sergents, et il réclame une loi qui fixerait la somme au-dessous de laquelle les tutelles et les inventaires seraient gratuits. Il y a entre le Dictionnaire et le cahier de Saint-Nicolas des rapports qui ne sont peut-être pas fortuits.

(2) Le mot *destituée* est impropre ; il faut comprendre : *retenue*. Celui qui était pourvu d'un bénéfice n'était pas tenu d'observer les baux faits par son prédécesseur ; il ne devait pas d'indemnité au locataire ou au fermier dont il interrompait le bail : il n'avait même pas à lui rembourser une partie du pot-de-vin payé lors de la rédaction du bail. C. f. Houard. *Dictionnaire*, art. Bail, I, 141, et Pots-de-vin, III, 511. Les baux des biens de mainmorte étaient presque toujours accompagnés d'un pot-de-vin. On comprend dès lors l'intérêt de notre article. Sur les pots-de-vins, on peut consulter plus loin le cahier de Saint-Nicolas-de-Veules, 4, qui donne des renseignements intéressants sur cette question.

Gén. : Rouen ; El. : Arques.

Pop. : 1738 : 112 f. ; 1789 : 70 f.

Patron : le chapitre de Saint-Quentin (1).

Assemblée 8 mars, en l'église de Saint-Nicolas du bourg de Veules, devant L. Adrien Leroy, syndic ; 23 comparants : Martin Quesnel, Franç. Le Nud, Jean La Caille, Vinc. Damois, Jac. Née, J. Favoniellère, Aug. de La Mare, Ch. Broussin, Ch Mercier, Franç. Anfry, Mic. Grenier, Alex. Richer, Mic. Auvray, P. Billard, J. Boivin, J. Guerard, Nic. Guesdon J. Vattement, Phil. Basile, Brisselet, André Auvray, Nic. Bled, Samson Rouland. Treize signatures seulement (2).

Députés : Martin Quesnel, Franç. Le Nud.

Cahier (3).

1º Nous représentons que notre paroisse est composée de 70 feux, et qui en excepte dix, qui sont à leur aise, le reste est pauvre ; pourquoi remontrons que la taille, capitation et autres charges sont trop fortes pour une paroisse chargée de tant de pauvres.

2º Habitants le rivage de la mer, pays souvent de marins, nous nous plaignons de ce que les marins, étant devenus infirmes, ou ayant éprouvé la perte de la vie pour le service de la patrie, pour l'ordinaire leur famille devient à charge aux paroisses, dont ils dépendent, parce que le gouvernement ne récompense point du tout, ou fort légèrement, leur service pendant qu'on récompense des services bien moins méritants (4).

3º Que le rivage de la mer impose [expose] à des vents violents et à des événements que n'éprouvent pas les autres pays. Les laboureurs assurent que, sur neuf récoltes, ils n'en font que

(1) Sur le patronage du chapitre de Saint-Quentin dans cette région, cf. le cahier du Bourg-Dun.

(2) En 1789, taille : 370 l. ; accessoires : 217 l. ; capitation : 234 l. ; en tout avec la collecte et les frais divers : 840 l. 17 s. 4 d. Exempt : J. Le Blanc, curé, pension congrue, maison et jardin. — Le syndic Le Roy, cultivateur, est imposé à 46 l. Quesnel, (2 moulins à blé du vicomte de Blosseville pour 1.500 l.), est imposé à 398 l. Un Sixte Lenud, messager laboureur, est imposé à 58 l. Arch. S.-Inf., C. 1897. Le rôle de la taille comprend une vingtaine de tisserands ; il y en a sept ou huit à l'assemblée.

(3) Pas de titre, mais un préambule qui répète le procès-verbal et que nous supprimons. Orthographe et style tout à fait fantaisistes.

(4) C. f. Berneval, 6.

quatre ou cinq bonnes ; pour quoi supplient qu'on les décharge d'une partie des impositions, parce qu'ils paient au roi ce qu'ils ne récoltent pas (1).

4º Remontrent les dits habitants que, pour les biens de main-morte, affermés pour l'ordinaire par un bail, outre le prix convenu pour chaque année, on exige des sommes considérables de pots-de-vin qui privent le roi de pouvoir [toucher] les droits de ces sommes considérables, en ce qu'elles se paient sur-le-champ et qu'elles ne sont point employées dans les baux (2). Elles sont en outre préjudiciables au fermier parce que, si le maître vient à mourir avant l'expiration des baux, il perdrait le pot-de-vin, versé au commencement de la jouissance, et l'engrais de leur [sa] terre ; et souvent même le changement de maître occasionne celui de fermier.

5º Remontrent encore que l'entrée des boissons dans le bourg est onéreuse et in[ex]posée à des fraudes continuelles parce que ce n'est point à raison de la quantité de pommes qu'on brasse, mais à la quantité d'eau, qui entre dans les boissons, qu'on fait payer les entrées (3) ; que l'intention du roi n'étant pas de faire payer l'eau, il paraîtrait plus aisé d'imposer chaque particulier à une taxe quelconque, suivant le revenu, ce qui produirait au roi un revenu plus réel parce qu'il ne faudrait point gager de sur-veillant, et chacun brasserait à son gré.

Fait par nous, soussignés de la paroisse de Saint-Nicolas, bourg de Veules, le 8 mars 1789. Martin Quesnel, Franç. Lenud, J. Lacaille, Vinc. Damois, Ch. Broussin, Jac. Née, Grenier, Mercier, Auvray, Delamare, Roulland, Leroy, syndic.

(1) C. f. le cahier de Saint-Martin-de-Veules qui dit que, sur six années, on ne récolte pas trois sans être endommagé.

(2) Les pots-de-vin étaient d'un usage courant dans cette partie de la Normandie, non seulement pour les biens de mainmorte, mais même pour les autres. La chose est formellement affirmée par Heurtaut de Lammerville, qui était originaire du pays de Caux, dans son ouvrage sur *l'Impôt territorial*, p. 203 : « Le cadastre général des terres fait une des bases essentielles du plan. Sans ce principe, il est impossible d'établir et de percevoir exactement les vingtièmes de l'imposition territoriale à cause de l'abus des faux baux, des contre-lettres et des pots-de-vin qui sont en usage dans presque tous les pays de grand fermage ». — Sur la seconde partie de l'article, cf. le cahier de Saint-Nicolas-d'Aliermont, 12, et la note.

(3) C. f. Auffay, 4. Cet article exprime exactement la même plainte et donne des détails précis sur la quantité de pommes qui entraient dans la fabrication de la boisson, ou du petit cidre, pour lequel on payait les mêmes droits d'entrée que pour le cidre pur.

SAINT-OUEN-LE-MAUGER

Dép. : Seine-Inf. ; arr. : Dieppe ; canton : Bacqueville. A 23 k. S.-O.
de Bacqueville.

Gén. : Rouen ; El. : Arques.

Pop. : 1738 : 62 f. ; 1789 : 90 f.

Seigneur et patron : l'abbesse de Saint-Amand de Rouen.

Procès-verbal

Assemblée 6 mars, au lieu ordinaire, devant P. Borel, syndic; 15 comparants. Jac. Masse, Jac. Edet, Nic. Tellier, Nic. Couturier, Jac. Petit. Nic.
Paris, P. Farci, Franç. Belavoine, Franç. Capron, Mic. Le Mire, J. Heubert,
J. Ruelle, P. Jagu. Nic. Borel, P.-Ch. Jean. Douze signatures dont plusieurs
informes.

Députés : Jac. Edet, Jac. Masse (1).

*Doléances, plaintes et remontrances, faites et rédigées en l'as-
semblée générale des habitants taillables de la paroisse de Saint-
Ouen-le-Mauger-en-Caux.*

[Le cahier ressemble beaucoup à celui de Benouville ; mais il
est plus correct].

1º La paroisse contient 90 feux qui sont imposés pour la taille,
à 1.450 l., pour capitation et accessoires, à 1.778 l., pour le vingtième, à 1.110 l. 13 s. 5 d., et pour le sel, à 960 l. Toutes ces impositions réunies font une somme de 5.640 l. 18 s. 5 d., y joint l'impôt
des corvées, qui est toujours le quart du principal de la taille (2).

Cette somme est très forte, vu que, dans le pays, les terres sont
légères et d'un produit médiocre et que plus des deux tiers des
habitants sont tous ouvriers et manœuvriers (3).

(1) Sur la composition de l'assemblée, voir la note 3.

(2) Le chiffre exact de la taille en 1789 est de 1.460 l. ; celui des accessoires
et de la capitation est bien de 1.778 l. : accessoires : 856 l., capitation : 922 l. ;
mais il faut ajouter à ces deux sommes les 6 et 4 deniers pour livre du droit
de collecte et les autres frais. Exempts : le curé Hérambourg, fait valoir
son bénéfice (800 l.)et les grosses dîmes de l'abbesse de Saint-Amand (600 l.) ;
le clerc Berthelot (Arch. S.-Inf., C. 1898).

(3) Cette indication est très exacte : le mot ouvriers s'applique aux tisserands ; le rôle de la taille en indique 33; le mot manœuvriers : aux ouvriers
agricoles, ou journaliers, que le rôle de la taille désigne simplement comme
tenant le couvert. Mais il y a aussi quelques fileurs et une dizaine de toiliers.
L'assemblée électorale comprend six toiliers : Couturier, Farci, Capron,

2° L'impôt du sel est très préjudiciable à la société : cette denrée si nécessaire à l'homme... [le reste comme à Bénouville, 2, sauf quelques transpositions de mots].

3° Il serait à souhaiter qu'on permît en France la culture de la plante de tabac : ce serait une branche de plus pour le commerce, et l'étranger viendrait l'y chercher avec d'autant plus de plaisir qu'il y croît d'une meilleure qualité (1).

4° Les droits d'entrée, de péage, quatrième et autres, imposés sur les boissons, [le reste comme à Benouville, 3].

5° Nous nous croyons autorisés à demander la suppression de la ferme, vu qu'on manque souvent d'artisans et d'ouvriers et que cette suppression fournirait à l'Etat plus de cent mille hommes qui s'occuperaient de l'agriculture ou du commerce, ce qui rapporterait des millions par an (2).

6° Par toute la France la justice ne s'obtient qu'après des procédures longues et ruineuses ; les juges sont trop éloignés des justiciables, en sorte qu'un citoyen, avant d'avoir jugement, est obligé de se ruiner en frais, en pénibles voyages et longs séjours ; la plupart sont forcés de s'expatrier, une partie de l'année, à 50, et même à 100 lieues, de leurs domiciles ; il serait besoin, à cet égard, d'une réforme telle qu'il fût établi des cours souveraines, de distance en distance, à la portée du peuple (3).

7° Outre la levée qui se fait sur les taillables pour l'entretien des grandes routes, chaque particulier est encore obligé à l'entretien de son chemin vicinal, ce qui fait une double charge. De plus, les corvées des grandes routes sont maintenant criées au rabais et chaque paroisse sait seulement qu'elle paie trop : mais

---

Heubert, Borel, Jean ; quatre tisserands : Petit, Le Mire, Ruelle, Jagu. Ils ont la majorité ; cependant, là comme presque partout, les députés sont des cultivateurs : Edet, (ferme de 60 acres pour 900 l., etc.), imposé à 415 l. ; Masse, (ferme de 80 acres, etc.), imposé à 567 l. Le syndic Borel est à la fois propriétaire, (30 acres en propre), et fermier, (36 acres) : il est imposé à 314 l.

(1) C. f. l'article 4 du cahier de Bénouville, dont la rédaction est un peu différente, mais qui formule la même demande. Plusieurs paroisses, en particulier Bacqueville, 2, et quelques-unes de son groupe, ont demandé la suppression des droits sur le tabac. Mais Bénouville et Saint-Ouen-le-Mauger sont les deux seules qui aient réclamé la liberté de la culture du tabac ; même le cahier de La Chapelle-Bénouville, qui suit de très près celui de Bénouville, n'a pas reproduit cet article.

(2) Cet article est une réduction de l'art. 8 de Bénouville qui donne aussi le chiffre de cent mille hommes et y ajoute celui de cent millions pour les bénéfices réalisés par cette suppression.

(3) Cet article est à peu près identique à l'article 6 de Bénouville auquel nous renvoyons.

elle ignore au profit de qui va l'excédent (1). Il serait juste d'obvier à ces inconvénients et on pourrait le faire en établissant des bureaux de distance en distance où les voituriers paieraient à raison des chevaux. Ce produit servirait à l'entretien des grands chemins et, par là, on déchargerait les habitants de chaque paroisse d'un impôt considérable.

8° Il est un abus dans le commerce auquel il serait à souhaiter qu'on eût porté remède depuis longtemps... Souvent un particulier, après s'être procuré par ses travaux, ses soins et ses veilles, une fortune honnête, s'en voit tout à coup privé et réduit presque à la mendicité par la faillite d'un autre particulier qui représente à son gré des pertes exagérées dont l'origine n'est que dans le luxe et d'excessives dépenses... Cet abus est si criant que nous espérons bien que nos plaintes ne seront pas vaines et la moindre peine, qu'on pourrait infliger à de pareils membres de la société, serait de les obliger à porter une marque distinctive qui puisse avertir les autres commerçants de se mettre sur leurs gardes (2).

9° Le nombre des mendiants est si grand, surtout dans les campagnes, qu'on ne peut douter que, parmi eux, il n'y ait beaucoup de paresseux et fainéants. Nous sommes persuadés que chaque paroisse désirerait être chargée de ses pauvres. Ce serait le vrai moyen de connaître les vrais nécessiteux ; on leur procurerait les secours nécessaires et ils en seraient eux-mêmes plus tranquilles.

10° Le gouvernement devrait entièrement abolir tous les petits cabarets et cafés qui, depuis quelques années, se sont élevés et multipliés au point qu'il n'est point de paroisse de campagne qui n'en compte plusieurs dans son enceinte : la nuit comme le jour, il s'y fait des dépenses qui mettent souvent des familles entières sans pain ; ces lieux sont l'école du libertinage et du

(1) C. f. l'article 9 de Bénouville qui est plus précis : il demande qu'il soit rendu compte aux assemblées municipales de l'emploi des deniers levés pour les grandes routes. Mais cet article ne parle pas, comme celui de Saint-Ouen dans la phrase suivante, de l'établissement de bureaux de péage.

(2) Il n'y a pas d'article analogue à Bénouville, ni à La Chapelle-Bénouville. Dans tout le bailliage, les cahiers de La Fontelaye, paroisse voisine de Saint-Ouen-le-Mauger, art. 18, et de Mont-de-Bourg, art. 6, mentionnent seules les banqueroutes. Nous renvoyons aux notes de ces cahiers. Il nous est du reste impossible de dire s'il faut y voir une allusion à quelque fait précis. L'article de Saint-Ouen-le-Mauger est le plus développé et le seul qui demande une pénalité infamante. Le cahier du Tiers Etat du bailliage d'Arques ne contient pas d'article sur les faillites et banqueroutes ; il n'y en a pas non plus dans le cahier général du Tiers Etat du bailliage de Caux.

brigandage, l'expérience vient encore de nous le prouver récemment (1).

Il serait à propos qu'on s'occupât des moyens d'empêcher les rumeurs, émotions et séditions de la part du bas peuples dans les halles et marchés où les laboureurs se trouvent exposés à des injures et contraints de donner le blé au prix que les acheteurs veulent le payer (2).

11º Nous avons l'honneur de représenter que Messieurs les curés forment à l'église des enfants éclairés, à la patrie des citoyens vertueux, au roi des sujets fidèles, qu'il est affligeant de voir cette classe, si utile à la religion et à l'humanité, dans l'avilissement où la réduit l'avidité des décimateurs. Des siècles se sont écoulés ; les cris du peuple, les plaintes réitérées des curés, les remontrances du parlement, les lois mêmes, tout a échoué contre le crédit des gros décimateurs ; nous espérons que le règne présent n'aura pas le même sort ; il est honteux que des curés, qui exposent leur vie, tous les jours, pour aller recevoir les derniers soupirs de leurs paroissiens, se voient réduits à un modique revenu, tandis que ceux qui n'exercent aucunes fonctions dans l'église en absorbent toutes les richesses en réduisant les curés à des pensions congrues ou au tiers de la dîme, (telle est la position de notre paroisse), ce qui met les curés hors d'état de subvenir, autant qu'ils le désireraient, aux besoins des pauvres, ayant d'ailleurs nombre d'autres charges dans lesquelles les gros décimateurs ne veulent entrer pour rien (3).

12º Personne n'ignore qu'autrefois la noblesse servait l'Etat à ses dépens, et on convient qu'il était juste de l'exempter des impositions ; cette raison cesse aujourd'hui : s'ils servent l'Etat, ils sont payés. Ils ne doivent donc ambitionner d'autre distinction que celle que donnent la vertu et les belles actions. Soumis à l'Etat, ils jouissent de sa protection et de ses avantages ; il est juste qu'ils participent à ses charges (4).

13º Le gouvernement en réduisant tous les impôts à deux principaux, savoir : le vingtième et la taille, qui seraient répartis

(1) C. f. La Chapelle-Bénouville, 9, 1ʳᵉ partie. Il n'y a pas d'article analogue à Bénouville.

(2) C. f. La Chapelle-Bénouville, 10, 1ʳᵉ partie.

(3) Les grosses dîmes, évaluées à 600 l., appartenaient à l'abbesse de Saint-Amand. Le bénéfice du curé est estimé à 800 l. dans le rôle de la taille ; de plus, il faisait valoir les grosses dîmes. Il était un des moins bien partagés parmi les curés du bailliage.

(4) C. f. l'article 7 de Bénouville qui est presque identique.

avec équité sur toutes les possessions et qui seraient versés sans frais dans la ville principale de chaque généralité, de là au trésor royal, trouverait de là occasion, selon les vœux de toute la société, de supprimer les receveurs dont les frais sont beaucoup à charge à l'Etat.

Fait double audit Saint-Ouen-le-Mauger, en l'assemblée générale tenue à cet effet le six du mois de mars de l'année présente, et les députés, nommés pour la paroisse, autorisés à le présenter à l'assemblée du bailliage d'Arques, d'y faire, dire et consentir tout ce qui sera arrêté pour le bien et avantage public et avons signé.

P. Borel, syndic ; Jac. Masse ; Jac. Edet ; Nic. Couturier ; Jac. Petit ; P. Jean, syndic municipal ; Nic. Paris ; J. Hebert ; Mic. Bellavoine ; Nic. Borel ; Rob. Bazire ; P. Crevet.

SAINT-OUEN-PREND-EN-BOURSE

Réuni à Bertreville en 1823. Dép. : Seine-Inf. ; arr. : Dieppe ; canton : Longueville ; commune : Bertreville-Saint-Ouen. A 14 k. au S.-S.-O. de Dieppe.

, Gén. ; Rouen ; El. : Arques.

Pop. : 1738 : 63 f. ; 1789 : 55 f.

Seigneur : de Fautereau ; patron : le chapitre de Rouen.

Procès-verbal

Assemblée 7 mars, devant Denis Féret, syndic ; 16 comparants : Fél. Jourdain, Ch. Bréant, Ant. Baudribos, Franç. Le marchand, Franc. Develle, Nic. Durieu, J. Noël, P. Folastre, Nic. Marye, P. Lefée, Victor Dufey, Mic. Lemoine, J. Bureau, Jac. Quenel, L. Roussel, J.-L. Rendu. — Onze signatures seulement y compris celle du syndic.

Députés : Denis Féret, Fél. Jourdain (1).

---

(1) Le syndic et député Féret est un riche cultivateur : il a une ferme de M. de Bacqueville, (100 acres pour 2.000 l.), une autre ferme pour 400 l. ; un trait de dîme des religieux de Longueville (100 l.) ; il est imposé à 633 l. Il fait encore valoir les grosses dîmes du chapitre pour 2.000 l. et il est imposé pour cela à 385 l. ; il paie près du tiers de la taille et de ses suites. Félix Jourdain n'est pas porté personnellement au rôle de la taille; mais il fait valoir avec sa mère, une ferme de 66 acres pour 1.800 l. et ils sont imposés à 434 l. L'assemblée comprend encore quelques fermiers : Nic. Durieu (ferme de 70 acres pour 2.000 l.), imposé à 461 l. ; Ch. Bréant, imposé à 235 l. ; mais il y a aussi des représentants de diverses professions, en particulier un marchand de fil, Le Marchand, et un tisserand, Rendu.

*Cahier de plainte et remontrance, que fait
la communauté de la paroisse de Saint-Ouen-Prend-en-Bourse.*

1º Suppression des ponts et chaussées, pouvant remplacer la
dite somme et faire les dites réparations en faisant payer, de six
lieues en six lieues, où il serait établi un bureau, que chaque
cheval paierait la somme de trois sols en passant sur les grandes
routes, sans aucuns privilégiés, ce qui opérerait le même effet
que la somme qui est imposée à présent.

2º Que l'imposition du sel soit supprimée et qu'elle soit remplacée par une capitation d'une livre par personne, qui formera
la somme de vingt-quatre millions à l'Etat et un grand soulagement au peuple.

3º La suppression des haras et garde-étalon (1).

4º La suppression de la ferme des aides et que, dans les villes
et bourgs, la somme sera remplacée par une capitation plus forte.

5º Que les lièvres, perdrix, pigeons, corneilles, font un tort très
grand à la récolte et que toutes ces choses surchargent les fermiers,
ainsi que la populace, parce que, sur un dîmage, à compter les
acres de blé qui sont ensemencées, ils font plus que la semence
de tort ; et que les remises, qui sont dans le milieu des terres
labourables, soient supprimées (2).

6º Suppression des privilèges des nobles, ecclésiastiques et
communautés pour la taille, accessoires et capitation, corvée et
dixième (3). Réunion de toutes les communautés religieuses à

(1) Sur le haras et le garde-étalon, cf. Ancourt, 4, Anneville, 7, et Lamberville,
10.

(2) Toutes les paroisses de cette région : Anneville, Crosville-sur-Scie,
Criquetot-sur-Longueville, etc. se plaignent des dégâts du gibier. Les remises
à gibier sont les petits bois, ou boquetons, que les seigneurs plantent au milieu
des terres de labour. Sur cette question, cf. La Gaillarde, 9 et Criquetot-sur-
Longueville, 3.

(3) En 1789, taille : 1.490 l. (1.529 l. 12 s. avec la collecte) ; accessoires :
887 l. ; capitation : 957 l. ; en tout : 3.373 l. 12 s. ou 3.374 l. Exempts : le curé
Deschamps, (bénéfice : 1.200 l.) ; de Fautereau, seigneur honoraire, (château,
jardin, avenues, 16 acres de labour, valeur : 600 l.) ; Groult Duquenoy,
chevalier de Saint-Louis, (pavillon, jardin, dix acres de labour; valeur : 400 l.),
Rouhyer, garde du corps du comté d'Artois : pavillon cour d'honneur,
jardin, colombier (100 l.) ; Le François, clerc et maître d'école, logement valant
30 l. — Le rôle comprend 63 cotes ou lignes de contribuables : il y a quelques
tisserands. Une curieuse note du lieutenant général de l'élection, Beatte
d'Ausseville, nous apprend qu'il a réglé lui-même, sur la demande de l'intendant, en présence des collecteurs, la ligne de Rouhyer de la Fontaine dont il
vient d'être question : pour une mesure de 6 acres et 23 acres de labour, qu'il
fait valoir lui-même et qui sont évaluées à 1.000 l., il est imposé à 158 l., dont
72 l. de taille.

deux par diocèse : l'une d'hommes et l'autre de filles ; leurs biens
réunis aux cures ; pensions, tant des dites communautés que
des chapitres, levées en forme de rente foncière sur tous les
bénéfices-cures qui seraient en possession de toutes les dîmes ;
le tiers des dîmes affecté pour la nourriture des pauvres de
chaque paroisse, un tiers pour l'État et les charges des réparations,
vicaires, clercs et sœurs et autres, et l'autre tiers pour les curés
de chaque paroisse, sans préjudicier à la dîme du verdage, qu'ils
possèdent actuellement (1).

7º Les pauvres auront défense de mendier hors leur paroisse,
et tous ceux qui voudront avoir part aux aumônes publiques
seront tenus de rendre compte à l'assemblée municipale de leur
paroisse de leurs dépenses et de leurs gains ; les cafés, les assemblées publiques de patron, marchés de fêtes et de dimanches,
supprimés comme une des causes de la pauvreté.

8º La suppression de la recette des tailles, vingtièmes et autres
impôts ; et qu'il n'y ait qu'un seul préposé dans chaque paroisse
pour faire le recouvrement des impositions (2), et qu'il sera tenu
de porter la somme au bureau de la ville capitale de chaque généralité, dans les temps qui seront prescrits par les ordonnances,
et que l'on changera chaque préposé de chaque paroisse tous les
trois ans, et que le dit préposé sera tenu de représenter ses quit-
tances tous les trois mois à sa communauté.

9º Qu'il soit enjoint aux curés de faire mention dans chaque
acte des registres de l'acte précédent relatif à la filiation, du lieu
et du temps, et que les parents soient obligés de les représenter à
Messieurs les curés.

10º Suppression des procureurs et des avocats, et que les
parties exposeront eux-mêmes leur cause ou se feront représenter par qui ils voudront. Les juges, obligés de motiver leurs sentences ; ils ne pourront exiger aucunes épices, ni frais, si leurs sentences se trouvent cassées dans les instances suivantes ; et que

(1) Cette division des dîmes en trois parts, affectées chacune à un objet
particulier, était celle qu'une tradition courante en Normandie plaçait à
l'origine même de la dîme. C. f. le cahier de Boudeville, 6, et la note. A
Saint-Ouen, les grosses dîmes appartenaient au chapitre de la cathédrale de
Rouen : elles étaient louées 2.000 l. au syndic Féret. Le curé avait un bénéfice
de 1.200 l., comprenant probablement les menues et vertes dîmes, que les curés
avaient dans la plupart des paroisses du pays de Caux ; c'est le verdage dont
parle notre article et qu'il propose de leur laisser.

(2) Il y avait dans chaque paroisse un collecteur de la taille, un collecteur
de la gabelle, là où on levait la gabelle par imposition, un collecteur des vingtièmes, un collecteur de l'impôt en rachat de la corvée.

les huissiers marquent dans leurs exploits tout au long toutes
les pièces, preuves et motifs des causes, sans qu'il soit permis aux
parties d'en présenter d'autres dans le courant du procès.

11° On désire que les terres de chaque paroisse payent taille
à la paroisse d'où elles dépendent, sans aucun renvoi (1), et que
les paroisses trop surchargées puissent prendre en aide celles qui
sont plus favorisées.

Le présent, fait et arrêté par la communauté, ce que nous
avons signé, ce 7 mars 1789. Ch. Bréant ; Fél. Jourdain ; Franç.
Le Marchand ; P. Folastre ; Victor Dufay ; J. Bidaut ; Nic.
Marie ; Nic. Durieu ; Ant. Baudribos ; J. L. Rendu ; Denis Féret,
syndic.

SAINT-OUEN-SOUS-BAILLY-EN-RIVIÈRE

Dép. : Seine-Inf. ; arr. : Dieppe ; canton : Envermeu. A 17 k. à l'E.-S.-E.
de Dieppe, sur la rivière de Bailly, affluent de l'Eaulne.

Gén. : Rouen ; El. : Arques.

Pop. : 1738 : 60 f. ; 1789 : 68 f.

PROCÈS-VERBAL

Assemblée 6 mars 1789, en la salle du presbytère, devant Ant. Jouen,
syndic municipal ; 18 comparants : J. B. Piolaine, J. Anctin, Nic. L. Vincent,
laboureurs ; J. Sannier, L. Mortoire, Michel Stalin, Nic. Paris, P. Fontaine,
cordonniers ; J. Polard, J. Baurin, galochiers ; L. Dubisson, charron ; Nic.
Duchossois, charpentier ; Franç. Clément, laboureur ; Franç. Vincent,
galochier ; Michel Davenet, Nic. Renoux, chaisiers, Jac. Davenet, maréchal ;
Fontaine, charpentier. Ils ont tous signé le procès-verbal. — Députés :
J. Anctin, laboureur, Nic. Paris, cordonnier (2).

(1) Il s'agit ici du droit qu'avaient les contribuables de faire transporter
le paiement de leurs impositions dans une autre paroisse que celle où se trou-
vaient les biens imposés. Une paroisse voisine de Saint-Ouen, Crosville-sur-
Scie, se plaint vivement de ce droit (art. 1). Sur cette question, cf. Blosseville,
2, et la note. L'assemblée provinciale avait aussi condamné ce droit le
18 déc. 1787.

(2) En 1789, taille : 670 l. ; accessoires : 392 l. ; capitation : 423 l. ; en tout
avec la collecte et les frais : 1.517 l. Exempts : le curé et M. de Milleville qui fait
valoir 100 acres de bois taillis. — Le syndic Jouen, (maison et terre en propre :
100 l.), est imposé à 40 l. ; J. Anctin, député, propriétaire d'une maison, 10 acres,
charrue, 3 chevaux pour 300 l., paie 83 l. (dont 38 l. de taille) ; Nic. Paris,
député, cordonnier et cultivateur, paie 17 l. Il y a une douzaine de cordonniers
et de galochiers dans la paroisse ; huit assistent à l'assemblée électorale qui
comprend encore deux chaisiers, deux charpentiers, un charron, un maréchal et
seulement quatre laboureurs.

*Cahier des doléances, plaintes et remontrances de la paroisse
de Saint-Ouen-sous-Bailly-en-Rivière.*

1º Abolition de la gabelle : le sel étant de première nécessité,
les frais absorbant presque ce qui en revient au roi ou en rendant
le prix excessif au peuple (1).

2º Liberté de l'eau de mer pour le besoin des pauvres et son
efficacité en remède.

3º Obligation au gros décimateur de subvenir aux nécessités
des pauvres et des fabriques.

4º Exemption de banalité des moulins (2).

5º Ordonner que la contribution de certaines paroisses, et
surtout celle-ci, soit employée à la réparation de leurs propres
chemins, qui sont actuellement impraticables et dangereux à
cause des grandes eaux.

6º Simplification des moyens de faire parvenir à Sa Majesté
les impôts que la multiplicité des mains par où ils passent diminue excessivement.

7º Abolition des entrées des villes et bourgs, surtout pour les
boissons ; elles causent un grand dommage aux bourgeois, surtout aux pauvres, qui n'en peuvent avoir de petites, parce qu'il
seraient obligés de payer l'entrée de l'eau, — et de l'impôt des
cuirs, parce qu'en cas de perte des particuliers, elle double, et
[qu'il] fait aller les pauvres nu pieds (3).

8º Conservation des assemblées provinciales et municipales
qui pourront suppléer aux articles suivants.

---

(1) Saint-Ouen relevait du grenier à sel de Dieppe et était taxé à 3 setiers
ou 12 minots.

(2) Le moulin à blé appartenait au sieur d'Argenteuil ; il était tenu par la
veuve Ratelle, imposée à 97 l.

(3) Style très négligé. Il faut comprendre : que l'impôt double la perte et
fait aller les pauvres nu-pieds. — Un certain nombre de paroisses ont protesté
contre les droits d'entrée sur le cidre qui sont aussi élevés sur «le petit cidre ou
boisson » que sur le « pur jus ». Voir en particulier Saint-Nicolas-de-Veules, 5,
et Auffay, 3. — Sur l'impôt des cuirs, cf. Auffay, 4, et la note. Le fait particulier, auquel fait allusion notre article, est le suivant : lorsque les cultivateurs
perdaient une bête et qu'ils en faisaient tanner la peau, ils devaient payer le
droit sur les cuirs. Cela leur paraissait excessif et ils auraient voulu en être
dispensés dans ce cas. C'est probablement ce qui explique qu'un assez grand
nombre de paroisses, dans le bailliage d'Arques et dans toute la Normandie,
aient demandé l'abolition de cet impôt qui intéressait surtout les centres de
tanneries.

9° Abrévation des procès et, tant que se pourra, renvoi des parties en accommodement (1).

10° Suppression des huissiers priseurs vendeurs, leur ministère étant ruineux, surtout dans les ventes forcées et celles des pupilles (2).

11° Destruction des lapins.

Signé : Paris ; Piolaine ; Clément ; Bisson ; J. Polard ; Anctin ; Franç. Vincent ; Duchosoy ; Mic. Davenet ; Nic. Renoux ; Jac. Davenet ; P. Fontaine ; Beaurain ; Mic. Stalin ; P. Fontaine ; Vicent ; Mortoire, ouvrier ; Jouen, syndic.

SAINT-OUEN-SOUS-BELLENCOMBRE

Réuni à La Crique en 1823. Dép. : Seine-Inf. ; arr. : Dieppe ; canton : Bellencombre ; commune : La Crique. A 33 k. au Sud de Dieppe.

Gén. : Rouen ; El. : Arques.

Pop. : 1738 : 15 f. ; 1789 : 38 f.

Patron : l'abbé de Saint-Victor.

Procès-verbal

Assemblée jeudi 5 mars, devant J.-B. Le Vasseur, syndic; 6 comparants : Jac. Cappel, L. Guil.-Phil. Petit, Ch. Mauger, P. Calais, J.-Ch. Dépinay, Marin Mégard. Pas de signatures. Pas de noms de députés.

Députés : Guil.-Louis Petit, J.-B. Le Vasseur (3).

Cahier (4)

Nous, habitants de la paroisse de Saint-Ouen-sous-Bellencombre, assemblés en commun, selon l'article 24 de l'ordonnance

---

(1) La même demande, et dans les mêmes termes, a été faite par un certain nombre de paroisses. C. f. en particulier Avremesnil et Le Gourel, 1.

(2) C. f. Auberville-sur-Eaulne, 9.

(3) Noms fournis par le procès-verbal de l'assemblée préliminaire. En 1789, taille : 690 l. (709 l. 12 s. en tout) ; accessoires : 404 l. ; capitation : 436 l. (pour ces deux dernières sommes, 854 l. avec la collecte). Exempt le curé. Parmi les fortes cotes, celles du syndic Le Vasseur, laboureur 207 l., de L. Petit propriétaire, 265 l., de Jac. Capel, laboureur, 287 l., de Mauger, laboureur, 224 l., tous les quatre comparants. Quelques tisserands, représentés à l'assemblée par Mégard (52 l.).

(4) Le cahier appartient au groupe des Aulthieux ; il donne en quelque sorte le sommaire des quatre articles des Aulthieux et de La Crique, mais en modifiant leur ordre.

du roi, donnée à Versailles le 24 janvier 1789 à ce sujet, comptant sur la bonté d'un roi sage et bienfaisant, osons porter aux pieds de son trône nos remontrances, plaintes et doléances, selon ce qui ensuit :

1º Un trop grand nombre d'impôts.

2º La cherté des vivres et des grains.

3º L'interruption du commerce et manufactures.

4º La mendicité, qui fait que nous sommes assaillis des pauvres, non seulement le jour, mais même la nuit, où ils nous mettent à contribution.

Espérons que, guidé par sa sagesse et éclairé par son conseil, [il] pourvoira au soulagement de ses fidèles sujets, qui ne cessent et ne cesseront de faire des vœux pour la conservation de ses jours, l'augmentation de la famille royale et la prospérité du royaume.

Fait et arrêté en l'assemblée, cejourd'hui, 5 mars 1789, et avons député pour présenter à l'assemblée le dit cahier, Guil.-L. Petit et J.-B. Le Vasseur.

Signé : Calais, Petit, Mauger, Mégard, Capel, Le Vasseur, « *saint dic* ».

SAINT-OUEN-SUR-BRACHY

Réuni à Brachy en 1822. Dép. : Seine-Inf. ; arr. : Dieppe ; canton : Bacqueville. A 18 k. S.-O. de Dieppe.

Gén. : Rouen ; El. : Arques.

Pop. : 1738 : 24 f. ; 1789 : 24 f.

Seigneur : Parent-de-Saint-Ouen : patron : l'abbé de l'Ile-Dieu.

Procès verbal

Assemblée samedi 7 mars : « les paroissiens et habitants taillables », devant J. Herambourg, laboureur et syndic ; 7 comparants : Jac. Dujardin, J. Savoye, J. Duhaupan, Toussaint Guilbert, P. Houard, Jac. Benoist père, Franç. Léandre. Sept signatures, y compris celle du syndic, et la marque de Benoist « qui a déclaré ne savoir signer ».

Députés : Dujardin, Savoye (1).

(1) Le syndic et Dujardin sont fermiers ; Savoye est un meunier. L'assemblée

Cahier de doléances, plaintes et remontrances (1).

Elles consistent à faire connaître :

1º Que leur dîmage, étroitement borné, n'est composé en plus grande partie que de terres en des pentes argileuses, remplies de cailloux, entrecoupées de vallons et ravins.

2º Qu'il n'y a point un seul troupeau dans cette paroisse parce que les récoltes, toujours médiocres, ne fournissent jamais assez pour les faire subsister pendant l'hiver.

3º Que pour arrêter la mendicité et l'empêcher, dans ce temps de calamité, de s'attrouper et aller, de jour et de nuit, courir de paroisse en paroisse, et de maison en maison, forcer par des menaces ceux qui les habitent de leur donner du pain, il est provisoirement nécessaire de cotiser ceux de chaque paroisse, qui seront reconnus pour véritables nécessiteux, leur accorder chaque semaine pour aider à leur subsistance, pendant la durée de cette calamité, une somme, proportionnée au besoin pressant, à prendre moitié sur le propriétaire et l'autre moitié sur le fermier ; défendre, à ce moyen, sous des peines rigoureuses, à tous cotisés de mendier hors de leur paroisse.

4º Que M. l'abbé de L'Ile-Dieu, étant propriétaire d'un tiers des grosses dîmes de la paroisse, sans aucunement contribuer aux charges, ni au soulagement des pauvres, devrait être obligé, en son particulier, à une cotisation en faveur des pauvres, eu égard à son revenu qui ne supporte aucune charge de la paroisse (2).

comprend encore un fermier, Duhaupan ; un marchand et cultivateur, Guilbert ; un toilier, Léandre ; un journalier, Benoist, et un couvreur, Houard. Le registre des vingtièmes ne nous donne pas de détails sur les terres de cette paroisse ; mais ce que dit le cahier est exact: le territoire de Brachy est raviné et caillouteux. La taille était de 505 l. en 1789, (520 l. avec la collecte), les accessoires et la capitation, de 625 l., au total : 1.145 l. Les exempts sont : le curé Capron, (presbytère, 6 acres de terre et la grosse dîme), le clerc Roque, Parent de Saint-Ouen, qui fait valoir son manoir seigneurial, 6 acres de prairie, 15 acres de labour ; Mme de Creny de Saint-Ouen : 8 acres de bois taillis, 6 acres de côtière. — Le rôle ne donne que le chiffre du principal de la taille ; quelques cotes sont très faibles : un sou et 5 sous. Il n'y a pas de ferme à troupeau de moutons, ce qui caractérisait alors la grande exploitation dans le pays de Caux. Mais il y a cependant quelques fermiers assez importants : le syndic Herambourg fait valoir une ferme de 30 acres de M. Houard pour 900 l.; il paie 73 l. de taille ; Dujardin fait valoir une ferme de 30 acres pour 900 l. et une prairie de 4 acres pour 300 l. ; il paie 107 l. Savoye a le moulin à blé de Parent-de-Saint-Ouen, masure et prairie pour 1.200 l. ; il paie 90 l. (Arch. S.-Inf., C. 1.900). Le rôle ne mentionne que trois tisserands et un toilier.

(1) Le cahier est précédé d'un nouveau procès-verbal.

(2) L'abbé de l'Ile-Dieu avait le tiers des grosses dîmes, loué au curé 400 l.

5° Supprimer la gabelle, la ferme du tabac et les aides, dont les frais coûtent aux sujets des sommes immenses sans enrichir le souverain.

6° Anéantir la corvée et, si l'établissement des grandes routes et l'entretien est nécessaire, en simplifier la dépense et la faire supporter indistinctement par tous les sujets du royaume au marc la livre de leurs impositions.

7° Abolir tous les cafés des bourgs et paroisses, l'expérience ne laissant point douter que c'est la source des vols, pillages et massacres qui se commettent depuis trois ou quatre ans dans les paroisses circonvoisines, parce que c'est dans ces lieux de débauche que s'assemblent les libertins et qui [qu'ils] se lient ensemble pour mettre le pays à contribution; faire défense à tous habitants des bourgs et paroisses d'en vendre, ni débiter.

8° Que les sommes accordées au roi seront justement et équitablement réparties en modérant, autant qu'il est possible, les frais de perception.

9° Réformer le code civil et criminel, diminuer les degrés de juridiction, établir des présidiaux qui jugent sans appel toutes les causes en matière sommaire et autres, dont le principal du différend n'excédera pas 300 livres.

10° Permettre et autoriser les parties de terminer tous les différends qui s'élèvent entre elles par des arbitres, un de chaque côté, et en cas decord [de dés]saccord, par un troisième nommé d'accord, sans observer aucune formalité de justice.

11° Que M. le curé de cette paroisse fait valoir, en exemption de tailles et droits y joints, environ dix acres de terre en labour et les deux tiers de la dîme de ladite paroisse, le tout attaché à son bénéfice (1).

12° Que M. Parent-de-Saint-Ouen occupe sa maison, jardin, 17 acres de terre en labour, une prairie d'environ quatre acres, ainsi qu'une acre et demie de bois taillis, nommé les Pendantes,

en 1750, 700 l. en 1789. Cet abbé était un de Maillé. L'Ile-Dieu était une abbaye, fondée vers 1187, dans une île de l'Andelle, près de Périers : ses revenus ne s'élevaient, en 1789, qu'à 3.500 l. (Sandret. *L'ancienne église de France.* Province de Rouen, p. 85-86). — Le curé avait presbytère, cour et jardin (60 l.), 8 acres de terre : 160 l., les deux tiers des grosses dîmes : 1.400 l., les vertes dîmes et les novales : 600 l.

(1) Le curé Capron, en 1789, avait presbytère, cour, jardin (60 l.), 8 acres de terre (160 l.), les deux tiers des grosses dîmes (1.400 l.), les vertes dîmes et les novales (600 l.). (Reg. des vingtièmes, C. 529, f. 422). Mais il avait en outre en location une petite masure et 5 acres de terre pour 170 l., et il était taxé pour cela à 18 l. de taille.

le tout sur le dîmage de Saint-Ouen, et trois vergées, ou environ, de prairie sur le dîmage de Reinfreville. le tout en exemption de taille et suites y jointes. (1)

13° Que Mme de Creny-de-Saint-Ouen, demeurant à Rouen, fait valoir dans cette paroisse, en exemption de taille et autres droits y joints, sept acres et demie de bois taillis et neuf acres ou environ d'herbages, joncs marins et cotières (2).

Signé : Duhaupan, Guilbert, Houard, Dujardin, la marque de Benoîst, Léandre, Savoie, Herambourg, syndic.

SAINT-PIERRE-LE-PETIT

Réuni à Saint-Pierre-le-Viger en 1823.

Dép. : Seine-Inf. ; arr. : Yvetot ; canton : Fontaine-le-Dun. A 26 k. N.-E. d'Yvetot.

Gén. : Rouen ; El. : Arques.

Pop. : 1738 : 50 f. ; 1789 : 45 f.

Seigneur et patron : l'abbé de Fécamp.

PROCÈS-VERBAL

Assemblée 8 mars, chez le syndic municipal, François Bazire, et devant lui ; trois comparants : J. Ouvry, premier membre de l'assemblée municipale, Franç. Herment, troisième membre, P. Delaplanque, greffier, avec plusieurs autres habitants comparants. Outre leurs quatre signatures, le procès-verbal porte encore celles d'Ant. Bazire, P. Gouet, Jac. Flahaut, J. Girot, J. Lefebvre.

Députés : Franç. Bazire, J. Ouvry

Cahier

Les habitants de Saint-Pierre-le-Petit ont l'honneur de représenter qu'ils sont misérables, attendu que cette paroisse n'est composée que de 45 feux et n'est habitée que par des journaliers

---

(1) Le rôle de la taille dit : 6 acres de prairie, 15 acres de labour et il omet les bois taillis. Les Parent-de-Saint-Ouen étaient les principaux propriétaires. En 1751, ils avaient fief, terre, seigneurie, pavillon, cour, jardin, un moulin à eau pour blé, 12 acres de masure ou prairie, 65 acres de labour, 4 acres de bois taillis, le tout tenu par eux et autres ; en plus, 4 maisons et environ 9 acres de terre en herbage ou labour. L'ensemble n'était évalué qu'à 1.700 l. ! Leur domaine était resté à peu près le même en 1789.

(2) Le registre des vingtièmes, en 1789, dit: 9 acres de bois taillis et 8 acres d'herbage et estime le tout à 300 l. de revenu.

et toiliers, excepté Mre J. Ouvry et Mre Bazire (1) ; que depuis quelques années, à cause du malheur des temps, soit faute d'ouvrage et d'occupation, soit à cause de la cherté des denrées, les habitants de ladite paroisse sont dans la plus grande détresse ; qu'ils sont d'autant plus à plaindre que leur curé, d'ailleurs porté d'inclination à leur rendre service, ne le peut, n'ayant pas lui-même de quoi vivre, parce qu'il partage les grosses dîmes avec l'abbé de Fécamp et que la moitié de ce total de dîmes n'est affermé que 800 l. au sieur Cappon de Saint-Pierre-le-Viger, suivant son bail (2). En conséquence de cet exposé certain et véritable, nous prions et supplions, demandons et demanderons toujours qu'on ait égard à notre misère et triste situation.

De plus, nous supplions et demandons à qui il appartiendra d'en connaître, de déterminer et fixer pour toujours les moyens nécessaires pour que chaque paroisse soit chargée de pourvoir au soulagement de ses pauvres, afin qu'il n'y ait plus de coureurs de nuit et même de jour. Ainsi on remédiera et mettra fin à une infinité d'abus et de désordres.

Fait et arrêté dans notre assemblée le jour et an dits en l'autre part. Bazire, Ouvry, Gouel, Delaplanque, Ant. Bazire.

(1) La paroisse ne comprend guère en effet que des journaliers, des tisserands et des toiliers. Flahaut, Girot, Lefebvre, signataires du procès-verbal, sont des toiliers. On remarquera qu'ils ne font pas partie de l'assemblée municipale dont tous les membres, y compris le greffier, sont des cultivateurs. Ouvry et Bazire sont les deux seuls fermiers importants. Ouvry a une ferme de 100 acres de Mlle de Gonseville, 8 chevaux, 8 vaches, un troupeau : il paie à lui seul près des 3/7 de la taille, accessoires et capitation, soit 584 l. Ant. Bazire, fils du syndic François Bazire, a une ferme de 20 acres de son père et différentes autres locations, il est imposé à 66 l. — Rôle de la taille en 1789 : taille : 620 l. (en tout 639 l. 12 s.) ; accessoires : 363 l. ; capitation : 392 l. ; au total, avec la collecte des deux dernières sommes : 1.407 l. 4 s. Exempts : le curé Gourdon, le clerc Bachelet. Le syndic, François Bazire, occupe une chambre à feu de son ancienne ferme et 5 acres de terre ; il est imposé à 26 l. (Arch. S.-Inf., C. 1904).

(2) « Le bénéfice de la cure consiste en une portion congrue que fait l'abbé de Fécamp, pour et au lieu de laquelle il abandonne au sieur curé la perception de la deuxième moitié des grosses dîmes et de celle des vertes dîmes et novales, le tout faisant une position semblable à celle de l'abbé de Fécamp et de pareille valeur de 375 l. » (Note du contrôleur des vingtièmes, Amblard, en 1751). En 1789, cette moitié des dîmes était louée 760 l., (et non 800 comme dit le cahier), à Pierre Cappron par bail de 9 ans, devant L. Barbier, le 18 oct. 1787. Le curé a son presbytère, cour et jardin, une acre et demie de bon labour ; le casuel, estimé 100 l. en 1751, et la moitié des dîmes de toute sorte (760 l.) (Arch. S.-Inf., C. 572, f. 383 et suiv.).

SAINT-PIERRE-LE-VIEUX (1)

Dép. : Seine-Inf. ; arr. : Yvetot ; canton : Fontaine-le-Dun. Sur le Dun, à
31 k. N.-E. d'Yvetot.

Gén. : Rouen ; El. : Arques.

Pop. : 1738 : 215 f. ; 1789 : 230 f.

Seigneur : le marquis d'Herbouville : patron : l'abbé de Fécamp.

PROCÈS-VERBAL

Assemblée 6 mars, devant Jac. Thillaux, syndic ; 16 comparants : J. Collin,
P. Hamel, Mic. Saffray. J. Sannier, Mic. Giffard, J. Goupil, P. Simon,
Abraham Cumont, Nic. Fultot, Guil. Bout, Jac. Levaillant, J. Hauduc,
P. Telier, Franç. Crampon, Nic. Grulé, Nic. Thiéury. Ils ont tous signé avec
le syndic. Députés : Mic. Saffray, Nic. Fultot, J. Sannier (2).

*Cahier de doléances, plaintes et remontrances des habitants de la
paroisse de Saint-Pierre-le-Vieil, faisant partie du Tiers Etat.*

1º La paroisse que nous habitons, relativement à beaucoup
d'autres, est surchargée d'impôts, payant en corps de taille la
somme de 3.530 l. Cette charge devient d'autant plus onéreuse
que grand nombre de particuliers des paroisses voisines, qui
occupaient dans celle-ci beaucoup de terres, espérant être plus
doucement traitées à cet égard dans leur paroisse, s'y font renvoyer, et, de cette manière, les habitants taillables de celle-ci se
trouvent considérablement opprimés (3).

---

(1) Probablement Saint-Pierre-le-Gué (vieux == vadum ; comparer avec
Vieux-Rouen, gué de Rouen sur la Bresle). La paroisse était formée de trois
hameaux : Bosc-le-Comte, Saint-Pierre, Pitié ; c'est à ce dernier qu'était
attaché le titre de bourg, avec le marché, mais aussi avec ses charges, (cf. art. 4
du cahier). Le rôle de la taille en 1789 est divisé par hameaux.

(2) Saint-Pierre-le-Vieux comptait beaucoup de tisserands et un certain
nombre de toiliers : les premiers sont représentés à l'assemblée par Cumont
et Crampon, les seconds par Levaillant ; il y a aussi un marchand de fil : Bout.
Mais la majorité se compose de cultivateurs. Parmi eux : le syndic Thillaux
(maison, masure, 17 acres en propre pour 500 l.), imposé à 145 l. ; les trois députés : Saffray, laboureur et marchand, (terres et dîmes de l'abbé de Fécamp
pour 1.800 l.), imposé à 600 l. ; Fultot, marchand et cultivateur, imposé à 88 l. ;
Sannier, (ferme de 80 acres pour 1.500 l.), 2 charrues, un troupeau), imposé à
624 l. Citons encore : J. Collin, (30 acres en propre), imposé à 220 l. ; P. Hamel,
fermier de d'Herbouville pour 2.400 l., 2 charrues, chevaux, vaches, troupeau,
imposé à 867 l. ; Giffard, (ferme de 60 acres de d'Herbouville et autres terres,
imposé à 483 l. On voit que, même dans cette commune industrielle, ce sont
les riches cultivateurs qui ont dirigé l'assemblée.

(3) Le corps de taille désigne le principal de la taille. Le chiffre est exact ;

2º. La corvée, étant actuellement assise au marc la livre de la taille, forme la somme de 882 l. 10 s. (1), et nous sommes d'autant plus inquiets à ce sujet que rien n'avance pour la confection des bonifications des chemins et grandes routes.

3º Pour obvier aux abus qui proviennent de l'inégalité des répartitions de la taille et les faire cesser, nous supplions qu'il soit avisé à prendre des moyens convenables pour que chaque pays soit également imposé relativement à ses ressources.

Qu'il soit ordonné que chacun paie taille à la paroisse d'où les fonds dépendent (2).

4º Outre cet impôt, dont nous sommes épuisés, il est à observer que, dans notre paroisse, il existe un hameau, qui est un bourg, où l'on paie, année commune, 600 l. au moins pour les entrées des cidres seulement qui s'y font et consomment (3).

5º Les influences de la mer, dont les terres, dépendantes de cette paroisse, ne sont pas éloignées de la mer, causent souvent des dommages considérables à toute la récolte (4), et, en outre, il est à observer que grande quantité de terres en pente sont dégradées par les eaux, que d'autres sont remplies de cailloux, sujettes [à] de moyennes récoltes.

6º Le pays que nous habitons, ne pouvant se suffire à lui-même, se trouve, lorsque le commerce, qui est sa principale ressource, vient à manquer, dans une détresse extrême, et alors on se trouve accablé d'une multitude de mendiants qui viennent de toutes parts avec instance et avec importunité, desquels on ne peut, ni même on n'ose résister.

7º Il est bien à désirer que les marchés qui se sont trouvés établis les jours de dimanche, et les cafés, buvettes de vin et eau-

mais il faut y ajouter le droit de collecte : 88 l. 5 s., la quittance, le timbre, etc. : 3 l. 12 s. 5 d. — En plus, les accessoires : 2.067 l. ; la capitation : 2.229 l. ; le total des trois impositions est de 7.990 l. 9 s. 5 d. Exempts : le curé Falleur, le vicaire Forestier, le chapelain Romain, le clerc Vincent, le marquis d'Herbouville occupant son manoir seigneurial. (Arch. S.-Inf., C. 1906). Sur les transports d'impositions, dont parle la fin de l'article, cf. la note de l'art. 2 de Blosseville.

(1) Ce chiffre est bien exactement le quart du principal de la taille, suivant le taux fixé par le Parlement pour cette imposition.

(2) C. f. la fin de l'art. 1 et le cahier de Saint-Ouen-prend-en-Bourse, 11, qui fait la même demande dans des termes un peu différents.

(3) Le hameau de Pitié, « Pitié, bourg et marché au pays de Caux, dans la paroisse de Saint-Pierre-le-Vieux, de l'élection d'Arques », Masseville. *État géographique de la Normandie*, I, p. 241.

(4) Les influences de la mer sont les vents de mer, dont se plaignent tous les cahiers de cette région. C. f. Bourg-Dun, 1, et Chapelle-sur-Dun, 8-11.

de-vie, qui se sont malheureusement établis dans les campagnes, soient absolument défendus et détruits en entier, vu que ce sont, pour quantité de personnes peu fortunées, autant de sujets de profanation de ce saint jour et des moyens de dépenses inutiles (1).

8° Il est à propos de remarquer que les pigeons qui, particulièrement dans le temps des semences, et lorsque les grains sont parvenus à maturité, font des dégâts considérables dans la campagne, qu'il est très intéressant que les lois, qui portent que ces animaux malfaisants seront tenus renfermés dans le temps des semences et lorsque les grains sont parvenus en maturité, soient exactement observées (2) ; que le gibier, qui mange et désole les grains, soit totalement détruit.

9° On demande qu'il plaise au roi de supprimer les gabelles, de rendre le sel commerçable.

10° Que les droits, perçus par S. M., soient répartis sur chaque individu eu égard à ses propriétés, industrie et commerce.

Le présent cahier,... fait et arrêté, tous les habitants assemblés, ce qu'ils ont signé, ce jourd'hui, 6 mars 1789 : Collin, Sannier, Fultot, Giffard, Saffray, Hamel, Grullet, Renier, Goupil, Cumont, Boust, Hauduc, Telier, Le Vaillant, Cranpon, Thieury, Tillaux, syndic.

SAINT-PIERRE-LE-VIGER (3)

Dép. : Seine-Inf. ; arr. : Yvetot ; canton : Fontaine-le-Dun. A 26 k. N.-E. d'Yvetot.

Gén. : Rouen. ; El. : Arques.

Pop. : 1738 : 110 f. ; 1751 : 30 f. ; 1789 : 117 f. : 1751 : 400 hab.

---

(1) Le marché de Pitié était le lundi. L'article a donc un caractère général. On peut le rapprocher de l'art. 14 de Gruchet-Saint-Siméon et de l'art. 7 de Criquetot-sur-Longueville.

(2) Un certain nombre de cahiers demandent l'application de ces lois restrictives. Il existait bien un arrêté du Parlement de Paris de juillet 1725 en ce sens ; mais il n'était pas applicable dans le ressort du Parlement de Rouen. C. f. Auffay, 7, et la note.

(3) La paroisse est située un peu au nord de Fontaine-le-Dun, près des sources du Dun. « Elle est située dans un vallon, exposé à la chute des ravines, et il n'y a de sa dépendance que le hameau nommé le Buquet, qui soit en pleine campagne et dont les terres sont par conséquent de meilleure qualité... L'occupation des habitants, outre le labourage, est le travail de la siamoise ; mais la plus grande partie de ceux qui s'y emploient ne consistent qu'en ouvriers pour les fabricants des lieux circonvoisins qui en font ensuite la vente en la ville de Rouen, éloignée de dix à onze lieues... Le vingtième de l'industrie ne s'y perçoit point ». (Note du contrôleur des vingtièmes, Amblard, 28 oct. 1751. Arch. S.-Inf., C. 572, f. 486).

Seigneurs et patrons : les Feuillants de Blérencourt au diocèse de Noyon (1).

PROCÈS-VERBAL

Assemblée 5 mars, devant Jac.-Franç. Coignard, syndic : 25 comparants : P. Lardent, David Collan, Et. Cappron, L.-Dan. Lardent, P. Bout, Ch. Féron, Mathieu Ambourg, Jac. Lefebvre, Franç. Dujardin, Jean Flahaut, Alexis Gouel, Jac. Sainte-Marie, L. Vittecoq, P. Buquet, Jac.-P. Carpentier, Jac. Batard, Vivier Vittecoq, Jac. Lheureux, Jac. Gruel, Isaac Boulen, Mic. Boulen, P. Lheureux, P. Alleaume, Daniel Pillon, Thom. Cappron. Vingt-deux signatures ; en plus, celle de syndic Coignard et du greffier Féron.

Députés : Coignard, Collan (2).

Cahier des complaintes et doléances de l'assemblée des habitants composant le Tiers Etat de la paroisse et communauté de Saint-Pierre-le-Viger (3).

Le général et communauté de la dite paroisse de Saint-Pierre-le-Viger supplient humblement Sa Majesté de daigner prendre en considération :

1º Que les dits habitants se feront toujours un devoir de con-

(1) « Les religieux feuillants de Blérancourt sont seigneurs en plus grande partie de cette paroisse, dont ils sont patrons, y possédant le fief et seigneurie, nommée Saint-Pierre-le-Viger ». Id. id. Il y avait du reste en 1751 d'autres fiefs : le fief, dit de Gonneville, au sieur de Clercy, le fief de Socqueville à Mme du Quay, et des extensions de fiefs de paroisses voisines. Le Pouillé de 1738 attribue le patronage à l'archevêque, mais à tort, semble-t-il. Les Feuillants de Blérencourt avaient une ferme très importante, (5 acres de masure, 40 acres de bon labour, 80 de médiocre, 20 acres de bois), louée à un des comparants, Capron, pour 2.200 l. en 1789. En 1751, ni les Feuillants, ni le fermier n'avaient voulu donner de renseignements au contrôleur qui avait estimé le revenu à 2.053 l.

(2) La paroisse comptait 62 à 63 tisserands ; ils sont représentés à l'assemblée électorale par Ambourg, Dujardin, Flahaut, P. Lheureux, Gruel ; une douzaine de toiliers, dont P. Lardent ou Lardans et Mic. Boulen ; 5 ou 6 siamoisiers, dont Thomas Capron et Daniel Pillon ; plusieurs fileurs, 2 filassiers, dont un Vittecocq ; un marchand de fil, deux bobineurs et un chargeur de bobines. Mais, même dans cette paroisse, les deux députés sont pris parmi les cultivateurs ; Coignard, (ferme de 45 acres en propre pour 900 l., 12 acres en loyer pour 400 l. ; charrue, vaches, troupeau), est imposé à 203 l. Colan, (15 acres en propre valant 400 l.), est imposé à 78 l. — En 1789, taille : 2.170 l. ; accessoires : 1.271 l. ; capitation : 1.370 l. ; en plus 98 l. de droit de collecte, 27 l. 5 d. de timbre et quittance ; en tout 4.811 l. Exempts : le curé : Larchevêque, (presbytère, dîmes), a le vicaire chez lui ; P. Hamel. maître d'école, clerc, occupe la maison cléricale. — Sur 207 cotes, il y en a 82 dans le bourg, le reste dans les hameaux. (Arch. S.-Inf., C. 1905).

(3) Le cahier appartient au groupe de Canteleu, (cf. ce cahier et la note) ; il contient l'article caractéristique du groupe sur la nécessité de limiter la culture du colza et de la rabette qui nuit à celle du blé (art. 6 du cahier de Saint-Pierre-le-Viger).

courir à tous les moyens de pourvoir et subvenir aux besoins de l'Etat et aux désirs de Sa Majesté.

2° Que les dits habitants intercèdent comme le moyen le plus propre pour réaliser leur soumission, l'établissement d'un impôt unique, bien connu de chacun, et d'en simplifier la perception.

3° Que les dits habitants envisagent comme le plus grand des abus la mendicité nocturne, qui se pratique dans leur canton par des attroupements de particuliers jusqu'au nombre de 24 à 30, qui ne se contentent pas des aumônes qu'on leur donne, mais qui forcent les cultivateurs à satisfaire leurs désirs et qui vont même jusqu'à les maltraiter, lorsqu'ils ne les satisfont pas, et que la source de ces abus est l'introduction de nombre de cabarets ou cafés qui détournent les cultivateurs, et surtout leurs domestiques et leurs subalternes, de leurs travaux et, en favorisant la paresse et la dissipation de la multitude, occasionnent une surcharge dans les aumônes auxquelles les laboureurs se trouvent comme assujettis sans égard à leurs facultés.

4° Que les dits habitants supportent la prestation des corvées d'une manière trop arbitraire et qu'il serait utile qu'elle fût répartie sur tous les autres cantons, tels que ceux où les grands chemins ne passent point, mais qui ne profitent pas moins des chemins, de l'entretien desquels les propriétaires qui les supportent sont particulièrement grevés.

5° Que les dits habitants supportent dans leurs récoltes beaucoup de dommages causés par les pigeons. C'est pourquoi ils en demanderaient la destruction, ou, du moins, que les colombiers fussent fermés lorsque les grains sont en maturité et pendant le temps des semailles de chaque espèce de grains.

6° Que les dits habitants représentent que l'abondance, que les cultivateurs font de colzas ou rabettes, cause un tort préjudiciable à la récolte des blés, vu que le grain se transplante sur un terrain propre à ensemencer du blé et qu'il ne fournit aucun engrais pour les années suivantes ; c'est pourquoi ils croient qu'on pourrait assujettir les dits cultivateurs à n'excéder la quantité de ce grain plus qu'au vingtième de leur terrain (1).

7° Que les dits habitants éprouvent une grande perte dans une

(1) Sur cette question intéressante d'économie rurale, cf. Greuville, 9, Luneray, 6. La proportion du vingtième, demandée par notre cahier, est la même qu'à Greuville. Selon le cahier de Luneray, la jurisprudence limitait cette culture à un vingt-cinquième.

partie de leurs grains, causée par les lapins qui reposent dans divers endroits de la dite paroisse ; c'est pourquoi ils demanderaient qu'ils fussent détruits par les seigneurs ou qu'ils eussent la liberté de les détruire eux-mêmes.

8° Que les dits habitants mettent pour grand motif de doléances le trop grand prix du blé, qui jette dans la plus extrême misère la plus grande partie de la population, et que la rareté de ce grain fait appréhender que le prix n'en augmente encore, s'il n'en vient d'ailleurs (1) ; et que, dans la suite, il serait à propos, dans les années d'abondance, de faire des magasins et de ne permettre l'exportation qu'autant qu'on n'aurait rien à craindre de la disette par l'abondance des magasins qu'on aurait faits.

9° Que les dits habitants représentent que le commerce de leur pays n'est pas en vigueur et qu'il y a même dans leur paroisse des ouvriers sans travail ; mais, pour les occuper, ils trouveraient un moyen, ce serait d'établir un ou plusieurs députés de la dite paroisse pour veiller à l'entretien des chemins et rues d'icelle ; cet expédient fournirait du travail à ces ouvriers qui en manquent et faciliterait le public (2).

10° Que les dits habitants représentent qu'en supprimant les employés des gabelles, ils y trouveraient un avantage, sans rien faire perdre à l'Etat ; ce serait à Sa Majesté de faire lever dans ses greniers aux habitants de chaque paroisse la même quantité de sel à laquelle ils sont imposés ; et du capital de la somme, qui se trouverait revenant bon par la suppression des dits employés, en faire une répartition au marc la livre dans chaque paroisse.

11° Que les dits habitants se plaignent que la taille et accessoires, qu'ils payent, sont montés à un taux si excessif qu'il se monte au double de celui de plusieurs paroisses du bailliage d'Arques, quoique la plus grande partie du terrain de cette paroisse soit très mauvais (3).

12° Que les dits habitants envisagent comme la chose la plus

(1) Le blé, dans la région, valait 5 l. le boisseau de 16 pots. Dans les halles, on le vendait au sac. Le sac de 6 boisseaux, pesant 300 livres, coûtait 50 l. Le pain valait près de quatre sous la livre. Ces prix, qui paraissaient exorbitants à l'époque, étaient presque le double du prix ordinaire.

(2) L'industrie de la région était le tissage des toiles et des siamoises : les ouvriers travaillaient pour les fabricants de Rouen. Le cahier demande l'établissement d'un atelier de charité pour occuper les ouvriers sans travail à la réparation des chemins vicinaux.

(3) Nous avons donné plus haut, en note, le chiffre des impositions de la paroisse. Le taux ne paraît pas si excessif que le dit l'article.

essentielle de faire ouvrir les magasins qui pourraient être remplis de grains et de les délivrer au peuple afin de faire tomber le prix du blé (1).

13º. Que les boulangers des campagnes vendent leur pain plus cher que dans les villes.

Telles sont les principales plaintes et doléances de la paroisse de Saint-Pierre-le-Viger.

Fait et arrêté en l'assemblée, tenue le 5 mars 1789, ce que nous avons signé après la lecture faire. Jac. Batard, Jac. Sainte-Marie, Jac. Lheureux, à ce présents ont déclaré ne savoir écrire, de ce interpellés suivant l'ordonnance.

Signé : Thom. Capron, Vivien Vittecocq, Dan. Pillon ; Boullen, D. Collen ; Louis Vittecocq ; Jac. Lefebvre ; P. Alome ; Jac. Gruel ; L.-D. Lardant ; Mic. Boullen ; P. Boust ; P. Lardant ; P. Buquet ; J.-P. Carpentier ; Et. Cappron ; Alex. Gouet ; Franc. Dujardin ; Mat. Ambour ; C. Féron ; P. Lheureux ; Coignard, syndic ; Féron, greffier.

SAINT-SULPICE [DE BELLENGREVILLE] (2)

Réuni à Bellengreville en 1822. Dép. : Seine-Inf. ; arr. : Dieppe ; canton : Envermeu. Sur l'Eaulne, à 12 k. de Dieppe.

Gén. : Rouen ; El. : Arques.

Pop. : 1754 : 24 f. ; 1789 : 25 f.

Assemblée 8 mars devant P. Laignel, fermier-propriétaire, syndic municipal ; 13 comparants : L. Mortoire, L. Ad. Le Roux, Franç. Beaumais, Nic. Rimbert, J. B. David, Nic. Piquet, Phil. Duflos, Jac. Burel, J. Allix, Ant. Compiègne, Bonif. Ligois, Ant. Bruneval, Guil. Lucas. — Sept signatures seulement avec celle du syndic. — Députés : L. Mortoire, Jac. Burel (3).

____

(1) Pour cet article et le suivant, comparer Greuville, 11 et 10. Greuville, 10, dit que les boulangers de campagne vendent leur pain jusqu'à un sou par livre de plus que ceux de la ville.

(2) On l'appelait aussi Bellengrevillette et c'est encore sous ce nom que ce hameau est connu (cf. Tougard. *Géographie*, Dieppe, p. 107). Il ne faut pas confondre ce Saint-Sulpice avec un autre Saint-Sulpice, situé à 14 ou 15 kil. plus à l'est, sur l'Yères, et réuni à Saint-Martin-le-Gaillard (canton d'Eu). Ce second Saint-Sulpice appartenait au bailliage et à l'élection d'Eu.

(3) En 1789, taille : 680 l. (700 l. en tout) ; accessoires : 405 l. ; capitation : 436 l. Exempts : le curé ; M. de Val Alix, écuyer, fait valoir son bien. — Le

Cahier

Aujourd'hui 8, de mars 1789..., les habitants de la paroisse de Saint-Sulpice soussignés ont demandé et fait les représentations suivantes pour en être donné note aux députés aux Etats généraux :

1º La suppression de la gabelle ; et représentent qu'en mettant un impôt proportionné à la consommation actuelle des paroisses (1), il en résulterait un grand bénéfice pour l'Etat, d'autant qu'il n'aurait plus besoin d'un grand nombre d'employés qui ne cessent de tourmenter le peuple et qui seraient rendus à la culture des terres et autres travaux de la campagne.

2º De ne point accorder les routes, qu'on appelle de charité, qui sont demandées par les seigneurs. qui ne considèrent que leur utilité particulière, qu'auparavant, dans une assemblée des propriétaires et communautés circonvoisines, on en ait reconnu l'avantage et l'utilité ; que, s'il y en a des commencées, elles ne soient point achevées que les propriétaires et communautés circonvoisines ne les aient reconnues et déclarées nécessaires (2).

3º Que les ecclésiastiques, seigneurs et gentilshommes contribuent, comme le peuple, en proportion de leur revenu, aux charges et besoins de l'Etat.

4º Que le prix de la corde de bois soit fixé afin que les riverains ne soient pas exposés à la rapacité des marchands ; qu'il y ait des encordeurs jurés dans les forêts (3).

5º Que les frais de perception dans les impôts et revenus soient

syndic Laignel, propriétaire d'une ferme, valeur 900 l., imposé à 193 l. (taille : 88 l. ; acc. et capit. : 105 l.). Mortoire, ferme de 1.000 l., paie 315 l. en tout ; Jac. Burel, meunier, (moulin à blé de l'archevêque pour 1.000 l.), paie 391 l. Il y a encore deux fortes cotes : celles de Le Roux, 217 l. et de P. Allix, 142 l., (fermes de 900 et de 500 l.). Pas de tisserands ; plusieurs journaliers assistent à l'assemblée.

(1) C. f. l'art. 6 du cahier de Saint-Pierre-le-Viger qui fait à peu près la même demande, mais en termes plus confus.

(2) C'est une allusion au comte de Caumont, lieutenant-gouverneur de Dieppe et seigneur de Derchigny. Il s'était fait donner, cinq ans auparavant, un atelier de charité pour ouvrir une route de Dieppe à Envermeu par Derchigny et faciliter ainsi l'accès de son château. Les paroisses de la région et le Département d'Arques estimaient que la route d'Envermeu devait passer non pas par Derchigny, mais par Neuville, Ancourt, Bellengreville, Saint-Sulpice. Il y avait eu une vive agitation, des protestations et des réunions interparoissiales à ce sujet. Le 17 oct. 1788, l'assemblée du Département d'Arques avait rayé de son budget les 475 l. destinées à l'entretien du tronçon commencé par Derchigny. C. f. le cahier d'Ancourt, 7, et la note correspondante.

(3) Même demande, et à peu près dans les mêmes termes, à Saint-Nicolas-d'Aliermont, 6. La forêt voisine de Saint-Sulpice est la forêt d'Arques.

simplifiés et la recette des deniers royaux confiée aux administrations provinciales, dont on demande la conservation.

6° La réforme des abus dans l'administration de la justice ; en simplifier les frais, accélérer les jugements.

7° La suppression des priseurs-vendeurs (1).

8° La suppression des dîmes insolites, ou, au moins, une explication sur la manière de les percevoir (2).

9° Enfin la suppression de la coutume de Caux, qui ne reconnaît qu'un principal héritier, et l'usage de la coutume générale, afin qu'il y ait de l'égalité dans les successions entre les enfants d'un même père (3).

Fait et signé à Saint-Sulpice, le 8 mars 1789. L. Mortoire, Nic. Rinber, Jac. Burel, P. Allix, Ant. Compiègne, Franç. Beaumais, P. Laignel, syndic.

SAINT-VAAST-D'ÉQUIQUEVILLE

Dép. : Seine-Inf. ; arr. : Dieppe ; canton : Envermeu. Sur la Béthune, à 19 k. au Sud-Ouest de Dieppe.

Gén. : Rouen ; El. : Arques.

Pop. : 1738 : 70 f. ; 1789 : 71 f.

Seigneur et patron : le doyen du chapitre de Rouen (4).

Assemblée 6 mars, en la maison de Jac. Nic. Barbe, syndic, et devant lui ; 11 comparants : P. Fournier, J. Langlois, J.-B. Levillain, L. Langlois, P. Houssay, P. Troussée, Ch. Machon, Remy Troussée, P. Barbe, J. Machon, Jac. Barbe, syndic, J.-L. Follain. Ils ont tous signé.

Députés : Ch. Cauchie, Franç. Blard (5).

(1) Cf. Auberville-sur-Eaulne, 9, et la note.

(2) Sur les dîmes insolites, qui sont d'une façon générale, les dîmes levées sur les grains et les fruits qui n'étaient pas d'un usage général dans le pays, Saint-Aubin-le-Cauf, 9, Envermeu, 12 et la note, et surtout Houard, *Dict.* I, 503.

(3) Nous renvoyons pour cette question au cahier d'Auffay, dont le rédacteur était le mieux qualifié pour la traiter. C. f. Auffay, 13, et la note.

(4) Le domaine de Saint-Vaast avait été donné au chapitre par le duc Richard Ier.

(5) L'assemblée ne comprend guère que des cultivateurs : le syndic, Barbe, (ferme du marquis de Sommery, 90 acres pour 1.800 l., 2 charrues, six chevaux), est imposé à 402 l. de taille et suites ; le député Cauchie, ou Cauchy, proprié-

Remontrances, plaintes et doléances des habitants de Saint-Vast-
sur-Equiqueville composant le tiers état.

L'an mil sept cent quatre-vingt neuf, le six du mois de mars,
à deux heures après-midi, en l'assemblée des habitants de la
susdite paroisse, convoquée de la manière accoutumée pour faire
leurs remontrances qui consistent :

1º En ce que nous sommes fort chargés du principal de la
taille, comme les autres impositions royales (1), notre terrain
étant peu lucratif, ne produisant tout au plus, après la culture,
depuis vingt jusqu'à cinquante gerbes par acre.

2º Une marche plus prompte dans la reddition de la justice
dont les formes et la longueur ruinent souvent les deux parties.

3º Que les ecclésiastiques, qui jouissent de la plus grande
partie des revenus du clergé et enlèvent dans toutes les paroisses
les deux tiers des dîmes, contribuassent aux charges des impositions (2).

4º Que l'on supprime absolument toute espèce de banalité,
qui est une servitude insupportable, les seigneurs louant leurs
moulins des sommes exorbitantes. Les biens des vassaux qui,
avec beaucoup de peine et de fatigue, peuvent subvenir aux
besoins de leur famille indigente, sont en proie à l'avidité insa-
tiable de ces sangsues.

5º Que, pour le plus grand bien de l'Etat et l'avantage du
peuple, il n'y eût qu'un seul et unique impôt ; que l'on supprimât
toutes les recettes, les gabelles et autres, et que l'Assemblée provinciale fût chargée de faire passer les sommes perçues dans le
trésor royal sans aucuns frais (3).

taire de 45 acres, valeur 600 l., une charrue, 4 chevaux, paie 132 l. ; Blard,
propriétaire de 20 acres, une charrue, 4 chevaux, paie 79 l. Parmi les autres
comparants : P. Barbe, imposé à 157 l. : ferme du syndic : 40 acres pour 450 l. ;
Remy Troussé, fermier, imposé à 271 l.

(1) La taille ne paraît pas proportionnellement plus élevée dans cette paroisse que dans les autres. En 1789, principal de la taille : 1.395 l. ; acces. :
817 l. ; capitation : 881 l. ; en tout avec la collecte et les frais : 3.159 l. Exempts :
le curé Pinchon, prêtre clerc. Le rôle indique 76 feux, 84 cotes, 5 mendiants,
7 cotes à onze sous (Arch. S.-Inf., C. 1913). Il y a un certain nombre de fortes
cotes : nous avons donné plus haut celles du syndic, des deux députés et de
deux des comparants, P. Barbe et Remy Troussée, qui, tous les cinq, exploitent
des fermes à charrue. Un autre contribuable, non comparant, Thomas Paquet,
est imposé à 595 l. Ils paient à eux seuls plus de la moitié des impositions.

(2) Le haut doyen avait une ferme de 40 acres, une prairie, la grosse dîme,
le tout loué 2.500 l. à Th. Paquet. Pour cet article et le suivant, cf. Martin-
Eglise, 4 et 6.

(3) C. f. Martin-Eglise, 2.

6º Que, pour le soulagement particulier de cette paroisse, composée de soixante onze feux, dont quarante sont habités par des indigents, il soit pris les mesures les plus sages et les plus utiles pour diminuer la cherté du blé, ce qui cause une misère affreuse et rend quantité de misérables.

7º Que la noblesse, qui jouit de privilèges qui, dans le principe, lui ont été accordés par ce qu'elle entretenait des troupes pour le service du Roi, mais les troupes étant au compte de Sa Majesté, ne doivent plus jouir de tant de privilèges (1).

8º Que nous sommes imposés annuellement à la somme de trois cent quarante-huit livres quinze sols pour la confection d'une grande route de Dieppe à la forêt, qui est absolument inutile pour la vallée de Neufchâtel, dite de Bray, qui fournit beaucoup de denrées à la ville de Dieppe ; il serait plus avantageux que cette somme fût employée à la réparation des chemins que nous sommes obligés de faire, indépendamment de cette somme, ce qui nous cause un double impôt dans notre paroisse pour cet objet. (2).

Fait, arrêté et signé ce jour et an. P. Fournier, J. Langlois, Levillain, L. Langlois, Oussaye, P. Troussé, Ch. Machon, Remy Troussé, P. Barbe, J. Machon, Jac. Barbe, syndic, Cauchie, Follain.

SAINT-VAAST-DU-VAL

Dép. : Seine-Inf. ; arr. : Dieppe ; canton : Tôtes. A 31 k. au S.-S.-O. de Dieppe.

Gén. : Rouen ; El. : Arques.

Pop. 1738 : 57 f. ; 1772 : 70 f. ; 1789 : 102 f.

PROCÈS-VERBAL

Assemblée 6 mars devant P. Prevel, syndic ; 15 comparants : Et. Mallet, André Avenel, Ch. Calais, Jac. Avenel, Jac. et Jean Mottel, J. Lerond, Ad.

---

(1) C. f. Etran, 4, et Martin-Eglise, 5. Les termes des trois articles sont à peu près les mêmes.

(2) C. f. Etran, 1, Martin-Eglise, 1. Il s'agit d'un projet de route de Dieppe à Neufchâtel par la forêt d'Arques et le plateau ; les paroisses de la vallée comme Etran, Martin-Eglise, Saint-Vaast-d'Equiqueville réclamaient au contraire une route par la vallée. C. f. Archelles, 1, et la note. La somme, donnée par le cahier, est celle de la contribution représentative de la corvée, soit le quart du principal de la taille (1.395 l.).

Bonté, Mat. Demare, Laur. Le Boucher, Nic. Bataille, Ch. Saint-Arnoult,
Nic. Goyer, Nic. Roquigny, Jac.-Phil. Pigné. Neuf signatures seulement.
Députés : Et. Mallet, André Avenel (1).

*Plaintes et remontrances des habitants de Saint-Vaast du-Val
aux Etats généraux du royaume, 27 avril 1789, à Versailles* (2).

... Nous soussignés, habitants de la paroisse de Saint-Vaast-
du-Val, pleinement instruits des intentions de S. M... et sensibles
à l'intérêt qu'elle veut bien prendre au bonheur et à la tranquillité
de ses sujets, nous avons arrêté d'une voix unanime que, pour
satisfaire ses vues bienfaisantes, les deux députés, choisis par
nous, seraient chargés de présenter aux députés du tiers état,
assemblés devant M. le lieutenant général et particulier civil du
bailliage de Caux, siège d'Arques, séant à Dieppe, le 9 mars
prochain, les plaintes et remontrances du tiers état, que nous
sommes autorisés de faire, afin d'être insérées dans le cahier
général des plaintes et remontrances du tiers état dudit bailliage
et être envoyées aux Etats généraux du royaume. C'est pourquoi,
y ayant vaqué avec réflexion, nous les avons rédigées en la
manière qui suit et partagées en différents chapitres.

CHAPITRE I

Des vingtièmes

Les vingtièmes, comme nous paraissant l'impôt le plus naturel,
a fixé, le premier, nos attentions ; mais, à en consulter la justice,

---

(1) L'assemblée se compose surtout de cultivateurs. Le syndic Prevel occupe
trois fermes ; une qui appartient à son frère (60 acres) ; deux autres en propre :
une de 60 acres et l'autre de 13 acres, le tout en labour; en outre, plusieurs
acres de bois taillis. Il a deux charrues, un troupeau. Il paie 579 l. de taille,
accessoires et capitation. Les deux députés sont deux gros fermiers : Malet,
ferme du marquis de Mathan, (105 acres, 1 charrue, un troupeau), paie 358 l.;
Avenel (ferme de 60 acres et 12 acres de bois taillis et côtes, charrue, troupeau),
paie 270 l. Calais, Bataille, Saint-Arnoult, Rocquigny sont aussi des cultivateurs. J. Mottet est marchand ; Le Rond, toilier; Goyer, charpentier; Jacques
Mottet, Bonté, Pigné, tisserands. Sur le chiffre de la taille, voir plus loin la
note de la fin du chapitre II.

(2) Le cahier, très intéressant pour les questions d'impôts, est probablement l'œuvre du syndic Prevel ; une remarque sur les terres, qui ne devraient
pas être imposées d'après leur étendue, nous paraît très significative (cf. fin
du chapitre II). Nous supprimons, au début et après S. M., deux passages
sans aucun intérêt, qui rappellent l'accomplissement des formalités préliminaires à la nomination des députés et à la rédaction du cahier.

il nous a paru demander une autre manière d'être perçu sur les contribuables, ce qui pourrait s'effectuer en réunissant cet impôt à celui des impositions personnelles ; de cette manière, il ne serait plus besoin de contrôleurs de vingtième, qui sont ou toujours trompés dans les déclarations qu'on leur fait, ou toujours séduits, ou intimidés, par le rang ou la qualité de la personne à qui ils se présentent (1). De là vient l'inégalité dans la répartition ; le bon terroir est confondu avec le mauvais qui paie autant. Il ne serait plus besoin de personne particulière pour cueillir les deniers de cet impôt et la paroisse serait déchargée des privilèges qu'on accorde à cette charge (2) ; on pourrait même ajouter que, dans cette réunion d'impôt, il serait aisé d'éviter toute fraude en en soumettant la répartition totale aux assemblées municipales, établies dans chaque paroisse, ce qui se prouve évidemment par l'exécution du plan, projeté en 1788, et dont nous avons vu, avec regret, l'exécution suspendue relativement à la taille (3). Nous désirons cette réunion et nous comptons sur la justice des États généraux.

CHAPITRE II

De la taille, des immunités, du sel

Cet impôt, dans tous les temps, a excité beaucoup de réclamations et a toujours été cause d'une infinité de désordres ; il nous a paru pécher dans sa manière d'être réparti : 1º dans chaque élection ; 2º dans chaque paroisse en particulier.

(1) Mêmes plaintes contre les contrôleurs des vingtièmes dans un certain nombre de cahiers. C. f. en particulier Beauville-la-Cité, 2, Bourg-Dun, 3, Gonnetot, 1 et 5, Freulleville, 9, etc. Sur cette question, voir Introduction, partie II chapitre 2 et Marion, *Les Impôts directs sous l'ancien régime*, p. 66 et suiv.

(2) Le recouvrement des vingtièmes était confié dans chaque paroisse à un collecteur spécial, le collecteur des vingtièmes, plusieurs fois mentionné dans les procès-verbaux des assemblées électorales. Il était nommé par l'intendant et il touchait 4 deniers par livre sur la somme perçue. Marion, ouv. cité, 72.

(3) Les assemblées municipales avaient été créées par l'édit de juin 1787. Le plan, dont parle le cahier, est celui que nous trouvons dans l'arrêt du conseil du 8 août 1788. L'extrait du brevet de la taille et suites pour la généralité devait être envoyé à la Commission intermédiaire : celle-ci répartissait la somme imposée entre les Départements ; les Bureaux intermédiaires la répartissaient entre les paroisses, et les municipalités entre les contribuables. Mais après la chute de Brienne, les Cours des Aides furent rétablies et leur résistance empêcha l'exécution de ce plan. C. f. E. Lebègue. *Procès-verbal des séances de la Commission intermédiaire*, 27-29.

1° Dans les élections, cette distribution se fait en présence de MM. l'intendant et receveur des tailles, d'où il arrive que la paroisse, qui a le plus de protecteurs auprès de ces messieurs, est déchargée d'une partie du fardeau qu'elle devrait porter (1).

2° Dans chaque paroisse, la répartition souffre encore de plus grandes difficultés ; elle se fait par des collecteurs qui se respectent et craignent mutuellement, et, comme la loi interdit de cette charge tous ceux qui ne paient pas vingt livres de taille, elle n'est confiée dans notre paroisse qu'à un petit nombre de huit personnes, dont il y en a toujours quatre en exercice, tant pour le sel que pour la taille (2), d'où il arrive que, malgré leur bonne intention de rendre justice, ils en sont empêchés par cette loi qui défend aux collecteurs de changer la taxe de leurs prédécesseurs. Ils ont encore une autre entrave par une loi qui défend de dérôler qui que ce soit ; par là ils sont obligés d'imposer des personnes qu'ils savent n'être plus dans la paroisse, si auparavant ces malheureux n'ont pas eu soin de faire faire par un huissier un renvoi, objet qui coûte souvent plus que la taille dont on demande à être déchargé (3).

Les collecteurs ont aussi soin d'examiner si les personnes, qui

(1) Sur la répartition de la taille, cf., Marion, ouv. cité, Introd., 4. La déclaration du 16 avril 1643 attribuait aux intendants le droit de procéder au département entre les paroisses conjointement avec les élus et de faire des taxes d'office. Celle de 1663 leur donnait voix prépondérante. Depuis cette époque, les élus n'étaient guère là que pour la forme et la répartition était en fait l'œuvre de l'intendant. Le favoritisme de l'intendant et des élus est un lieu commun qui revient sans cesse dans les doléances des cahiers et les plaintes des assemblées provinciales. Voir cependant en sens contraire, Turgot, Œuvres I, 477, cité par Marion, p. 5, note 1.

(2) Les collecteurs primitivement étaient nommés par la paroisse. Mais depuis les déclarations de 1716, 1717, 1723, ils étaient pris à tour de rôle sur des listes de contribuables préparées à l'avance et déposées au greffe de l'élection : ce sont les tableaux des paroisses. Le collecteur principal devait en effet payer au moins 20 l. de taille ; la règle ne s'appliquait pas aux collecteurs consorts. En 1789, le collecteur principal pour la taille était Le Rond, imposé à 46 l. dont 21 l. de taille, les consorts : J.-B. Lacaille, journalier, qui n'est imposé qu'à 12 l. 2 s. de taille, et Goyon, charpentier, à 10 l. 15 s. Les quatre collecteurs, dont il est question, sont ceux de la taille, du sel, de l'impôt représentatif de la corvée et des vingtièmes. Il y avait à Saint-Vaast 9 contribuables, et non huit, remplissant les conditions voulues pour être collecteur principal : le syndic, les deux députés, dont nous avons donné le chiffre d'impositions, Calais, Saint-Arnoult, Rocquigny, Le Rond, Frichet, Neuville qui payaient respectivement 42 l., 56 l., 56 l., 21 l., 37 l., et 28 l. du principal de la taille.

(3) Les taillables, qui voulaient transférer leur domicile, devaient faire signifier par huissier ce transfert au syndic de la paroisse qu'ils allaient quitter et au greffe de l'élection, avant le 1ᵉʳ octobre qui précédait leur délogement. L'assemblée provinciale trouvait, comme notre cahier, cette formalité onéreuse et compliquée et elle en avait proposé la suppression le 18 déc. 1787. C. f. la note de l'article 12 du cahier d'Iclon.

sont dans une paroisse étrangère et font valoir des terres dans celles où ils sont collecteurs, ont fait leur signification comme ils ne prétendent point payer dans cette dernière paroisse pour les terres qu'ils y font valoir (1) parce que, si ils y manquent, on les enrôle, et ils paient ou par négligence de leur part, ou par celle de l'huissier, dans deux paroisses, ce qui est un grand abus et cause des procès. Cette liberté de choisir la paroisse que l'on veut pour payer la taille a encore un autre inconvénient : elle est une charge pour les paroisses, parce qu'on ne diminue jamais entièrement sur le général ce qu'il perd par la signification. Une loi, qui fixerait le paiement de la taille dans le domicile, arrêterait cet abus qui est accompagné d'un grand nombre d'autres ; car quoi de plus injuste que ces exemptions de taille accordées aux nobles et aux ecclésiastiques ? Ils sont les plus aisés de l'Etat et en paient moins les charges ; le pauvre est accablé parce qu'un noble, faisant valoir son bien, est exempt de taille : il faut que la généralité y supplée. Les bénéficiers y doivent de même contribuer dans les paroisses de leur bénéfice, et cela d'autant plus justement, qu'affermant leurs revenus, ils les rendent taillables et que, les reprenant, il reste toujours dans la paroisse quelque chose de l'augmentation envoyée à ce sujet.

La perception de la taille par les collecteurs susdits n'est point à l'abri de l'injustice ; combien de saisies par humeur ? On choisit, pour demander la taxe, le moment où l'on sait que le pauvre ne peut point en avoir, ou on laisse accumuler la somme et, pour se faire payer, on a recours à la voie de justice (2).

Il en est de même du sel que de la taille ; il se trouve le même abus pour la répartition et la perception des deniers (3) ; un remède à ce dernier mal serait de mettre le sel en commerce ; chaque particulier n'en userait qu'autant qu'il en aurait besoin et ne

(1) Il s'agit ici du transport d'impositions, très vivement critiqué aussi par un certain nombre de cahiers, (cf. Blosseville, 2, et la note), et par l'assemblée provinciale. Les Economistes le condamnaient formellement. Voir en particulier une circulaire de Turgot, intendant de Limoges, en 1762. Marion, ouv. cité, p. 213. — Les formalités pour le transport d'impositions étaient les mêmes que pour le transfert de domicile.

(2) Le cahier du Bourg-Dun, 2, se plaint aussi de l'injustice du collecteur principal de la taille, mais en tant que répartiteur.

(3) Saint-Vaast relevait du grenier de Dieppe, qui était un grenier d'impôt, et était taxé à 5 setiers 3 minots. Sur la collecte du sel d'impôt, cf. Intraville, 6. La paroisse étant imposée en bloc à une certaine quantité de sel, les collecteurs la répartissaient plus ou moins également : d'une façon générale, ils ménageaient les pauvres peu solvables et augmentaient d'autant la part des fermiers et des propriétaires.

serait point exposé à être poursuivi sur le procès-verbal d'un
commis auquel, contre toute équité, on ajoute foi lorsqu'il a été
une fois affirmé. L'expérience cependant du faux souvent reconnu,
la conduite des commis, qui intimident les particuliers pour avoir
d'eux de l'argent, demande le remède. Nous désirons la fin de
tous ces maux et nous osons nous flatter de voir notre province
s'abonner pour les vingtièmes et la taille (1) et jouir, dans l'établissement des assemblées provinciales, de la félicité que nous
promet l'administration publique. C'est alors que nous serons
sûrs que les terres seront considérées, pour le paiement des
impôts, quant à leur terroir, et non suivant leur étendue, qu'on
aura égard à la facilité de la culture et à la fertilité du terroir,
que, la capitation étant au marc la livre de la taille, on respectera,
dans la répartition des départements, les paroisses indigentes,
telles qu'est Saint-Vaast-du-Val, dont la plus grande partie est
des manouvriers et artisans (2).

CHAPITRE III

De la corvée et du logement de troupe.

L'imposition en rachat de la corvée, fixée depuis la déclaration
du roi du 27 juin 1787, au quart du principal de la taille et capitation roturière, excite la réclamation des agriculteurs. C'est un
nouvel impôt, qui, à la vérité, décharge la classe indigente du
travail d'une journée ; mais il pèse totalement sur les laboureurs
qui, en des jours perdus, s'acquittaient de leurs corvées sans
frais ; d'ailleurs, la justice ne semble-t-elle pas exiger que ceux
qui ne tirent aucun produit d'une chose soient déchargés de son
entretien ? Ne doit-on pas plutôt indemniser ceux auxquels elle

(1) Sur l'abonnement aux vingtièmes, cf. le cahier de Bois-Robert, 8, qui fait
la même demande. Cet abonnement, réclamé par le gouvernement, avait
été accepté par les assemblées provinciales de Caen et d'Alençon, repoussé par
celle de Rouen. Voir la note du cahier de Bois-Robert.

(2) En 1789, taille : 1.225 l. ; accessoires : 717 l. ; capitation : 774 l. ; en plus,
55 l. 9 s. pour le droit de collecte, 3 l. 2 s. 5 d. de timbre quittance, etc. ; en
tout 2.774 l. 11 s. 11 d. Exempts : le curé Lendormy, (presbytère et dîmes),
Gamare vicaire. — La paroisse, quoi qu'en dise le cahier, n'était pas des plus
pauvres. Le rôle de la taille du 15 janvier 1789, qui est remarquablement rédigé,
ne signale ni un mendiant, ni un fugitif. Il y a un assez grand nombre de cotes
moyennes, entre 20 et 40 l. ; outre les cultivateurs et les journaliers, la paroisse
compte plusieurs marchands non spécifiés, trois toiliers, quatorze tisserands,
un fileur (Arch. S.-Inf., C. 1914).

porte préjudice ? Or, telle est la grande route pour la paroisse de Saint-Vaast-du-Val ; loin d'en retirer aucun profit, elle est pour les habitants une charge ; les chemins, qui y aboutissent, coupent leurs terres et ils sont tenus au logement des troupes à cause de l'étape de Toste (1). Nous espérons donc que, mis dans la classe des souffrants, les Etats généraux voudront bien avoir égard, à cette surcharge d'impôt et faire retomber le rachat de la corvée sur ceux qui tirent avantage des grandes routes, ce qui peut s'opérer en établissant des bureaux dans les villes et bourgs, dans lesquels chaque voiturier sera tenu de prendre des lettres de voiture et de payer à proportion de sa charge et de la route qu'il aura à faire.

CHAPITRE IV

Des abus qui demandent une réforme.

Sans parler des vexations des commis aux aides ou d'autres fermes, contre la justice desquels on ne cesse de réclamer, il est un autre abus non moins révoltant et qui, tous les jours par l'impunité, s'accroît de plus en plus. Cet abus se commet dans les ventes publiques par les huissiers priseurs-vendeurs dans les campagnes ; ils ne rougissent pas d'exiger, au mépris des lois, jusqu'à six sols pour livre dans les ventes et, accordant un an de paiement aux enchérisseurs, ils se croient autorisés à exercer l'usure sans crainte, et c'est ce qui se voit tous les jours (2). De là vient la ruine totale de tous les malheureux qui manquent du nécessaire, trouvent en cela, pour le moment, le moyen de satisfaire quelque créancier en achetant sans argent et revendant aussitôt, à vil prix, la chose pour laquelle l'huissier le saisira un an après et le jettera totalement dans la mendicité. Tel est le fléau des campagnes ; un prompt remède adoucira le mal dont on se plaint ; qu'il soit défendu de mettre aucune condition dans les ventes publiques ; que l'on suive ce qui se pratique à cet égard dans la ville de Rouen ; le passant y achète et paie seulement le prix de son enchère et,

______

(1) Cette route est celle du Havre à Amiens qui croise à Tôtes celle de Rouen à Dieppe. Tôtes, auj. chef-lieu de canton de l'arrondissement de Dieppe, est la commune la plus voisine de Saint-Vaast. Il est question de cette étape dans son cahier I, 5, et dans celui de Belleville-en-Caux, autre paroisse voisine de Saint-Vaast. Outre le logement et l'entretien, il fallait fournir aussi aux troupes de passage des voitures et des chevaux de selle.

(2) Sur les priseurs-vendeurs, cf. Auberville, 9 et la note, Sur le délai d'un an aux enchérisseurs, cf. Grainville-la-Renard ; remontrances, 11.

qu'étant pareillement défendu d'exiger aucun intérêt pour le
temps de paiement accordé aux acquéreurs, les huissiers ne soient
plus si empressés à avancer de l'argent à ceux qui sont sur le
point d'être saisis dans la vue d'en tirer un grand intérêt ; nous
confions en cela la cause publique aux États généraux et nous
attendons la plus prompte justice.

CHAPITRE V

Des choses qui exigent la tranquillité et la sûreté publique.

Rien de plus ordinaire dans les campagnes de voir s'élever des
difficultés, soit pour des injures, prétendues faites ou dites, soit
pour des entreprises sur la terre ou possessions de son voisin ;
rien aussi de plus ordinaire de voir fomenter et entretenir ces
difficultés par des personnes qui en tirent avantage, tels que les
huissiers, procureurs, et autres; il serait à désirer que, pour obvier
à ce mal, on donnât aux assemblées municipales une certaine
juridiction à cet égard (1), et qu'il fût défendu à tout huissier de
recevoir aucune réquisition pour injure ou entreprise de terre
sur son voisin, sans un permis de le faire de la part de l'assemblée,
dans lequel permis il devra être mention du refus qu'aura fait
une des parties de paraître devant l'assemblée municipale ; il
est à présumer que cela terminerait bien des procès, fléau dont on
se plaint en Normandie à cause des détours de la chicane, dont
nous désirons d'être délivrés. Une compagnie de cavalerie, toujours en marche, dans chaque district, assurerait la tranquillité
publique (2).

CHAPITRE VI

De la mendicité.

Il est deux espèces de mendicité : l'une provenant de la paresse
ou du défaut de travail, l'autre tirant son origine de quelque
fâcheuse circonstance ; l'une et l'autre méritent de la considéra-

---

(1) C'était une idée très répandue dans cette région ; on trouve une demande
analogue à Biville-la-Baignarde, 5, à Beaunay, 11.

(2) Il s'agit ici de la maréchaussée. Il y en avait une brigade à Tôtes ; mais
s'il faut en croire le cahier de Biville-la-Baignarde, 3, elle faisait assez mal
son métier.

tion. Si elle provient de la paresse, il faut l'exciter et, si elle est insensible, la punir... Si elle provient de défaut de travail ou de commerce, il faut chercher le moyen de lui en procurer. Dans le premier cas, il faut proposer des récompenses proportionnées aux personnes ; si on les refuse, la justice demande que de telles personnes soient séparées de la société et condamnées aux travaux publics ; dans le second cas, il est aisé de fournir aux habitants de campagne du travail pendant un long temps : les chemins vicinaux sont partout en mauvais état ; que chaque propriétaire, sans distinction, soit forcé de faire raccommoder contre son héritage.

La mendicité au contraire provient-elle de quelques fâcheuses circonstances ? La charité doit la secourir ; elle doit même la prévenir autant qu'il est possible ; on y parviendrait en établissant une caisse dans laquelle seraient réservés à ce sujet les deniers attribués maintenant aux collecteurs, syndics et receveurs particuliers ; il faudrait donc supprimer ceux-ci et obliger chaque particulier à apporter sa taxe des vingtièmes, taille et autres impositions, au bureau de l'assemblée municipale qui conservera les deniers susdits pour les distribuer au besoin et fera passer l'argent des impôts à la caisse générale établie à ce sujet. Par ce moyen on remédiera aussi aux maux dont on s'est plaint dans les trois premiers chapitres, pourvu que l'on accorde à l'assemblée municipale le pouvoir d'examiner les besoins d'un chacun et d'accorder un délai, ou forcer de payer, suivant l'exigence des cas, ceux qui auront négligé de le faire pour leur part des impositions.

CHAPITRE VII

Du commerce, mesures et poids.

Le commerce étant une des ressources de l'Etat, il mérite de la part des états généraux plusieurs égards. Sa décadence actuelle afflige les campagnes et les villes ; il est besoin d'en examiner les causes. Quant à nous, elle nous semble provenir des entraves qu'on y a mis dans les douanes et passages ; en supprimant une partie de ces droits, l'Etat et le peuple y gagneraient ; les marchandises auraient un libre cours et la fraude n'aurait plus lieu ; il serait aussi nécessaire que le corps des fabricants ou autres examinassent la fortune de celui qui entre dans un commerce ; par là on préviendrait les banqueroutes frauduleuses (1). Nous désirons aussi que les mesures et les poids soient les mêmes dans tous les marchés du royaume.

Conclusion des chapitres ci-dessus.

Rien de plus désirable que de voir une juste égalité dans la répartition des vingtièmes, taille et autres impositions ; rien de plus juste que chacun y contribue à proportion de ses facultés. Le sel étant mis en commerce, les aides et les autres fermes n'ayant plus, par leurs commis, le droit de vexer le peuple, et une loi nouvelle étant portée pour l'administration de la justice, la tranquillité renaîtra, le commerce reprendra sa vigueur et la mendicité trouvera du soulagement. Nous supplions donc les Etats généraux d'agréer nos plaintes et de recevoir la soumission avec laquelle nous sommes les habitants ci-dessus dénommés, le même jour et an que dessus.

Fait double. Le présent délivré aux députés par nous choisis.

Signé : Calais, Mallet, And. Avenel, Philippe, Pigné, Jac. Avenel, Bataille, Saint-Arnout, Demare, Prevel.

SAINT-VALÉRY-SOUS-BURES

Dép. : Seine-Inf. ; arr. : Neufchâtel ; canton : Londinières. Sur la Béthune, à 14 k. N.-O. de Neufchâtel.

Gén. : Rouen ; El. : Arques.

Pop. : 1738 : 23 f. ; 1789 : 28 f.

Patron : l'abbé de Fécamp.

PROCÈS-VERBAL

Assemblée 6 mars, dans la nef, devant André-Louis Pernet, avocat en parlement, résidant à Osmoy-sous-Bures (2) ; 20 comparants : les sieurs

---

(1) On trouve également une allusion aux banqueroutes frauduleuses dans le cahier de La Fontelaye, paroisse voisine de Saint-Vaast (La Fontelaye, art. 18). Elles comptaient l'une et l'autre un certain nombre de tisserands. C. f. aussi sur les faillites Mont-de-Bourg, 6 et Saint-Ouen-le-Mauger, 8. Ce sont les seuls cahiers du bailliage qui s'occupent de cette question.

(2) Louis Pernet, avocat et notaire, a présidé également l'assemblée électorale d'Osmoy (cf. le cahier d'Osmoy et la note). — On remarquera le grand nombre des comparants comparativement à la population ; la profession des

Ch. Neveu, Jos. Saint-Germain, laboureur et herbager, Jac. Robbe, laboureur et propriétaire, les sieurs P. et J. Pinchon, laboureurs et herbagers, L. Gosse, Mic. Alexandre, Jac. Pajot. Ant. Delaunay, Nic. Renout, J. Neveu, Nic. Gosse, Fél. Renout, Franç. Perrée, Nic. Toussin, Jac. Blin, J. Planchon, J.-L. Boullé, Franç. Gambier, J.-B. Baluet. Quinze signatures.

Députés : Saint-Germain, P. Pinchon, laboureurs et herbagers.

*Doléances et remontrances du tiers état de la paroisse
de Saint-Valéry-sous-Bures* (1).

Les habitants soussignés, composant le tiers état de la paroisse de Saint-Valéry-sous-Bures, selon le vœu de S. M., exposent que :

1º *Impôts excessifs.* — Ils sont surchargés d'impôts par l'inégalité et l'arbitraire qui a régné dans les répartitions et par rapport aux privilèges et aux exemptions dont le clergé et la noblesse ont joui jusqu'à ce moment (2).

2º *Privilèges des nobles.* — Il fut un temps où la noblesse méritait ces privilèges par les sacrifices qu'elle faisait d'ailleurs. Aujourd'hui qu'elle fait moins de sacrifices que le tiers état, il n'est pas juste qu'elle soit plus exempte et plus privilégiée que lui. On ne lui contestera jamais le respect et les honneurs qui lui sont dûs (3).

3º *Privilèges du clergé.* — Le clergé, riche des aumônes de nos pères, doit se rappeler que, quand on lui a donné des biens, c'était pour lui assurer une subsistance honnête et non pour secouer le joug de l'humilité en en faisant des riches, des barons et des marquis. Cependant ils jouissent des plus beaux biens ; ils recueillent la dîme de nos moissons et nous laissent la charge des travaux, des impôts et de nos pauvres (4).

premiers est seule indiquée ; mais, même parmi les autres, il y a encore des cultivateurs : Delaunay, Renout, Toussin, etc. Nic. Gosse est à la fois tisserand et cultivateur. Saint-Germain, fermier de M. de Feugueray, (80 acres, 6 chevaux, 2 charrues), est imposé à 544 l. ; Pinchon, fermier de M. de Vieux (maison, 76 acres, 5 chevaux, une charrue), est imposé à 472 l.

(1) Le cahier a plus d'articles que celui d'Osmoy, 12 au lieu de 8 ; chaque article a un titre comme à Osmoy ; mais il n'y a pas correspondance entre les titres et les numéros des articles des deux cahiers. Nous renvoyons pour les notes au cahier d'Osmoy.

(2) Il n'y a pas d'article correspondant à Osmoy. En 1789, taille de Saint-Valéry : 945 l. ; accessoires : 548 l. ; capitation : 591 l. ; en tout 2.084 l. Un seul exempt, le curé. — Les deux députés sont parmi les plus imposés.

(3) C. f. Osmoy, 2, 1ʳᵉ partie ; mais l'article de Saint-Valéry est plus modéré de ton.

(4) C. f. Osmoy, 2, 2ᵉ partie.

4° *Banalités.* — Un abus, aussi incroyable qu'il est ancien, c'est l'existence des banalités appartenantes la plupart aux seigneurs d'église. Après avoir payé la dîme de nos récoltes en gerbe, nous portons nos boisseaux de grains au moulin ; malgré la loi, nous payons encore un sixième ; au moins, on le prend. Le fermier peut-il faire autrement ? Il faut qu'il soit ruiné ou qu'il nous égorge. Son maître lui en a fait la loi ; oserait-on plaider ? (1).

5° *Réforme de la justice.* — Malheureux que nous sommes ! la justice actuelle nous tue par sa lenteur et ses détours : chacun sait s'il a bon droit, si sa cause est bonne ; mais quel est l'effronté qui, pour un objet de 20 l., voudra plaider pendant deux ans, épuiser sa basse-cour, perdre des frais énormes et souvent le principal ? Qu'on supprime les hautes justices (2).

6° *Municipalités.* — Qu'on laisse subsister les municipalités déjà établies. Sans elles, le peuple ne sera que le peuple et on continuera d'étouffer sa voix et de mépriser ses réclamations. Avec elles, l'Etat sera riche, florissant et heureux (3).

7° *Tribunal de paix.* — Qu'on établisse dans chaque paroisse un tribunal de paix qui jugera, seul et sans frais, toutes les contestations qui naîtront dans la paroisse, sauf la voie d'appel (4).

8° *Aides, gabelle, contrôle, impôt général.* — Qu'on supprime les droits d'aides, de gabelle, les contrôles ; qu'on substitue à ces droits un impôt général et uniforme, équivalent à la somme qui en est versée dans les coffres du roi, lequel impôt serait réparti sur chaque particulier, proportionnément à sa fortune et à sa consommation (5).

9° *Attribution aux municipalités.* — Qu'on charge les municipalités des villes et campagnes du recouvrement des impôts ainsi que de leur admission et répartition ; elles en verseraient le montant, sans frais, dans les coffres du roi et on y gagnerait les frais de perception qui sont énormes (6).

10° *Taxes sur les domestiques.* — Que les domestiques des

(1) C. f. Osmoy, 2, 3⁰ partie.

(2) C. f. Osmoy, 4.

(3) Il n'y a pas d'article correspondant à Osmoy. L'article 1 d'Osmoy demande la conservation des assemblées provinciales et ne parle pas des assemblées municipales.

(4) C. f. Osmoy, 5. Les termes sont à peu près semblables.

(5) C. f. Osmoy, 3, 2⁰ partie.

(6) L'article 3 d'Osmoy, 1ʳᵉ partie, fait la même demande, mais pour les assemblées provinciales.

nobles, des ecclésiastiques et des bourgeois, dans les villes, soient sujets à une taxe sous forme de capitation, mais que ceux des négociants et des cultivateurs en soient exempts. Les domestiques dans les villes ne servent qu'au luxe et, dans les campagnes, ils sont utiles, nécessaires et indispensables (1).

11° *Grande route.* — Il existe une grande route de Forges à Dieppe ; cette route a été mal dirigée : on la quitte pour prendre la vallée où elle serait d'une ressource essentiellement plus grande. La ville de Dieppe en serait plus florissante par rapport au débouché des denrées et cette partie du royaume, qui l'avoisine, en tirerait plus d'avantages. Qu'on applique nos corvées à l'établissement d'une nouvelle grande route dans la vallée et qu'on en donne la direction aux municipalités (2).

12° *Retour périodique des Etats généraux.* — Nous supplions qu'on nous accorde comme loi constitutionnelle de l'Etat le retour périodique des Etats généraux pour aviser au bien public (3).

Fait et arrêté en l'assemblée de la dite paroisse de Saint-Valléry, où étaient les soussignés, cejourd'hui 6 mars 1789. Jos. Saint-Germain, P. Pinchon, J. Pinchon, Robe, Boulé, J. Planchon, Toussaint, Alexandre, Nic. Gosse, J. Neveu, Fél. Renout, Perré, L. Gosse, Ch. Neveu, syndic, Pernet.

SAINTE-AGATHE-D'ALIERMONT

Dép. : Seine-Inf. ; arr. Neufchâtel ; canton : Londinières. Sur le plateau, entre l'Eaulne et la Béthune, à 16 kil. au N.-O. de Neufchâtel, à 22 ou 23 k. au S.-E. de Dieppe.

Gén. : Rouen ; El. : Arques.

Pop. : 1738 : 88 f. ; 1789 : 81 f.

Seigneur et patron : l'archevêque.

Procès-verbal

Assemblée le 3 mars, dans la nef de l'église, devant Ant. Davesne, syndic ; 19 comparants : Franç. Deniéport, Gab. Lefebvre, Laur. Dépinay, Franç. Lefrançois, Ch. Vépière, Nic. Duchaussoy, Jac. Bouillon, Jac. Caltot, J. Grossard, Claude Grossard, J. Gribeauval, Marc. Cappé, J.-Nic. Mirot,

(1) Même demande à Osmoy, 6. Elle se retrouve dans d'autres cahiers de la région : à Croixdalle et à Douvrend, 6.

(2) C. f. Osmoy, 7, et la note.

(3) C. f. Osmoy, 8.

Franç. Dubos, Nic. Poulain, J. de Sannoy, Ch. Couturier, Ch. Roquignie, Jac. Bourdet. Signatures de tous les comparants, mais quatre ou cinq sont informes.

Députés : J. Grossard, Franç. Dubos (1).

Plaintes, doléances et remontrances

[Le cahier, divisé en plaintes et demandes, est un arrangement des cahiers de Croixdalle et d'Angreville, auxquels nous renvoyons pour les articles identiques] (2).

Plaintes

1° Nous nous plaignons, vu que nous sommes le plus au service de S. M., que nous sommes accablés du poids des impôts et de leur multitude, et, malgré les impôts dont nous sommes accablés, les dettes sont encore immenses (3).

2° Comme à Croixdalle, 3, sauf, à la fin, le mot *assujetis* au lieu *d'accablés*.

3° (Banalités), comme à Croixdalle, 5.

4° Comme aussi de la gabelle et des vexations dont elle est la cause.

5° De la rareté des bois ; de leur cherté et du peu de soin qu'on apporte à leur amélioration.

6° (Justice), comme à Angreville, 4.

7° Du défaut de bras pour la culture.

8° De l'impôt qui se paie annuellement, tiré au quart de la taille, qui tient nature de corvées.

(1) L'assemblée est une représentation assez exacte de la paroisse ; toutes les professions y figurent. La paroisse n'était pas industrielle : il y a cependant un bas de tamier, J. Gribeauval, parmi les comparants. Le syndic Davesne, propriétaire d'une maison et terre : revenu, 120 l., location de 100 l., paie 105 l. dont 48 l. de taille. Les deux députés, Grossard et Dubos, sont deux propriétaires : le premier, pour un revenu de 300 l., paie 102 l., dont 46 l. de taille ; le second, pour un revenu de 160 l., paie 53 l., dont 24 l. de taille.

(2) Sainte-Agathe faisait partie du comté d'Aliermont ; son cahier appartient au groupe de Croixdalle.

(3) En 1789, taille : 1520 l. (1.560 l. 7 s. 5 d. en tout) ; accessoires : 890 l.; capitation : 960 l., (990 l. 16 s. 8 d. avec la collecte), en tout : 3.441 l. 4 s. ; 85 cotes ; 23 mendiants et fugitifs, imposés à 3 deniers. Exempts : le curé, fait valoir son bénéfice au revenu de 600 l. ; M. de Saint-Ouen-de-Bauval fait valoir son logement consistant en un corps de logis, bâtiment, masure, 80 acres de terre labourable au revenu de 1.500 l., M. de Montot fait valoir son logis, masure, environ dix acres de terre labourable au revenu de 100 l. (Arch. S.-Inf., C. 1915).

Demandes

Nous demandons : 1° Diminution des charges publiques, comme à Croixdalle *Demandes*, 1.

2° Qu'il serait bien à souhaiter, comme à Croixdalle, *Plaintes*, 4.

3° Suppression totale de la gabelle.

4° Amélioration des forêts et nouveau régime.

5° Que la justice, etc., comme à Croixdalle, *Demandes*, 3.

6° Suppression de la mendicité, comme à Angreville, *Demandes*, 5, avec en plus à la fin : « ou villes de leur domicile ».

7° Imposition sur les domestiques des villes, etc., comme à Croixdalle, *Demandes*, 6.

Signé : Ant. Davesne, Deniéport, Duboc, Duchaussoy, Vépière, Cappe, Bourde, Le François, Grossard, Poulain, Couturier, Mirot, Dépinay, Caltot, Gréboval, Rogny, Douillon, Lefebvre, Delanoy, Grossard.

SAINTE-FOY

Dép. : Seine-Inf.; arr. : Dieppe ; canton : Longueville. Sur le plateau, entre la Scie et la Varenne, à 16 k. au Sud de Dieppe.

Gén. : Rouen ; El. : Arques.

Pop. : 1738 : 94 f. ; 1789 : 110 f.

Seigneur et patron : le prieur de Longueville.

Procès-verbal

Assemblée 2 mars. Pas de président indiqué ; 14 comparants : J.-B. Maromme, Nic. Paquet, Et. Rolland, P. Beaufils, Ant. Simon, P. Rouët, Alex. Vindic, Laur. Demoulins, P. Chauvel, L. Laurent, Jac. Boucourt, Nic. Roger, P. Hubert, Franç. Beissin. Quinze signatures, y compris celles du syndic Dubos et du greffier Dubos.

Députés : J.-B. Maromme, Nic. Paquet (1).

(1) La paroisse comprenait une douzaine de tisserands, dont deux, Vindic et Rouët, assistent à l'assemblée. Le syndic et les deux députés sont des fermiers. Le premier paie 56 l. de taille et suites. Maromme, (50 acres de terre, 6 de bois taillis pour 800 l.), est imposé à 222 l.; Paquet : 2 fermes, l'une de 24, l'autre de 34 acres pour 1.000 l., est imposé à 232 l.

En 1789, taille : 1.970 l. (2.021 l. 12 s. 5 d. avec la collecte et les frais) ; accessoires et capitation : 2.438 l. 9 s. Dix-huit mendiants et fugitifs. — Exempts : le curé Robert ; Blondel Dénové (de Noyer ?), chevalier de Saint-

Cahier de doléances, plaintes et remontrances

Sire, les suppliants vous représentent que la province de Normandie est chargée d'un grand nombre d'impôts et vous demandent d'en diminuer la cotisation.

1º Comme l'imposition du sel qui est à 12 s. 6 d. la livre (1).

2º Les droits d'entrée aux portes des villes.

3º La réforme des commis aux aides, parce qu'ils tirent des droits considérables sur toutes les boissons et autres marchandises.

4º De donner la liberté de faire les corvées des grandes routes, par soi-même, comme par le passé.

5º De laisser la liberté aux voituriers d'avoir des roues de tel échantillon qu'ils jugeront à propos (2).

6º De donner la contrainte aux seigneurs de détruire le gibier, principalement le lapin qui fait un grand tort à la récolte.

7º Sire, nous vous mandons de détruire en entier l'usage de vendre du café, ce qu'il fait une grande dépense pour la jeunesse de notre province.

8º Nous vous représentons que la province de la Normandie est chargée d'un grand nombre de pauvres mendiants et indigents et que nous ne pouvons point subvenir aux besoins de tant de malheureux et que nous sommes exposés, à tous moments, à des menaces et contraintes par des mendiants vagabonds qui marchent de nuit et qui troublent le repos public.

9º Sire, nous vous supplions de taxer exactement sur tous les états et d'imposer les biens d'église et fabriques.

10º Notre avis est de faire payer les biens des communautés de filles.

Louis, faisant valoir une maison et 10 acres de terre valant 300 l.; M. du Polet, faisant valoir une maison, 10 acres de terre, six acres de bois taillis, valant 500 l.; M. Pol de Flamanoir, chevalier de Saint-Louis : sa maison et 18 acres de terre valant 500 l. ; Mlle de Puismartin, sa maison, 6 acres : 200 l.; M. de Mégan, chevalier du Christ : son jardin, 7 acres : 400 l. (Arch. S.-Inf., C. 1916).

(1) Ce prix de la livre de sel est le moins élevé que nous ayons trouvé dans le bailliage. La livre de sel valait 12 s. 9 d. à Beauville, Gonneville, Mesnil-Rury, 13 sous à Saint-Martin-de-Veules. La paroisse relevait du grenier de Dieppe et était taxée à 5 setiers ou 20 minots.

(2) C'est une protestation contre l'interdiction des roues à jantes étroites, qui est réclamée par un grand nombre de nos cahiers et qui avait été votée par l'assemblée du Département d'Arques dans sa session d'octobre 1788. On accusait les roues à jantes étroites de détériorer les routes.

11º Pour la rentrée des finances, taxer les receveurs à un sol pour livre, sans d'autres gratifications (1).

12º La suppression de la banalité des moulins et détruire l'usage des pigeons qui causent une grande perte à la récolte.

[13] Nous vous demandons la liberté de faire...... les prisées et ventes par tel huissier que nous jugerons à propos (2).

[14] Nous demandons l'abrégement des procédures parce que les justices ruinent beaucoup de familles par le retardement des jugements.

Sire, sur toutes les plaintes, doléances et remontrances, ci-dessus marquées, nous supplions V. M. de donner soulagement à vos suppliants qui ne cesseront d'être toujours dans la disposition de prier Dieu pour la conservation de votre santé et la prolongation de vos jours, en criant toujours sans cesser : Vive le roi Louis XVI pour le soulagement de ses sujets.

Signé : Rouet, Laurent, Beaufils, Sanson, Chauvet, Hubert, Demoulins, Boucourt, Vendique, Roger, Rolland, Paquet, Maromme, Dubos, syndic, Dubos, greffier.

SAINTE-GENEVIÈVE

Dép. : Seine-Inf.; arr. : Dieppe; canton : Tôtes. A 23 k. au Sud de Dieppe.
Gén. : Rouen ; El. : Arques.
Pop. 1738 : 95 f. ; 1789 : 112 f.
Seigneur : le marquis de Mathan, comte de Beaunay. Patron : le prieur de Longueville.

Procès-verbal

Assemblée jeudi 5 mars, en la maison d'école, devant J.-Pierre Simon, syndic ; 12 comparants : Ch. Greny, Ad. Poullet, J. Damame, J. Hue, Jac. Boyard, Nic. Lendormy, Jac. Permentier, P. Delaunay, Nic. Désert, Rob. Ménard, J. Gueuret, L. Bignon. Ils ont tous signé le procès-verbal avec le syndic.
Députés : Ad. Poullet, Jac. Boyard (3).

(1) Les receveurs d'élection, ou receveurs particuliers, avaient 3 deniers par livre depuis 1781 ; plus 3 deniers de gratification d'exactitude ; les rece-veurs généraux, 3 deniers aussi. Le total ne fait encore que 9 deniers et non un sou (douze deniers). En y ajoutant la remise faite aux collecteurs : 6 deniers par livre pour la taille, 4 deniers pour les accessoires et la capitation, on arrive à un sou 3 deniers pour la taille, un sou un denier pour le reste.
(2) Sur les priseurs-vendeurs, cf. Auberville, 9, et la note.
(3) L'assemblée, peu nombreuse relativement à l'importance de la pa-

Cahier des plaintes et doléances

[Le cahier a d'étroits rapports avec celui de Biville-la-Baignarde : même disposition des articles, avec un titre avant chacun d'eux ; nombreux articles communs, pour lesquels nous renvoyons au cahier de Biville ; mais il est plus complet et il contient un certain nombre d'articles originaux].

Préambule comme à Biville-la-Baignarde.

[1] *Armes à feu.* — Pour prévenir les vols et brigandages qui arrivent fréquemment dans les campagnes, le roi est supplié de faire défenses (1) à toutes personnes, qui ne seront pas imposées à 30 l., de se dessaisir et déposer leurs armes chez le syndic pour y être brisées ou mises hors de service ; que les membres qui composeront l'assemblée municipale seront autorisés de faire des visites chez eux quatre fois par an, de se saisir des armes à feu qu'ils y trouveront et d'en dresser leurs procès-verbaux, qui seront remis au ministère public qui sera chargé de faire les poursuites contre les délinquants.

[2] *Colporteurs*, comme à Biville, 2.

[3] *Pauvres.* — La mendicité est devenue si grande que les habitants des campagnes ne peuvent plus subvenir à l'importunité et aux menaces des pauvres. La vie licencieuse qu'ils mènent et le refus de travailler occasionnent beaucoup de désordres. S. M. est pareillement suppliée d'ordonner que les paroisses, bourgs et villes, procurent du travail à ceux qui peuvent s'occuper et le nécessaire aux vieillards, enfants et malades, qu'il leur soit fait défense de mendier sous les peines qui devront leur être infligées.

[4] *Maréchaussées*, comme à Biville, 3.

[5] *Maîtres, Domestiques*, comme à Biville, 4.

[6] *Petites dettes, entreprises sur les possessions, injures et voies de fait*, comme à Biville, 5.

---

roisse, ne comprend guère que des cultivateurs. Il y avait cependant des tisserands, (25 environ sur le rôle de la taille) ; mais ils ne sont représentés que par Désert. — En 1789, taille : 2.160 l. ; accessoires et capitation : 2.629 l. ; en plus : 93 l. 6 s. pour la collecte et 3 livres 2 s. pour les frais divers. Exempts : le curé Nic. Barbe et le vicaire. — Le syndic Simon, (30 acres en propre), paie 90 l. de taille, 108 l. d'accessoires et de capitation. Ad. Poullet, (ferme pour 2.000 l.), paie 719 l. en tout. Jac. Boyard, (ferme de 20 acres en propre), paie 158 l.

(1) Il faut remplacer *défenses* par *injonction*. Le cahier dit le contraire de ce qu'il veut dire.

[7] *Puits et mares* dans les campagnes, comme à Biville, 6.

[8] *Colombiers*, comme à Biville, 8.

[9] *Lapins*, comme à Biville, 9.

[10] *Corneilles*, comme à Biville, 10.

[11] *Prairies et bois, prairies artificielles*, comme à Biville, 11.

[12] *Gabelles*, comme à Biville, 12.

[13] *Décimateurs.* — Début comme à Biville, 13, jusqu'aux mots : « outre cela, le propriétaire est chargé de tout l'entretien et des réédifications des bâtiments des fermes ». La suite ainsi : «Lorsque la stérilité des années fait grossir le prix des grains, les pauvres quittent leurs foyers et vont, par troupes, accabler les fermiers et les curés et prendre leurs blés dans les halles au prix qu'ils veulent y mettre, sans y trouver d'obstacles, tandis que les décimateurs jouissent paisiblement de leurs revenus ». La fin de l'article comme à Biville.

[14] *Grandes routes*, comme à Biville, 14.

[15] *Charges publiques*, comme à Biville, 15.

[16] *Administration de la justice*, comme à Biville, 16.

[17] *Baux des biens.* — Les biens de la campagne ne peuvent être loués que pour neuf ans, suivant l'article 502 de la Coutume de Normandie ; s'ils [les baux] étaient faits pour un temps plus long, ils seraient retrayables et sujets aux mêmes droits que les contrats de vente (1). Cette loi est gênante pour les propriétaires et pour les fermiers : pour les propriétaires, parce qu'ils ne peuvent s'assurer d'un bon cultivateur laborieux et intelligent, et pour les fermiers, parce qu'ils ne peuvent, en si peu de temps, connaître le sol, l'améliorer et être remboursé de ses [leurs] avances : d'ailleurs, les changements sont dispendieux et nuisibles, même à l'Etat, parce que les récoltes sont moins abondantes. Des baux de 18 à 27 ans, exempts de tous droits, procureraient un grand bien s'ils étaient autorisés.

[18] *Terres incultes.* — Il est encore beaucoup de terres incultes où l'on ne peut mettre la charrue parce qu'elles sont d'un sol trop pierreux ou en coteaux ; mais elles produiraient des bois taillis ou en futaie. Quelles ressources ne serait-ce pas pour des pro-

(1) Voici le texte de l'article 502 : « Baux à ferme à longues années, faits pour plus de neuf ans, sont retrayables, comme aussi est la vente d'un usufruit, faite à autre qu'au propriétaire, lequel est préféré à la clameur ». Le Dictionnaire de Houard, au mot Bail, I, 127-131, se contente de mentionner cet article.

priétaires de fertiliser de pareils terrains qui ne produisent qu'un peu d'herbes précoces, que les plus petites chaleurs brûlent et dessèchent ? Des avances, que ferait le gouvernement à des propriétaires indigents, accroîtraient leur fortune et feraient le bien de l'Etat (1).

[19] *Terres incultes des communautés religieuses.* — Des terrains immenses, que des communautés religieuses possèdent, dont la majeure partie pourrait être défrichée, et le surplus planté en bois, augmenteraient la population et l'abondance. Les forcer de les vendre ou les fieffer à perpétuité serait un grand bien.

[20] *Communes.* — Si les terrains, possédés en commun par des habitants, étaient divisés par feux, les riches et les indigents y trouveraient de grands avantages ; les plus vigilants en ont le produit. Les forcer au partage serait faire le bien de tous (2).

[21] *Committimus, gardes-gardiennes* (3).

Ayant reconnu combien les committimus étaient préjudiciables à ses peuples, S. M. les a abolis à l'égard des communautés religieuses ; il est de sa justice de révoquer aussi ceux de la noblesse et des personnes ayant des charges ou dignités parce qu'il en résulte des abus et vexations : pour faire connaître à quel degré cela est porté, en voici un exemple : une personne, revêtue des marques de service, appelle un artisan pour des ouvrages à faire ; il travailla six jours et avait fourni des matériaux de son métier. L'ouvrage achevé, on lui demanda avec empressement ce qui lui était dû ; cet artisan voulut vérifier son ouvrage pour connaître ce qu'il avait employé : on s'y oppose ; on le presse de dire ce qu'il demandait ; il répondit que c'était 80 l. ; on lui offrit 50 l. Refus et assignation de la part de l'artisan. Le privilégié, dans la crainte de rougir devant son juge, obtint un committimus et fit assigner l'artisan aux requêtes du Palais à

(1) L'idée de défricher les terres incultes, en particulier celles des communautés, se trouve aussi dans les cahiers du Câtelier, Muchedent, Saint-Crespin, 8. Mais ils en réclament le partage entre les propriétaires.

(2) Sur les « communes », ou biens communaux, voir le cahier du Câtelier, 8, et la note. Voir aussi Denestanville, 8. Plus libéral que le cahier du Câtelier, notre cahier demande expressément le partage par feux et non entre les propriétaires seuls.

(3) Le committimus est le privilège qu'avaient un certain nombre de personnes d'évoquer leurs causes devant les Requêtes de l'hôtel ou du Palais, à Paris. Notre cahier est le seul, avec celui de Dieppe, (art. 5), qui dénonce le droit de committimus. Sur les committimus, voir Houard. *Dictionnaire*, III, 626-635 Privilèges des personnes. — La garde-gardienne est probablement la garde-noble, royale ou seigneuriale. L'expression ne se trouve ni dans la Coutume, ni dans le Dictionnaire de Houard.

Paris. Ce malheureux a préféré recevoir 20 l. plutôt que de quitter sa maison et son état. Voilà l'abus des privilèges.

[22] *Aubergistes, Cabaretiers, muchepots et cafés*, — comme à Biville, 17.

Fait et arrêté double du consentement unanime de la communauté,... ce dit jour, 5 mars 1789,... Greny, Poullet, Bignon, Damame, Lendormy, Hue, Boyard, Delaune, Permentier, Désert, Gueuret, Ménard, Simon.

SAINTE-MARGUERITE (1)

Dép. : Seine-Inf. ; arr. : Dieppe ; canton : Offranville. Près de l'embouchure de la Saâne, à 13 k. à l'Ouest de Dieppe.

Gén. : Rouen ; El. : Arques.

Pop. : 1738 : 50 f. ; 1789 : 70 f.

Seigneur et patron : M. de Bourval.

Procès-verbal

Dimanche 10 mars 1789, devant Rob. Affagard, syndic ; 21 comparants : Guil. Quêne, P. Guilbert, L. Giffard, Franç. Le Roy, J. Coffre, Jac. Lamétrie, Mic. Liebré, Mic. Dumont, J.-Jac. Deschamps, Guil. Sutré, Nic. Opée, Mic. Liebré fils, Et. Paté, J. Santais, Mic. Deschamps, Jac. Liebré, Jac. Bouteiller, Mic. Liebré, Ant. Télier, Jos. Coffre. Treize signatures avec celle du syndic.

Députés : Guil. Quêne, P. Guilbert (2).

Etat de doléances de cahier de doléances (sic), plaintes et remontrances de la paroisse de Sainte-Marguerite de Caprimont.

[1] Nous remontrons que M. de Bourval, seigneur de la pa-

----

(1) La paroisse était aussi désignée sous le nom de Sainte-Marguerite de Quiévremont ou de Caprimont, ou même de Quiévremont-Sainte-Marguerite-sur-la-Mer, (cf. les rôles de la taille et les tableaux de la paroisse).

(2) La date de l'assemblée est inexacte ; il faut lire : 8 mars, comme le porte le cahier ; l'assemblée préliminaire du bailliage avait lieu le lendemain 9 mars. Le procès-verbal et le cahier sont très mal écrits et très incorrects. L'assemblée électorale de Sainte-Marguerite est la représentation assez exacte de la paroisse : on y trouve, avec les cultivateurs, des ouvriers de divers métiers, des journaliers, trois tisserands, Quêne, Giffard, Santais, et plusieurs mariniers Deschamps, Jacques et Michel Liébré. Le rôle de la taille indique sept ou huit tisserands et une douzaine de mariniers. Des deux députés, le premier, Quêne, est un tisserand et cultivateur, imposé à 62 l. de taille, accessoires et capitation; le second, Guilbert, est un fermier, imposé à 94 l.

roisse, fait valoir son château avec dix acres de terre (1), avec sa cour d'honneur, construite d'arbres fruitiers, avec un colombier qui cause un grand dommage dans la saison des semences et de la récolte.

[2] De plus, nous vous représentons que, [dans] ladite paroisse, les terres valent depuis 5 l. jusqu'à 20 l. l'acre, à cause des vents glacés, qu'il fait un tort considérable, dont nous avons ressenti l'année dernière, et en tout temps, à cause du reflux de la mer (2).

[3] De plus, il y a bien viron 25 acres [de] terre inculte.

[4] Les grosses dîmes, appartenant à l'abbaye de Saint-Victor, de présent à M. l'abbé de Gouillon, occupées par Mic. Liébré, dont le dit abbé ne fait dans la paroisse aucunes aumônes aux pauvres, dont il y a un grand nombre, causé par la misère du temps et par les maladies, fièvres et autres..., inconvénients causés par les mauvaises vapeurs de la vallée (3).

[5] M^{rs}, nous vous remontrons qu'en l'année 1787, qu'après [après] la déclaration de M. de Bourval, faisant valoir une grosse ferme (4), il a resté dans ladite paroisse la somme de 82 l. de tailles que les pauvres paroissiens ont supportée, dont les M^{rs} de l'élection nous avaient promis remettre ladite somme ; mais, comme la répartition a été faite par les M^{rs} du bureau intermédiaire, nous vous prions d'avoir égard à nos justes représentations.

[6] M. Moy, curé, fait valoir en propre son presbytère, avec une acre de terre, et sa tierce, jointe à son bénéfice (5).

(1) Il faut lire 70 acres ; le rôle de la taille dit même 75. — Rôle de la taille en 1789 : taille : 650 l. ; accessoires : 381 l. ; capitation : 411 l. Exempts : le curé Moy, (presbytère, terres, un domestique) ; M. et Mme de Bourval, seigneurs de la paroisse, occupant leur château, 75 acres de terre en labour, deux charrues, 6 chevaux 4 vaches, 150 bêtes à laine, 5 domestiques (Arch. S.-Inf., C. 1870). Le château, la cour, plantée d'arbres fruitiers, et le colombier existent encore aujourd'hui.

(2) Il s'agit des terres de labour : c'est en effet un revenu faible si on le compare à celui des mêmes terres dans les paroisses voisines ; à Hotot, en 1778, le contrôleur des vingtièmes les estimait à 30 l., 20 l., 10 l., selon leur qualité ; à Quiberville, en 1780 : à 25 l., 15 l., 10 l. Il ne nous fournit aucune estimation pour Sainte-Marguerite. Sur les vents glacés, cf. le cahier de Hotot. Le reflux de la mer inondait les prairies de l'embouchure de la Saâne : nous avons déjà trouvé la même observation à Quiberville : la Saâne séparait les deux paroisses.

(3) L'abbé de Gouillon, est Réné de Goyon, abbé commendataire de Saint-Victor-en-Caux de 1785 à 1790. Les grosses dîmes étaient affermées à Michel Liébré fils, un des comparants, pour 500 l. d'après le rôle de la taille, 550 l., d'après le rôle des vingtièmes. Sur les fièvres paludéennes de la vallée, cf. Quiberville.

(4) Sur cette ferme, voir la note de l'art. 1.

(5) Le curé avait presbytère, cour, jardin (60 l.), le tiers des grosses dîmes

Ce que nous avons signé ce 8 mars 1789 : Guil. Quêne, député, P. Guilbert, député, L. Giffard, J.-B. Dupuis, J. Coffre, J.-Jac. Deschamps, P. Couillard, Jac. Lametrie, Guil. Liebré, Et. Paté, Mic. Dumont, Affagard, syndic.

SASSETOT-LE-MALGARDÉ

Dép. : Seine-Inf. ; arr. : Dieppe ; canton : Bacqueville. A 25 kil. au Sud-Ouest de Dieppe.

Gén. : Rouen ; El. : Arques.

Pop. : 1738 : 53 f. ; 1772 : 90 ; 1789 : 102 f.

Patron : le chapitre.

Procès-verbal

Assemblée 8 mars, les habitants en personne, devant P. Langlois, syndic . 9 comparants : J. Glatigny, Ch. Savoye, Ch. Benoist, J.-Mic. Julien, Nic. Savoye, H. Deschamps, J. Gavé, Amand Caudron, J. Savoye. Huit signatures avec celle du syndic.

Députés : Ch. Savoye, J. M. Julien (1).

Cahier

A été arrêté, de voix unanime, de remontrer ce qui suit :

1º Qu'une partie du terrain de ladite paroisse serait d'un mauvais fonds, situé dans une espèce de vallon, conséquemment très difficile à cultiver et peu fertile (2).

2º Que la cherté du blé et la crainte de n'en pas fournir jusqu'au temps de la moisson cause une extrême affliction au peuple.

(250 l.), c'est ce que les cahiers appellent la tierce, les vertes dîmes et les novales (500 l.) (Arch. S.-Inf., C. 536, f. 224).

(1) Dans cette paroisse de 102 feux, où le rôle de la taille mentionne 50 tisserands ou toiliers, on ne s'étonnera pas que les deux députés soient des toiliers : Ch. Savoye, toilier et cultivateur, a en propre une maison, masure et 15 acres d'un revenu de 300 l. ; il est imposé à 105 l. (taille : 48 l.) ; Julien, également toilier, fait valoir, avec sa mère, les grosses dîmes du lieu pour 1.600 l. ; il est imposé à 331 l. Tous les autres comparants sont des cultivateurs, excepté J. Savoye, tisserand et J. Gavé, toilier. — En 1789, taille : 1.100 l. ; accessoires : 645 l. ; capitation : 695 l. ; en plus 52 l. 4 s. pour la collecte et les frais : en tout : 2.492 l. Exempts : Le Marchand, curé, (presbytère et deux acres de terre), Guil. Chevalier, clerc.

(2) Mais le cahier oublie de dire que le reste était en bon fonds. « Sa situation est en campagne et elle ne consiste qu'en masures et terre de labour, l'une et l'autre d'assez bonne qualité, étant en bon fonds ». Note du contrôleur Amblard, 4 août 1751 (C. 529, II, f. 460).

3° Que la quatrième partie des habitants sont [étant] mendiants, la cure n'étant qu'une portion congrue, retomberaient entièrement à la charge des autres (1).

4° Que la majeure partie de ceux des dits habitants, dans le sein desquels la classe souffrante aurait été dans le cas d'aller puiser des ressources, ne tirent leur revenu que de la fabrique de siamoise (2); le ralentissement de ce commerce, joint aux pertes qu'ils éprouvent fréquemment par les banqueroutes, les prive des moyens d'assistance envers les indigents.

5° Que le presbytère menaçant ruine, ils se verraient forcés d'exiger de leur curé, déjà octogénaire, des réparations au-dessus de ses revenus, ou exposés à une reconstruction totale ; ils demanderaient que la dîme lui fût restituée ou que le chapitre de Rouen, qui en jouit, y fût seul obligé, comme à l'entretien du chancel (3).

6° Que la récolte est souvent endommagée par un grand nombre de pigeons qui ravagent les campagnes en différentes saisons.

7° Que, d'après les sommes considérables, levées dans l'étendue de notre généralité pour l'imposition en rachat de corvée, on aurait lieu de juger, par le peu d'avancement dans la construction et entretien des grandes routes, qu'il s'y commet beaucoup d'abus.

8° Et enfin qu'il serait de la plus grande utilité d'abolir les cafés, vu la consommation des bois (sic), la ruine de ceux qui les fréquentent et ensuite le trouble dans leur famille.

9° Que le sel, qui est dans un prix modique dans différentes

(1) Cette affirmation paraît exagérée : le rôle de la taille ne mentionne que 6 mendiants et la proportion des cotes inférieures à une ou deux livres n'y est pas plus nombreuse qu'ailleurs. En 1789, le curé avait une portion congrue de 700 l., avec une masure (100 l.) et deux acres de labour (50 l.). Les grosses dîmes appartenaient au chapitre de Rouen.

(2) Dès 1751, dans la note citée plus haut, le contrôleur des vingtièmes signalait la fabrication de la siamoise « à laquelle la plupart des habitants de ce lieu, laboureurs et autres, comme ceux des paroisses circonvoisines s'occupent. Ils tirent le fil nécessaire du pays même et font, ou font faire, la vente au marché de la ville de Rouen, éloigné d'environ neuf lieues ».

(3) Les réparations du presbytère, même les grosses réparations, causées par un défaut d'entretien, ce qui était le cas ici, étaient à la charge des curés ou de leurs héritiers, la reconstruction à la charge des ha .ants (Houard, *Dict.*, I, 183. Logement des curés). L'entretien et la reconstr tion du chancel étaient à la charge du décimateur. Le chancel (cancellum lôture), désigne la clôture du chœur et par extension le chœur lui-même. Le curé de Sassetot, en 1751, avait encore la dîme des fruits et des agneaux estimée 220 l., et le chapitre lui louait les grosses et vertes dîmes 300 l. En 1789, le chapitre avait toutes les dîmes, affermées, avec deux maisons et une demi-acre de masure, à Jullien pour 1.600 l. Il avait encore un autre trait de dîme, oué 120 l.

provinces du royaume, est taxé, en notre élection, à douze sols neuf deniers la livre (1).

Fait et arrêté le dit jour et an. Henry Deschamps ; J. Glatigny ; Noël-Ch. Savoye ; Ch. Benoist ; J. Savoye ; Amand Caudron ; J. Gavé ; P. Langlois, syndic.

SAUCQUEVILLE (auj. SAUQUEVILLE)

Dép. : Seine-Inf. ; arr. : Dieppe ; canton : Offranville. A 9 k. au Sud de Dieppe.

Gén. : Rouen ; El. : Arques.

Pop. : 1738 : 92 f. ; 1789 : 72 f.

Dame et patronne : la duchesse de Mortemart (2).

Procès-verbal

Assemblée 3 mars, devant les officiers municipaux ; 33 comparants : Ant. Quesnel, [cultivateur], Ad. Batel, [toilier], Ad. Maresquier, [toilier], Ch. Monnier, [garde-moute], Ch. Godard, [toilier], Et. Bernier, [toilier], Franç. Diré, [journalier], Franç. Trevel, [charpentier], Franç. Grandsire, [toilier], Franç. Godard, [journalier], Guil. Biville, [cordonnier], Guil. Le Roux, [laboureur], J. Bourel, [journalier], Jac. Delamaré, [journalier], J. Lacointe, [toilier], J. Batel, [laboureur], J. Roussel, [journalier], J. Martin, [toilier], L. Batel, [laboureur], L. Aubert, [laboureur], Mart. Franquelin, [fermier], Mic. Rendu, [fermier], Mic. Mouquet, [charpentier], Mic. Renoult, [toilier], Marc Cramini, [toilier], P. Lavenu père et fils, [fermier], P. Allaix,

---

(1) C'était en effet le prix ordinaire de la livre de sel dans le bailliage. C. f. Beauville-la-Cité, 1, Gonneville, Mesnil-Rury. Sur les autres provinces rédimées ou franches, cf. Beauville-la-Cité, 1. et la note. — Sassetot relevait du grenier de Saint-Valéry-en-Caux et était taxé à 5 setiers trois minots deux quarts ou 23 minots et demi.

(2) La duchesse de Mortemart était la fille de la marquise de Manneville, dame et patronne en 1758. Voici à cette date quelques détails sur la paroisse, empruntés au registre des vingtièmes. « Mme la marquise de Manneville est dame de la paroisse et patronne ; outre la nomination à la cure, elle nomme à trois canonicats, [il y avait à Sauqueville une collégiale, fondée au XIIIe siècle par le seigneur du lieu]. Il n'y a qu'une seule église pour le curé et lesdits trois chanoines. Cette paroisse est située en vallée et l'autre partie en plaine. Le terrain y est généralement bon ; les bois taillis sont situés sur la côte et y sont de médiocre qualité. Les fruits sont portés à Bacqueville et plus rarement à Dieppe. Le blé froment, depuis 1741 jusqu'à 1758, s'est vendu entre 52 et 53 sous [le boisseau de 50 livres]. Les habitants, outre le commerce ordinaire de la campagne, y fabriquent des toiles qu'ils vendent à Dieppe et Arques. Le commerce n'est cependant pas assez considérable pour qu'on puisse les mettre à l'industrie, d'autant plus qu'ils n'en font pas une application journalière, mais seulement dans les temps où ils ne peuvent travailler à la campagne ». Arch. S.-Inf., C. 536, f. 396.

[journalier], P. Quenel, [artisan et laboureur], P. Deplace, [toilier], P. Deschamps, [laboureur et syndic], P. Hallot, [toilier], Romain Roussel, [journalier]. Plusieurs ont déclaré ne savoir signer. — Dix-huit signatures ; parmi elles, celle du syndic, P. Deschamps, du greffier, Fr. Etiemble, [marchand de toile] et de François Thoumire et P. Lorgeot, [toilier], non mentionnés au procès-verbal.

Députés : P. Lavenu fils, Mart. Franquelin, officiers municipaux (1).

Condoléances et plaintes que fournit le général de la paroisse de Sauqueville.

1º Nous prenons la liberté de supplier S. M. de supprimer les vingtièmes, la taille, l'impôt représentatif de la corvée, l'industrie, les accessoires, la capitation, les aides qui ne font qu'un seul impôt sous des dénominations différentes, lesquels surchargent considérablement les peuples par les frais de régie, les profits des perceptions, et les gênes et les entraves que ces perceptions causent au cultivateur.

2º Que le sel soit libre et se vende marchandement (2).

3º Que les entraves, qui gênent le commerce des chevaux, soient levées ; qu'il soit permis à tous cultivateurs de faire couvrir ses juments partout où bon lui semblera et que le droit d'étalon soit anéanti (3).

(1) Cette assemblée est intéressante par le nombre des comparants et par la disposition des noms, mis par ordre alphabétique ; nous avons pu, avec le rôle de la taille, qui lui aussi est bien ordonné, indiquer entre crochets la profession des comparants, sauf pour Thoumire. L'assemblée est la représentation fidèle de la paroisse qui comptait un grand nombre de toiliers, (il y en a onze parmi les comparants), et peu ou point de tisserands. — Le syndic, Deschamps, est un fermier ; il paie 104 l. de taille et suites ; Lavenu fils fait valoir deux fermes de 20 acres, un moulin à blé, deux prairies de la duchesse de Mortemart pour 1.500 l. ; il a charrue et chevaux ; il est imposé à 447 l. ; Franquelin, (ferme de 46 acres pour 800 l., ferme de 20 acres pour 600 l. ; deux charrues, 8 chevaux, 120 bêtes à laine), imposé à 447 l. Parmi les autres comparants, P. Lavenu père, (ferme de 80 acres de la duchesse de Mortemart pour 1.500 l., masure et 3 acres en propre pour 200 l., 13 acres en location pour 60 l., 2 charrues, 8 chevaux, 120 bêtes à laine), imposé à 451 l. Deux autres fermiers, L. Aubert et Michel Rendu, sont imposés respectivement à 247 l. et 125 l. En 1789, taille : 1.360 l. ; acces. : 797 l. ; capit. : 859 l. ; en tout, avec les frais : 3.075 l. 12 s. 9 d. Exempts : le curé et doyen, Prouin, (bénéfice de 1.000 l.), Ch. Stalin, (bénéfice de 600 l.), Claude Genty, chanoine, (bénéfice de 500 l.), J.-Et. Martin, sacristain, maître des écoles de la paroisse, (son logement).

(2) Sauqueville relevait du grenier de Dieppe et était taxé à 4 setiers ou 16 minots.

(3) C. f. Ancourt, 4. Le cahier de Sauqueville revient sur cette question à l'art. 8.

Que toutes les mesures du royaume et les poids soient partout uniformes.

4º Que les colombiers soient fermés dans les temps de semences et récoltes, attendu que ces oiseaux consomment un quart de la récolte du cultivateur.

5º Pour remplacement de ces droits, qu'il soit un unique impôt sur les propriétés, lequel sera destiné à subvenir aux dépenses ordinaires de l'Etat, auxquels tous les biens appartenant aux ecclésiastiques, à la noblesse, contribueront également, comme ceux appartenant au tiers état, à raison de leur valeur réelle (1).

6º Que cet impôt unique sera confié à la municipalité de la paroisse, où tous les habitants concourront chaque année à nommer une personne d'entre eux pour en faire le recouvrement, laquelle sera tenue de verser dans la caisse du bureau royal, que le roi jugera à propos d'établir, et, tous les trois mois, le collecteur justifiera à la municipalité de ladite paroisse du paiement qu'il y aura fait.

7º Que la répartition de cet impôt, à faire tant sur les biens ecclésiastiques que sur ceux appartenant à la noblesse et au tiers état, sera faite par la municipalité.

8º Quant au motif qui fait désirer l'anéantissement du droit d'étalon, c'est qu'il est journellement épuisé par le grand nombre de juments qu'on lui fait couvrir, ce qui occasionne que les trois quarts des juments qu'ils couvrent ne donnent aucun produit, ce qui occasionne la disette des chevaux (2).

Nous osons nous flatter que S. M. daignera avoir égard à nos humbles suppliques et représentations, ce que nous osons espérer obtenir des bontés du souverain.

(1) La duchesse de Mortemart avait, en 1777, une ferme (2 acres, 2 vergées de masure, 2 acres de prairie, 7 acres de côtes, 90 acres de labour), louée 2.000 l. ; le bois taillis de Saucqueville et Calvegy, paroisse de Manéhouville, (737 l.) ; un moulin, maison, écurie, grange, fournil, masure, prairie, côtes et 19 acres de terres labourables (1.253 l.), la prairie de Saucqueville (250 l.).
Le trésor de Saucqueville avait des biens-fonds loués 480 l. ; les chanoines de Saucqueville, trois maisons, un bois taillis et la moitié, moins le cinquième, des grosses dîmes, en tout, 1.100 l. ; des terres louées à P. Deschamps, 90 l., une ferme louée à Butel, 239 l. Le curé avait presbytère, cour, jardin, deux acres de terre, 40 l. ; la moitié, plus un cinquième, des grosses dîmes, les vertes dîmes et les novales (1.390 l.). — La collégiale de Saucqueville avait été fondée au 13e siècle par le seigneur du lieu ; elle avait compté six chanoines ; mais il n'y en avait plus que trois, y compris le curé, en 1789. Le 24 nov. 1770, le chapitre de Charlemesnil avait été réuni à la collégiale de Saucqueville. (Arch. S.-Inf., G. 9411).
(2) Cf. Canchan, 5, et Les Ifs, 9. Sur la critique générale du système, cf. Ancourt, 4.

Fait et arrêté à Sauqueville, ce 3 mars 1789. P. Lavenu fils,
L. Batel, Gransire, P. Lavenu, Craminy, P. Lorgeot, M. Rendu,
Franquelin, Ant. Quesnel, Thoumire, L. Auber, Maresquier,
Mouquet, Etiemble, greffier, Guil. Leroux. P. Delane, P. Des-
champs, syndic.

SEVIS

Dép. : Seine-Inf. ; arr. : Dieppe ; canton : Bellencombre. A 28 k. au Sud
de Dieppe.

Gén. : Rouen ; El. : Arques.

Pop. : 1738 : 66 f. ; 1789 : 90 f.

Patron : l'abbé de Saint-Victor-en-Caux.

Pas de procès-verbal. Au cahier est annexée la copie imprimée, remise le
27 février au syndic., Nic. Peaudeloup, par Legros, huissier au Châtelet de
Paris, résidant au bourg d'Auffay, pour lui notifier la convocation de l'assemblée préliminaire du bailliage d'Arques, fixée au 9 mars, huit heures du
matin. Députés : Peau de loup ; Lecompte (2).

Cahier

Plaintes et doléances que peuvent représenter notre paroisse,
c'est qu'il n'y a que quatre petits laboureurs, qui composent
environ l'emploi de quatre charrues, sur quatre-vingt-dix feux,
dont notre dite paroisse est composée, sur laquelle il y en a
beaucoup qui sont chargés de famille de huit, dix et douze enfants,
et dans la dernière nécessité, quoique nous faisons l'impossible
de les assister du plus nécessaire, attendu que nous sommes
encore obligés de donner à un grand nombre de pauvres, qui nous
viennent des paroisses circonvoisines, et même la nuit, et nous
font des menaces et propos injurieux, lorsque nous ne satisfaisons
pas entièrement à leur demande.

(2) Nous donnons les noms des députés d'après le procès-verbal de l'assemblée préliminaire. En 1789, taille : 920 l. ; accessoires : 539 l. ; capitation :
581 l. ; avec la collecte et les frais : 2.084 l. 15 s. 9 d. Exempt : le curé. — Le
syndic est un fermier : il paie 152 l. de taille et suites ; le second député,
Lecompte ou Leconte (Ch.), tient une ferme de 100 acres de M. de Bossay ;
il est imposé à 484 l. Les deux autres fermiers à charrue sont : François Le
Vasseur (24 acres), imposé à 141 l., et Abraham Potel, (20 acres en propre),
imposé à 84 l. Tous les quatre ont signé le cahier. Beaucoup de faibles cotes :
un certain nombre, inférieures à 2 l. et même à une livre. Sept ou huit toiliers,
quelques tisserands.

Ce que nous avons signé ce 3 mars 1789. Ch. Blondel, Nic. Peaudeloup, syndic, Al. Potel, Ch. Leconte, Ch. Terrien, Franç. Levasseur, Saulnier, greffier, Jean Ovide Drouet.

SOTTEVILLE-SUR-MER

Dép. : Seine-Inf.; arr. : Yvetot ; canton : Fontaine-le-Dun. Sur la mer; entre Veules et Saint-Aubin, à 34 k. au N.-Est d'Yvetot; à 24 k. à l'Ouest de Dieppe.

Gén. : Rouen ; El. : Arques.

Pop. : 1738 : 252 f. ; 1772 : 290 f. ; 1789 : 353 f.

Seigneur : Ant.-Thom. Amiot, seigneur du Mesnil-Gaillard, trésorier de France en la généralité de Rouen. Patron : le chapitre de Saint-Quentin (1).

Procès-verbal

Assemblée 2 mars, en l'église de ce lieu, devant René Frémont, syndic; 20 comparants : Vinc. Antheaume, J. Bretagne, Nic. Boudvillain, J. Blosseville, J.-B. Lesueur, J. Thomas, J. Blondel, Jac. Guilbert, J. Dujardin, J. François, Lethuillier, Vinc. Leroy, J. Coruble, Nic. Bourienne, P. Auzou père, Ad. Thomas, Vinc. Dépinay, René Thomas fils, P. Bille, J.-Marie Grenier, Jac. Martin. Ils ont tous signé, avec le syndic et le député, J.-H. Dupuis.

Députés : Vinc. Antheaume, J. Bretagne, Nic. Boudvillain, J.-H. Dupuis (2).

Cahier de doléances, plaintes et remontrances de la paroisse
de Sotteville-sur-Mer.

La paroisse de Sotteville-sur-Mer est, selon sa dénomination, située sur le bord de la mer; elle est exposée, par sa situation, à tous les événements et mauvaises influences des vents qui dévastent et détruisent assez souvent nos campagnes ; nous

(1) Pour l'origine historique du patronage du chapitre de Saint-Quentin sur Sotteville et les églises voisines du Bourg-Dun, de Fontaine-le-Dun et de Saint-Nicolas-de-Veules, cf. le cahier du Bourg-Dun.

(2) L'assemblée est la représentation assez exacte de la paroisse qui comprenait des tisserands, (40 mentionnés sur le rôle de la taille), des pêcheurs et mariniers, (35 mentionnés sur le rôle), des laboureurs et des journaliers ou ouvriers agricoles. Mais le syndic est un propriétaire (20 acres en propre), imposé à 146 l., dont 64 l. 10 s. de taille. Trois des députés, Antheaume, Bretagne, Boutvillain, sont des cultivateurs, propriétaires ou fermiers, imposés respectivement à 375 l., 55 l., 76 l.

l'avons éprouvé l'année dernière dans le blé, seigle, avoine, lin, chanvre, et dans les autres grains, malgré la plus belle espérance. Quinze jours de mauvais vents, avant la récolte, ont réduit plus de la moitié du blé, le seigle entièrement, l'avoine en bonne partie ; le lin très mauvais et en petite quantité, le chanvre et le trèfle entièrement perdu, les pois et vesces bien endommagés (1). L'espoir de la récolte prochaine est fort douteux par le nombre des terres où le blé paraît mort soit par l'hiver ou les vers.

La paroisse de Sotteville est composée de 353 feux et d'étendue mille acres, tant en masures que terres en labour, dont le fort tiers est occupé par des habitants des lieux circonvoisins, qui reportent leur taille aux paroisses de leur habitation (2), ce qui surcharge chaque particulier de notre communauté dont les impositions, tant en capital de la taille qu'en accessoires, capitation et autres droits, se monte à la somme de 7.988 l. 19 s. 5 d. (3), non compris l'imposition du sel, qui est de 3.668 l. 2 s. 8 d. (4), et celle des ponts et chaussées, qui se monte à 904 l. 11 s. 3 d. (5).

Toutes lesquelles sommes réunies montent à celle de 12.561 l. 13 s. 4 d. ; en ajoutant celle des vingtièmes, qui est de 2.875 l. 12 s. 5 d., ce qui forme en total la somme de 15.437 l. 5 s. 9 d., qu'elle paie d'imposition chaque année.

Ladite paroisse n'a ni bois, ni communes. La filature du lin et du chanvre, la toile et cotonnette sont son occupation et, lorsque

(1) Il y avait eu, les 11 et 12 juin 1788, une violente tempête du nord qui avait en effet causé de grands dégâts aux céréales et aux lins. Le chiffre de quinze jours avant la récolte n'est pas très exact et ne s'applique approximativement qu'à la récolte du seigle. Sur cette tempête et ses conséquences, cf. les cahiers d'Epineville (Plaintes), de Saint-Martin-de-Veules, de Saint-Aubin-sur-Mer et de Saint-Denis-du-Val, paroisses voisines de Sotteville. Ces deux dernières disent que la perte a été du tiers ou du quart des grains.

(2) Sur les *reports* de taille, — le terme exact est *transports*, — cf. le cahier de Blosseville, 2.

(3) Ce chiffre est exact ; il se décompose ainsi : taille 3.530 l. ; accessoires : 2.067 l. ; capit. : 2.229 l. ; collecte : 159 l. 17 s. ; quittance, timbre, etc. : 3 l. 2 s. 5 d. Exempts : le curé Mamioux, le vicaire Piquet, le diacre Gentil, le clerc Anthéaume ; Ant. Thom. Amiot, seigneur du Mesnil-Gaillard et autres lieux, conseiller du roi, trésorier de France en la généralité de Rouen, fait valoir sa ferme d'environ 40 acres, a un domestique ; quatre employés dans les fermes, Paris, Lainé, Bautot, Lacarie. Le rôle mentionne 10 charrues et 50 chevaux pour le labourage.

(4) Sotteville relevait du grenier de Saint-Valéry et était taxé pour 1789 à un muid, trois setiers ou 15 setiers ; le setier contenant 4 minots, le total était donc de 60 minots. Le chiffre, donné par le cahier, met le minot à un peu plus de 61 l., tous frais compris ; c'est un des prix les plus élevés que fournissent nos cahiers.

(5) C'est l'impôt représentatif de la corvée ; le chiffre de 904 l. correspond bien au quart du principal de la taille, augmenté des frais de collecte.

le commerce tombe ou que les matières premières viennent à manquer, elle se trouve dans une grande détresse. Laborieuse au-delà même de ce qu'on peut dire, elle a la douleur de se voir vexée d'impôts et réduite, par le nombre considérable de mendiants étrangers qui viennent, de jour et de nuit, forcer ses aumônes, à ne pouvoir soulager ceux de sa communauté. Elle entretient un tiers de ses habitants à la pêche et vous représente que, malgré le grand nombre qu'elle fournit au service du roi, soit dans la guerre ou dans d'autres besoins, elle est encore sujette au sort du tirage (1) ; elle souffre cette inégalité avec les paroisses voisines qui n'ont de mariniers que ceux qui tombent au sort. Elle attend du roi et de l'assemblée générale des Etats, un soulagement à ses maux, l'extinction de la mendicité publique, la diminution dans ses impôts, une perception simple et facile desdites impositions, observée (sic) par la multitude des receveurs, la réforme des chicanes dans le barreau, où le malheureux client, obligé de défendre son bien, en laisse souvent à la justice une bonne partie.

Toujours attentive aux besoins du roi et de l'Etat, elle y sacrifiera son travail et ses sueurs, dès qu'elle verra simplifier les perceptions, abolir les chicanes, les employés établis pour lui refuser jusqu'à l'eau de mer et [qu'elle sera] délivrée de la malheureuse nécessité de lever un sel qu'elle ne peut consommer.

La conservation du roi, la prospérité de son royaume et le bonheur de ses peuples sont les sentiments qui ont rédigé ce cahier de plaintes, doléances et remontrances, que nous avons signé, ce jourd'hui 8 mars 1789.

Signé : Vincent Antheaume, Bretagne, Boudvillain, Lesueur, J. Thomas, Blosseville, Blondel, Guilbert, Le Thuillier, J. Dujardin, Le Roy, Corruble, Auzou, Bourrienne, Ad. Thomas, Dépinay, Grenier, René Thomas fils, Martin, P. Bille, Dupuis, R. Frémont, syndic.

---

(1) Le cahier distingue ici les matelots classés ou inscrits maritimes, « le grand nombre qu'elle fournit au service du roi », des autres services qu'on réunissait sous le nom de milice de mer : les canonniers-matelots et la garde-côte. Sur cette question, voir Introduction 2ᵉ partie, chap. 2, et les cahiers de Blosseville, 3, et de Braquemont, 7. Pour la garde-côte, Sotteville appartenait à la division de Veules et recrutait la compagnie de La Chapelle-sur-Dun. En 1786, sur 36 hommes appelés au tirage, 19 seulement ont été jugés bons pour le service ; trois sont tombés au sort ; or, il en fallait 7 pour le remplacement des gardes-côte, et 2 pour les matelots auxiliaires ou canonniers-matelots. Arch. S.-Inf., C. 719.

THIBERMESNIL

Réuni à Yerville en 1822. Dép. : Seine-Inf. ; arr. : Yvetot ; canton et commune : Yerville.

Gén. : Rouen ; El. : Arques.

Pop. : 1738 : 31 f. ; 1789 : 27 f.

Seigneur et patron : la comtesse de la Mire.

Procès-verbal

Assemblée lundi 2 mars, en la maison cléricale, devant L. Guérillon, syndic ; 6 comparants : Me Franç. Rousselet, avocat en parlement, les sieurs J. Clatot, J.-B. Devaux laboureurs, L. Le Tellier maître charpentier, Martin Eliot, laboureur, P. Faucon, laboureur et boucher. Ils ont tous signé le procès-verbal.

Députés : Rousselet, Devaux (1).

Cahier des remontrances, plaintes, doléances et des moyens et avis (2).

Les soussignés estiment qu'on pourrait pourvoir aux besoins de l'Etat, au soulagement des peuples et de la France :

1° En réduisant tous les impôts à deux uniques :

Le premier, sous la dénomination de droit de franchise ou de capitation, dans lequel seraient compris les droits d'aides, gabelles, corvées, dons gratuits, pied fourché et autres généralement quelconques, exceptés les droits de contrôle et de justice.

______

(1) En 1789, taille 765 l. ; accessoires : 448 l. ; capitation 483 l. ; en tout, avec la collecte et les frais : 1.733 l. 3 d. Exempts : le curé Hebert, (presbytère, bénéfice, 2 acres de terre) ; Mme la comtesse de la Myre, tutrice et gardienne noble de ses enfants, seigneur patron de cette paroisse, occupe son parc et jardin. Le rôle comprend 28 cotes, dont 2 hors paroisse ; 5 tisserands, 8 mendiants. (Arch. S.-Inf., C. 1924). L'assemblée ne comprend que les plus imposés. Le syndic Guérillon, (ferme de 120 acres de la comtesse de la Myre), imposé à 515 l. ; Rousselet, locataire de la même, imposé à 141 l. ; Clatot, fermier de la même, (70 acres pour 1.200 l.), imposé à 289 l. ; Devaux, (ferme de 70 acres de la même), imposé à 295 l. ; les trois autres paient respectivement 25 l., 52 l., 35 l.

(2) Le cahier se compose de deux parties : la première ne comprend qu'un projet de réforme des impôts ; la seconde, divisée en articles, s'occupe de différentes questions. Le projet de réforme des impôts, inspiré sans doute par une des brochures de l'époque, est très différent de celui que proposait le comte de Lammerville dans son *Impôt territorial* et qui a inspiré plusieurs des cahiers du bailliage. C. f. Avremesnil, 4.

Le deuxième, sous le nom de taille réelle, vingtième ou autre dénomination, dans lequel seraient généralement compris tous et un chacun les impôts dont les immeubles réels et fictifs sont grevés.

Le premier serait acquitté par tous les sujets du roi, sans aucune exception et sans avoir égard à la naissance, rangs ni dignités, mais cependant eu égard à la fortune, à l'état, à l'industrie et à la dépense et consommation des personnes et maisons, et chacun y serait assujetti depuis l'âge de sept ans.

Le deuxième serait payé et acquitté par tous les propriétaires d'immeubles réels et fictifs, à tant par livre du produit annuel de chaque objet, et aucuns propriétaires, bénéficiers et usufruitiers, ne pourraient jouir d'aucuns privilèges, d'aucunes exemptions.

Ces deux impôts seraient assis séparément : le premier, sur chacune tête des habitants des lieux ; le deuxième, sur chaque bénéfice, office, maison, corps de ferme, pièces d'héritage, etc.

Il faudrait éviter les frais de perception, ce qui pourrait se faire facilement en établissant un ou deux bureaux dans chaque province et dans les principales villes, où chaque collecteur des villes, bourgs, villages, irait verser les deniers tous les trois mois, desquels bureaux ces deniers se porteraient directement au trésor royal, de sorte que les frais de perception seraient bien moindres qu'ils ont été jusqu'alors.

La répartition de ces deux impôts peut aussi se faire équitablement et sans inconvénient, dès que S. M aura fixé ce que chacun de ses sujets paiera du premier par tête, en les distinguant en plusieurs et différentes classes, et ce que chaque propriétaire, bénéficier, usufruitier, douairier, paiera par livre du revenu de ses immeubles, bénéfice, charge et office.

Pour le bon ordre, l'intérêt et la tranquillité des campagnes, il serait avantageux :

1° Qu'on extirpe la mendicité, ce qu'on pourrait faire en procurant des soulagements et en chargeant chaque syndic de veiller à ce que tous mendiants, vagabonds, gens sans aveu, fussent poursuivis et arrêtés pour être conduits dans des lieux à ce destinés.

2° Qu'on supprime le luxe, surtout dans les campagnes, ce qu'on pourrait faire aisément ; mais les soussignés laissent à personnes, plus éclairées qu'eux, à aviser au moyen propre pour y parvenir.

3º Qu'on abolisse dans les campagnes tous les petits cabarets, les cafés, qui se sont multipliés dans les petits bourgs, et jusque dans les villages, à un point qu'il s'y fait, de jour et de nuit, des dépenses considérables et des pertes excessives à plusieurs jeux, surtout à celui du domino, qui mettent quantité de personnes souvent sans pain (1).

4º Qu'on soulage les pauvres familles, ce qu'on pourrait faire en établissant une imposition dans chaque paroisse sur les propriétaires et habitants, eu égard aux revenus et occupations, états et facultés de chacun, et nommant un trésorier des pauvres dans chaque paroisse.

5º Qu'on établisse des écoles gratuites dans les campagnes pour y enseigner les éléments de la langue française aux enfants des deux sexes, ainsi que l'écriture, l'arithmétique et les livres de compte, et à ceux du sexe masculin la langue latine, ce qui serait un moyen de faire fructifier le commerce et les sciences (2).

6º Qu'on fonde des hôpitaux, de six lieues en six lieues, pour le soulagement des pauvres des campagnes, vieillards et infirmes, maisons qu'on peut établir facilement, de même que des magasins pour y déposer du blé au compte du gouvernement.

7º Qu'on s'occupe des moyens propres pour empêcher les espèces de rumeurs, émotions et séditions de la part du bas peuple dans les halles et marchés, où les laboureurs se trouvent exposés à des injures et souvent contraints de donner le blé au prix que les acheteurs veulent le payer (3).

Ce que nous avons arrêté pour servir à telle fin que de raison, les jour et an que dessus. Signé : Rousselet, Guérillon, syndic, J. Clatot, Eliot, Deveaux, Letelier, P. Faucon.

THIÉDEVILLE

Dép. : Seine-Inf. ; arr. : Dieppe ; canton : Tôtes. A 31 k. au Sud-Ouest de Dieppe.

Gén. : Rouen ; El. : Arques.

Pop. : 1738 : 40 f. ; 1789 : 63 f.

Seigneur et patron : M. de Belleville.

(1) Cet article rappelle de très près la première partie de l'article 9 de La Chapelle-Bénouville.

(2) C. f. La Chapelle-Bénouville, 9, 2e partie. Mais le dernier membre de phrase, « et à ceux du sexe masculin la langue latine », est spécial à Thibermesnil. Il semble s'appliquer plutôt à des collèges qu'à des écoles primaires.

(3) Cet article reproduit à peu près textuellement la première partie de l'article 10 de La Chapelle-Bénouville.

Assemblée 3 mars, devant Ad. Blondel, syndic, pour absence d'officier public ; 8 comparants : Jac. Bénée, P. Delamare, Franç. Lefèvre, P. Blondel, Ad. Badaille, Jos. Badaille, Guil. Lefèvre, Mic. Bouvier. Ils ont tous signé. En plus signatures de Guil. Blot et de Masse.

Députés : Ad. Masse, Guil. Blot (1).

Remontrances, doléances et plaintes du tiers état de la paroisse de Thiédeville.

Le tiers état de ladite paroisse se plaint que les privilèges du clergé et de la noblesse causent un grand préjudice à l'Etat et au tiers état. Par leur privilège, ils sont dispensés de toutes impositions qui sont établies pour subvenir aux besoins de l'Etat; tous les nobles possèdent des châteaux, en font valoir les principales fermes et ne paient pour cela aucunes impositions ; toutes les communautés religieuses rentées possèdent et font valoir des fermes et ne paient aucunes impositions. Les curés font valoir leurs bénéfices, dont il y en a dans notre canton, de deux, trois et jusqu'à 6.000 livres de revenu, qui ne paient rien ; par conséquent, il n'y a que le tiers état qui paie pour subvenir aux besoins de l'Etat.

Le tiers état paie la taille et autres tailles (2); il fait et entretient les grandes routes, loge les troupes, voiture leurs ustensiles, et généralement paie et fait tout ce qui est nécessaire pour le besoin de l'Etat, tandis que le clergé et la noblesse sont exempts de tout. Si le clergé et la noblesse contribuaient, comme le tiers état, on trouverait un grand soulagement dans les impositions, puisqu'ils possèdent aux environs de la moitié des possessions sans rien payer ; ils jouissent en outre de tous les privilèges hono-

(1) L'assemblée, peu nombreuse, comprend 4 cultivateurs : Delamare, Blondel, Bouvier, Masse; un couvreur, Franç. Lefèvre ; un meunier, le député Blot ; un marchand, Jos. Badaille ; un toilier, Bénée ; deux tisserands, Ad. Badaille, Guil. Lefèvre. Elle est la représentation assez exacte de la paroisse.

(2) Les *autres tailles* désignent les accessoires et la capitation, ou suites de la taille. En 1789, taille: 850 l.; accessoires : 497 l.; capitation : 537 l.; en tout, avec la collecte et les frais divers: 1.924 l. 16 s. 7 d. Exempts : le curé, (bénéfice : 1.200 l.) ; le clerc, P. Flahaut ; Nic. Bergère, garde des chasses de M. de Belleville, seigneur de la paroisse, (sa maison, valeur 90 l.). Le syndic Blondel est un petit fermier, imposé à 79 l.; Ad. Masse, (fermier de M. de Belleville, 100 acres pour 1.500 l.), imposé à 635 l. ; Guil. Blot, meunier, imposé à 281 l. La paroisse comptait 15 tisserands.

rifiques et utiles et sont exempts de toutes impositions. Les nobles servent l'État, à la vérité; mais le Tiers état ne le sert pas moins : à l'âge de 16 ou 18 ans, s'ils ne veulent pas servir de bonne amitié, on les fait servir de force par les levées que l'on fait tous les ans; nous convenons que ces sortes de levées sont nécessaires pour la défense de l'État; ces soldats, qui sont tirés du Tiers état, sont payés; mais les nobles qui servent ne le sont pas moins et, en outre, sont encore récompensés, le tout aux dépens du Tiers état, puisque les nobles et le clergé ne paient rien.

Ainsi nous demandons, pour notre soulagement et pour subvenir aux besoins de l'État, que les impositions de toutes natures soient réparties sur tous les sujets en général, sans aucunes exemptions ni privilège.

A Thiédeville, le 3 mars 1789. Guil. Lefebvre, Ad. Badaille, Masse, Franç. Lefebvre, P. Blondel, Blot, Delamare, Bouvier, Benée, Badaille, Ad. Blondel.

LE THIL (auj. LE THIL-MANNEVILLE)

Dép. : Seine-Inf.; arr. : Dieppe; canton : Bacqueville. A 14 k. au Sud-Ouest de Dieppe.

Gén. · Rouen ; El. : Arques.

Pop. : 1738 : 192 f. ; 1789 : 165 f.

Seigneur : la duchesse de Mortemart, comtesse de Manneville. Patron : l'abbé de Mortemer.

PROCÈS-VERBAL

Assemblée 3 mars, une heure après-midi, devant l'église, devant Ant. Le Blond, laboureur et syndic ; 14 comparants : J. Brunel, Mic. Cadot, Ant. Brunel, Jac. Le Maître, P. Martel, Nic. Laurent, Ant. Fossé, L. Gédon, L. Douval. J. Dubuc, J. Lambard, J.-L. Mesangle, Et. Aupaix, Nic. Le Houx. Neuf signatures seulement avec celle du syndic.

Députés : Rob.-Mic. Cadot, J. Brunel (1).

---

(1) L'assemblée se compose en grande majorité de cultivateurs. Le syndic est laboureur et charron ; il est taxé d'office à 76 l. dont 34 l. de taille. J. Brunel occupe une ferme de 30 acres pour 800 l. et 9 autres acres pour 230 l.; il a charrue, 4 chevaux, 3 vaches ; il est imposé à 226 l. Cadot occupe deux fermes de 80 acres pour 2.500 l., la moitié de la grosse dîme et la moitié des novales du curé pour 1.000 l., une prairie (60 l.), une autre maison, masure et 10 acres pour 450 l. ; il a deux charrues, 6 chevaux, 6 vaches, un troupeau. Il paie 994 l., dont 450 l. de taille. Ant. Brunel, (ferme de 75 acres de Mme de

Cahier

Nous, habitants de la paroisse du Thil... avons arrêté unanimement que nous allons nommer de suite des députés pour représenter à l'assemblée qui se tiendra le 9 mars prochain... qu'il est de l'intérêt commun de pourvoir promptement aux besoins de l'Etat, mais qu'il est de la justice de demander provisoirement aux Etats généraux :

1º Que les vingtièmes, capitation, taille et accessoires, corvées, logement des gens de guerre et tous autres impôts, soient payés en commun par le clergé, la noblesse et le tiers état sans distinction (1).

2º L'extinction de tous les privilèges pécuniaires.

3º La suppression de la gabelle.

4º Le rétablissement des Etats provinciaux et des assemblées municipales dans chaque paroisse pour parvenir à une juste répartition des impôts, de paroisse à paroisse, au prorata de leur étendue, et de particulier à particulier, au prorata de leurs facultés (2).

Signé led. jour et an par nous desdits habitants qui savent signer : Cadot. Ant. Brunel, J. Dubuc, Martel, J. Brunel, Fosse, Mézangle, Gédon, Leblond, syndic.

TOCQUEVILLE-EN-CAUX

Dép. : Seine-Inf. ; arr. : Dieppe ; canton : Bacqueville. A 23 k. S.-O. de Dieppe.

Gén. : Rouen ; El. : Arques.

Pop. : 1738 : 33 f. ; 1754 : 54 f. ; 1789 : 73 f.

Mortemart, pour 1.200 l., autres locations pour 410 l. ; charrue, 6 chevaux, 4 vaches, 100 moutons), paie 397 l. Lemaître et Martel sont deux petits propriétaires, imposés à 13 l. et à 24 l. Nic. Laurent, (ferme de 40 acres pour 900 l. et 26 acres de divers propriétaires, la moitié des grosses dîmes et des novales, une charrue, 4 chevaux, 3 vaches, 71 moutons) ; il paie 735 l. Fossé et Dorival sont toiliers ; Mésangle est tisserand ; Dubuc, maréchal, Lehoux, marchand.

(1) En 1789, taille : 3.035 l. ; accessoires :1.777 l. ; capitation : 1.917 l. ; en tout 6.868 l. 16 s. Sept mendiants et fugitifs. Exempts : L. Gy, curé (bénéfice de 1.200 l.) ; Nion, vicaire (logement : 50 l.) ; M. Le Bourgeois, de Dieppe (pavillon, jardin, 50 l.) ; M. des Essars, (pavillon et jardin de 30 l.). La paroisse compte quelques toiliers et tisserands.

(2) Le début de l'article est mal libellé ; il faudrait : le rétablissement des Etats provinciaux et le maintien des assemblées municipales : elles avaient été créées par l'édit de juin 1787 et n'avaient pas été supprimées depuis.

Seigneur : Tricotté, procureur du roi au Bureau des finances de Rouen.
Patrons : l'archevêque et le seigneur.

PROCÈS-VERBAL

Assemblée 7 mars : «sont comparus, en état de commun, les habitants de ce lieu », devant Nic. Morel, syndic ; 19 comparants : Jac. Vallée, J. Langlois, Nic. Morel, P. Folâtre, J. Dubuc, P. Savoye, Jac. Caudron, Nic. Limare, P. Monfort, And. Bonté, J. Néel, Marin Guerpin, Guil. Vallée, L. Dupuis, P. Langlois, P. Maurice, Maurice Leblond, P. Gouet, Mic. Autrive. — Dix-neuf signatures, mais qui ne correspondent pas toutes aux noms des comparants ; signatures de Richard et de Nic. Alleaume, de Hennetier, de Houard, qui ne sont pas mentionnés parmi les comparants.

Députés : J. Langlois, P. Hennetier (1).

Cahier de plaintes et doléances... (2)

1º Les aides, onéreuses à la nation par l'impôt sur les boissons, qu'un particulier ne peut vendre ni acheter sans payer les droits de transport, pas même d'une maison la plus proche, sans avoir levé de congé, ce qui empêche et arrête le transport du vin, cidre et eau-de-vie. Dans les pays où la terre n'en produit point, on les vend un prix [si] excessif que l'on est obligé de s'en passer. Si ces droits n'avaient lieu, [ce] ferait une branche de commerce. N'est-il pas bien fâcheux pour des habitants des bourgs et villes qui pourraient, dans des années abondantes de fruits, en profiter et faire de la petite boisson et, vu les frais d'entrée, sont obligés de boire de l'eau ?

2º Les gabelles, qui tiennent le sel à un prix excessif, empêchent que l'on ne s'en serve à un nombre infini de choses auxquelles il est utile, comme à l'engrais de la terre et à l'emmeilleurissement des pâturages. Il faut donc le restreindre à ce que chaque individu peut en faire usage, et ne pas même avoir la liberté de faire usage de l'eau de mer qui a une grande utilité,

____

(1) La paroisse comptait 16 toiliers et 20 tisserands. Les premiers sont représentés à l'assemblée par Autrive, Dubuc, P. Hennetier, Langlois, Leblond, Limare, Jac. Vallée ; les seconds, par Guerpin, Maurice, Néel, Guil. Vallée ; les cultivateurs, par Caudron, Dupuis, Monfort, Morel ; les marchands, par Bonté et Gouet. — Le syndic Morel est un petit fermier, imposé à 48 l. de taille seule, à 126 l. en tout. Les deux députés, Langlois et P. Hennetier, sont des toiliers imposés à 37 l. et à 7 l. 10 s. de taille.

(2) Le titre comprend encore cinq ou six lignes sans intérêt et que nous supprimons.

surtout pour enchausumer le blé pour le préserver de la carie (1).

3º La banalité des moulins ; servitude inouïe de se voir mal servi et perdre son grain, et être cependant forcé de continuer et, par là, donner une grande liberté aux meuniers (2).

4º Le droit de colombier, par un grand nombre de pigeons qui, dans le temps de la récolte, où les blés sont très souvent versés, [ils]se trouvent réduits par ces animaux, même lors des semences, ainsi que les lièvres et lapins, destructeurs d'un grand nombre de grains.

5º Notre paroisse, composée de 73 feux, sans ferme qui puisse user de troupeau, paie 2.950 l. 9 s. pour taille, capitation, accessoires et corvées (3), en outre, 772 l. 12 s. 10 d. de vingtièmes, et quatre setiers de sel, que la d. paroisse est obligée de lever au grenier, et paie pour icelle 966 l. 12 s. (4), toutes lesquelles sommes ensemble font celle de 4.689 l. 4 s. 6 d., sans être exempt et forcé de lever en outre du sel pour les grosses et menues salaisons. Pourquoi craignent les dits habitants [de ne pouvoir, même] à force de travaux, subvenir à un pareil paiement, joint à la cherté du blé, qui occasionne un nombre infini de pauvres qui tombent à notre charge, et le commerce étant entièrement aboli, surtout depuis le traité de commerce avec les Anglais, ce qui met

(1) C. f. Ancourt, 2, et la note. La carie des blés avait été l'objet d'un rapport à l'assemblée provinciale, et le gouvernement avait lui-même fait distribuer des notices à ce sujet dans la région. Mais il avait refusé, tout récemment encore, de faire droit à une réclamation du Département d'Arques, appuyé par la Commission intermédiaire, pour obtenir l'usage de l'eau de mer pour les cultivateurs.

(2) Le moulin à blé appartenait à Tricotté, seigneur de la paroisse ; il était loué avec quelques terres 128 l. ; Tricotté avait aussi un moulin à huile loué 38 l.

(3) Ce chiffre est exact. Rôle de la taille en 1789 : taille : 1.170 l., avec la collecte, 29 l. 5 s., la quittance et le timbre, 1.202 l. 13 s., accessoires : 697 l. 8 s. 8 d. ; capitation : 751 l. 6 s. 4 d. ; en tout : 2.651 l. 8 s. L'impôt de la corvée étant égal au quart de la taille, soit 300 l., le total est à peu près exactement celui que donne le cahier. Exempts : le curé Le Franc, (manoir presbytéral, 2 chevaux, un domestique, une servante) ; M. Tricotté, seigneur du lieu, procureur du roi au Bureau des finances de Rouen, faisant valoir son manoir seigneurial et une masure, un cheval, deux domestiques ; Jean Boullen, clerc et maître d'école, occupe la maison cléricale (C. 1.928). Le rôle ne mentionne pas une seule ferme à troupeau. Il y a 6 mendiants imposés à 6 deniers, et 9 autres mendiants et fugitifs. Le rôle ne donne pour chaque contribuable que le chiffre de la taille.

(4) La paroisse relevait du grenier de Dieppe ; le setier contenait 4 minots, et le minot était taxé à 54 l. 15 s. Les 4 setiers coûtaient donc 876 livres, pris au grenier. Le reste, soit 90 l., représente l'indemnité allouée aux collecteurs pour le rôle, les frais de transport et la distribution entre les contribuables.

un nombre de gens sans travail (1). Nous n'avons donc pour soulagement qu'une somme de 281 l. 7 d., payée sur cette somme par le seigneur du lieu, qui a en propre la moitié du revenu de la dite paroisse ; et le curé, qui a la onzième partie de la récolte (2), sans frais, ni semence, ne paie qu'une médiocre somme de 120 l. que l'on appelle décime.

6º *Abus de la corvée des grandes routes.* — Il est absurde de payer un quart de la taille pour faire et entretenir lesd. routes, dont le paiement en continue, et les routes n'en finissent. Il y aurait plus d'avantages à ce que chaque paroisse fût tenue de faire ou faire faire, par elle-même, aux endroits, à elles limités, et non par adjudication, si mieux n'aime S. M. faire établir des petits bureaux pour y faire payer les voituriers qui les habitent (sic), et les fonds serviraient à l'entretien d'icelles.

7º Demandons la suppression des aides et gabelles.

Moyen de subvenir aux besoins de l'Etat

Un moyen, que nous trouvons très avantageux, en fournissant un receveur pour les tailles de notre élection, au moyen de 4.000 l. de gage fixe, il nous paraît qui [qu'il] reviendrait à l'état plus de 25.000 l. pour notre élection seulement (3).

De même, si l'état ecclésiastique, ainsi que la noblesse, payaient à proportion de leur revenu les mêmes sommes que paie le tiers état, cet objet seul fournirait de grandes sommes à l'Etat.

Pourrait, de même, S. M., lorsqu'une abbaye viendrait vacante, ne point nommer d'abbé qu'une ou plusieurs années après la vacance, et jouirait du bénéfice, revenu encore conséquent.

Supplient très humblement lesd. habitants S. M. de vouloir

___

(1) Traité de navigation et de commerce entre la France et la Grande-Bretagne, 26 sept. 1786. Sur ce traité et ses conséquences pour la Normandie, cf. le cahier de Bertreville, 5, et la note correspondante.

(2) C'est la dîme que le curé levait à la onzième gerbe.

(3) Il y avait un receveur par élection : on l'appelait ordinairement rece-veur particulier ; il touchait trois deniers par livre sur les différentes recettes. D'après le Procès-verbal de l'Assemblée provinciale, le total de ces remises montait à 110.491 l. pour toute la généralité. Celle-ci comprenait 14 élections ; mais l'élection d'Arques, avec ses 225 paroisses, était la plus étendue et la plus riche après celle de Rouen. Son receveur touchait beaucoup plus de 4.000 livres ; mais il est non moins certain qu'il ne gagnait pas les 25.000 l. que lui attribue notre article.

·bien avoir égard à leurs très humbles remontrances et plaintes puisqu'elle daigne bien les appeler au pied du trône.

Fait double et conforme à l'ordonnance du Roy, ce 7 mars 1789 : Morel, syndic, Dubuc, P. Gouel, Guerpin, Ric. Allaume, Autrive, Nic. Allaume, Bonté, Langlois, Limare, P. Savoye, Caudron, Guil. Vallée, Jac. Vallée, Houard, Folâtre, Hennetier, Langlois, L. Dupuis.

TORCY-LE-GRAND (1)

Dép. : Seine-Inf. ; arr. : Dieppe ; canton : Longueville. A 17 k. au Sud de Dieppe, sur la Varenne.

Gén. : Rouen ; El. : Arques.

Pop. : 1738 : 104 f. ; 1789 : 84 f.

Patron : le seigneur.

Procès-verbal

Assemblée 3 mars 1789, devant G. Tranchard, sergent royal au bailliage d'Arques : 19 comparants : Nic. Lemoine, Guil. Grenet, J. Beaufils, Al. Gamelin, Ch. Jourdain, Nic. Dubos, J. Grenet, Simon Buquet, P. Héricher, Jac. Bourlet, Nic. Guérin, J.-C. Dolicque, Thom. Blard, Ch. Vibert, Bapt. Couette, P. Vibert, Franç. Marquet, Bapt. Borin, Jac. Gailliard. Douze signatures seulement, y compris celles du président et du syndic Le Tellier, non mentionné.

Députés : Ch. Jourdain, Alex. Gamelin (2).

Cahier des plaintes, doléances et remontrances de la paroisse de Torcy-le-Grand, fait par nous G. Tranchart, sergent royal au bailliage de Caux, siège d'Arques.

La paroisse de Torcy-le-Grand, bourg composé environ de 84 feux, a l'honneur de représenter à S. M., par ses représentants,

____

(1) Torcy-le-Grand, ou Le Grand-Torcy, était un bourg à marché ; mais ce marché était peu fréquenté, et le roi, en 1779-1780, lui avait, à cause de cela, fait remise du don gratuit en même temps qu'aux Ventes-d'Eawy, Bellencombre, Pitié. C. f. le cahier de Saint-Martin-de-Veules.

(2) Tranchard, huissier, occupait à Torcy une maison et masure louée 40 l. ; il est imposé à 6 l. 12 s. — L'assemblée est assez mêlée ; à côté de cultivateurs, comme Guil. Grenet, propriétaire, imposé à 22 l., Jourdain, (ferme de 50 acres pour 800 l.), imposé à 196 l. J. Grenet (50 acres), imposé à 207 l. ; il y a un marchand drapier, Al. Gamelin, imposé à 52 l., deux curandiers : Bourlet et Guérin ; 5 tisserands : Héricher, Dolicque, les deux Vibert, Gaillard. Les députés sont un cultivateur (Jourdain), et un marchand drapier, Gamelin.

que ce village, qui paraît considérable, par rapport à son marché,
ne l'est que par rapport au titre de bourg, que son marché ne
procure à ses habitants point autant d'avantages que de
charges : les habitants remontrent à S. M.. qu'ils paient les droits
attachés aux déclarations de boissons, qu'ils trouvent très onéreux, ce que d'autres villages voisins, plus nombreux et plus commerçants, ne paient pas : que ces impôts ne les déchargent d'aucunes
autres impositions, soit sur le sel, le tabac, les impositions de
taille et de capitation et vingtièmes. (1) Ils ont l'honneur de
remontrer qu'ils sont dans la persuation que la partie des travaux pour les routes publiques est mal administrée, en ce que,
depuis bien des années, ils paient et ne jouissent point d'un avantage aussi prompt qu'ils auraient dû l'espérer ; que toutes ces
impositions, ci-dessus dénommées, venant à se payer journellement par gradations, tous les particuliers se trouvent aussi
journellement fatigués par ces différents paiements et qu'ils
aimeraient mieux payer à S. M. un seul et unique impôt; en deux
termes, ce qui, selon leurs faibles connaissances, les gênerait
moins et diminuerait les frais de perception.

Telles sont les doléances et remontrances que nous avons l'honneur de faire à S. M., en conséquence de ses ordres, et ce que nous
avons signé et remis à nos représentants, ce jourd'hui 3 de mars
de l'année 1789, assemblés en communauté, en la manière usitée.
Jourdain, Gamelin, Monnier, Dubos, Buquet, Guerin, Güil.
Grenet, J. Grenet, Hericher, L..., Mic. Letelier, syndic, Tranchard.

TORCY-LE-PETIT

Dép. : Seine-Inf. ; arr. : Dieppe ; canton : Longueville. Sur la Varenne,
à 15 k. au Sud de Dieppe.

Gén. : Rouen.; El. : Arques.

Pop. : 1738 : 106 f. ; 1754 : 90 f. ; 1789 : 88 f.

Seigneur et patron : Mme de Torcy, (la présidente de Torcy-Dumoucel
ou Dumouchel, veuve d'un président à mortier du Parlement de Normandie).

(1) En 1789, taille : 1.085 l.; accessoires : 636 l.; capitation 685 l.; en tout:
2.457 l. 16 s. 3 d. Exempts : le curé, messire de Calonne, occupant une partie
de son bénéfice, le clerc Thom. Toutain ; 91 cotes ; 4 fugitifs. La paroisse
avait un certain nombre de toiliers et de tisserands.

Procès-verbal

Assemblée 5 mars, « en la chambre de notre assemblée », devant Jac.
Forgeur, officier de l'assemblée ; 16 comparants : P. Ferrand, Jac. Tonne-
ville, L. Brunette, Ant. Jourdain, Nic. du Croq, And. Michel, L. Forgeur,
Ant. Robert, L. Dubos, L. Jourdain, Denis Malbranche, Marc Gamelin,
Gilles Dubos, P.-J. Bouillet, Franç. Jourdain, Jac. Prévost. — Onze signa-
tures, plusieurs informes.

Députés : Brunette, Gamelin (1).

Cahier

Nous avons l'honneur de vous représenter, M. le lieutenant
général du bailliage royal de Caux, ainsi ce qui suit :

Savoir ce qui suit :

[1] Qu'il est inouï que l'on paie, pour l'entretien et établissement des grandes routes, 5 s. pour livre de la taille, qui n'est
déjà que trop écrasante par elle-même, sans parler des accessoires et capitation, qui désolent nos campagnes, et voir devant
nous, à œil découvert, que lesdites grandes routes n'avancent en
aucune manière (2). Les sommes immenses, que l'on nous tire
avec tant de voracité, font l'effet de coups d'épée dans l'eau, et
cela, pour avoir retiré à nos paroisses la faculté de faire nos
tâches à notre disposition, quoiqu'il n'y a pourtant rien de si juste
que d'employer son argent fructueusement et tendant au bon
ordre et au bien public ; tel était notre premier sort, pour mieux
dire, nos premières plaies (3).

---

(1) Le syndic Jac. Forgeur possède une maison et 4 acres de terre, loue
une acre de pré d'un revenu de 200 l. ; il est imposé à 47 l., dont 21 l. de taille,
L. Brunette, (ferme de 50 acres, bois taillis, 5 acres de pré de Mme de Torcy),
paie 268 l. P. Ferrand a en propre une ferme et deux moulins à papier
(40 acres), 5 acres de pré, le tout valant 1.100 l. de revenu ; il est imposé
à 270 l. dont 122 l. de taille, Marc Gamelin, sur Torcy-le-Grand, a un canton
de dîme, 3 acres de terre, le grenier de la halle, pour 1.000 l. ; il paie 227 l.
Parmi les autres assistants : des voituriers, L. Forgeur et Malebranche ; un
curandier, Michel ; deux tisserands, Du Croq et L. Dubos; un papetier, Ant.
Robert. — En 1789, taille : 1.430 l.; acc. : 837 l.; capit. : 903 l; au total, avec
la collecte et les frais : 3.237 l. Un seul exempt : le curé, P. Cœuret ; 118
cotes ; 6 mendiants fugitifs. Arch. S. Inf., C. 1.930.

(2) C'est une allusion précise à la route de Dieppe à Paris par les Grandes-
Ventes et Forges. Cette route passait par Torcy-le-Petit et il restait précisément un pont sur la Varenne à construire dans cette paroisse et 4.167 toises
à ouvrir dans le Département d'Arques. Sur cette route, cf. le cahier d'Ardouval, 7, et celui de Ricarville, 8.

(3) Il s'agit du remplacement de la corvée en nature par une taxe en argent,

[2] *Autre question.*

Les aides désolent encore plus nos cantons isolés et sont certainement plus contraires aux vœux de la nation. Il est démontré clairement que, par la taxe qu'il a plu aux fermiers d'imposer sur les boissons à petite mesure, ainsi que sur les huiles et manufactures de papier et toute autre denrée, cela est bien contraire à la justice (1). Car qui de nous a besoin de seulement une bouteille de vin est obligé de la payer le double de sa valeur primitive, et cela seulement parce qu'il n'a pas assez de fortune pour en payer une pièce à la fois au lieu, que celui qui en peut payer, comme je dis, une pièce est exempt des droits ci-devant exprimés, quoique ce dernier, qui en a le moyen, le boit pour son plaisir, et le petit pour sa pressante nécessité.

[3] *Touchant la gabelle.*

C'est la chose la plus infâme de toutes les calamités qui nous affligent. Il faut voir de nos yeux, tous les jours, traîner misérablement une partie de nos frères, étant les sujets de notre monarque chéri, aux prisons, et de là à la chaîne de galère, pour des fautes légères, je dis légères, parce qu'on pourrait prendre un parti plus efficace pour faire parvenir aux finances les sommes que les fermiers inverce [en versent] pour tant de calamités qu'ils nous font souffrir. D'ailleurs c'est autant de bras perdus pour l'agriculture et de sujets à l'Etat. Et cela pour le seul plaisir de faire des demi-dieux des fermiers généraux et leur suite. Le tiers de la taxe de cette denrée ferait plus de revenu au roi et procurerait au cultivateur de grands avantages au sujet des blés.

[4] Nous n'avons rien de plus à cœur que de contribuer au paiement des dettes de l'Etat. Rien de si juste et de si naturel. C'est à nous, habitants en général, à satisfaire à cette obligation. Mais pourquoi tant de sujets, qui partagent avec nous l'honneur d'être des sujets du roi, n'en partageront-ils pas les charges ? Si un particulier a cent livres de rente, on n'a rien de plus pressé que de lui dire qu'il doit onze livres de vingtièmes, et les grands seigneurs millionnaires ne paient souvent pas le quart de leur

remplacement qui est devenu définitif en 1787, et qui a été en général mal accueilli dans cette région. Cf. Anneville, 1, et surtout Herbouville, 1, et Royville, 13.

(1) On voit, par le rôle de la taille, qu'il y avait deux moulins à papier appartenant à P. Ferrand, dont le nom figure en tête de la liste des comparants.

proportion, sans parler de tant de bénéficiers de l'église qui ne paiént rien et qui cependant disent qu'ils sont Français (1). C'est vouloir être Français aux dépens des autres.

Ce que tous les habitants... ont fait et arrêté ce jourd'hui 5 mars 1789 : Gamelin, Ferrand, Tonneville, Brunette, Jourdain, Ducroq, Michel, Franc. Jourdain, Gilles Dubos, L. Dubos, Prevost, Bouillet, Forgeur, syndic.

LE TORP (auj. LE TORP-MESNIL)

Dep. : Seine-Inf. ; arr. : Yvetot ; canton : Doudeville. A 19 k. au Nord-Ouest d'Yvetot, à 1 k. S. de Saint-Laurent-en-Caux.
Gén. : Rouen ; El. : Arques.
Pop. : 1738 : 84 f. ; 1789 : 89 f.
Patron : le seigneur.

PROCÈS-VERBAL

Assemblée au greffe de ce lieu, devant Ad. Faucon ; 6 comparants : Jac. Boitout, Ant. Delamare, Philbert Lebreton, P. Faucon, Ant. Tancray, Ad. Levaillant, « et autres soussignés ». Huit signatures ; parmi elles celles de Ch. Voisin et de P. Grenier.
Députés : Ad. Faucon, Ant. Delamare (2).

Cahier d'observations, plaintes
et abus de la paroisse du Torp, élection d'Arques.

[Le cahier est à peu près identique à celui de Boudeville pour les dix premiers articles, sauf quelques changements ou sup-

(1) Les onze livres de vingtième, sur cent livres de rente, représentent exactement les deux vingtièmes et les quatre sous par livre du premier vingtième. Le grand seigneur millionnaire est le fils du président de Torcy-Dumouchel, encore mineur et sous la tutelle de sa mère. Les Torcy-Dumouchel avaient dans la paroisse un moulin à blé, 23 acres de bois taillis, une maison, une acre de masure, 29 acres de prairie, un droit de pêche (30 l.) et six rentes seigneuriales (156 l.). Le revenu total de ces biens est estimé à 3.000 l. en 1770, mais modéré à 1910 l. en 1774 (Reg. des vingtièmes, vérification de 1770, C. 534 f. 547-548). Leur vingtième ne s'élève qu'à 95 l. 10 s. 9 d. Les biens ecclésiastiques n'étaient pas très importants. L'abbaye de Saint-Amand avait la dîme d'un bois taillis (30 l.), les Dames de la Visitation du Pollet une ferme de 30 acres, d'un revenu de 459 l. Le trésor avait des biens d'un revenu de 223 l. Le curé enfin avait presbytère, cour, jardin (60 l.), trois vergées de terre (10 l.) et les dîmes (1.530 l.). (Id. f. 554).

(2) Cette paroisse est la seule de l'élection d'Arques dont nous n'ayons pas les rôles de taille. Nous ne pouvons donc donner aucune indication sur

pressions de mots sans importance (1). Mais il y a, en plus, un article 11, sur la milice, que nous donnons ci-dessous].

[11] L'opération de la milice est encore préjudiciable au service du roi et à ses sujets, puisque l'offre qu'on ferait de fournir, pour la quote-part de chaque paroisse, de beaux hommes volontaires, est bien supérieure au sort qui astreint, malgré lui, un homme, incapable souvent, ou utile à ses parents, quoique de plus cet usage de tirer au sort est dispendieux par les voyages et le temps qu'on y perd.

Le tiers état de la paroisse du Torp invite MM. les députés aux Etats généraux de présenter leurs représentations et de les faire valoir auprès de S. M. dans lad. assemblée.

Fasse le ciel que nos observations pénètrent aux pieds du trône et touchent le cœur d'un Roy, aussi bon qu'il est zélé pour le bien de son peuple, qui éternisera par sa reconnaissance la gloire de son règne.

Signé : Boitout, Breton, Levaillant, Voisin, Delamare, P. Grenier, P. Faucon.

TOSTES auj. TOTES (Bourg et paroisse de)

Dép. : Seine-Inf. ; arr. : Dieppe ; canton : Tôtes. A 28 k. au Sud de Dieppe.

Gén. : Rouen ; El. : Arques.

Pop. : 1738 : 115 f. ; 1789 : 130 f.

Seigneur et patron : Fiquet d'Ausseville, receveur particulier des finances de l'élection d'Arques (2).

---

les députés et les comparants. Voici le chiffre des impositions en 1787. Taille : 1.020 l. ; accessoires : 607 l. ; capitation : 656 l. ; en tout : 2.283 l. (Arch. S.-Inf. C. 251. Tableau de la répartition de la taille par élections et paroisses en 1785, 1786, 1787).

(1) Suppression des mots « qui se trouveront » à la fin de l'article 1 ; la fin de l'article 6, ainsi modifié : « c'est ce que nous avons fait par ordre du roi en l'année 1740». A la fin de l'article 7, «qui conduisent à ruiner les familles» au lieu de « qui conduisent aux ruines ». Le début de l'article 8 ainsi modifié : « quant à la taille, capitation, accessoires et vingtièmes, que paient les possédant fonds et cultivateurs, nous oblige de réclamer le gouvernement », etc. le reste comme à Boudeville, dont la rédaction est plus correcte.

(2) Fiquet d'Ausseville avait demandé, en 1788, des lettres patentes pour réunir et incorporer au fief de Tôtes les terres et fiefs des Brosses, de Saint-Victor, du Bosc-au-Lièvre, de la Heuze, du Tilleul, acquis par lui, et en former un plein fief de haubert qui serait appelé le fief de Tôtes. (Arch. S.-Inf., C. 2.859).

PROCÈS-VERBAL

Assemblée le 8 mars ; les propriétaires et habitants, devant P. Bizet, officier municipal ; 18 comparants : les sieurs Le Borgne, Renard, Fabre, Ouïnne, Deprelle, Prouet, Delamare, Mallet, Dehaye, Vatinel, Boullenger, Varin, Jobard, Bridou, Fournier, Drouet, Roussel, Motet. —Ils ont tous signé le procès-verbal.

Députés : Le Borgne, Fournier (1).

Cahier de doléances, plaintes et remontrances.

[Le cahier est, en grande partie, identique à celui de Dracqueville. Nous donnerons seulement les articles différents.]

Partie I. *Sur les abus dans l'assiette, répartition et perception des impositions et charges, etc.* Comme à Dracqueville, sauf les mots : « audit bourg », au lieu de « à ladite paroisse », jusqu'à l'art. 5, qui est ainsi modifié :

5° «La dépense pour le logement des gens de guerre, au passage des troupes, et casernement, charge que supportent les habitants taillables du bourg de Tôtes pour un passage très fréquenté, outre le casernement d'une brigade de maréchaussée. Cette charge, au lieu d'être supportée par les seuls taillables, dans les lieux où se fait le passage et logement, peut être évaluée en argent », le reste de l'article, comme à Dracqueville (2).

(1) L'assemblée est la représentation assez fidèle de la population du bourg. Les principaux cultivateurs sont les fermiers du seigneur et grand propriétaire, d'Ausseville. Le rôle de 1788, — celui de 1789 est perdu, — ne donne pas l'étendue des exploitations. Bizet paie 310 l. de taille et suites ; Le Borgne, directeur de la poste, locataire d'Ausseville, paie 40 l. ; Renard est tisserand ; Fabre, chirurgien (11 l. 5 s.) ; Ouïnne, toilier ; Deprelle, laboureur ; Prouet, échopier ; Delamare, fermier d'Ausseville, (imposé à 200 l.) ; Malet, cabaretier ; Vatinel, tisserand (37 l.) ; Varin, meunier, (moulin à blé [à vent] d'Ausseville), imposé à 60 l. ; Jobard, boucher ; Bridou, fermier d'Ausseville, imposé à 150 l. ; Fournier, petit propriétaire, (20 l.) ; Drouet, marchand de coton (30 l.); Roussel, horloger ou tisserand ; Motet, menuisier. La paroisse, sans être industrielle, comptait cependant une douzaine de tisserands.
Nous n'avons pas le rôle de la taille pour 1789, quoique l'Inventaire sommaire le mentionne à tort. En 1788 : taille 795 l. ; accessoires : 473 l. ; capitation : 510 l. ; 250 l. ajoutés aux accessoires et à la capitation pour le logement de la brigade de maréchaussée ; collecte : 19 l. 17 s. ; quittance et timbre : 3 l. 2 s. ; en tout : 2.051 l. Exempts : le curé, d'Aubermesnil, le vicaire, le sieur Liégeard, maître de la poste aux chevaux, tenant « l'autellery du Singne », [l'hôtellerie du Cygne], et 50 acres, imposé à la capitation, suivant le mandement, à 6 livres. — Le rôle de 1787, plus complet, donne encore deux exempts : le seigneur d'Ausseville, occupe son manoir seigneurial et son jardin, le sieur Alexandre, clerc. (Arch. S.-Inf. C. 1931).
(2) Les modifications, apportées par le cahier de Tôtes à l'article corres-

Article 6, 7, 8, comme à Dracqueville, avec adjonction à Tôtes du mot *personnes*, à la fin de l'art. 8, « sur toutes les propriétés et personnes sans distinction ». Mais Tôtes intercale ensuite un art. 9 qui n'avait pas d'intérêt pour Dracqueville.

[9°] Que les privilèges d'exemptions, accordés aux maîtres de poste, soient supprimés, ou du moins ne puissent avoir lieu sur les fonds et propriétés qu'ils feront valoir, mais qu'ils soient récompensés de leurs services et de la dépense, à laquelle il les oblige, par des gages ou indemnités pécuniaires, dont le montant sera reversé sur l'universalité des biens qui bénéficieront de la cessation de leurs privilèges (1).

Les art. 10, 11, 12, 13, 14 comme à Dracqueville, 9, 10, 11, 12, 13.

Partie II. *Sur les abus à réformer dans la perception de quelques droits régis ou affermés.*

Art. 1, comme à Dracqueville, 1.

2. Il se perçoit au bourg de Tôtes le droit d'entrée, aides, subvention, etc., sur les boissons, exigé au brassage, à la sortie du pressoir, sur le cidre le plus petit, qui n'ont [n'est] souvent que de l'eau teinte de 5 à 6 corbeilles de fruits par muid ; l'habitant pauvre paie souvent, pour l'entrée de ses boissons, la valeur de vingt jours de son travail (2) ; les laboureurs ayant leurs pressoirs à la proximité de leurs maisons, dans les enclaves du bourg, paient l'entrée du brassage des fruits récoltés dans la campagne, hors des enclaves du bourg, et ces enclaves, n'étant déterminées par aucune espèce de clôture, les exposent à des procès ou difficultés perpétuelles.

Les habitants de Tôtes demandent qu'il soit insisté sur l'abo-

pondant de Dracqueville, s'expliquent aisément : Tôtes était lieu d'étape et les passages de troupes y étaient fréquents. De plus il avait une brigade de maréchaussée, pour laquelle il payait un supplément d'impôt de 250 l.

(1) Les maîtres de poste étaient exempts de taille pour une exploitation d'un maximum de cent arpents. Cf. Le Gourel, 8, et les critiques de l'assemblée provinciale (Séance du 18 déc. 1787. Procès-verbal, p. 360). Le maître de poste de Tôtes était J'égeard qui tenait l'hôtel du Cygne. Il ne figure pas parmi les comparants.

(2) Le droit de subvention au détail, perçu dans les villes et bourgs de Normandie, était relativement élevé : 4 livres par tonneau ; mais surtout il était le même pour le cidre pur et la boisson. Cf. le cahier d'Auffay, 3. A ce droit s'ajoutaient du reste bien d'autres droits : droit de brassage, de circulation, de jauge et courtage, octroi proprement dit. Il est douteux cependant que l'ensemble atteignît la valeur de vingt jours de travail, soit environ 20 l. Le muid contenait 144 pots d'Arques ou 288 litres environ.

lition du droit d'entrée dans les bourgs et villages non clos et que la perception en soit restreinte aux villes closes, que des objets de consommation et de commerce peuvent en dédommager.

Que si la suppression du droit ne peut être accordée pour ce moment, au moins que le montant de la perception, fixée sur une année commune, soit convertie en un abonnement, qu'ils offrent de répartir sur eux-mêmes, en attendant l'abolition entière du droit qu'ils espérent.

Art. 3, comme à Dracqueville, 2.

Le chapitre III, *Pour les abus à réformer dans les tribunaux de judicature,* et le chapitre IV, *Sur l'utilité des assemblées provinciales, etc.,* sont identiques dans les deux cahiers.

Signatures de Bizet, syndic, Renard, Fabre, Vatinel, Prouet, Dehayes, Deprelle, Mallet, Delamare, Jobard, Bridou, Drouet, Ouïnne, Boulenger, Varin, Fournier, Le Borgne, Roussel, Motet.

TOURVILLE-LA-CHAPELLE

Dép. : Seine-Inf. ; arr. : Dieppe ; canton : Envermeu. A 14 k. à l'Est de Dieppe.

Gén. : Rouen. ; El. : Arques.

Pop. : 1738 : 119 f. ; 1754 : 93 f. ; 1772 : 120 f. ; 1789 : 130 f.

Seigneur : le comte de Malderé de Catteville [Ad.-Jac.-Et. de Malderé, maître de camp]. Patron : l'abbé de Fécamp.

Assemblée le 1er mars, devant Ad. Fronchard, syndic ; 17 comparants : Jos. Breton, L. Rogé, L. Lefay, Et. Lefort, Nic. Crespin, L. Boutent, P. Breton, P. Joly, J. Fronchard, P. Lefay, L. Picard, Martin Godeby, Patrice Throude, Jér. Poyer, J. Fortin, J.-B. Courier, P. Sadée. Dix signatures seulement avec celle du syndic.

Députés : L. Lefay, Et. Lefort (1).

____

(1) Le syndic, les deux députés et la majorité des comparants sont des cultivateurs. Rôle de la taille en 1789, taille : 2.640 l. ; accessoires : 1.546 l. ; capitation : 1.667 l., en tout, avec la collecte et divers : 5.974 l. Exempts : le curé qui fait valoir son bénéfice et la grosse dîme des religieux de Fécamp, le vicaire ; le comte de Malderé de Catteville, fait valoir son logis ses bois, son jardin, un trait de dîme, environ 15 acres de terre, outre son préciput. — Le syndic Franchard, (maison en propre, 12 acres en location), est imposé à 94 l. Le premier député, Lefay, (90 acres pour 2.800 l., 2 charrues, 6 chevaux), est

Cahier de doléances, plaintes et remontrances (1)

Premièrement, lad. paroisse est chargée de rentes seigneuriales très onéreuses, savoir : de quatre boisseaux et demi de blé froment par acre de terre, chargée ou non chargée, envers et au profit de l'abbaye de Fécamp, de sorte que lad. paroisse paie viron deux mille boisseaux de grains à lad. abbaye, ce qui ne fait aucune diminution sur les biens, tant pour les vingtièmes que toutes autres impositions.

Qu'en outre lad. abbaye possède la grosse dîme et 18 acres de terre y attenant, dont lad. dîme est occupée par M. le curé de la paroisse qui ne paie aucune imposition.

Plus, il occupe sa tierce de la grosse dîme et viron 9 acres de terres labourables de son bénéfice et la verte dîme ; le tout peut former, tant pour l'abbaye de Fécamp que pour M. le curé, 7.500 l. de revenu, sans être sujet à aucune imposition.

M. l'abbé de Saint-Laurent possède en lad. paroisse une dîme sur le hameau de Catteville de lad. paroisse. de valeur viron 1.000 l., qui ne paie aucun vingtième (2).

M. le comte de Malderré de Catteville occupe par lui-même son logis et viron 18 acres de terres, tant en herbage qu'en labour, avec son bois et un trait de dîme, le tout évalué à la somme de 1.600 l., lesquelles ne contribuent à aucune imposition, sinon les vingtièmes (3).

La paroisse, étant en coutume locale (4), fait une division et sous-division de biens, qui rend les demeures si petites, qui attire

imposé à 564 l. ; le second Lefort, (ferme de Catteville : 120 acres pour 2.000 l., deux charrues, six chevaux ; en plus, dîme du prieur de Saint-Laurent pour 600 l.) ; il est imposé à 632 l. pour la ferme ; à 189 l. pour la dîme. — Parmi les imposés, le curé : 6 l. pour 5 acres en propre.

(1) Au début un résumé du procès-verbal, que nous supprimons.

(2) C'est le prieur, et non l'abbé, de Saint-Laurent-d'Envermeu qui possède cette dîme ; le rôle de la taille ne l'évalue qu'à 600 l. ; elle était louée à Lefort, un des députés de la paroisse.

(3) Le comte de Catteville faisait valoir, en exemption de taille, son logis, ses bois, son jardin, un trait de dîme et environ 15 acres de terre, d'après le rôle de 1789.

(4) Cet article veut dire que Tourville-la-Chapelle n'est pas régi, comme les autres paroisses du bailliage d'Arques, par la coutume particulière de Caux qui attribuait à l'aîné, même dans les familles roturières, les deux tiers de la succession des père, mère ou autres ascendants morts intestats, et, en plus, le manoir et pourpris, sans aucune estimation ou récompense. Tourville, par le fait de sa coutume locale, rentrait dans le droit commun de la Normandie, celui de la coutume générale, qui, dans les successions roturières, admettait le partage égal, au moins entre les héritiers mâles.

beaucoup de pauvres ménages, que le recouvrement des impositions se fait avec peine et perte et que la paroisse est surchargée d'impositions, vu les dites rentes et les petites demeures.

Que nous avons, à notre connaissance, de l'inégalité très grande dans l'imposition des vingtièmes, qu'il y a une ferme dans lad. paroisse qui peut valoir 2.000 l. de revenu et n'est imposée qu'au revenu de 530 l. (1).

Que nous sommes tourmentés par la gabelle, que ceux qui occupent quelque tenure sont chargés du sel des pauvres ménages, qui est en grand nombre, ce qui est très onéreux pour les principaux habitants, que, même les pauvres, il ne leur est pas permis d'aller chercher de l'eau salée dans leurs besoins (2).

Que le désir de la paroisse serait l'anéantissement de la gabelle et [qu'on] soit affranchi de l'inquisition du trop bu et des persécutions des commis.

Que les biens d'église et bénéficiers et de la noblesse et les gros seigneurs concourent avec le tiers état pour les impositions royales pour le bien de l'Etat.

Qu'il soit pourvu à l'extinction de la mendicité avec le revenu des moines et abbayes inutiles.

Que les translations de domiciles soient supprimées, étant une chose onéreuse et inutile (3).

Et qu'il sera enfin pourvu à la liberté et au bonheur du peuple qui ne méconnaîtra jamais cependant l'autorité de leur souverain et leur vassalité vis à vis leurs seigneurs.

Signé : Et. Lefort, L. Lefay, L. Rogé, J.-B. Fronchard, J.-B. Godeby, L. Boulent, P. Lefay, P. Joly, Fortin, Picart.

TOURVILLE-SUR-ARQUES

Dép. : Seine-Inf. ; arr. : Dieppe ; canton : Offranville. Sur le plateau, entre la Varenne et la Scie, à 8 k. au Sud de Dieppe.

Gén. : Rouen. El. : Arques.

Pop. : 1738 : 104 f. ; 1789 : 128 f.

(1) C'est une allusion à la ferme du comte de Catteville, occupée par Lefort. D'après le rôle de la taille elle contenait 120 acres et était louée 2.000 l., comme le dit l'article.

(2) La levée du sel par imposition ou par collecte permettait de dégrever les ménages pauvres en reportant une plus forte part sur les principaux habitants. Voir Introduction, 2e partie, chap. 2. Tourville relevait du grenier de Dieppe et était taxé à 7 setiers un minot ou 29 minots.

(3) Cf. le cahier d'Iclon, 12.

Seigneur : M. de Miromesnil (1). Patron : l'abbé de Saint-Georges-de-Boscherville.

PROCÈS-VERBAL

Assemblée 1ᵉʳ mars 1789 (2), «dans le cimetière, lieu ordinaire des assemblées de ce lieu », devant L. Lemaître, syndic municipal; 19 comparants : J. Saunier, P. Blondel, Jac. et Guil. Bimont, Franç. Delauné, Mic. Viandier, Rom. Fizet, J. Batel, J. Legris, Ch. Saunier, Mic. Fizet, Mic. Mesnard, J. Jourdain, Nic. Fizet, Nic. Gaillard, Jac. Lesueur, P. et Ant. Hellier, Jean Testu « et autres soussignés ». Seize signatures seulement, plusieurs informes ; en plus, celles du syndic Lemaistre et du greffier Persil.

Députés : P. Blondel, Ch. Bauchet, laboureurs (3).

Cahier de doléances, de plaintes et remontrances

Donnons, par le présent acte, aux sieurs P. Blondel, laboureur, et Ch. Bauchet, aussi laboureur, qui ont été choisis, nos pouvoirs pour nous représenter à l'assemblée qui sera tenue au bailliage d'Arques, séant à Dieppe, le lundi 9 du présent mois, y proposer, remontrer, aviser et consentir tout ce qui concerne les besoins de l'Etat, la réforme des abus en tout genre et, en un mot, tout ce qui peut contribuer au bonheur de la nation, sous la réserve des articles, ci-dessous exprimés, que nous leur enjoignons de proposer, de soutenir de toute leur autorité et d'en requérir l'adoption.

1º Que les délibérations soient arrêtées aux Etats généraux

(1) « Le seigneur de cette paroisse est M. de Miroménil, premier président au Parlement de Rouen ; son fief relève directement du roi... Le terrain est généralement bon, tant pour ce qui concerne les terres labourables, prés et bois taillis. Les habitants n'y font aucun commerce ». Note du contrôleur des vingtièmes en 1758. Le seigneur était encore de Miroménil en 1789 ; il avait été garde des sceaux de 1774 à 1787.

(2) La date donnée par le procès-verbal ne paraît pas exacte ; le cahier dans un nouveau procès-verbal, que nous reproduisons en partie, dit : le 8 mars.

(3) L'assemblée comprend surtout des fermiers. Le syndic Lemaître, père, occupe une maison et masure pour 80 l.; il paie 14 l. dont 6 l. 10 s. de taille. Le premier député, Blondel, est un fermier de Miroménil, (70 acres pour 2.000 l.), imposé à 401 l. ; le second, Bouchet ou Bauchet, porteur de toile et cultivateur, paie 55 l. ; son nom ne figure ni parmi les comparants, ni parmi les signataires. Parmi les autres comparants, J. Saunier, marchand et fermier, imposé à 126 l. ; Jac. Bimont, (60 acres de Miroménil pour 900 l.), père de dix enfants vivants, taxé à 298 l. ; Guil. Bimont, (56 acres de Miroménil), imposé à 331 l. ; Delauné, (28 acres de Bimont père pour 600 l.), imposé à 145 l. ; Viandier (ferme de 15 acres), imposé à 112 l. ; Fizet, charpentier, Batel, charron et cultivateur, Legris, Ménard, Jourdain, Gaillard, tisserands, Lesueur, tailleur, les deux Hellier, couvreurs.

conjointement avec les trois ordres réunis et que les voix soient comptées par tête et non par ordre.

2º Que les Etats, étant généraux, étant la seule ressource à la nation pour détruire les abus qui l'oppriment, S. M. soit suppliée d'en accorder le retour périodique et de fixer, avant la séparation des Etats de 1789, l'époque de la prochaine tenue d'Etats généraux qui la suivront.

3º Que la gabelle, les aides, la marque des cuirs, tous les droits fiscaux qui sont nuisibles aux progrès de l'agriculture, et en général tous les impôts, soient convertis en un seul et même impôt qui, de quelque nature qu'il soit et sous quelque dénomination qu'il puisse être perçu, soit également et indistinctement, sans avoir égard à aucun privilège, réparti par les différentes administrations sur tous et un chacun des sujets du royaume (1).

4º Que la dîme, perçue en nature par les curés des paroisses qui y sont sujettes, soit convertie en une prestation en argent et que les grosses dîmes, appartenant aux abbayes, soient affermées, du produit de la location desquelles elles ne recevront qu'un tiers, les deux autres appartenant aux pauvres des paroisses de leur relevance, pour le soulagement desquels les dites dîmes ont été originairement accordées (2).

Au surplus, accordons à nos députés, sur tous autres points que ceux exprimés ci-dessus, la liberté de consentir tout ce qu'ils croiront nécessaire pour le bien général du royaume... Fait et arrêté par nous..., ce jourd'hui, dimanche 8e jour de mars année 1789, et ont signé : Blondel, Delauné. Jac. Bimond, Têtu, Le Sueur, Mic. Fiset, Ménard, Legris, Nic. Fizet, Jourdain, Rom. Fizet, Guil. Bimont, Batel, Jac. Mard, Lemaistre, syndic municipal, Persil, greffier de l'assemblée, Ch. Saunier.

____

(1) En 1789, taille : 2.260 l. (2.318 l. avec la collecte, etc.) : accessoires : 1.323 l. ; capitation : 1.427 l. ; en tout : 2.795 l., y compris la collecte des deux derniers articles. — Exempts: le curé, Damien Court, le vicaire, Catel ; Fontaine, receveur du marquis de Miroménil, habite le couvert dans le château, Marc, jardinier, id. ; Firmin, garde-chasse des terres du marquis, id. La paroisse comptait de nombreux tisserands (Arch. S.-Inf., C. 1.934)

(2) Le curé avait, outre son presbytère, son jardin et 3 vergées de terre (80 l.), les vertes dîmes et les novales, louées 1.008 l. en 1789. L'abbé de Saint-Georges-de-Boscherville avait les grosses dîmes, louées à Jac. Legris, hors paroisse, 1.300 l. en 1789, d'après le rôle de la taille, estimées 1.200 l. (12e déduit) par le registre des vingtièmes à la même époque. Les religieux de Fécamp avaient aussi un trait de dîme (450 l.), des rentes (35 l.). Arch. S.-Inf., C. 536. — Sur l'attribution primitive d'une partie des dîmes aux pauvres, cf. le cahier de Bénouville, 6, et la note.

VANDREVILLE

Réuni à Longueville en 1822. Dép. : Seine-Inf. ; arr. : Dieppe; canton et commune : Longueville.

Gén. : Rouen ; El. : Arques.

Pop. : 1738 : 7 f. ; 1789 : 11 f.

Seigneur : Anne-Louis-Roger de Becdelièvre, marquis de Cany, brigadier des armées du roi. Patron : le prieur de Longueville.

PROCÈS-VERBAL

Assemblée 7 mars, dans l'église, devant J.-Jac. Caron, syndic ; 3 comparants : J.-L. Burel, P. Mulot, P. Thiout, tous locataires de ce lieu. Ils ont signé le procès-verbal.

Députés : Vincent Allain, J.-Jac. Caron (1).

Cahier des doléances et remontrances

[Le cahier est une réduction du cahier de Longueville dont il reproduit textuellement tout le début jusqu'aux mots : « ainsi que les paroisses voisines, charge ses députés ».

Les art. 1, 2, 3, 4, 5, 6 sont identiques aux articles 2, 3, 4, 5, 8, 9 de Longueville].

Fait et arrêté de bonne foi à Vandreville, le même jour et an que dessus.

Signé : Vinc. Allain, P. Thiout, Mulot, Burel, Caron, marque de J. Girar.

VARENGEVILLE [SUR-MER]

Dép. : Seine-Inf. ; arr. : Dieppe ; canton : Offranville. A 11 k. à l'Ouest de Dieppe.

Gén. : Rouen ; El. : Arques.

Pop. : 1738 : 60 f. ; 1772 : 220 f. ; 1789 : 250 f.

Seigneur : le prince de Monaco (2). Patron : l'abbé de Conches.

(1) En 1789, taille : 380 l. ; accessoires : 223 l. ; capitation : 240 l. ; avec la collecte, etc., 862 l. 11 s. ; 4 mendiants ; exempts : le curé, du Bec (maison et jardin du sieur Gosselin au défaut de presbytère) C. 1939. — J.-Jac. Caron, syndic, tient une ferme du marquis de Cany, 50 acres de labour, masure, prairie ; il est imposé à 295 l. ; le premier député, Allain, tient une ferme des religieux de Longueville et la dîme de la paroisse, une autre ferme. (40 acres dans les deux fermes), 3 acres du château de Longueville ; il est imposé à 392 l. 12 s. ; J.-L. Burel est garde-moulin ; Mulot, tisserand ; Thiout, couvreur en chaume.

(2) Honoré-Camille-Léonor de Grimaldi. Sur ce prince de Monaco et l'ori-

PROCÈS-VERBAL

Assemblée 5 mars, en la maison du maître d'école, devant L. Sanson, syndic ; 17 comparants : M. Le Corbeiller, Ch. Leroux, Nic. Née, Jac. Le Clerc, David Sanson, Franç. Colombel, Nic. Déchaut, Jac. Bouteiller, J. Houlvigue, P. Leroux, P. Dumont, Jac. Couteux, Jac. Lulague, J.-L. Le Marchand, Guil. Thoumyre, Nic. Sanson, J. Dancel. Douze signatures seulement.

Députés : Jos.-Aug. Le Corbeiller l'aîné, Et. Ant. Foliot, L. Sanson (1).

Plaintes, doléances et remontrances des habitants
de la paroisse de Varengeville-sur-Mer, du 5 mars 1789.

Notre bienfaisant monarque, voulant être le créateur de la félicité de ses peuples, nous ordonne de nous assembler pour former le cahier expositif de nos plaintes, doléances et remontrances. Nous exécutons avec un zèle satisfait cet ordre presque divin, puisqu'il tend à faire des heureux. Les motifs en seraient trop longs à exposer ; nous nous fixerons à ceux qu'offre naturellement la position locale de notre paroisse. Nous nous plaindrons que nous sommes trop vexés par l'impôt de la taille, que les accessoires sont, en proportion, très rigoureux, que notre paroisse a subi de grandes augmentations dans ce genre d'impôt, lorsqu'elle avait le droit d'espérer des diminutions considérables (2). Tout alimen-

gine de ses possessions dans cette région, cf. les cahiers de Berneval et de Hotot.

(1) L'assemblée comprend un propriétaire, Le Corbeiller, inscrit le second au rôle de la taille, (maison, jardin, 17 acres en propre, 3 acres de joncs marins, revenu 300 l.), imposé à 137 l. dont 62 l. de taille ; trois riches fermiers : le syndic Sanson, député, (maison, masure, herbage, bois taillis et 60 acres de labour de M. d'Arnouville, 30 acres de M. d'Ery, les grosses dîmes, le tout pour 5.000 l. ; il a 8 chevaux, deux charrues). Il est taxé d'office par l'intendant, à 948 l. ; Foliot, également député, (masure, 80 acres de labours, 2 acres de bois taillis de M. de Ricq, un trait de dîme, le tout pour 2.200 l., 8 chevaux, deux charrues) ; il est imposé à 530 l. ; le troisième est Nic. Sanson et son fils, (masure, herbage, deux fermes de 60 et de 40 acres pour 3.000 l. ; 8 chevaux, deux charrues) ; ils paient 624 l. Les autres comparants appartiennent à toutes les professions ; il y a un tuilier, Lulague, (tuilerie en propre, terres et joncs marins pour 600 l.), imposé à 254 l. ; un charpentier, Née ; deux maçons, Dancel et Houlvigue ; deux tisserands, Couteux et Thoumyre ; un journalier, Bouteiller ; plusieurs parquiers, (propriétaires de parcs à poisson ou à huîtres ?) ; P. Leroux, Déchaut, David Sanson, un tonnelier, Ch. Leroux.

(2) En 1789, taille : 3.390 l. (3.479 l. avec le droit de collecte, etc.) ; accessoires : 2.019 l. ; capitation : 2.177 l. Dix-sept mendiants fugitifs. — Exempt : le curé Nion, (presbytère, cour, jardin, 2 acres de terre labourable et un petit herbage, la tierce des dîmes, estimée 1.600 l.) ; Avarre, vicaire ; Dotte, gentilhomme (petite maison, masure, jardin, 30 l.) ; Quênel, clerc. (Arch. S.-Inf., C. 1.937). La paroisse comptait une vingtaine de tisserands et un certain nombre

tait notre espoir : les ravages de l'Océan qui baigne nos bords, des portions énormes de terrain, qu'il engloutit de temps en temps, semblaient nous les promettre. L'étendue des terres qui constitue la paroisse de Varengeville diminue à vue d'œil et les impôts grossissent de même (1). Nous nous livrons à la douce confiance que notre souverain daignera nous alléger ce fardeau. Sa sagesse nous en assure d'avance. Voisins d'une mer toujours terrible par ses effets, nous sommes les tristes jouets de sa maligne influence. Les vents, les orages, les tempêtes fermentent dans son sein : lorsqu'elle les vomit, rien ne résiste à leur fureur : moissons, fruits, arbres, tout est renversé, enlevé jusqu'à l'espoir ; il ne reste aux cultivateurs de Varengeville que leur douleur et des impôts à payer : impôts toujours renaissants, qui donnent l'existence à un autre impôt, qu'on nomme la corvée, qui équivaut à un quart de la taille. L'année dernière nous a présenté un cruel spectacle et nous le représente par ses sinistres suites : l'haleine brûlante du vent de nord a desséché nos moissons (2), — les laboureurs de notre paroisse n'ont pas récolté pour la subsistance de leur famille —, et, pour surcroît de malheur, a empoisonné l'air de miasmes putrides qui ont causé des fièvres de toute espèce (3). Pour comble de calamité, des nuées de pigeons viennent de très loin pour prendre sur le rivage un ver et un gravier dont ils sont friands. Ces nuées de pigeons se répandent dans nos plaines et font un tort inappréciable aux semences et aux récoltes. L'esprit de bienfaisance qui anime notre monarque semble prononcer l'arrêt de destruction des colombiers et volières. Les hautes falaises, qui servent de barrière au fier Océan, servent aussi de retraite à

de parquiers ? Le chiffre des impositions quoiqu'en dise le cahier n'avait pas sensiblement varié dans les dernières années. Il y avait même eu plutôt diminution pour la taille. Voici du reste les chiffres de la taille, des accessoires et de la capitation depuis 1781. Taille: 3.622 l., 3.643 l., 3.438 l., 3.459 l., 3.459 l., 3.500 l., 3.500 l., 3.477 l., 3.479 l. Accessoires: 2.102 l., 2.114 l., 1.995 l., 2.007 l., 2.007 l., 2.031 l., 2.031 l., 2.019 l., 2.019 l. Capitation: 2.277 l., 2.280 l. 2.121 l., 2.164 l., 2.164 l., 2.190 l., 2.190 l., 2.177 l., 2.177 l.

(1) La mer avait en effet fortement entamé les falaises de Varengeville au 18e siècle. C'est de cette époque que datent les énormes éboulis que domine le phare d'Ailly. La paroisse de Varengeville n'en était pas moins une des plus étendues du bailliage et une des plus riches. Elle comprenait en 1779 : 149 acres de masures et d'herbages, 757 acres de terres en labour, 10 acres de bois taillis, 78 acres de pâtis et de joncs marins. Le revenu des masures était estimé à 80 l., 40 l., 30 l. l'acre, selon la qualité, celui des terres de labour à 30 l., 20 l., 10 l. ; celui des bois taillis, coupés tous les 9 ans, à 30 l., 20 l., 10 l., celui des pâtis et joncs marins à 10 l. (Arch. S.-Inf., C. 536, f. 498).

(2) Il s'agit de la tempête des 11 et 12 juin 1788 dont parlent le cahier de Saint-Martin-de-Veules et les autres cahiers de la région.

(3) Sur ces miasmes putrides, cf. les cahiers de Pourville et de Quiberville, Varengeville est situé entre ces deux localités.

une multitude innombrable de corbeaux et de corneilles qui, tombant sur nos champs, y commet un dégât horrible. Dans les dégels, ces volatiles affamés anéantissent jusqu'aux principes de la germination. Notre souverain, qui ne respire que le bien-être de ses peuples, permettra sûrement aux laboureurs de cette paroisse de s'armer de fusils, dans certains temps de l'année, pour faire la guerre à des êtres qui nous la font continuellement.

L'impôt du sel n'est pas moins excessif : un laboureur, occupant cent acres de terre, est taxé à 122 pots de sel, quantité qu'il ne peut consommer (1). La dureté du cœur insensible des traitants lui a ôté la faculté de le mettre à profit ; il ne peut en changer la destination, ni l'employer à faire des salaisons qui lui seraient d'un grand secours dans les chaleurs de l'été, saison où les denrées se putréfient promptement. C'est avec indignation et douleur que nous voyons ces mêmes traitants nous arracher un droit que la nature nous a incontestablement accordé : celui d'aller puiser de l'eau dans le réservoir immense qui nous touche de si près. Ces âmes, plus dures que le métal qui fait leurs délices, aiment mieux se nourrir d'un blé noir, d'un blé empoisonné, qui sympathise mieux avec leur caractère, que de permettre aux sages cultivateurs, qu'une longue expérience guide, d'aller puiser cette eau salée, cette eau salutaire, qui purge le blé du virus dont il est infecté. Elles s'opposent, ces âmes de bronze, au bien-être du malheureux paysan qui veut remplir sa cruche de cette eau salée, donnée si largement par la nature. Leurs satellites cassent les cruches, dressent des procès-verbaux, font des frais considérables et, si l'infortuné paysan ne peut les payer, on le jette dans une noire prison. Nous remontrons aussi qu'il serait avantageux de permettre aux laboureurs de la paroisse d'acheter les sels immondes que

(1) Le pot de sel valait 37 à 38 sous dans la région : c'est donc un impôt de 230 l. environ que paie e laboureur. Les 122 pots correspondent à peu près à 8 boisseaux de 16 pots ou à quatre minots. La règle générale, reproduite chaque année dans la commission adressée à l'intendant pour l'impôt du sel, fixe le sel du devoir à un minot pour 14 personnes. Ce laboureur est donc taxé pour 56 personnes. Il faut remarquer, du reste, qu'il dirige une grande exploitation agricole, de 65 à 66 hectares, et qu'il emploie certainement un nombreux personnel : domestiques et journaliers. Varengeville dépendait du grenier à sel de Dieppe, qui était un grenier d'impôt, et le sel y était réparti sur un rôle de collecte comme la taille. Ce système, comme nous l'avons vu, permettait d'augmenter la part des riches cultivateurs en diminuant d'autant la part des ouvriers et des pauvres. — Varengeville était taxé à 10 setiers et un minot ou à 41 minots ; le minot, pris au grenier à sel, coûtait 54 l. 15 s. Mais, pour avoir le prix réel du sel dans la paroisse, il faut y ajouter les frais accessoires (collecte, transport, distribution, etc.). Le minot, de cent livres pesant, revenait, tout compris, à plus de 60 livres d'argent et le sel coûtait aux habitants entre 12 sous et demi et 13 sous la livre.

la ferme fait submerger. Il en résulterait deux avantages : le premier, qu'en le semant sur les terres ou pâtis, il en naîtrait une récolte plus abondante, le second, que le propriétaire et l'équipage du navire en tireraient un certain profit. Le sel étant à un prix honnête, les cultivateurs en donneraient à leurs bestiaux.

Nous remontrons encore que les droits d'entrée dans la ville de Dieppe, tant pour les bestiaux que pour les denrées, sont énormes. Dans l'instant actuel un demi-gros de cidre, évalué à 20 l., paie, pour droit d'entrée, environ. 14 l. (1). L'excès est frappant. Si les droits d'entrée sont excessifs, ceux de sortie ne le sont pas moins. Toujours de l'argent : que trouve-t-on aux portes de la ville ? Des employés, des gardes, qui nous arrêtent, nous fouillent insolemment, qui ne respectent pas ce sexe qui mérite des égards, qui l'insultent par des attouchements indécents et des propos grossiers. Un étranger, qui voit la première fois ces actes d'autorité, doit croire que la France est peuplée d'un tas de coquins que l'on fouille aux portes pour s'assurer s'ils n'ont rien volé dans la ville. Depuis le prince jusqu'au pâtre, tout est soumis à cette loi. Les vins, les eaux-de-vie paient à l'entrée, paient à la sortie. Un malheureux paysan, dont la famille est malade, croit trouver un remède à leurs maux dans un verre de vin ; il est forcé de le payer trois fois sa valeur.

Nous remontrerons aussi que les ecclésiastiques, les nobles, sujets comme nous du même roi, doivent supporter le fardeau de l'Etat. Les prélats, les prêtres séculiers et réguliers, ne peuvent sans renier leur divin maître, refuser le tribut à César. Les grands seigneurs, les nobles, qui savent que leur grandeur d'âme et la noblesse de leurs sentiments disparaîtraient avec leur refus, jamais ne balanceront à partager ce fardeau (2). Aussi sommes-

(1) Le tonneau de cidre à Dieppe payait 4 l. 10 s. d'entrée ; il contenait environ deux muids (536 litres). Le demi-gros correspond donc à trois tonneaux. Le prix de 20 l. paraît bien faible : il ne peut s'agir que de petit cidre ou boisson.

(2) En 1770, le principal propriétaire noble, M. de Varengeville, avait château, jardin, 10 acres de masure, 15 acres de labour, 4 acres de bois taillis, 10 acres de joncs marins, 14 acres de bois de haute futaie, une ferme de 18 acres d'herbage et de 145 acres de terre de labour ; un four à tuile. deux acres de masure, 90 acres de labour, 40 acres de pâtis, 4 de joncs marins, un bois, un moulin à vent détruit. douze maisons, avec, chacune. une ou plusieurs acres de masure ou de labour, le tout rapportant 4.692 l. d'après l'estimation du contrô-leur des vingtièmes (Arch. S.-Inf., C. 536, f. 501, etc.).

Les biens ecclésiastiques ne consistaient qu'en dîmes en 1789 : le prieur de Bellencombre avait un trait de dîme, 130 l. ; le trésor de Varengeville. 558 l. de dîmes ; l'abbé de Saint-Wandrille, les deux tiers des grosses dîmes, louées au syndic L. Sanson pour 2.500 l. ; le curé : presbytère, cour, jardin (100 l.). un tiers des grosses dîmes (1.250 l.), les vertes dîmes et les novales, en tout 2.950 l. (Id.).

nous certains que Mgr le prince de Monaco voudra bien payer les impôts sur 70 acres de bois taillis et autres biens qu'il possède dans notre paroisse.

Notre monarque, qui veut réformer tous les abus, anéantira cette jurisprudence obscure qui éternise les procès et ruine les parties. La suppression de la taille, des gabelles, la clôture des colombiers et volières, la permission accordée aux laboureurs de porter des armes à feu, dans certains temps de l'année, pour donner la chasse aux corbeaux et aux corneilles, la destruction totale des fermes, la répartition égale des impôts entre le clergé, la noblesse et le tiers état, voilà le vœu de la nation et, en particulier, des habitants de la paroisse de Varengeville. Nous finissons en disant que les doléances, plaintes et remontrances des paroisses de tout le bailliage de Caux nous seront communes et que nous sommes presque sûrs de l'exécution de nos demandes par les intentions que manifeste notre souverain, devenu, à juste titre, l'idole de toute la nation.

Signé : L. Sanson, syndic de Varengeville-sur-mer, Et.-Ant. Folliot, Lecorbeiller, l'aîné, David Sanson, Leroux, Dechaut, Lemarchand, Dumont, Bouteiller, Née, J. Eude, Nic. Sanson, Vinc. Aug. Folliot, Nic. Leroux, Jac. Heleine.

VARVANNES

Dép. : Seine-Inf. ; arr. : Dieppe ; canton : Tôtes. A 34 k. au S. S.-O. de Dieppe.

Gén. : Rouen. El. : Arques.

Pop. : 1738 : 83 f. ; 1789 : 97 f.

Seigneur : de Varvannes. Patronne : l'abbesse de Saint-Amand.

Procès-verbal

Assemblée 3 mars, devant Franç. Sanson, syndic municipal ; 14 comparants : Ant. Bouillye, L. Duchausoy, membres municipaux ; Jac. de Conihout, P. Goyer, Rob. Marc, Thom. Saussay, P. Langnel, P. Fressant, Ch. Riaux, Sulp. Dupuis, Ch. Foucourt, J. Bouteiller, P. Le Fèvre, greffier, Mic. Bourdon. Onze signatures, dont trois ou quatre informes.

Députés : Ant. Bouillye, Jac. Conihout (1).

(1) Le procès-verbal et le modèle imprimé. Le syndic et les deux députés sont des cultivateurs. Le syndic, (maison et terres d'un revenu de 200 l.), paie

Cahier de doléances

1º Demandons une répartition égale sur tous les biens de notre paroisse, à raison de leur valeur et produit.

2º Que les marais et rivières, qui prennent leurs sources sur notre dite paroisse, dont une source est [de] chaque côté de la paroisse ; les deux rivières se réunissant ensemble, la paroisse se trouve au milieu, ce qui cause des vapeurs pestilentielles qui causent des maladies contagieuses depuis viron dix ans. Demandons qu'ils soient curés et nettoyés incessamment (1).

3º Que le sel soit diminué généralement dans notre bailliage, sans qu'il soit besoin d'avoir de commis à cet effet.

4º Que, pour les difficultés en matière civile, [elles] soient jugées et terminées dans l'assemblée municipale jusqu'à la concurrence de 50 l., nous y en rapportant.

5º Que la paroisse, telle que Varvannes, puisse prendre en aide une autre paroisse, sans destination de bailliage, qui produirait beaucoup plus et qui paierait beaucoup moins, désirant une juste répartition dans toutes les possessions (2).

6º Demandons aussi que les priseurs-vendeurs soient taxés, pour leurs vacations, à un prix fixé, que les ventes qu'ils font dans leurs étendues, qu'ils augmentent, en sus du prix principal [de] 6 sols pour livre, dont ils se trouvent des ventes, faites argent comptant, où ils exigent encore 3 sols pour livre (3).

---

39 l. de taille et suites ; Bouillye, (ferme de 70 acres de M. de Bostaquet pour 1.200 l.), paie 410 l. ; de Conihout, (ferme de 51 acres pour 1.000 l.), paie 304 l. Le rôle de la taille ne nous renseigne pas sur la profession des autres comparants, sauf pour Marc, qui tient une ferme de 45 acres. En 1789, taille : 1.255 l. ; access. : 735 l. ; capit. : 793 l. ; en tout, 2.842 l. 19 s. Exempts : le curé, Mauger, fait valoir la dîme ; le vicaire ; M. de Varvannes, son manoir seigneurial et sa ferme de 80 acres, d'un revenu de 1.500 l. ; M. de Bobasset, sa ferme de 40 acres d'un revenu de 600 l. et, depuis la Saint-Michel 1787, 9 acres et demi en plus, d'un revenu de 145 l., au droit de Mlle de Labarre, son épouse. Le rôle mentionne 11 mendiants et deux moulins à blé : le moulin blanc et le moulin Dabin (C. 1.938).

(1) Ces deux rivières sont celles qui forment la Saâne, dont les sources sont en effet situées de chaque côté de la paroisse. Ce que le cahier dit des marais [illegible] fièvres, qui désolaient la paroisse, est exact

(2) Le sens de l'article est celui-ci : que Varvannes puisse s'associer à une paroisse plus riche et moins lourdement taxée ; on réunira leurs parts d'impôt et, chacune payant proportionnellement à sa population et à sa richesse, Varvannes se trouvera déchargé. C'est une idée singulière, mais dont on parlait alors ; il en avait même été question à l'assemblée provinciale.

(3) Sur les priseurs-vendeurs, cf. Auberville, 9, et la note. Les 6 sous par livre sont ce qu'ils exigent sur les ventes à crédit, qui étaient la règle du reste. Cf. le cahier de Grainville-la-Renard, Remont. 11.

7º Demandons que les cafés soient supprimés, parce que nombre d'habitants très pauvres mangent jusqu'à la subsistance de leur famille, et ce qui les conduit dans la débauche.

8º Que, depuis la Saint Michel dernière, soit par insuffisance de récolte ou enlèvement, le blé est à 50 l. le sac (1), et que le défaut de commerce et la dureté des temps réduisent nombre de familles dans la misère, ce qui les oblige de mendier nuitamment et avec menaces, ce qui trouble le repos public.

9º Demandons que les pigeons et les lapins soient incessamment détruits, parce qu'ils ravagent la campagne et mangent les grains en toutes saisons.

Fait et arrêté ce jour et an que dessus, en présence des sieurs.... [ce sont les mêmes noms que dans le procès-verbal]. Signatures de Bouillye, Jacques de Conihout, Marc, Sauchey, Riaux, Duchausoy, Bourdon, Frecent, Lefèvre, greffier, Sanson, syndic.

VÉNESTANVILLE

Dép. : Seine-Inf. ; arr. : Dieppe ; canton : Bacqueville. A 21 k. au S.-O. de Dieppe.

Gén. : Rouen. El. : Arques.

Pop. : 1738 : 68 f. ; 1772 : 80 f. ; 1789 : 95 f.

Seigneur : Ch. de Cuverville. Patron : le prieur de la Madeleine de Rouen.

Assemblée le 1ᵉʳ mars. Pas de président indiqué. « Sont comparus en personne les nommés Daniel Le Vasseur, Ant. Buron, Isaac Ouvry, P. Lhomo, et plusieurs habitants de ce lieu, et Vincent Leroux, syndic, et municipalité de ladite paroisse, et habitants en général, au nombre de douze». Il y a en fait 12 signatures mentionnées : celles d'Antoine Buron, Isaac Ouvry, Nic. Le Maître, Simon Dorange, L. Doray, Jos. Torel, P. Jagu, Jac. Courbe, L. Mayeux, Dan. Le Vasseur, P. Benart, Le Marchand. « Le

____

(1) Il s'agit du sac de 6 boisseaux pesant 300 l. Ce prix de 50 l. nous est donné également par le cahier de Belleville-en-Caux, paroisse voisine. Le sac valait 45 à 55 l. à Mesnil-Rury, (auj. Torp-Mesnil). Le prix du blé avait à peu près doublé depuis six mois.

présent, certifié conforme à l'original, resté au greffe de la municipalité, par nous syndic, soussigné : Vincent Le Roux, syndic ».

Députés : J. Buquet, Nic. [Daniel] Le Vasseur (1).

Cahier de doléance et remontrance pour la tenue des Etats généraux.

Ce jourd'hui, mardi 3 mars 1789, en conséquence et pour l'exécution des ordres du roi, et en conséquence desquels nous avons député J. Buquet et Nic. Le Vasseur, marchand et habitant taillable de ladite paroisse de Vénestanville, suivant le procès-verbal du 1er de ce mois, nous Vinc. Le Roux, laboureur et syndic de la municipalité, P. Lhomo, Ant. Buron et Isaac Ouvry, membres de ladite municipalité, et autres habitants, après avoir accueilli les voix en l'assemblée qui a été faite ce jourd'hui, icelle bien et dûment annoncée, tant dimanche dernier à haute voix que ce jourd'hui au son de la cloche, deux heures après midi, en la chambre de ladite municipalité, avons remontré ce qui suit :

1° Qu'il n'y aura aucune exemption pour la répartition des deniers dûs au roi, tant à cause des biens fonds que chacun possède qu'à cause des grosses dîmes (2).

(1) Ce procès-verbal est mal rédigé ; nous n'avons pas du reste, comme pour les autres paroisses, l'original avec les signatures, mais une copie, où les noms des signataires sont énumérés. De plus, contrairement à ce qui s'est passé partout ailleurs dans ce bailliage, l'élection des députés a précédé de deux jours la rédaction du cahier. Enfin, il faut rectifier le prénom d'un des députés : Daniel, et non Nicolas, Le Vasseur. — Voici quelques renseignements sur la composition de l'assemblée : le syndic, Le Roux, tient une ferme de M. de Cuverville, 50 acres pour 1.200 l. ; 19 acres de divers pour 370 l. ; il est imposé à 595 l. Buquet, député, tient un clos et 9 acres de Cuverville pour 300 l. ; il paie 83 l. Le Vasseur, député, est marchand et cultivateur (136 l.). Parmi les comparants : Ant. Buron, (15 acres en propre, valeur 500 l., 7 acres et demie en location), imposé à 188 l. ; Isaac Ouvry, boucher, (189 l.) ; Lhomo, tisserand ; et parmi les signataires : Lemaître, tailleur, Dorcy, tisserand ; Jagu, Courbe, Bénard, toiliers. Le rôle n'indique pas la profession des autres comparants. En 1789, taille : 1.020 l., (en tout 1.048 l. 18 s.) ; accessoires : 607 l. 19 s. ; capitation : 654 l. Exempts : le curé, Riquet, (presbytère, cour, jardin, 6 acres de terre), Ch. de Cuverville, (logis seigneurial, parc, cour, jardin et 50 acres de terre ; Thomassin, clerc, (la maison cléricale). Vingt-six tisserands mentionnés ; six ou sept toiliers (Arch. S.-Inf., C. 1.940).

(2) Le principal propriétaire était de Cuverville ; il avait une maison, 3 acres de masure, 60 acres de labour, 3 acres de bois, qu'il faisait valoir lui-même en 1773. Le revenu, évalué à 875 l. jusqu'en 1773, avait été relevé alors à 1.200 l. Le trésor avait des terres d'un revenu de 250 l. et une maison louée au clerc 20 l. Les Dames de l'Hôtel-Dieu de Dieppe : une ferme de 10 acres louée 300 l. La Madeleine de Rouen possédait 1.000 l. de dîme, qu'elle louait au curé ; le curé avait le reste des dîmes 2.400 l. (Arch. S.-Inf., C. 529, reg. 2, f. 524-551).

2º Que la répartition sera divisée en trois classes des bonne, moyenne et mauvaise terre en labour et bois, prés, vigne, étangs (1).

3º Que les aides et gabelles seront supprimées comme choses les plus onéreuses à l'Etat et au peuple (2), étant facile que le roi se fasse payer de ses droits aux marais salants, à l'embarquement, pour le sel, et au débarquement, pour le tabac, pour lesquels droits il ne faudrait que la centième partie des commis qui sont aujourd'hui employés et qui, n'étant établis, comme il serait très à propos de le faire, que sur les frontières, ports et hâvres du royaume, percevraient les droits sur les marchandises venant de l'étranger, droits aujourd'hui trop faibles et qui, à ce moyen, facilitent l'étranger pour l'exportation et vente de leurs denrées dans le royaume à très bas prix et, par ce moyen, fait [font] tomber les manufactures, ruinent les habitants, de manière que, si cela durait longtemps, le royaume, ou du moins ses habitants, se trouveraient réduits à la dernière misère et par conséquent ne pourraient plus payer les droits du roi, pas même subsister (3).

4º Observent que les denrées comme pain, vin, cidre, viande sont d'une cherté énorme par les droits qui sont multipliés, chaque année, sur les viande, vin, cidre et autres liqueurs, droits qu'il n'est pas croyable qu'ils soient remis au trésor royal, sans quoi l'Etat ne pourrait jamais être obéré.

5º Que les curés de chaque paroisse possèdent dans icelle, tant en logement, terres labourables que dîmes, l'onzième partie au moins des revenus d'icelle, sans aucun frais d'exploitation, ce qui fait que ne supportant aucune imposition, se réduit à la septième (4), — et en effet est exactement la septième partie —, et le cultivateur se trouve toujours privé de l'onzième partie des engrais.

Fait et arrêté en la susdite assemblée, ce dit jour et an que dessus, et avons signé, lecture faite. Ant. Buron, Isaac Ouvry,

(1) Cette répartition est précisément celle des registres des vingtièmes.

(2) Pour le sel, Venestanville relevait du grenier de Dieppe et était taxé à 5 setiers ou 20 minots.

(3) C'est une protestation contre les traités de commerce, en particulier celui de 1786 avec l'Angleterre. Cf. Introduction, 2e partie, chap. 3, et les *Observations de la Chambre de commerce de Normandie* sur ce traité.

(4) L'article est mal rédigé. Il faut comprendre que leur revenu s'élève à la septième partie. Le curé avait presbytère, cour, jardin (100 l.) et les dîmes (2.400 l.) et, en plus, 6 acres de terre qui ne figurent pas sur le registre des vingtièmes, mais que mentionne le rôle de la taille en 1789.

Daniel Levasseur, Simon Dorange, Nic. Raulaine, Nic. Lemaître, Nic. Leroux, P. Bénard, Jac. Courbe, L. Mayeu, Lemarchand, Vinc. Le Roux, syndic.

LES VENTES D'EAWY (auj. LES GRANDES-VENTES) (1)

Dép. : Seine-Inf. ; arr. : Dieppe ; canton : Bellencombre. A 27 k. au S.-S.-E de Dieppe.

Gén. : Rouen ; El. : Arques.

Pop. 1739 : 292 f. ; 1772 : 300 f ; 1789 : 358 f.

Seigneur : Le Cordier de Bigars, marquis de la Londe, comte de la Heuze, président au Parlement de Normandie. Patron : le chapitre de Rouen.

PROCÈS-VERBAL

Assemblée électorale dimanche 1er mars, « sont comparus en personne les paroissiens et habitants, devant nous P. Bruno Lamy, notaire du roi au bailliage de Caux, siège en Normandie, en présence du sieur Michel Landa, syndic » ; 18 comparants mentionnés : Jos. Boutigny, J. Sannier, L. Langlois, J.-L. Follain, Jac. Sellier, Jac. Leduc, Isaac Carpentier, Nic. Delastre, Ant. et Nic. Durieu, Ad. Bréart, L. Carpentier, Denis Depierre, Ad. Varnier, Mic. Démare, Guil. Duvivier, Guil. Ancel, Jac.-Nic. Demache « et autres ». En plus signatures de Ch. Alline, Isaac-Ch. Noël, Jac. Andrieu, L. Cauchois fils, J.-B. Mailliard, Bullé, Nic. Gosse. J.-B. Radou, P. Sellier, Ch. Ancel, Franç. Durieu, Mic. Braquehais, L. Cartier, Nic. Houssaye, Ad. Nocent.

Députés : L. Langlois, Bruno Lamy, J.-Jos. Boutigny, Ch. Alline (2).

---

(1) La paroisse des Ventes d'Eawy (Ventae aquosae) devait son nom à la forêt d'Eawy qui l'entourait de tous côtés : elle avait été établie sur des défrichements ou ventes de cette forêt. Au Moyen âge on l'appelait aussi Notre-Dame-de-Beaubecquet, parce que l'abbaye de Beaubec en avait le patronage, la seigneurie et la haute justice. Mais le patronage avait été cédé, en 1491, au chapitre de Rouen et la seigneurie vendue, en 1596, à M. de Rassent; puis elle était passée aux Lecordier de la Heuse. Cf. Ch. de Beaurepaire. *Derniers mélanges historiques et archéologiques*, 276-300.

(2) L'assemblée est relativement nombreuse puisqu'elle comprend en fait 33 noms ; mais nous ne pouvons indiquer avec certitude la profession des comparants, le rôle de la taille ne le donnant que très rarement. Cependant on peut affirmer que la majorité se compose de cultivateurs : huit fermiers importants, un certain nombre de petits propriétaires et de petits fermiers, particulièrement nombreux aux Ventes ; le rôle mentionne des propriétés et des locations minuscules. Le syndic Landa est un fermier, (3 acres de masure, 100 acres de labour pour 1.200 l.) ; il est imposé à 349 l. Le premier député, Langlois, propriétaire d'une acre de masure et de 6 acres de labour, d'une valeur de 200 l., paie 57 l. Lamy, notaire et fermier d'un bien de 120 l., paie 33 l., dont 15 l. de taille. Ch. Alline a une ferme de 4 acres de masure, 100 acres de labour, un trait de dîme, le tout pour 1.500 l., une autre terre pour 150 l. ; il est imposé à 600 l. Le député Boutigny ne figure pas sur le rôle.

Cahier

Ce jourd'hui, dimanche 1ᵉʳ mars 1789, aux Ventes-d'Eawy, en auditoire dudit lieu, où se tiennent les assemblées de ladite paroisse, issue de vêpres, au son de la cloche.

Nous, propriétaires et habitants en général de ladite paroisse, sommes assemblés, de là réquisition du sieur Mic. Landa, syndic de ladite paroisse, en conséquence de la signification qui lui a été faite, requête de M. le procureur du roi du bailliage d'Arques, le 27 de février dernier, par Courtois, huissier à Dieppe, en présence de M. Pierre-Bruno Lamy, notaire du roi au lieu des Ventes, et y résidant, aux fins par nous, aux termes de lad. signification, de dresser cahier de doléances, plaintes et remontrances et nommer quatre députés pour les causes mentionnées en l'article 31 des lettres du 24 janvier dernier.

En conséquence, nous avons remontré en notre connaissance ce qui suit :

1º Nous observons, pour obéir à S. M., que ladite paroisse des Ventes est composée de 358 f., sur lesquels feux il y a 18 fermes, tant grosses que petites, appartenant tant à M. le comte de la Heuse qu'à différentes personnes, et que le surplus des autres feux, ce sont toutes personnes bûcherons, tisserands et journaliers, ainsi que pauvres (1).

2º Que la récolte de cette année, dans cette paroisse, a été très mauvaise à cause de la nature des terres, mans (2) et autres causes.

3º Que, dans cette paroisse, il y a une si grande quantité de

---

(1) On trouve en effet ces 18 fermes sur le rôle de la taille : les plus importantes sont celles du syndic Landa, du député Ch. Alline, de la veuve Alline et de son fils Pierre (4 acres de masure, 80 acres de labour, un trait de dîme pour 900 l.), impôt : 345 l., d'Ant. Durieu, (70 acres pour 800 l.), imposé à 273 l., de Nic. Delastre, (5 acres de masure, 50 acres de labour pour 1.000 l.), imposé à 292 l. Les autres ont entre 20 et 50 acres de labours. Parmi ces 18 fermiers, dix ont comparu à l'assemblée : Landa, P. Allinne, Ch. Ancel, Nic. Delastre, Depierre, Ant. et Franç. Durieu, Maillard, Noël, Jac. Sellier. Mais il y avait encore aux Ventes d'autres cultivateurs et nous en trouvons quelques-uns parmi les comparants : J.-L. Follain (70 l. d'impôt) ; Bréart, Carpentier (75 l.), Demare (68 l.), Demache, Duvivier (33 l.), L. Cauchois (77 l.), Braquehais, Houssaye, Nocent. — Voici l'appréciation du contrôleur des vingtièmes sur cette paroisse en 1767 : « La situation est en plaine ; le terrain consiste en masures, terres labourables, prés, bois taillis et pâtis. Les terres, pour la plus grande partie, y sont caillouteuses. Les habitants s'occupent de la culture des terres et du travail des bois de la forêt d'Eawy appartenant au roi. Il s'y fabrique aussi des siamoises ; il s'y file du coton qui se vend à Rouen. (Arch. S.-Inf., C. 554, f. 628).

(2) Nom de la larve du hanneton, ou ver blanc, en Normandie.

pauvres qu'ils cherchent, leurs femmes et leurs enfants de jour, et nuitamment les hommes, attroupés jusqu'au nombre de onze, tant de cette paroisse que des circonvoisines.

4° Que, depuis environ vingt ans, on est occupé dans cette paroisse à payer des sommes considérables pour raison de la grande route tendant de Dieppe à Paris par Forges-les-Eaux ; que la majeure partie des propriétaires se trouve ruinée par les fonds qu'on leur a pris, ainsi que par les deniers que l'on perçoit sur les habitants de cette paroisse, sans aucun avancement de ladite grande route, si ce n'est cette année qu'on s'en occupe (1).

5° Que, cette année, il y a eu une perte considérable dans cette paroisse sur les chevaux, vaches, moutons et autres animaux.

6° Que cette paroisse paie à S. M., tous les ans, au moins 16.000 l., tant pour tailles et suites que vingtièmes et corvées (2).

7° Que le bourg des Ventes paie entrée pour les cidres et poirés, ce qui est une charge à cette paroisse, et le bourg seulement, ce qui peut monter à viron mille livres, sans commerce (3). De plus, la paroisse est imposée d'au moins 1.500 personnes, qui consomment au moins pour 5.000 l. de sel, à raison d'une demi-quarte par personne, ce qui est une grande charge à la paroisse, à cause qu'elle est forcée à la donner pour enrichir les fermiers généraux, surtout aux pauvres chargés d'une nombreuse famille, ce qui est fait commun dans cette paroisse (4).

---

(1) Sur cette route, voir Ardouval, 7, et Torcy-le-Petit. Elle était inachevée dans la traversée des Ventes et un obstacle particulier s'était opposé à son achèvement. L'abbesse de Saint-Amand et un sieur Servin avaient, au mois de juillet précédent, adressé une requête au Département d'Arques pour être indemnisés de la perte de récoltes et de fruits que l'ouverture de la route allait leur causer. La Commission intermédiaire, prévenue par le Bureau d'Arques, avait conseillé de retarder le travail jusqu'en octobre (Arch. S.-Inf., C. 2. 117, pp. 179 et suiv.).

(2) En 1789, la taille, les accessoires et la capitation montent à 11.043 l. 7 s. 5 d. Taille : 4.880 l. ; acc. : 2.858 l. ; capit. : 3.082 l. ; en plus 223 l. 7 s. pour la collecte. Exempts : Thom.-Jac. Le Cordier de Bigard, chevalier, comte de la Heuse, seigneur haut-justicier de la paroisse, le curé Roussel, le vicaire Thibaut ; 66 mendiants (Arch. S.-Inf., C. 1.943). Ces trois impositions n'avaient guère varié dans les dernières années. En 1786 : 11.077 l. ; en 1787 : 11.088 l. ; en 1788 : 11.044 l. L'impôt représentatif de la corvée étant du quart du principal de la taille, soit 1.220 l. (frais non compris), les vingtièmes s'élevaient à environ 3.700 l.

(3) Il faut comprendre : sans qu'il fasse aucun commerce.

(4) Le boisseau de la ferme du sel contenait environ 16 pots et pesait 48 à 50 livres. La demi-quarte, ou huitième de ce boisseau, contenait deux pots et pesait six livres. La livre de sel, dans cette région, valait, d'après nos cahiers, de 12 sous 6 deniers à 13 sous. Le chiffre de 5.000 l. serait donc trop faible s'il ne fallait déduire des 1.500 personnes les enfants au-dessous de sept ans.

8° Que dans cette paroisse, quoique pauvre, et sans aumône de la part des dames de l'abbaye de Saint-Amand de Rouen, elles [celles-ci] possèdent la grosse dîme de cette paroisse, affermée 2.600 l. (1).

9° Que cette paroisse très pauvre est encore plus imposée à taille et suites plus que les paroisses circonvoisines.

10° Que la majeure partie des biens de cette paroisse sont occupés par différentes personnes, dont les propriétaires sont hors paroisse, et dont ils ne font aucune aumône aux pauvres, si ce n'est M. le comte de la Heuse, seigneur de ladite paroisse.

11° Qu'il n'y a que le tiers état qui supporte la majeure partie des charges de cette paroisse.

12° Que, dans l'année 1766, un nommé Jean Cattot, né de cette paroisse, demeurant à Freulleville, ayant tombé en démence d'esprit et sans conduite, ce malheureux a tombé à la charge de cette paroisse depuis ce temps et jusqu'à l'année 1787 ; quoiqu'ayant cette paroisse en général attaqué les parents de ce malheureux sans réussite, ce qui aurait occasionné les habitants de cette paroisse à payer tant pour son aliment, frais et autres causes, une somme de 4.000 l.

13° Que cette paroisse, étant enclavée de forêts (2), ce qui attire beaucoup de bêtes fauves et autres, ce qui cause un dommage très considérable aux grains qui se trouvent tenant par les racines sur les terres qui sont limitrophes desdites forêts.

14° Et enfin qu'il est présumable que, cette année, que la récolte en blé étant sur terre ne sera point avantageuse dans cette paroisse et cause de grandes gelées, qui sont survenues dans le courant de décembre et janvier dernier, ces blés étant déchaussés par la sécheresse de la terre qui s'est trouvée enlevée par les vents ; ayant même plusieurs particuliers qui n'ont pu cette année ensemencer leurs terres en blés.

L'on a omis d'employer dans ledit cahier qu'il y a dans ladite

(1) Elle était affermée à plusieurs cultivateurs : Mic. Matte pour 1.200 l., la veuve Allinne et son fils Pierre pour 900 l., Ch. Allinne pour un troisième trait. Cf. le rôle de la taille en 1789. Le registre des vingtièmes, en 1767, n'estimait ces dîmes qu'à 960 l. L'abbaye de Saint-Amand avait aussi une maison et masure d'une acre (revenu : 40 l. à la même date). Arch. S.-Inf., C. 554, f. 624.

(3) Ce sont les forêts d'Eawy, du Croc et des Nappes. Toutes les paroisses voisines de ces forêts se plaignent des dégâts du gibier et des bêtes fauves. Cf. en particulier les cahiers d'Ardouval, La Frenaye, Freulleville, Pomméréval, Maintru.

paroisse deux fermes, qui appartiennent au domaine, de valeur de 2.600 l., qui ne paient pas de vingtième et, en outre, une autre ferme, qui dépend du prieuré du Pubel (1), de valeur de 1.000 l., qui est aussi exempte de vingtièmes, ce qui donne encore une surcharge d'impôts à lad. paroisse.

Lequel cahier de doléances, plaintes et remontrances a été rédigé et signé double, tant par ledit sieur syndic que le dit sieur Lamy, les sieurs J.-Jos. Boutigny, J. Saulnier, L. Langlois, J.-L. Follain, Jac. Sellier, Jac. Leduc, Isaac Carpentier, Nic. Delastre, Ant. et Nic. Durieu, Ad. Bréhard, L. Domin. Carpentier. Denis Depierre, Ad. Varnier, Mic. Demare, Guil. Duvivier, Guil. Ancel, Jac.-Nic. Demache et autres habitants de cette paroisse.

Signatures de : Landa syndic, Boutigny, Sellier, Saunier, Lamy, Leduc, Delastre, Follain, Demache, L. Langlois, Nic. Durieu, Bréard, Depierre, Guil. Ancel, Vannier, Ant. Durieu, Demare, Isaac Carpentier, Carpentier, Jac. Mauger, Nic. Duvivier, Isaac Ch. Noel, Langlois fils, Jac. Andrieu. Cauchois fils, Bullé, J.-B. Maillard, Nic. Gosse, J.-Bapt. Radou, P. Sellier, Franç. Durieu, Ch. Ancel, Mic. Braquehais, L. Cartier, Nic. Houssaye, Ad. Nocent.

VENTES-SAINT-RÉMY (2)

Dép. : Seine-Inf. ; arr. : Neufchâtel ; canton : Saint-Saëns. A environ 30 k. au S.-S.-E. de Dieppe.

Gén. : Rouen ; El. : Arques.

Pop. : 1789 : 80 f.

Seigneur : Le Cordier de Bigars, marquis de la Londe, comte de la Heuze, président au Parlement de Normandie. Patron : le chapitre de Rouen.

---

(1) Le prieuré de Sainte-Marguerite-du-Pubel était situé à Muchedent : il dépendait du prieuré de Saint-Laurent-en-Lions. Cette ferme est portée pour le même revenu sur le rôle des vingtièmes depuis 1767.

(2) Cette paroisse, appelée longtemps les Petites-Ventes, était située au sud de la forêt d'Eawy, à quelques kilomètres seulement au nord de Saint-Saëns. Elle fut d'abord un domaine de l'abbaye de Beaubec et une simple dépendance des Grandes-Ventes. Les moines l'avaient aliénée en 1596 et, depuis 1669, elle appartenait aux Lecordier de Bigars. Aucun document, ni les Pouillés, ni Masseville, ni Dumoulin, ne nous donnent le nombre de feux de cette paroisse.

Assemblée 1er mars 1789, en la nef de l'église, « devant J. Helluy, ancien syndic, en l'absence et à cause de la maladie de Franç. Dufossé, syndic, actuel ». 16 comparants : Ch. Marest, Nic. Botté, Nic. Lemery, P. Mabile, Claude Le Rat, P. de Ronde, J. Tierce, Jac. Bigot, J.-Bapt. Feutry, Franç. Le Plé, J. Tierce, dit Cadet, Mic. Hallé, P. Valtier, Mic. Tillard, P. Meslier, L.-Jos. Bigot. — Sept signatures seulement : Hallé, de Ronde, Valtier, Mabille, Bottée, Marest, Helluy ; « les autres comparants ont déclaré ne savoir signer ».

Député : Marest, Botté. (1)

Plaintes, doléances et remontrances

Les habitants de cette paroisse, assemblés, désireraient peindre avec les couleurs les plus vives et les plus frappantes l'état de détresse et de misère qui les accable. Ils vont en esquisser le tableau avec toute la sincérité possible et avec toute la confiance que leur inspire le moment heureux où ils touchent.

Ils observent d'abord que cette petite paroisse, située au milieu de la forêt d'Eawi, composée de 80 feux, ne contient qu'une très petite portion de terrain, sur lequel sont assises deux petites fermes, dont la médiocrité du sol est encore augmentée par le voisinage de la forêt, qui non seulement communique une froide humidité, nuisible à la propagation des grains, qui souvent ne lèvent point, mais prive encore par son ombrage les cultivateurs qui les exploitent de la facilité dont on jouit, dans une campagne aérée, d'engranger la récolte bien sèche (2). A cet

(1) Cette assemblée a un caractère particulier : les fermiers n'y sont guère représentés que par J. Helluy ; les députés ne sont pas pris parmi eux. Bien que nous ne puissions donner d'indication précise sur tous les comparants, on peut affirmer que la majorité se compose de charbonniers, de bûcherons, de saboticrs. — Le syndic Helluy tient une ferme pour 800 l. ; il est imposé à 287 l. ; le député Marest est charbonnier (20 l.) ; Botté est sabotier (37 l.) ; Lémery est charbonnier, Jac. Bigot, bûcheron, Hallé, tisserand, Feutry, petit cultivateur, (26 l.). Tous les autres comparants, dont la profession n'est pas spécifiée, paient des cotes très faibles. L.-J. Bigot, 24 l. ; les deux Tierce, 17 l. et 44 sous ; P. Mabile, 44 sous ; Tillard, 12 l. ; Meslier, 8 l. ; Le Plé, 7 l. — En 1789, taille : 805 l. ; access. : 471 l. ; capit. : 508 l. ; en tout, avec les frais, 1.822 l. 16 s. 3 d. — Exempts : le curé, fait valoir sa dîme et son presbytère, M. de Monval, fait valoir son logis.

(2) « Sa situation est en plaine élevée et environnée de la forêt du roi, nommée forêt d'Eawy. Son terrain ne consiste qu'en masures, terres labourables, et pâtis dont la plupart est terrain caillouteux. L'occupation ordinaire des habitants... est la culture des terres et de travailler dans la forêt d'Eawy, les uns comme bûcherons, d'autres comme chasserons et charbonniers ». (Note du contrôleur des vingtièmes, 12 déc. 1767 (Arch. S.-Inf., C. 554, f. 644).

inconvénient se joint celui de la voir détruite en partie, avant sa
maturité, par la multitude d'oiseaux qui habitent les bois et par
les dommages inséparables d'un tel voisinage ; enfin, à ce désa-
vantage local se réunit le poids énorme des impôts, qui n'a aucune
proportion ni avec la qualité et la valeur, ni avec la quantité du
terrain, ni avec la quotité que paient les paroisses circonvoisines.
L'assemblée peut attester qu'aucune, dans l'élection d'Arques,
et peut-être dans la généralité de Rouen, n'est affligée, comme
celle-ci, par l'injuste répartition de la taille et des accessoires.
Il semble que tout l'arbitraire dans la distribution des impôts
se soit réuni pour l'écraser et que l'espèce de prédilection, qui
favorise les autres, tourne à son oppression. Lors de la vérification des biens-fonds pour l'augmentation des vingtièmes, le
médiocre objet n'a point été épargné, tandis qu'un grand nombre
d'autres, et même des élections presque entières, n'ont éprouvé
ni vérification, ni augmentation (1). Il est facile de concevoir
dans quel état d'affaissement et de découragement se trouvent
ses habitants, surtout dans un temps où le blé et toutes les
denrées sont d'un prix excessif, le commerce languissant, et
n'ayant aucune des ressources que procurent les grandes
paroisses, où il y a un seigneur, un curé riche et beaucoup de gros
laboureurs. Ici rien de tout cela ; aussi la misère est-elle à son
comble et la plupart des habitants meurent de faim. Leur travail
ne suffit plus pour leur procurer le pain nécessaire pour leur
nourriture et celle de leur famille. La rigueur de l'hiver a inter-
rompu leurs travaux pendant deux mois entiers et les a épuisés.
L'occupation des femmes est de filer du coton ; elles n'y gagnent
presque rien depuis que le commerce est tombé. Celle des hommes
est l'exploitation des bois destinés à la consommation de deux
verreries voisines (2), le port de ces bois, l'approvisionnement des

----

(1) La dernière vérification des vingtièmes, aux Ventes-Saint-Rémy, avait
eu lieu en 1767 et l'augmentation avait été insignifiante : le vingtième de
1767 était de 224 l. 14 s. ; celui de 1768 s'éleva à 231 l. 13 s., soit 6 l. 19 s. de
plus. Id. f. 643.

(2) Ce sont les verreries de Lihut et de Maucomble. Elles fabriquaient des
vitres et des bouteilles. Les verreries avaient des affouagements, c'est-à-dire
des cantons forestiers, dont les coupes leur étaient réservées. Elles faisaient
une grande consommation de bois et en général les cahiers leur sont hostiles.
Cf. Saint-Nicolas-d'Aliermont, 7, et, dans le bailliage de Neufchâtel, Orival,
8, Dancourt, 23, Gauville, 8. Le cahier des Ventes-Saint-Rémy leur est au
contraire très favorable et demande au roi de s'opposer à leur suppression.
Nous trouvons la même note dans le cahier de Maucomble, 10. « Il existe une
manufacture de verre dans cette paroisse, laquelle contribue à alléger le
fardeau de l'adversité de plus de 200 personnes ; nous sommes persuadés
que, pour le bien particulier de la paroisse, le roi honorera ces sortes de

matières et des denrées nécessaires à ces manufactures et les autres travaux que leur procurent les établissements qui emploient annuellement une prodigieuse quantité de bras. Sans cette ressource, qui ne peut pas encore suffire à leur procurer du travail toute l'année, que deviendraient-ils ? Ils connaissent parfaitement le prix de ce vois'nage, qui seul leur procure une grande partie de leur subsistance. Ils font tous les jours des vœux pour que S. M., qui ne désire que le bonheur de ses sujets, ne consente jamais à la suppression de ces manufactures. Ils réclament de sa justice et de sa bonté une égale répartition des impôts et un soulagement proportionné à leurs besoins et à leur situation.

Fait et arrêté en l'assemblée, le dimanche 1er mars 1789. Signé : Hallé, De Ronde, Valtier, Mabille, Botté, Marest, J. Halluy, « les autres comparants au nombre de dix ont déclaré ne savoir signer ».

VIBEUF

Dép. : Seine-Inf. ; arr. : Yvetot ; canton : Yerville. A 16 k. N.-N.-E. d'Yvetot.

Gén. : Rouen ; El. : Arques.

Pop. : 1738 : 113 f. ; 1789 : 140 f.

Seigneur et patron : la comtesse de la Mire.

Procès-verbal

Assemblée le mardi 3 mars 1789, en la chambre d'assemblée de ce lieu, devant le syndic [Ferrand] ; 8 comparants : P. Ballue, J. Hertel, Ch. Fessard, Ch. Pontif, P. Thorel, P. de la Dreve, L. Faucon, Jac. Lasne. Ils signent tous le procès-verbal avec ie syndic.

Députés : Ballue, Hertel (1).

---

manufactures d'une protection spéciale ». *Cahiers du bailliage de Neufchâtel-en-Bray*, 187.

(1) Le député Ballue est un fermier de Mme de la Mire, (80 acres pour 1.000 l.), imposé à 349 l. ; J. Hertel, un propriétaire, (20 acres en propre par 400 l.), imposé à 138 l. Parmi les autres comparants : Ch. Fessard, fermier de Mme de la Mire, (150 acres pour 1.500 l., 8 chevaux, deux charrues), imposé à 562 l. ; Ch. Pontif, toilier (46 l.) ; P. Thorel, (60 acres en propre ; valeur : 1.000 l.) imposé à 303 l. P. Deladrève, (5 acres en propre, 15 acres en fieffe, une charrue), imposé à 144 l. ; L. Faucon, tisserand (13 l.) ; Lasne, (ferme de 36 acres, valeur 600 l., une charrue), imposé à 177 l.

Cahier

Ce jourd'hui, mardi, 3e jour de mars 1789, nous principaux habitants taillables de la paroisse de Vibeuf, étant assemblés au lieu ordinaire, avons fait nos doléances, plaintes et remontrances, ainsi qu'il suit.

Premièrement. Outre que nous nous trouvons extrêmement chargés par l'imposition de la taille et droits y joints (1), c'est que, depuis viron huit ans, nous sommes obligés de payer en argent une contribution, qui se monte au quart du principal de la taille, pour l'entretien des grandes routes, que nous avions faites en neuf et qui ne coûtaient à peine que le prix aux riverains qui, dans ce temps, la faisaient [faisaient la corvée] en nature jusqu'à la distance de deux lieues ; et qu'à présent, toutes les paroisses étant comprises à cette contribution, nous croyons être recevables à nous plaindre que nous apercevons que l'entretien nous devient plus coûteux que lorsque nous l'avons faite en neuf (2). A ce sujet, nous croyons pouvoir vous remontrer qu'il y a peu de nous autres habitants de notre paroisse, éloignés de ces dites grandes routes, qui s'en servent et que, s'il y avait des bureaux, établis de distance à autre pour faire payer ceux qui en ont l'usage, tous les pauvres qui n'ont ni chevaux, ni harnais, et qui cependant paient une certaine contribution de taille, seraient exempts de cette contribution.

Ce que nous avons arrêté et signé ce jour et an que dessus. Hertel, Balluc, Fessard, P. de la Drève, Pontif, P. Thorel, Lasne, Faucon, Ferrand, syndic.

---

(1) En 1789, taille : 2.740 l. ; accessoires : 1.605 l. ; capitation : 1.730 l. ; en plus 127 l. 15 s. pour la collecte, etc. Exempts : J.-Aug. Devime, curé, (presbytère, dîme, 6 acres de terre ; le tout 6.000 l.) ; P. Roger, vicaire, (son logement, valeur 40 l.) ; P. Havé, clerc, (son logement valant environ 40 l.). Il y a 134 côtes ; 18 pauvres et fugitifs ; 22 tisserands ; 8 toiliers ; 20 fileuses (C. 1.945).

(2) La corvée en nature n'avait été définitivement remplacée par une contribution en argent levée sur les seuls roturiers que depuis la Déclaration de Versailles du 27 juin 1787 ; mais, comme nous l'avons déjà constaté dans le cahier d'Offranville, les intendants de la généralité de Rouen avaient introduit ce système dans beaucoup de paroisses bien avant 1787. Ce changement paraît avoir été assez mal accueilli dans le bailliage d'Arques. Cf. Offranville, 3, et surtout Herbouville, 1, et Royville, 13.

WANCHY (auj. WANCHY-CAPVAL) (1)

Dép. : Seine-Inf. ; arr. : Neufchâtel ; canton : Londinières. Sur l'Eaulne,
à 20 k. au Nord de Neufchâtel.
Gén. : Rouen ; El. : Arques.
Pop. : 1738 : 108 f. ; 1789 : 104 f.
Seigneur et patron : l'abbé de Saint-Ouen.

PROCÈS-VERBAL (2)

Assemblée 3 mars, au lieu ordinaire pour tenir les assemblées municipales,
devant Franc. Sannier, syndic; 9 comparants : Ant.-Franç. Sannier, J.-L.
Ledru, Nic. Lormier, J. Le Duc, Ant. Hedde, Jac. Throude, Franç. Le
Dru, Jos. Duvauchel, J.-L. Barrée. Mais la liste est incomplète : en plus
de leurs signatures, celles de J. Brichet, J. Henneque, Gali, Ch. Poulé, J.-B.
Fournié, Boutin, Franç. Beaurain, J.-Franç. Brichet, Latignant, greffier.
Députés : Jos. Duvanchel, Ch. Gally (3).

Cahier de doléances, plaintes et remontrances.

[Le cahier appartient au groupe d'Angreville ; il est un arrangement des cahiers d'Angreville et de Douvrend. Nous le donnons
cependant intégralement en indiquant les articles à peu près
identiques].

---

(1) Wanchy a été réuni à Capval en 1823. Capval faisait partie du comté
d'Eu et était du ressort du Parlement et de la Chambre des Comptes de Paris.
Wanchy, on écrivait aussi Vanchi et Venchy, était une baronnie qui appartenait à l'abbaye de Saint-Ouen et qui lui donnait le droit de présenter à la cure.
Cf. Potin de la Mairie. *Le Bray normand et le Bray picard*, II, 173.

(2) Il n'y a qu'une seule pièce. Le cahier est intercalé dans le procès-verbal,
avant la nomination des députés, qui est elle-même suivie des signatures.

(3) Il est difficile d'identifier tous les comparants à cause des similitudes de
noms et de prénoms. On constate cependant que la majorité se compose de
cultivateurs. Le syndic, Sannier, tient une ferme de l'abbaye de Saint-Ouen :
6 acres de masure et de prairie, 75 acres de labour, un trait de dîme, le tout
pour 1.500 l. ; impôt : 383 l. Duvauchel, député, est un fermier de M. d'Imbleval : 4 acres de prairie, 60 acres de labour pour 400 l. ; impôts : 353 l. Gally,
député : 30 acres de labour pour 400 l. ; impôts : 159 l. Parmi les comparants :
Sannier, petit propriétaire, Le Duc, maréchal, Hedde, laboureur, Théroude
ou Troude, fermier de l'abbaye de Saint-Ouen,(2 acres de masure, 20 de labour
pour 320 l., trait de dîme pour 600 l.), impôts : 227 l. Fr. Le Dru, fermier de
la même abbaye : 15 acres de masure, prairie et pâtis, 60 acres de labour, un
trait de dîme; impôt : 392 l. Parmi les signataires : Barré, Brichet, Henneque,
Lormier, cultivateurs, Franç. Beaurain, journalier, Poulé, menuisier.

Plaintes

1º Nous nous plaignons du poids des impôts et de l'arbitraire qui a existé jusqu'à ce jour dans leur répartition (1).

2º De la gabelle et des vexations dont elle est la cause.

3º De la rareté des bois et du peu de soin qu'on apporte à leurs améliorations.

4º De la mendicité vagabonde qui, par la fainéantise et le libertinage, porte une infinité d'individus de tout sexe et de tout âge à se répandre dans les campagnes dont ils sont devenus les fléaux.

5º Des frais énormes de la justice, de sa lenteur, vices qui tirent leur origine de la vénalité des charges.

Demandes (2)

1º Nous demandons diminution des charges publiques et que, pour lever l'arbitraire dans leur répartition, les municipalités de chaque paroisse aient seules, à l'exclusion de tout, le droit de répartir toutes les impositions quelconques sur les contribuables de leurs communautés ; en conséquence, nous prions S. M. de donner une existence fixe et durable aux assemblées provinciales et [de] département sous son autorité immédiate et celle de son conseil.

2º La suppression totale de la gabelle.

3º L'amélioration des forêts et obligation à tous et un chacun de planter son héritage et de justifier devant qui il appartiendra le remplacement des arbres de haute futaie qu'il aura abattus. Demandons aussi que la voie, ou corde de bois, dans les forêts soit taxée, attendu que les marchands la mettent à un prix si excessif qu'il est impossible au menu peuple d'en acheter.

4º La suppression totale de la banalité des moulins à moudre toute sorte de grains.

---

(1) En 1789, taille : 2.420 l. ; accessoires : 1.418 l. ; capitation : 1.528 l. ; en tout, avec les frais: 5.477 l. — Exempts : le curé, le vicaire, M. de Biville occupe son logis ; M. d'Imbleval de Bretel occupe son logis, une mesure de 3 acres, 14 acres de labour, revenu : 350 l. ; de Folleville : son logis, 24 acres de masure, 18 de bois taillis, 15 de labour ; revenu : 500 l. Onze mendiants. (Arch. S.-Inf., C. 1.935).

(2) Pour les trois premiers articles des *Demandes*, cf. Angreville, *Demandes* 1, 2, 3 ; mais Wanchy développe les art. 1 et 3.

5º Suppression de la mendicité vagabonde, la mendicité permise aux vieillards, aux infirmes, dans leurs paroisses seulement, ou de faire une imposition dans chaque paroisse sur les trois états pour le soulagement de leurs pauvres.

6º Qu'il soit établi dans chaque paroisse de campagne un clerc pour l'instruction de la jeunesse et la décence dans l'administration des sacrements.

[Les signatures sont celles que nous avons indiquées dans le procès-verbal, le procès-verbal et le cahier ne faisant qu'une seule pièce].

ASSEMBLÉE GÉNÉRALE DU TIERS ÉTAT

DU

BAILLIAGE D'ARQUES

Procès-verbal de l'assemblée générale du Tiers État du Bailliage royal de Caux, siège d'Arques, séant à Dieppe, tenue en la dite ville au mois de mars mil sept cent quatre-vingt-neuf (1).

Du lundi 9 mars 1789.

L'an 1789, huit heures du matin, en l'église de la Congrégation des prêtres de l'Oratoire, choisie comme le lieu le plus commode pour la présente assemblée générale du Tiers État du Bailliage royal de Caux, siège d'Arques, séant à Dieppe, tenue et présidée par nous, Simon-Aimé Le Prince, conseiller du roi, lieutenant général et particulier civil, commissaire enquesteur, examinateur et premier conseiller criminel du Bailliage royal de Caux, siège d'Arques, séant à Dieppe, et capitaine du château de Longueville (2), en la présence de Monsieur Pierre-Jacques-Nicolas Bourdon, conseiller du roi et son procureur au dit Bailliage d'Arques, étant assisté de maître Charles-Antoine Le Guest, greffier en chef au même Bailliage.

(1) Nous publions ce procès-verbal d'après le texte authentique, signé, coté et paraphé, conservé aux archives de la Seine-Inférieure, série B. Bailliage d'Arques, liasse I. Le cahier de doléances que nous donnons à la suite provient d'une source privée que nous avons indiquée dans la _Bibliographie._ Voir _Archives particulières._

(2) Le Prince avait succédé, comme lieutenant-général du bailliage et capitaine du château de Longueville, à Adrien de Quiefdeville, seigneur de Belmesnil, mort en 1786. Le titre de capitaine du château de Longueville avait été attribué à Quiefdeville et à ses successeurs à l'office de lieutenant-général par l'édit de réunion du bailliage de Longueville au bailliage d'Arques (sept. 1744). Le lieutenant-général avait même la jouissance du château de Longueville, dès cours, des fossés et de 5 acres de terre qui en dépendaient, moyennant le paiement d'un cens annuel de 24 l. (Arch. S.-Inf., C. 2.792).

Se sont trouvées les personnes ci-après nommées, députées par le Tiers Etat des villes, bourgs et villages de ce Bailliage.

Savoir :

NOMS DES VILLES BOURGS ET VILLAGES (1)	NOMS DES DÉPUTÉS
Arques	Jacques Larchevesque. Jacques Bimont.
Dieppe	Pocholle, bailli de Dieppe. Bourdon, procureur du roi. De Rouen, marchand de vin. Houard, avocat. Vasse, président à l'élection. Petit, avocat. Porion, voilier. Guillaume Vasse, négociant. Bourdon fils, négociant. Blanquet fils, marchand. Le Corbeiller, président au grenier à sel. Etienne Vasse, négociant. Lemornier, cordier. Arnois, négociant. Demillières, marchand. Frédéric Jean, négociant.
Auffay	Lavandier, notaire. Tubœuf [*marchand*]. Julien (2).

(1) Cette liste de paroisses et de députés est celle du procès-verbal. Il y a, sur un cahier de papier séparé, une autre liste, ni datée, ni paraphée, qui contient 429 noms, — le bailliage avait droit à 438 députés —, et qui donne la profession des comparants. Nous l'avons désignée dans l'Introduction sous le nom de Plumitif. Nous indiquons, d'après elle, entre crochets, la profession de tous ceux qui ne sont pas « laboureurs » et qui, comme on le verra, ne forment qu'une faible minorité. L'ordre suivi par le procès-verbal, comme par l'autre liste du reste, n'est pas l'ordre rigoureusement alphabétique. En tête, les deux « villes » Arques et Dieppe, ensuite les bourgs, puis les simples paroisses, classées par initiales, mais non sans quelque désordre. La liste des bourgs est inexacte : Bourg-de-Saâne et le Bourg-Dun, malgré leur nom, pas plus que Fontaine-le-Dun, Saint-Laurent-en-Caux et Yvecrique, n'avaient le titre officiel de bourgs, tandis que Lindebeuf, Saint-Nicolas-de-Veules et Tôtes, que notre procès-verbal range parmi les simples paroisses, étaient des bourgs authentiques et en supportaient les charges.

(2) Ce député, comme tous ceux dont nous n'indiquons pas la profession, est qualifié de « laboureur » dans le plumitif du procès-verbal.

NOMS DES VILLES BOURGS ET VILLAGES	NOMS DES DÉPUTÉS
Bacqueville	Beatte d'Ausseville [*élu en l'élection d'Arques*]. Sellier [*chirurgien*]. Rolland (1). Varin.
Bellencombre	Valle [*menuisier*]. Hébert.
Bourg-de-Saâne	Le Vacher. Duval [*jardinier*].
Anglesqueville-sur-Saâne	Lucas [*marchand*]. Avenel.
Fontaine-le-Dun	Le Gendre. Jacques David.
Yvecrique	Absent. Absent.
Le Bourg-Dun	Saffray. Cousin.
Les Ventes-d'Eawy	Lami, notaire. Louis Langlois. Boutigny. Charles Aline.
Longueville	Laviné [*ou Lavinay, feudiste*]. Fourneau, notaire.
Envermeu	Alix. Desauthieux. Zoé Labbé [*marchand*].
Saint-Martin-de-Veules	Jean Mazet (2). Vattement. Mignot.
Saint-Laurent-en-Caux	Guillaume Biard. Dupré. Asse.

(1) Le nom véritable est Rouland. Cf. le cahier de la paroisse.

(2) Le nom véritable est Maret. Cf. le procès-verbal de l'assemblée de la paroisse et la signature du député.

NOMS DES VILLES BOURGS ET VILLAGES	NOMS DES DÉPUTÉS
Torcy-le-Grand	Gamelin [*marchand*]. Jourdain.
Ancourt	Leclerc. Gaillon.
Angreville	Lemonnier. Viguerard.
Appeville	Derubé. Martel.
Archelles	Grébauval [*herbager*]. Merlier… défaillant [*garde de bois*].
Ardouval	Lemonnier. Gosse… défaillant.
Auberville	Crespin. Saunier.
Auppegard	Dubreuil. Gloria.
Auquemenil (1)	Boulaingne.
Avremenil	Fultot. Hamel. Auzou.
Anneville	Grenier. Legris.
Aubermenil	Blondel [*toilier*]. Delamarre.
Ambrumenil	Delamarre, notaire. De Manneville.
Auzouville-sur-Saâne	Le Prêtre. Tristain [*maréchal*] (2).
Bellengreville	Lefebvre. Burel.

(1) Le procès-verbal de la paroisse donne la forme Aucquemesnil ; le député y est appelé Bolaingne.

(2) Le nom véritable est Tristaingne ou Tristaigne. Cf. le cahier de la paroisse.

NOMS DES VILLES BOURGS ET VILLAGES	NOMS DES DÉPUTÉS
Belleville-sur-Mer	Vattier [*journalier*]. Phily.
Berneval	Routier [*matelot*]. Thérin. Feré.
Blosseville	Hochet. Cottard.
Bouteilles	défaillant. défaillant.
Bracquemont	Trique [*charron*] (1). Delestre [*marinier*].
Bures et Burette	Garin. Turquer.
Basoménil	Merlin (2). Levesque.
Beaunay	Jean Prevel. Boullent.
Beauville	Beaurepère. Larchevesque.
Beaumets	Bimont. Pellevillain.
Belleville-en-Caux	Brument. Morisse.
Bellemenil	Samson. Roulland (3).
Bénouville	Coruble [*charpentier*]. Martel.
Bertreville	Delamarre. Dupuis.
Biville-la-Baignarde	Permentier. Delaune.

(1) Le nom véritable est Triquet. Pour Delestre, le cahier donne Delaitre.
(2) Le nom véritable est Martin.
(3) Le nom véritable est Rolland.

NOMS DES VILLES BOURGS ET VILLAGES	NOMS DES DÉPUTÉS
Biville-la-Rivière	Morel. / Flahaut.
Blancmenil	Houlvigne. / Blot.
Bois-Hullin	Maromme, père. / Bunel.
Bois-Robert	Gogibus. / Sauvalle.
Bonnetot	Poullet. / Vieuxbled.
Boudeville	Le Sade. / Saint-Saëns.
Bourgay et La Chapelle-du-Bourgay	Lefebvre. / Ferment.
Brachy	Poullain. / Grenier [*meunier*].
Bractuit	Vadecar. / Douillet.
Brametot	Capron. / Voisin.
Bretteville-en-Caux	Chauvin. / Bauche.
Canehan	Lefort. / Castelot [*meunier*].
Colmenil	Dubuc. / Monnet.
Croixdalle	Selle. / Normand [*ou Le Normand, facteur de bois*].
Cropus	Labbé. / Durand.
Calleville, grand et petit-moutier	Boyard. / Frichet.
Canteleu	Pigné. / Larchevesque [*charpentier*].

NOMS DES VILLES BOURGS ET VILLAGES	NOMS DES DÉPUTÉS
Castelier	Duhamel. Elie [*couvreur en chaume*].
Cent-Acres	Louis Poullet. Pierre Poullet.
Crasville Laroquefort	Hérambourg [*marchand*]. Fauvel [*marchand*].
Crespeville	Morisse. David.
Cressy	Hallain (1). Levasseur.
Criquetot	Cottard. Andrieu (2).
Crosville	Le Sueur. Le Boullanger.
Dampierre	Bullé. Roussel.
Derchigny	Lagnel. Le Compte.
Douvrend	Grémont. Flahaut.
Denestanville	Morisse. Galopin.
Dracqueville	Masse. Rolland.
Epineville	Dupuis [*tisserand*]. Thomas [*tisserand*].
Equiqueville (3)	Le Blanc. Delamarre.
Etran	Debauve. Grébauval.
Etables	Brunet. Normand.

(1) Le nom véritable est Allain.
(2) Le député signe Victor de Saint-Andrieu.
(3) Il s'agit ici de Saint-Pancrace-d'Equiqueville, réuni à Saint-Vaast-d'Equiqueville en 1824.

NOMS DES VILLES BOURGS ET VILLAGES	NOMS DES DÉPUTÉS
Eurville	Marécal. Simon.
Fresles	Pannet. Le Gendre.
Freulleville	Pacquet. Papin.
Glicourt	Alix. Hollingue.
Gouchaupré	Lormier. Le Blanc.
Graincourt	Dupont. Bruneval.
Grèges	Bruneval. Boissel.
Guilmecourt-Saint-Amand	Laurent. Caron.
Gonnetot	Delorgeril. Bizet.
Gonneville et Les Hameaux	Varneville. Buret (1).
Gourel (2)	Delaporte. Benoist.
Grainville-la-Renard	Verel. Dubuc.
Greuville	Fauvel. Guérillon.
Gruchet-Saint-Siméon	Benoist. Houdeville.
Geurres	Grenier. Boullard [*meunier*].

(1) Le nom véritable est Burette

(2) Le nom véritable est Le Gourel.

NOMS DES VILLES BOURGS ET VILLAGES	NOMS DES DÉPUTÉS
Hotot-sur-Dieppe	Le Berton (1). / Guilbert.
Herbouville	Parmentier. / Couturier.
Hermanville	Baaldry. / Lefebvre.
Hugleville-sur-Scie (2)	Le Long. / Durand.
Hybouville (3)	Pacquet.
Inerville	défaillant. / défaillant.
Intraville	Lando. / Vasselin [*serrurier*].
Imbleville	Paquet (4). / Latelais.
Janval	Gloria [*boucher*]. / Gavel [*marchand de bois*].
La Chapelle-sur-Dun	Leseigneur. / Boullard.
Les Ifs	Castelot. / Poullet (5).
Les Ventes-Saint-Rémy	Marais [*charbonnier*]. / Bonté [*sabotier*].
La Gaillarde	Boullard. / Lheureux.
La Chapelle-de-Bénouville	Boullet. / Mallet fils.
La Chaussée	Monnet. / Poy (6).

(1) Le nom véritable est Breton.

(2) Heugleville et non Hugléville.

(3) La paroisse d'Hybouville, qui ne comptait qu'un feu et qui est aujourd'hui réunie à Envermeu, n'a laissé ni procès-verbal, ni cahier.

(4) Le nom est Pasquier ou Paquier.

(5) Il signe Pollet.

(6) Le nom est Poyer.

NOMS DES VILLES BOURGS ET VILLAGES	NOMS DES DÉPUTÉS
La Crique	Fauvel. / Poullet.
La Fontelaye	Boullenc. / Cheval.
La Frenaye	Gamelin. / Lefebvre.
La Heuse	Delauné (1). / Thiquehan.
Lamberville	Boitard. / Guilbert.
Lammerville	Duclos. / Mauconduit.
Les Authieux	Valle [*boucher*]. / Morin [*marchand*].
Les Innocents	Fouché. / Lecompte.
Lestanville	Alexandre. / Grandsire [*tourneur en bois*].
Lintot	Langlois [*officier d'infanterie*]. / Bouillon.
Le Thil	Cadot. / Brunel.
Letorp	Delamare. / Faucon.
Lindebœuf	Lejeune (2). / Lefaucheur.
Longueil	Sanson. / Nothias.
Louvetot	Roulland. / Letalleur.

(1) Le nom véritable est Delaunay.

(2) Il y a ici une inadvertance du copiste. Le député s'appelle en réalité *Féron* le jeune.

NOMS DES VILLES BOURGS ET VILLAGES	NOMS DES DÉPUTÉS
Luneray	Néel. Auvray. Bunel [*menuisier*].
Maintru	Dubosc (1). Mouquet.
Martin-Eglise	Delétoille. Galie.
Mesnil-aux-Moines	Colombel [*maréchal*]. Bénard [*charcutier*].
Meulers	Duvivier. Pacquet.
Manéhouville	Paon. Labbé.
Martigny	Viguerard. Le Gris [*tisserand*].
Menil-Rury	Crosnier. Cornier (2).
Menil-Saint-Germain	Grenier. Papillon [*papetier*].
Mont-de-Bourg	Tourneroche. Lepron.
Montreuil	Loure. Thuillie .
Muchedent	Matte (3).
Neuville	Labbé, chevalier de Saint-Louis. Louis Niel, maire de Dieppe.
Notre-Dame d'Aliermont	Sannier. Dardanne.
Notre-Dame-du-Parc	Ossemont (4). Bénard.

(1) Il signe Dubost ou Dubos.
(2) Il signe Cornière.
(3) Le second député Déchamps n'a pas comparu.
(4) Il signe Osmont.

NOMS DES VILLES BOURGS ET VILLAGES	NOMS DES DÉPUTÉS
Offranville	Mutel. Gransire. Lemoine. Vallée.
Osmoy	Pernet, notaire. Vignet.
Omonville	Nion [*élu en l'élection d'Arques*]. Martel [*laboureur, seigneur du fief Sénéchal*].
Orival	Lamotte. Maillard.
Ouville-la-Rivière	Samson. Hébert.

Et, vu l'heure de midi sonnée, nous avons indiqué la prochaine séance à cet après-midi, trois heures.

Fait et arrêté ce 9 mars 1789.

Le Prince.

Du même jour, 9 mars 1789, les députés étant assemblés, nous avons continué à faire faire l'appel des dits députés, commencé ce matin, ainsi qu'il suit :

Pommeréval	Lamoureux [*facteur de bois*]. Brument.
Pourville	Heudes [*charpentier*] (1).
Pelletot	défaillant. défaillant.
Quiberville	Leclerc. Giffard.
Rouxménil	Dubos [*maréchal*]. Saint-Saëns.
Rainfreville	Restout. Pillon.

(1) Pourville n'a nommé qu'un député

NOMS DES VILLES BOURGS ET VILLAGES	NOMS DES DÉPUTÉS
Reuville	Blard. Niel.
Ribœuf	Boitout. Thuillier [*marchand bourrelier*].
Ricarville	Lefebvre. Le Vistre.
Royville	Biville. Prévost.
Sotteville-sur-Mer	Dupuis. Antheaume. Bretagne. Boudvillain.
Ste-Agathe-d'Aliermont	Dubos. Grossard.
Saint-Aubin-le-Cauf	Blondel. Lefebvre.
Saint-Aubin-sur-Scie	Delaporte. Mauconduit.
Saint-Aubin-sur-Mer	Pasquier. Depinay, défaillant.
Saint-Denis-du-Val	Neveu [*garde-chasse*]. Leclerc [*tisserand*].
St-Jacques-d'Aliermont	Guilbert. Infray.
St-Laurent-d'Envermeu	Dubos. Theroulde (1).
Sainte-Marguerite	Quesne. Guilbert.
St-Martin-en-Campagne	Heux [*tailleur d'habits*]. Baril [*maçon*].
St-Nicolas-d'Aliermont	Vanet. Fournier. Durand. Grard.

(1) Il signe Troude.

NOMS DES VILLES BOURGS ET VILLAGES	NOMS DES DÉPUTÉS
Saint-Nicolas-de-Veules	Quesnel. Leneud (1).
Saint-Ouen-sous-Bailly	Autin (2). Pavie [*cordonnier*].
Saint-Pierre-le-Petit	Bazire. Ouvry.
Saint-Pierre-le-Viger	Cognard. Collan.
Saint-Pierre-le-Vieux	Sannier. Saffray. Fultot.
Saint-Quentin	défaillant. défaillant.
St-Vaast-sur-Equiqueville	Cauchie. Blard.
Saint-Valéry-sous-Bures	Pinchon. Saint-Germain.
Sassetot	Savoie. Julien.
Sauqueville	Lavenu [*meunier et laboureur*]. Franquelin.
Sevis	Peau de loup. Lecompte.
Saint-Crespin	Cauchois. Le Roux.
Saint-Denis-d'Acquelon	Saffray. Neveu.
Saint-Denis-sur-Scie	Parent. Fichet (3).
Sainte-Foy	Maromme fils. Pacquet.

(1) Le nom véritable est Lenud.
(2) Anctin et non Autin.
(3) Le nom véritable est Fizet.

NOMS DES VILLES BOURGS ET VILLAGES	NOMS DES DÉPUTÉS
Sainte-Geneviève	Poullet. / Boyard.
Saint-Hellier	Nicolas Maromme. / Maillard.
Saint-Honoré	Levasseur. / Nothias.
Saint-Just	Vallée. / Lheureux.
Saint-Mards	Ferret. / Breton [*ou Le Breton*].
St-Martin-sous-Bellencombre	Louis. / Buzuel.
Saint-Ouen-le-Mauger	Edet. / Masse.
St-Ouen-prend-en-Bourse	Ferret. / Jourdain.
St-Ouen sous-Brachy	Dujardin. / Savoie [*meunier de Saint-Ouen*].
St-Ouen-sous-Bellencombre	Petit. / Levasseur.
Saint-Sulpice	Mortoire. / Burel.
Saint-Vaast-du-Val	Mallet. / Avenel.
Tourville-la-Chapelle	Le Fay. / Le Fort.
Thibermenil	Rousselet, avocat. / Dévaux.
Thiédeville	Blot. / Masse.
Tocqueville-en-Caux	Langlois. / Hennetier.
Torcy-le-Petit	Gamelin. / Brunel.

NOMS DES VILLES BOURGS ET VILLAGES	NOMS DES DÉPUTÉS
Tostes	Le Borgne. / Fournier.
Tourville-sur-Arques	Blondel. / Boucher.
Varengueville (sic)	Sanson. / Lecorbeiller [*négociant à Dieppe*]. / Folliot.
Wanchy	Galie. / Duvauchel.
Varvannes	Bouillie. / Deconnihout.
Vandreville	Caron. / Allain.
Venestanville	Levasseur. / Bucquet.
Vibœuf	Balue. / Hertel.
Yclon	Boullard. / Mignot.

Tous lesquels députés à l'assemblée générale de ce Bailliage, convoqués à ce jour par notre ordonnance du 23 février dernier, publiée, affichée en la forme et de la manière prescrite par la dite ordonnance, se sont placés sans observation de rang ni de préséance, soit entre les personnes, soit entre les différentes villes, bourgs et villages.

L'assemblée ainsi composée et l'absence des non comparants constatée, nous avons donné acte aux comparants de leur comparution et défaut contre les non comparants.

Et à l'instant, en statuant sur la réclamation faite en la présente assemblée contre la nomination de la commune de la paroisse de Neuville de la personne du sieur Niel, maire et habitant de la ville de Dieppe, pour un de ses députés, et faisant aussi droit sur les conclusions du procureur du roi, nous avons déclaré la dite nomination nulle et de nul effet, comme contraire au vœu du Règlement et à l'article cinq de notre ordonnance du 23 février dernier. En conséquence, nous ordonnons que Monsieur Labbé, chevalier de l'ordre royal et militaire de Saint-Louis, député, nommé conjointement avec le dit sieur Niel, restera seul député de la dite commune de Neuville.

Et sera notre présent jugement exécuté nonobstant opposition, appellation et autre voie quelconque, aux termes du Règlement annexé aux Lettres de convocation du Roy.

Lecture a été ensuite faite par notre greffier de la Lettre du Roy, du 24 janvier dernier, et signée *Louis* et, plus bas, *Laurent* de *Villedeuil*, pour la convocation des Etats généraux à Versailles, le 27 avril 1789, du Règlement y annexé et de notre ordonnance susdatée, le tout rendu public et notifié dans les formes prescrites.

Ce fait, nous avons procédé à la vérification des pouvoirs des députés présents, qui ont été déposés sur le bureau, et, vérification faite des dits pouvoirs, nous avons ordonné qu'ils seront déposés en notre greffe pour y avoir recours au besoin.

Nous avons ensuite pris le serment, en la forme accoutumée, des députés de procéder fidèlement, en notre présence, d'abord, ou par eux tous, ou par les commissaires qu'ils nommeront, à la réunion en un seul cahier de tous les cahiers particuliers des plaintes, doléances et remontrances, apportés par les dits députés à la présente assemblée, ensuite à la nomination qu'ils feront à haute voix du quart d'entre eux pour assister à l'assemblée générale des trois états du Bailliage de Caux, qui se tiendra en la ville de Caudebec, le 16 de ce mois, huit heures du matin, les y représenter et y porter le cahier de notre Bailliage.

Ce serment prêté et le vœu de l'assemblée étant qu'il soit procédé à cette réunion par dix commissaires, nous avons commencé à recueillir les voix de plusieurs membres de la dite assemblée. Et vu l'heure de neuf heures du soir sonnés, nous avons indiqué la prochaine séance à demain, huit heures du matin.

Fait et arrêté ce 9 mars 1789.

Le Prince.

Du mardi 10 mars 1789.

L'an 1789, le mardi 10 mars, 8 heures du matin, l'assemblée s'étant réunie et ayant pris séance comme le jour précédent, nous avons continué à recueillir les voix.

Et, après avoir travaillé à cette opération jusqu'à 10 heures et demie du matin, nous avons renvoyé l'assemblée à ce jourd'hui 2 heures après-midi, nous étant rendus de suite à la juridiction pour procéder à l'installation de Monsieur de Bailleul, pourvu de l'office de Grand Bailli d'épée du Bailliage de Caux.

Fait et arrêté ce 10 mars 1789.

Le Prince.

Du même jour, 10 mars 1789, deux heures après-midi. L'assemblée ayant pris séance comme ce matin, nous avons continué à recueillir les voix pour la nomination des commissaires qui doivent travailler à la réduction des cahiers en un seul.

Les voix recueillies et vérification faite d'icelles, Messieurs Pocholle, Houard, avocats, Alix, Lorgeril, Cognard, Le Long, Le Vacher, Boullard, Néel et Rousselet, ont réuni la pluralité des suffrages. En conséquence, nous avons pris d'eux particulièrement le serment de procéder fidèlement à la dite réunion des cahiers en un seul, ce qu'ils ont promis de faire incontinent et sans délai, Messieurs les députés présents ayant, pour cet effet, remis sur le bureau leurs cahiers de doléances.

Et vu l'heure de 9 heures du soir, nous avons indiqué la prochaine séance de l'assemblée générale à jeudi prochain, huit heures du matin, devant nous occuper demain, avec Messieurs les commissaires ci-devant nommés, de la rédaction des cahiers de doléances en un seul pour le reporter à l'assemblée générale.

Fait et arrêté ce 10 mars 1789.

Le Prince.

L'an 1789, le jeudi 12 mars, huit heures du matin, l'assemblée s'étant réunie au lieu ordinaire et ayant pris séance comme les jours précédents, Messieurs les commissaires, nommés pour travailler à la rédaction en un seul cahier de tous les cahiers particuliers des plaintes, doléances et remontrances des villes, bourgs et villages de ce Bailliage, ont dit qu'ils y avaient procédé le jour d'hier, en notre présence, et ont déposé le dit cahier sur le bureau, dont nous leur avons accordé acte.

Lecture faite du dit cahier par notre greffier, Messieurs les députés présents l'ont accepté pour être le cahier des plaintes, doléances et remontrances de ce Bailliage et ont été appelés pour le souscrire.

Et, vu l'heure de midi, nous avons indiqué la prochaine séance à cet après-midi, deux heures.

Fait et arrêté à Dieppe, le 12 mars 1789.

Le Prince.

Du même jour, 12 mars 1789, deux heures après-midi, l'assemblée ayant pris séance comme ce matin, nous avons continué à faire appeler Messieurs les députés présents pour souscrire le cahier des plaintes, doléances et remontrances de ce Bailliage.

Cette souscription faite, nous avons accordé acte aux députés présents et défaut contre les absents.

En conséquence, nous avons ordonné que le dit cahier sera déposé en notre greffe pour y avoir recours au besoin, après avoir été signé de nous, du procureur du roi et de notre greffier, parce que le duplicata sera délivré et remis à un des membres de la présente assemblée qui seront députés de ce Bailliage pour le porter à l'assemblée générale du Bailliage de Caux qui se tiendra en la ville de Caudebec, le 16 de ce mois. Et vu l'heure de cinq heures du soir, nous avons indiqué la prochaine séance à demain, huit heures du matin.

Fait et arrêté à Dieppe, ce 12 mars 1789.

Le Prince.

Du vendredi 13 mars 1789.

L'an 1789, le vendredi 13 mars, huit heures du matin, l'assemblée s'étant réunie au lieu ordinaire et ayant pris séance comme les jours précédents, nous avons procédé, aux termes des articles XXXIII et XXXVIII du Règlement annexé à la Lettre de convocation du Roi, à la nomination du quart des députés du tiers état de ce Bailliage, qui se trouve devoir être de 110 députés, pour assister à l'Assemblée générale du Bailliage de Caux, y porter le cahier des plaintes, doléances et remontrances de ce Bailliage, y nommer des députés aux Etats généraux dans le nombre ci-dessus fixé, conformément au règlement et à l'état y annexé.

Sur quoi, les membres de la présente assemblée ayant mûrement délibéré, nous avons recueilli les voix en la manière prescrite et, à l'instant, le procureur du roi a observé à Messieurs les députés qu'aux termes de l'article XXXVIII du règlement, ils doivent choisir entre eux le nombre des députés fixés par cet article pour porter le cahier de ce Bailliage à l'assemblée générale des trois états qui se tiendra à Caudebec et y nommer des députés aux Etats généraux, le Règlement' ne leur permettant point de nommer des personnes qui ne seraient pas elles-mêmes députés de la présente assemblée, ce que le procureur du roi a signé.

Sur quoi Monsieur le lieutenant général, président de l'assemblée, a dit qu'il sera passé outre aux élections subséquentes.

Ce fait, nous avons continué à recueillir les voix pour la nomination des dits députés. Et, vu l'heure de midi, nous avons indiqué la prochaine séance à cet après-midi, deux heures.

Fait et arrêté à Dieppe, ce treize mars 1789.

Le Prince.

Du même jour, 13 mars 1789, deux heures après-midi, l'assemblée ayant pris séance comme ce matin, nous avons continué à recueillir les voix. Et, vu l'heure de huit heures, nous avons indiqué la prochaine séance à demain, huit heures du matin.

Fait et arrêté à Dieppe, ce 13 mars 1789.

Le Prince.

Du samedi 14 mars 1789.

L'an 1789, le samedi 14 mars, huit heures du matin, l'assemblée s'est réunie au lieu ordinaire ; nous avons continué à recueillir les voix.

Et, vu l'heure de midi sonnée, nous avons indiqué la prochaine séance à ce jourd'hui, deux heures après-midi.

Fait et arrêté à Dieppe, ce 14 mars 1789.

Le Prince.

Du même jour, 14 mars 1789, deux heures après-midi, l'assemblée ayant pris séance comme ce matin, nous avons continué à recueillir les voix et, vu l'heure de 9 heures, nous avons indiqué la prochaine séance à demain 8 heures du matin.

Fait et arrêté à Dieppe, ce 14 mars 1789.

Le Prince.

Du dimanche 15 mars 1789.

L'an 1789, le dimanche 15 mars, l'assemblée s'étant réunie au lieu ordinaire, nous avons continué à recueillir les voix pour l'élection des députés et, après qu'il ne s'est trouvé personne qui ait nommé à haute voix les députés pour se rendre à Caudebec, et, vu qu'il ne reste qu'un temps très limité aux députés pour se rendre à l'Assemblée des trois états du dit lieu de Caudebec, qui doit se tenir demain, à 8 heures du matin, nous avons ordonné qu'il sera présentement procédé à l'élection des dits députés.

Sur quoi le procureur du roi a requis qu'avant de nommer les députés, il soit procédé à la vérification des voix, ce que nous avons fait, et, après examen fait des suffrages que ses membres ont obtenu, nous avons trouvé que la pluralité appartient à :

Jacques Larchevesque, laboureur, Jacques Bimont, laboureur, Tubœuf, Jullien, Sellier, Rolland, Valle, Levacher, Lucas, Le Gendre, Saffray, Jean Cousin. Et à l'instant le procureur du roi s'est retiré (1). Louis Langlois, Alix le Clerc, Zoé Labbé, Biard, Asse, Gamelin, Dubreuil, Fulletot, Grenier, Blondel, Hochel, Garin, Merlin, Jean Prevel, Bimont, Brument, Samson, Martel, Parmentier, Morel, Maromme père, Poullet, Le Sade, Lefebvre, Poullain, Douillet, Capron, Chauvin, Dubuc, Boyard, Louis Poullet, Allain, Bullé, Grémont, Masse de Draqueville, Rolland de Draqueville, Le Blanc, Panel, Le Gendre, Pacquet de Freulleville, de Lorgeril, Bizet, Varneville, Delaporte, Guérillon, Le Breton, Le Long, Pacquet d'Hibouville, Pasquier, Le Seigneur Boullard de la Gaillarde, Boullet, Monnet [de] La Chaussée, Boullanc de la Fontelaye, Gamelin de la Frenaye, Duclos, laboureur, Mauconduit de Lammerville, Cadot, Delamare du Torp, Le Faucheur, Néel de Luneray, Auvray, Duvivier, Pacquet de Meulers, Paon, Vigrard de Martigny, Mutel, Martel d'Omonville, Samson d'Ouville-la-Rivière, Saint-Saëns de Rouxménil,

____

(1) Cette retraite du procureur, sur laquelle le procès-verbal ne s'explique pas, est motivée par le fait que le lieutenant-général ne nomme parmi les députés, élus pour aller à Caudebec, aucun des députés de Dieppe, ni aucun des membres des juridictions royales ou seigneuriales, députés par les paroisses. Cette exclusion arbitraire est la conséquence des rancunes du lieutenant général qui n'a pu se faire élire lui-même député du Tiers État du bailliage. Voir appendice IV les extraits de trois lettres, écrites par lui au garde des sceaux, les 12, 13 et 15 mars, où il donne quelques détails sur ces incidents. — Cette première liste ne fut pas du reste la liste définitive. Sur la réclamation générale de l'assemblée, le lieutenant-général dut procéder, dans la séance de l'après-midi du 15 mars, à une vérification des voix et proclamer, le 16 au matin, une nouvelle liste qui comprit cette fois les députés de Dieppe et les membres des juridictions arbitrairement exclus de la première. Voir plus loin cette liste.

Restout, Blard, Boitout, Biville, Dupuis, Antheaume, Blondel de Saint-Aubin-le-Cauf, Lefebvre de Saint-Aubin-le-Cauf, Mauconduit de Saint-Aubin sur-Scie, Pasquier de Saint-Aubin-sur-Mer, Vanet, Cognard, Saffray de Saint-Pierre-le-Vieux, Pinchon, Cauchois, Saffray de Saint-Denis-d'Acquelon, Poullet de Sainte-Geneviève, Maromme de Saint-Hélier, Ferré de Saint-Mards, Heddet, Ferré de Saint-Ouen-prend-en-Bourse, Lefort, Leborgne de Tostes, Samson de Varengeville, Balue, Boullard d'Iclon.

Lesquels députés ainsi nommés, au nombre de 109, à raison de 438 membres composant l'Assemblée, ont accepté la dite commission et promis s'en acquitter fidèlement, ce qu'ils ont signé :

Le Clerc, Jean-Henri Dupuis, Antheaume, Ballue, Jean Capron, Le Faucheur, Garin, Charles Deletoile.

Et vu qu'il est dix heures et demie sonnés, nous avons la continuation de la présente assemblée renvoyée à ce jourd'hui, deux heures après-midi.

Fait et arrêté à Dieppe, ce 15 mars 1789.

Le Prince.

Du même jour, 15 mars 1789, deux heures après-midi, l'assemblée ayant pris séance comme ce matin, lecture a été faite de la nomination des députés faite à la vacation de ce matin. Et, vu la réclamation générale de l'assemblée, nous avons ordonné qu'il sera procédé à une nouvelle vérification des voix.

Sur quoi, les membres de la présente assemblée ayant mûrement délibéré et les voix ayant été recueillies de la manière prescrite, la pluralité des suffrages s'est trouvée en faveur de Messieurs :

Et, vu l'heure de huit heures et demie sonnés, nous avons indiqué la prochaine séance à demain, huit heures du matin.

Fait et arrêté à Dieppe, ce 15 mars 1789.

Le Prince.

Du lundi 16 mars 1789.

L'an 1789, le lundi 16 mars, huit heures du matin, l'assemblée s'étant réunie au lieu ordinaire et ayant pris séance comme les jours précédents, ayant continué à recueillir les voix en la manière prescrite, la pluralité des suffrages s'est trouvée en faveur de

Messieurs

1er Jacques Larchevesque, laboureur.

2e Jacques Bimont, laboureur.

3e Pierre Pocholle, bailly de Dieppe.

4e Pierre Jacques Nicolas Bourdon, procureur du roi au bailliage de Caux, siège [d'Arques].

5e Jean Joseph Suzanne David Houard, avocat.

6e Nicolas Constant Vasse, Président de l'élection d'Arques.

6bis François Barthélemy Alexandre Petit, avocat.

7e Guillaume Vasse, négociant.

8e Louis Bourdon fils, négociant.

9e Jean Pierre Blanquet, fils, marchand.

10e Etienne Vasse, négociant.

11e Nicolas Arnois, négociant.

12e Frédéric Jean, négociant.

13e Hallin Charles Lavandier, notaire.

14e Pierre Tubœuf, marchand.

15e Charles Jullien, laboureur.

16e Pierre Henry François Etienne Béatte d'Ausseville, lieutenant de l'élection d'Arques.

17e Charles Amour Sellier, maître en l'art de chirurgie.

18e Jacques Thomas Robert Rouland, laboureur,

19e Thomas Levacher, laboureur.

20e Laurent Lucas, marchand.

21e Nicolas Legendre, laboureur.

22e Pierre Saffray, laboureur.

23e Jean Cousin, laboureur.

24e Louis Langlois, laboureur.

25e Charles Aline, laboureur.

26e Jean Pierre Paul Lavinay, feudiste.

27e Jean Baptiste Alix laboureur.

28e François Zoé Labbé, marchand.

29e Hip. Asse, marchand.

30e Alex. Gamelin, marchand.

31e François Le Clerc, laboureur.

32e J.-Bap. Du Breuil, laboureur.

33e Jean Blondel, laboureur.

34e Adrien Alex Delamarre, notaire.

35e Louis Hauchel, laboureur.

36e Jean Prevel, — (1)

(1) Ce tiret et les suivants remplacent le mot laboureur.

37e Guill. Bimont, laboureur.
38e Pierre Brument   —
39e Thomas Sanson   —
40e Jacques Lefebvre   - - -
41e François Poullain   —
42e Pierre Douillet   —
43e J.-Bap. Boyard   .   —
44e Louis Poullet   —
45e Jacques Allain   —
46e Pierre Legendre   —
47e Michel Pacquet   —
48e Isaac Joseph de Lorgeril —
49e J.-Bap. Gabriel Bizet   —
50e Jean Varneville   —
51e Jean de la Porte,   —
52e Nicolas Le Breton   —
53e Louis Lelong,   —
54e Jean Leseigneur   —
55e Jacq. Char. Boullard   —
56e Jacq. Char. Monnet   —
57e Charles Boullenc .   —
58e Franç. Marc Gamelin   —
59e Nicolas Duclos   —
60e Pierre Nicolas Etienne Langlois, officier d'infanterie.
61e Antoine Delamare, laboureur.
62e Jean Néel   —
63e Robert Nicolas Duvivier —
64e Pierre Paquet   —
65e Adrien Paon   —
66e André Louis Pernet, notaire.
67e Isaac Louis Nion, élu de l'élection d'Arques.
68e François Martel, laboureur et seigneur du fief Sénéchal.
69e Charles Lefebvre, laboureur.
70e Jacq. Franç. Coignard   —
71e Michel Saffray   —
72e François Cauchois   —
73e Jacques Féret   —
74e Denis Féret   —
75e François Rousselet   —
76e Louis Sanson   —
77e Joseph Augustin Le Corbeiller, négociant.

78e Pierre Balluc, laboureur.
79e Jacques Baillard   —
80e Augustin de Rouen, marchand.
81e Thomas Demilliers, marchand.
82e Pierre Bruno Lamy, notaire.
83e Jean Le Sade, laboureur.
84e François Fourneau, notaire.
85e David Labbé, laboureur.
86e Vincent Panel   —
87e Charles Vanel   —
88e Joseph Lemonnier, maître cordier.
89e Guill. Biard,   laboureur.
90e Guill. Garin   —
91e Jacq. Permentier   —
92e J.-Bap. Maromme, père —
93e Bonaventure Poullet   —
94e Jacq. Dubuc.   —
95e Nicolas Papin   —
96e Pierre Baudry   —
97e Louis Boullard   —
98e Etienne Lefaucheur   —
99e Joseph Sanson   —
100e J.-Bap. Viguerard   —
101e Nicolas Sanson   —
102e David Collan   —
103e Joseph St-Germain   —
104e Pierre Saffray   —
105e Louis Marin Le Corbeiller, président du grenier à sel de
    Dieppe.
106e Jean-Baptiste Varin, laboureur.
107e François Beaureper   —
108e Michel Martel   —
109e Jean Mauconduit   —

Lesquels députés ainsi nommés, au nombre de 110 (1), à
raison de 439 membres qui doivent composer la présente assemblée,
ont accepté la dite commission et promis de s'en acquitter
fidèlement.

En conséquence, nous avons remis, en présence des membres
de la dite assemblée, aux députés ci-dessus, derniers nommés, le

(1) Il y a bien en effet 110 députés, et non 109, parce qu'il y a un n° 6 bis.

duplicata, dûment en forme, du Cahier des plaintes, doléances et remontrances de ce Bailliage, afin de les porter à l'assemblée générale des trois états du Bailliage de Caux, qui se tiendra aux lieu, jour et heure déjà exprimés au présent procès-verbal, devant Monsieur le Bailly du dit Bailliage ou Monsieur son Lieutenant général.

En conséquence, tous pouvoirs requis et nécessaires sont donnés par le présent aux dits députés à l'effet de représenter en la dite assemblée le tiers état de ce bailliage, de proposer, remontrer, aviser et consentir tout ce qui peut concerner, les besoins de l'Etat, la réforme des abus, l'établissement d'un ordre fixe et durable dans toutes les parties de l'administration, la prospérité générale du royaume et le bien de tous et de chacun des sujets de Sa Majesté, ce que les dits députés ont promis faire.

Et tous les députés présents, interpellés de prêter serment de s'acquitter fidèlement de la mission qui leur est confiée, ils ont tous prêté le serment, dont nous leur en avons accordé acte.

A laquelle fin avons d'eux pris et reçu le serment au cas requis et accoutumé.

Desquelles nominations de députés, remise de cahier, pouvoirs et déclarations nous avons à tous les susdits comparants donné acte, et ont signé, ainsi que les dits députés, avec nous, le procureur du roi et notre greffier, notre présent procès-verbal, dont le *duplicata* signé de nous, du procureur du roi et de notre greffier, a été présentement remis aux dits députés pour constater leurs pouvoirs, et le présent sera déposé aux archives de ce Bailliage, conjointement avec les autres pièces qui ont été déposées sur le bureau dans le cours de la présente assemblée, toutes les dites pièces préalablement cotées et paraphées par nous et le procureur du roi.

Fait et arrêté à Dieppe, ce 16 mars 1789.

Signé : Larchevesque, Jac. Bimont (1), Pocholle, Bourdon, Houard, Guil. Vasse, Petit, Bourdon fils, Et. Vasse, Lecorbeiller, Blanquet, Jos. Lemonnier, Frédérick Jean, Arnoys, Demillières, Ch. Halley, Avenel, Laviney, Franç. Fél. Lemonnier, Franç. Delamare, Nic. Routier, Thom. Feré, Guil. Garin, Vinc. Thérin, la marque de J.-B. Vatier, Ad. Turquet, Jac. Permentier, J. Delaune, Thom. Sauvalle, Boullet, P. Douillet, D. Labbé, P. Selle,

(1) En marge et sans renvoi, à la hauteur de la seconde ligne, qui commence par Pocholle, signature d'Asse, député de Saint-Laurent-en-Caux.

J. Normand, J.-B. Boyard, Ch. Frichet, L. Poullet, P. Poullet,
Jac. Allain, J. Levasseur, Martin, David, Morisse, Jos. Lagnel,
F. Leconte, Fr. Gremon, P. Masse, P. Rolland, J. Dupuis, Thomas,
Marécal, P. Simon, nom illisible, Nic. Papin, Nic. Hollingue,
Le Blanc, Ch. Lormier, Ch. Burette, L. Verel, Et. Guerillon,
L. Benoist, Nic. Guilbert, J. Couturier, L. Lelong, Franç. Paquet,
Ch. Lando, Jac. Vasselin, Franç. Poulain, J. Brunneval, Flahaut,
J. Grenier, J. Leseigneur, Boullard fils, Laur. Mallet fils, Jac.
Ch. Monnet, Fauvel, Ch. Boulen, Franç. Tiquehan, Nic. Ant.
Fouchet, Mic. Alexandre, Langlois, officier d'infanterie, Mic.
Bouillon, Lefaucheur, J. Nic. Brunel, Rouland, Et. Letalleur,
Fr. Dubost, Gali, Rob. Nic. Duvivier, P. Paquet, Ad. Paon,
J.-B. Viguerard, P. Saffray, Ad. Leperon, Den. Loure, Nic. Denis
Tuilier, J. Delaporte, Labbé, Osmont, Ant. Mutel, Jac. Vigné,
P. de Manneville. Nion, P. L. Maillard, Ch. Paquier, Jos. Sanson,
Ant. Leclerc, Ad. Giffart, Nic. Saint-Saëns, J. Lefebvre, P. Dubos,
Jac. Retout, J. Levesque, Cottard, Victor de Saint-Andrieu, Biville,
Prévost, J. H. Dupuis, Breteigne, Antheaume, Boudvillain, L. Boul-
lard. P. Fournier, Franç. Duboc, J. Grossard, Guil. Delaporte,
L. Paquier, Franç. Neveu, Nic. Dubos, P. Guerard, J. B. Heux,
Nic. Paris, Bazire, Franç. Lenud, P. Pinchon, Nic. Peaudeloup,
Ch. Leconte, Nic. Parent, J. B. Maromme, Nic. Paquet, P.
Maillard, Ad. Poullet, Jac. Boyard, Le Vasseur, Martin, P. Vallée,
Franç. Lheureux, Grandsire, Jac. Feret, P. Buzuel, Jac. Ede,
Jac. Burel, Dujardin, Petit, Et. Mallet, And. Avenel, L. Le Fay,
Et. Lefort, Rousselet, Deveaux, D. Massé, Langlois, Hennetier,
L. Brunet, And. Gamelin, D. Fournier, L. Sanson, Foliot, De
Conihout, Bouillye, J. Jac. Caron, Vinc. Allain, Ballue, Boullard,
P. Grenier, Jac. Legris, Normand, J. Varneville, A. Grenier,
Lucas, J. Capron, Ch. Lefebvre, Al. Blondel, Delamare de Bré-
munil, Jac. Masse.

Le Prince.

Ce fait et après qu'il ne s'est plus trouvé personne, nous avons
clos et arrêté le présent procès-verbal. que nous avons signé avec
le procureur et notre greffier, après avoir icelui coté et paraphé
sur toutes les pages.

A Dieppe, le 16 mars 1789.

Le Guest.

Cahier des doléances du Tiers Etat du bailliage royal de Caux,

siège d'Arques, séant à Dieppe (1).

Les vœux du Tiers Etat du bailliage d'Arques sont :

1° Que les délibérations aux Etats généraux soient prises par les trois ordres réunis et que les suffrages soient comptés par tête.

2° Que la justice civile et la justice criminelle soient réformées et purgées Je tous les abus contraires à la sûreté et à la liberté personnelle des citoyens, qu'il soit formé de nouveaux arrondissements pour les juridictions royales et fixé un terme à la durée des procès.

3° Qu'il ne soit fait aucune confusion du pouvoir d'administration et du pouvoir de juridiction, qu'enfin chaque citoyen, toujours sous la protection de la loi, ne puisse par aucun acte du pouvoir arbitraire et, ce qui en est une suite, par aucun des abus du pouvoir militaire, être soustrait à ses juges naturels, ni devenir l'objet d'aucune violence particulière.

4° Que S. M. soit suppliée de donner aux bailliages royaux la faculté de juger en dernier ressort jusqu'à la concurrence de la somme de mille livres, au nombre de cinq juges, non compris les gens du roi.

5° Qu'en attendant que les circonstances permettent la suppression de la vénalité des charges, tout aspirant à une charge de

(1) Ce cahier ne se trouve pas aux archives de la Seine-Inférieure qui ne contiennent que le procès-verbal de l'assemblée préliminaire. Les archives nationales n'en ont qu'une copie au B. III, 43. Le texte, que nous publions, est le texte original avec les signatures. Il fait partie du Registre manuscrit de M. Valin, dont nous avons donné la description aux Sources, et dont il constitue la sixième pièce. Il est probable que c'est la pièce même qui fut remise par le lieutenant-général à Bourdon, procureur du roi au bailliage, et un des députés nommés pour aller à l'assemblée générale des trois états à Caudebec, et c'est ce qui explique qu'elle ait été reliée dans le Registre avec les autres pièces relatives à cette assemblée.

Le cahier se compose de deux parties : la première (articles 1-33) est la reproduction presque textuelle du cahier de Dieppe : les changements ne portent que sur quelques mots, un membre de phrase au plus. Mais si l'ordre des articles est respecté, leur division n'est pas toujours la même ; plusieurs articles du cahier de Dieppe sont coupés : ainsi les articles 3, 5, 11 forment chacun deux articles dans le cahier du bailliage ; les articles 2 et 8 en forment chacun trois. La seconde partie (articles 34-60) contient le résumé des principales demandes des cahiers des paroisses ; les cahiers d'Auffay, de Bacqueville, de Luneray, sont ceux qui paraissent avoir eu le plus d'influence sur la rédaction de cette seconde partie.

judicature soit strictement assujetti à un stage dans le tribunal où il voudra se fixer ou dans tout autre tribunal de la province.

6° Que les lois sur la résidence des juges royaux dans le lieu du siège de leur juridiction soient renouvelées et qu'en temps de vacation, il y reste au moins deux juges pour la dispensation de la justice.

7° Que le code criminel soit réformé, principalement et surtout en ce qui concerne l'instruction, laquelle doit marcher de pair à décharge avec l'instruction à charge. Qu'en outre il soit donné un conseil aux accusés, immédiatement après leur premier interrogatoire complètement prêté, qu'enfin les prisons soient réparées ou reconstruites, de manière à ne pas faire frémir, ni préjudicier l'humanité, le Roi ayant à son profit les confiscations, amendes ou autres droits.

8° Que les droits royaux sur l'expédition des sentences ou arrêts soient supprimés et que dans toutes matières, soit civiles, soit criminelles, tout citoyen n'ait à parcourir que deux degrés de juridiction.

9° Que les droits de committimus, d'évocation et d'attribution de sceau, soient abrogés.

10° Qu'il ne soit perçu aucun impôt, ni fait aucun emprunt sans le consentement de la nation et qu'en matière de législation, elle soit admise à éclairer le souverain.

11° Que les Etats généraux se rassemblent à des époques fixes et déterminées pour concourir au redressement des abus et à toutes les opérations qui ont le bien public et les intérêts locaux pour objet.

12° Que l'exécution de tout ce qui sera arrêté dans les Etats généraux, en fait d'administration, soit confiée aux soins des Etats provinciaux qui seront rendus à la Normandie et où l'on opinera par tête et non par ordre.

13° Que les Etats provinciaux soient chargés de la recherche de tous les abus qui se commettraient dans la province et d'en poursuivre l'extirpation auprès de Sa Majesté.

14° Que les Etats provinciaux soient organisés de la même manière et suivant la forme établie pour l'organisation des Etats généraux et divisés en assemblées de districts et en assemblées paroissiales pour concourir à l'assiette et répartition des impôts, ou par elles-mêmes, ou par des commissions ou bureaux intermédiaires qui les représenteront.

15° Que l'impôt, quelle qu'en soit la nature, soit également et proportionnellement réparti sur les trois ordres et qu'à l'avenir il n'existe aucuns privilèges pécuniaires, mais que tous les citoyens, de quelque rang et qualités qu'ils soient, supportent toutes les charges de l'Etat à proportion de leurs facultés.

16° Que, d'après un mûr examen des besoins ordinaires de l'Etat et des besoins extraordinaires, auxquels le malheur des circonstances nécessite de pourvoir, il soit assigné, relativement aux premiers, des revenus fixes qui, sous le nom de subsides ordinaires, seront existant comme les besoins mêmes, mais dont la durée sera limitée et, relativement aux seconds, des impositions momentanées qui, sous la dénomination de subsides extraordinaires, s'éteindront à fur et à mesure des besoins qui les auront nécessités, à laquelle [fin] il y aura une ou plusieurs caisses d'amortissement.

17° Que tous les impôts, tels qu'ils existent et sont régis actuellement, soient supprimés et remplacés par tous autres impôts qui seront moins à charge à la nation et qui péseront proportionnellement sur les facultés de chacun.

18° Que les entraves, qui gênent le commerce et la reproduction des chevaux, soient levées ; que le privilège exclusif du tabac soit remplacé par un droit à l'entrée ; que les poids et mesures, usités dans le commerce, soient uniformes dans tout le royaume ; et que les douanes soient renvoyées aux frontières, parce qu'en remplaçant les impôts existants par d'autres impôts, il sera pourvu au remboursement des charges de judicature et de finance que la nouvelle forme aura rendues inutiles, et que les officiers de judicature supprimés jouiront de l'exemption totale des droits de provisions et de réceptions pour les nouvelles charges qu'ils pourraient acquérir, parce qu'encore il sera procédé à la création de pensions viagères en faveur des membres du fisc dépouillés de leurs emplois et ce d'une manière proportionnée à l'espèce et à la durée de leurs services.

19° Que la liberté personnelle des citoyens soit mise à l'abri des atteintes auxquelles elle est exposée par les enrôlements forcés de la milice, en statuant qu'à l'avenir les provinces seront chargées d'y pourvoir par des engagements volontaires ; que la jeunesse de nos côtes ne soit point forcée de s'enrôler exclusivement dans le corps des canonniers auxiliaires de la marine et qu'il soit pris des mesures pour destiner au service du canon sur les vaisseaux de S. M. des corps particuliers, au moyen desquels les levées de nos matelots classés deviendront moins funestes à ces hommes, à leurs familles et à l'Etat lui-même.

20° Qu'on supprime, en fait de commerce, tous privilèges et toutes compagnies exclusives ; qu'on abroge toutes les franchises des ports privilégiés et qu'en attendant la suppression des traités de commerce avec l'Angleterre et les Etats-Unis d'Amérique, il soit accordé une prime à l'entrée dans le royaume sur le coton, l'indigo et les cuirs venant des colonies ; que l'on abolisse toutes les charges et entraves sur la navigation relative à cette espèce de commerce ; qu'il soit établi un entrepôt dans tous les ports de France, pendant deux ans, de toutes les matières propres à la navigation et aux manufactures nationales, pourvu qu'elles soient importées par navires français, avec la liberté de les renvoyer aussi à l'étranger par navires français, en exemption de droits d'entrée et de sortie, ou restitution de ceux qui auraient été payés, pourvu néanmoins que les marchandises soient renvoyées sous pavillon français ; que les navires caboteurs et pêcheurs ne soient assujettis à renouveler leurs congés de l'amirauté qu'une fois par an ; qu'il soit accordé une gratification par tonneau aux navires français qui exporteront à l'étranger nos sels, vins, huiles, eau-de-vie et denrées coloniales, ainsi qu'une prime par tonneau pour ceux qui importeront dans le royaume des marchandises prises dans les ports étrangers et dont l'introduction en France est autorisée ; que tous les billets et lettres de change, de quelque valeur qu'ils soient, n'aient dans tout le royaume que dix jours de grâce après celui de leur échéance ; qu'enfin S. M. soit suppliée de rendre aux juridictions consulaires de son royaume la compétence que l'Ordonnance de commerce leur avait accordée relativement aux contestations pour assurances, contrats à la grosse, promesses et obligations concernant le commerce maritime.

21° Que dans le cas où, contre toute espérance, les droits d'aides et de gabelles ne seraient pas supprimés dans toute l'étendue du royaume, dès lors les députés réclameront, en faveur de la ville de Dieppe, l'entrepôt général de toutes les boissons destinées aux armements et aux pêches et pour toutes personnes indistinctement ; que l'entrepôt pour les boissons et liquides, quelle que soit leur destination, ne sera astreint à aucune déclaration de destination et que, par rapport à la gabelle, tous les abus qui en résultent, au préjudice du commerce et autrement, soient réformés sur les mémoires qui seront à ce sujet remis à MM. les députés.

22º Que S. M. soit suppliée de vouloir bien employer les moyens, qu'elle a entre les mains, pour indemniser les archevêques de Rouen de la suppression à faire des droits qu'ils perçoivent sur le produit des pêches fraîches et salées et sur toutes les marchandises entrantes et sortantes de la ville de Dieppe tant par mer que par terre.

23º Que les droits de contrôle et parisis du poids-le-roi, qui se perçoivent tant à Rouen qu'au Havre, Honfleur, Dieppe et ailleurs, soient supprimés, ces droits n'ayant été renouvelés que par une déclaration du Roi, du 24 octobre 1724, en faveur de feu Mgr le duc de Bourbon, alors premier ministre.

24º Que la première moitié des octrois, qui se perçoit dans Dieppe au profit du roi, soit supprimée et que cette ville ait la liberté de supprimer pareillement les siens, ainsi que le droit de quayage, sauf à les remplacer d'une manière moins onéreuse au commerce.

25º Que les travaux, commencés pour l'ouverture d'un nouveau port, soient totalement et absolument abandonnés pour ne s'occuper, uniquement et incessamment, que des réparations et bonifications à faire au port actuel.

26º Que S. M. soit encore suppliée de vouloir bien rendre à la ville de Dieppe le droit d'élire ses officiers municipaux, qui seront dorénavant choisis par les députés de chaque corps et communauté, même de l'ordre du clergé et de la noblesse, dans la forme et la manière prescrite par le règlement du 24 janvier dernier pour la convocation des Etats généraux et notamment selon l'article 26 de ce règlement ; à laquelle fin, les députés et les représentants de la commune actuelle seront autorisés par le roi de lui présenter un projet de règlement autre que celui du 22 février 1788, qui est intervenu sans que la commune ait été consultée et en ait pu librement délibérer si ce n'est par des notables qui n'étaient point de son choix et qui avaient été institués d'autorité.

27º Que S. M. sera suppliée, de plus, de donner un règlement propre à assujettir l'adjudicataire de la portion de ses forêts, destinée, suivant l'arrêt de 1728, pour l'approvisionnement de la ville de Dieppe, à apporter tout le produit de son adjudication aux chantiers de cette ville, parce que, dans le cas où S. M. conserverait le régime actuel de ses eaux et forêts, il lui plairait supprimer les adjudications au feu et les remplacer par des adjudications faites et des enchères mises à haute et intelligible voix.

28º. Que dans le cas où l'impôt de la capitation ne serait point abrogé, il soit fait un règlement pour prévenir, autant qu'il est possible, l'arbitraire dans la répartition de cet impôt ; que les rôles de répartition soient toujours ouverts à tous les contribuables et à leur volonté ; qu'en tout cas la somme, à laquelle la ville de Dieppe est taxée, étant excessivement exorbitante et nullement dans la proportion de celle imposée sur les autres villes de la province et de la généralité, il lui soit accordé une diminution de moitié, au moins, de la taxe qu'elle supporte.

29º Que si les enrôlement forcés ne sont pas supprimés, S. M. soit suppliée d'exempter la ville de Dieppe de toute espèce de milice par la raison qu'elle fournit pour son service, tant en paix qu'en guerre, un nombre considérable de matelots et que, dans l'un et l'autre cas de paix ou de guerre, il ne soit levé pour le service de S. M. aucun des maîtres des communautés diverses classés à la marine.

30º Que les droits de quatrième, qui se perçoivent au faubourg du Pollet, soient totalement anéantis.

31º Que la ville de Dieppe soit mise en possession et jouissance de ses remparts, fossés, glacis et terrains d'alluvions, jusqu'au bord de la mer, dont elle prouve sa propriété.

32º Que la déclaration du mois de février 1783, relative aux maîtrises, ainsi que le règlement y annexé, lequel est incomplet, insuffisant et favorise nombre d'abus, soient supprimés et qu'en conséquence l'on donne un règlement plus étendu, d'après les documents de chaque communauté où il y a maîtrise ; que les statuts des anciennes communautés supprimées soient provisoirement accordés aux nouvelles sans aucune finance et en tout ce qui ne sera pas contraire au régime des nouvelles corporations créées par l'édit du mois d'avril 1779.

33º Que le privilège d'exemption de logement des gens de guerre, dont jouit la compagnie des canonniers-bourgeois de la ville de Dieppe, soit préalablement et incontinent aboli, attendu qu'il n'a été accordé à cette compagnie que par l'autorité du gouverneur de la province à laquelle s'est unie l'autorité de l'intendant de la généralité.

34º Qu'en aucun cas, il ne soit substitué de droits équivalents à ceux des aides qu'à la condition que la perception s'en ferait uniquement sur les fruits en nature.

35º Que tous cafés et endroits publics de ce genre, ainsi que tous jeux de hasard, tels que dés, cartes, domino et autres qui y sont usités, soient prohibés et proscrits des dits lieux dans les bourgs et villages.

36° Que les bureaux de loteries soient pareillement supprimés.

37° Que l'on abroge tout règlement tendant à induire les jeunes gens à se libérer de la milice en optant de contracter mariage.

38° Que chaque paroisse soit tenue de pourvoir à la mendicité dans son étendue et qu'à cette charge tous bénéficiers et gros décimateurs soient tenus de contribuer proportionnellement à raison de leurs revenus.

39° Que les colombiers et garennes sans titres soient supprimés.

40° Que le droit de banalité soit supprimé et qu'il soit libre à chacun de construire moulin domestique ou public à son gré.

41° Que les portions congrues des bénéfices à charge d'âmes soient augmentées relativement aux charges du bénéfice et à la révolution dans la valeur de toutes choses.

42° Qu'il soit défendu à qui que ce soit de fixer, ni de prendre son domicile de fait en aucun lieu, à moins qu'au préalable l'agrément des syndics, principaux habitants ou municipalités du lieu, n'intervienne pour l'admission.

43° Que chaque paroisse se constitue, de l'autorité du roi, cinq à six de ses plus notables habitants pour juger incontinent les affaires purement personnelles d'aucuns membres de leur commune et que ces notables, à la première réquisition d'une des parties, soient aussi autorisés de dresser procès-verbaux d'entreprises et de dommages, lesquels procès-verbaux seront remis et feront foi en justice, pourvu qu'ils soient affirmés devant les juges des lieux contentieux.

44° Que les aînés de Caux ne soient plus reçus à rembourser leurs puînés, aux termes de l'article 296 de la Coutume, qu'à raison du denier 25 pour les rotures et du denier 30 pour les biens nobles.

45° Qu'il soit établi, au compte du gouvernement, dans des distances réglées, des entrepôts et magasins de blé, ou greniers de réserve, sous l'inspection et administration des Etats provinciaux.

46° Que les petits domaines de la couronne, qui ne sont pas mis en valeur, soient aliénés à titre irrévocable.

47º Que les aliénations, ci-devant faites, des biens des gens de mainmorte soient déclarées irrévocables, quoique non revêtues de toutes les formes requises.

48º Qu'il soit mis une taxe sur les voitures pour l'entretien des grandes routes et qu'il y ait des ateliers, établis de distance à autre, pour maintenir le bon état desdites routes, ou que chaque paroisse ait l'option de pourvoir par elle-même aux ouvrages nécessaires pour cet entretien, sous l'inspection des préposés par les Etats provinciaux.

49º Que l'exportation des grains soit interdite, à moins que les magasins ou greniers publics n'en soient fournis pour la durée et consommation de trois années.

50º Que toute seigneurie de gens de mainmorte soit aliénée pour subvenir aux besoins de l'Etat.

51º Que les dîmes insolites soient supprimées ou, en tout cas, réduites à une amodiation pécuniaire dont la rénovation se ferait de dix ans en dix ans.

52º Que la création des offices de jurés priseurs vendeurs soit abrogée.

53º Que si la réduction de tous impôts en un seul ne peut se réaliser, ils soient classés sous deux dénominations, à savoir que chaque sujet de S. M., sans distinction de rang, contribue au premier à raison de son état, de son industrie et de toutes ses propriétés fictives, parce que l'autre impôt affectera spécialement les propriétés réelles dans une juste et relative proportion.

54º Qu'au cas où l'abolition de la gabelle serait encore différée, alors, que les sels immondes, au lieu d'être submergés à pure perte, soient délivrés, à modique composition, aux cultivateurs pour leurs terres et bestiaux et qu'il soit libre aux habitants, le long des côtes, d'user à discrétion de l'eau de la mer.

55º Que, pour encourager les fabriques ou manufactures du royaume, tout sujet français soit tenu de n'employer pour ses vêtements et à son usage que des étoffes du pays.

56º Que, vu l'extrême rareté du bois, il soit incessamment pourvu à l'encouragement des plantations, tant à haute futaie que bois taillis.

57º Que, par rapport aux chariots et charrettes, qui ne parcourent que les grandes routes et ne sont point dans le cas de s'engager dans les routes traversières, ni de suivre les chemins vicinaux, les roues de ces chariots et charrettes auront huit pouces de largeur à la semelle.

58º Que les droits de contrôle des actes soient réduits à un point où tous les actes, qui se font ordinairement sous signature privée, et notamment les contrats de mariage, puissent être passés devant notaire : le gouvernement devant trouver, à ce moyen, et par la rédaction d'un nouveau tarif très modéré, de quoi s'indemniser, et au-delà, de ce que produit la perception actuelle des droits de contrôle.

59º Qu'il soit sollicité des ordres positifs pour la destruction des bêtes fauves et du gibier de toute espèce malfaisante dans l'étendue des forêts de S. M. et des bois et forêts des seigneurs particuliers.

60º Que S. M. se fasse rendre compte de tous les abus commis dans toutes les entreprises et travaux des grandes routes, attendu qu'un très grand nombre de paroisses, dans son bailliage d'Arques, contribuent perpétuellement à la confection et à l'entretien des anciennes et nouvelles routes tracées et que ces paroisses, qui ne peuvent avoir le débit de leurs denrées que par une communication facile avec les villes et bourgs qui les avoisinent, ne tirent presque aucun parti de ces mêmes denrées.

Fait et arrêté en l'assemblée générale, tenue au lieu ordinaire, ce jourd'hui 12 mars 1789.

Signé : Pocholle, Houard, Delorgeril, Allix, J.-F. Coignard, Lelong, Levacher, Boullard, Néel, Rousselet, Ja. Bimont, J. Larchevesque, Bourdon, Petit, Guil. Vasse, Bourdon fils, Harnoys, Vasse, Demilliers, Blanquet, Et. Vasse, Frédérik Jean, Lecorbeiller, Lavandier, Tubeuf, Sellier, Duval, Ch. Valle, Hebert, Avenel, Lamy, Le Gendre, P. Saffray, Cousin, Boutigny, Ch. Allinne, Savinay, Labbé, Fourneau, des Authieux, J. Maret, Vatement, Mic. Mignot, Guil. Biard, Asse, Alex. Gamelin, Ch. Jourdain, Leclerc, Gaillon, Fr. Félix Le Monnier, Viguerard, Jos. Martel, Ch. Derubé, P. Mic. Lemonnier, Grebeauval, Crespin, Guil. Saunier, du Breuil, Ant. Gloria, P. Bolaingue, Auzou, P. Fultot, P. Hamel, P. Grenier, Jac. Legris, J. Blondel, Alex. de Brémunil, Franç. Delamare, P. Leprestre, P. de Manneville, And. Tictaingne, Lefebvre, J. Burel, la marque de Vastier, Et. Philis, Vinc. Thérin, Nic. Routier, L. Hochet, Thom. Feré, J.-L. Triquet, P. Cottard, P. Delaitre, Guil. Garin, Prevel, J. Larchevesque, Ad. Turquet, Boutère, P. Beaudepuy, Guil. Bimont, P. Morisse, Ch. Pelvilain, L. Langlois, P. Brument,

Rolland, Thom. Sanson, P...., Michel Martel, Delamare, Guil.
Dupuis, Morel, J. de Laune, Jac. Permentier, Flahaut, Jac.
Houllevigue, Blot, Bapt. Bunel, Gogibu, Sauvalle, Lesade,
Saint-Saëns, Maromme, Jac. Lefebvre, Franç. Poulain, J. Grenier,
J. Vadcar, B. Bauche, Douillet, J. Capron, Vivien Voisin, Bapt.
Chauvin, Jac. Dubuc, Abraham Monnet, P. Selle, J. Bernard,
D. Labbé, P. Durand, Ch. Frichet, J.-B. Boyard, D. Pigné,
J. Larchevesque, P. Duhamel, Hubert Elie, L. Poullet, P. Poullet,
Jac. Hérambourg, Nic. Fauvel, Jac. Morisse, Martin David,
Jac. Allain, J. Levasseur, J. Cottard, Victor Saint-Andrieu,
P. Le Sueur, Nic. Le Boulenger, Nic. Roussel, Fr. Bullé, Jos.
Lagnel, Fr. Leconte, Fr. Grémon, Flahaut, Jac. Morisse, Rolland,
J. Dupuis, la marque de Jean Thomas, Jac. Leblanc, Jac. Dela-
mare, J. Debauve, L. Brunet, Remi Normand, Thom. Marécal,
Nic. Hollingue, Panel, Mic. Paquet, Nic. Papin, Franç. Galopin,
Ch. Lormier, J. Allix, Le Blanc, Thom. Dupont, J. Brunneval,
P. Boissel, Lefort, Ant. Bruneval, Castelot, J. Masse, J. Caron,
Bizet, Ch. Buret, J. Delaporte, P. Benoit, Et. Guerillon,
P. Fauvel, Ant. Houdeville, L. Benoist, Grenier, Boullard, Nic.
Breton, Nic. Guilbert, J. Couturier, Nic. Parmentier, P. Baudry,
J. Lefebvre, Guil. Durand, Fr. Paquet, Ch. Lando, Jac. Vasselin,
Ch. Paquier, Ch. Lattelais, David Gloria, J. Meslin, J. Levesque,
J. Le Seigneur, L. Boullard, J. Varneville, L. Castelot, Jac.
Pollet, Ch. Marest, Nic. Botte, Boullard fils, Lheureux, Jac. Ch.
Monnet, Jac. Boullé, Laur. Mallet fils, P. Poyer, Fauvel, Jac.
Cheval, Fr. M. Gamelin, P. Lefebvre, Ch. Delaunay, Fr. Tiquehan,
Mauconduit, Jac. Valle, Ch. Morin, Nic. Ant. Fouchet, la marque
de Laurent Le Compte, Nic. Grandsire, Langlois, Mic. Bouillon,
Mic. Alexandre, Rob. Mic. Cadot, L. Vedel, P. Dubuc, Féron
le jeune, Le Faucheur, F. Nottias, Jos. Sanson, J. Roulland,
Et. Le Talleur, Delamare, Ad. Faucon, J. Auvray, Franç.
Bunel, Franç. Dubos, Mouquet, Ch. Petitville, Ch. Galy, J. Co-
lombel, Mathieu Bénard, P. Paquet, Rob. Née, Duvivier, Ad.
Paon, Cronier, Et. Labbé, J.-B. Viguerard, Cornière, Grenier,
Papillon, Tourneroche, Ad. Leperon, Hildemer Tuilier, Denis
Lourré, J.-Fr. Mallet, Jos. Lemonnier, Beatte d'Ausseville,
J. Sannier, Gab. Dardenne, Ant. Mutel,........., Jos. Bénard,
Ecalle ?, Grandsire, Jac. Vigné,........., F. Martel, Lamotte, Nic.
Sanson,........., la marque d'Etienne Heude, Fr. Lamoureux,
F. Lemoyne, Denis Brument, P. Dubost, N. Pillon, N. Blard,
Niel, Jac. Retout, la marque de J. Thuillier, Jac. Boitout, Ad.
Giffart, Ant. Le Clerc, P. Lejeune, J. Levistre, Boudevilain,

J. Ractecque ?, Biville, Ch. Prévost, J.-H. Dupuis, Franç. Dubos,
J. Mauconduit, Guil. Delaporte, Franç. Neveu, Guil. Guilbert,
Gab. Hinfray, la marque de L. Théroude, Nic. Saint-Saëns,
Nic. Dubos, L. Paquier, Guil. Quêne, Grossar, J.-B. Heux,
P. Guilbert, Nic. Bary, Nic. Paris, D. Collen, Martin Quesne,
Bazire, J. Ouvry, J. Sannier, Fultot, P. Pinchon, J. Mic. Julien,
Al. Blondel, Ch. Lefebvre, Ch. Cauchie, Noël Ch. Savoye, Mic.
Saffray, P. Lavenu fils, Martin Franquelin, Nic. Peaudeloup,
Ch. Leconte, Cauchois, P. Leroux, Saffray, neveu, Nic. Parent,
J.-B. Maromme, Nic. Paquet, Ad. Poullet, Maillard, Martin,
P. Vallée, Franç. Lheureux, Féret, Jac. Lebreton, P. Busuel, Jac.
Edet, Jac. Masse, Denis Feret, Fél. Jourdain, And. Avenel.
J.-B. Ijavoid ?(1), Dujardin, L. Lefay, Levasseur, Jac. Burel, Et.
Mallet, Et. Lefort, Guil. Blot, D. Masse, Langlois, M. Gamelin,
L. Brunet, P. Blondel, L. Mortoire, L. Sanson, Ch. Bauchet,
Foliéot, Le Corbeiller l'aîné, Le Borgne, D. Fournier, Deveaux,
Gali, Duvauchel, Bouilly, De Conihout, Vinc. Allain, J.-J. Caron,
Nic. Levasseur, Buquet, J. Hertel, Ballue, Mic. Mignot, Ch. Panet,
J. Fournier, P. Guerard, Durand, Boyard, Derouen, Porion,
Le Prince, Bourdon, Guest.

Tous les députés présents, ayant signé le présent cahier des
plaintes, doléances et remontrances de ce Bailliage, nous l'avons
clos et arrêté pour être déposé au greffe de notre siège et le duplicata en être remis à M. Bourdon, conseiller du Roi et son procureur audit Bailliage, pour être porté par lui, et avec les autres
députés nommés, à l'assemblée des trois états du Bailliage de
Caux, qui se tiendra en la ville de Caudebec, le 16 de ce mois et
jours suivants, ce que nous avons signé avec le procureur du roi
et notre greffier, après avoir coté et paraphé le présent en toutes
les pages avec le procureur du roi.

A Dieppe, le 16 mars 1789.

Le Prince, Bourdon, Guest.

(1) Exemple de signature informe ; probablement Savoye, député de
Saint-Ouen-sur-Brachy.

APPENDICES

APPENDICE I

Extraits de la correspondance du lieutenant général du bailliage d'Arques avec le garde des sceaux au sujet de la convocation des assemblées électorales du bailliage. Arch. nat. B^a 30.

Lettre du lieutenant général du 13 février 1789

« J'ai reçu hier les exemplaires et placards de la lettre de convocation du roi et règlement y annexé pour être distribués et affichés… Mais la copie collationnée, qui doit m'être adressée pour le bailliage d'Arques, ne m'est point encore parvenue. Un plus long retard suspendrait, malgré moi, les opérations qu'il a plu à S. M. me confier.

L'assemblée générale des trois états réunis doit se tenir devant le grand bailli d'épée le 16 mars prochain, au plus tard, et celle du tiers état de chaque bailliage ou sénéchaussée de son arrondissement au moins 15 jours avant ce délai. Il résulte de cette disposition que toutes nos opérations doivent se terminer dans l'espace de 15 jours. Ce temps limité s'abrégerait même d'autant plus que le bailliage pourrait différer à faire l'envoi de la copie collationnée et que de cet envoi dérivent toutes les opérations subséquentes… Il serait peut-être à désirer que cet intervalle circonscrit fût prorogé en proportion de la nature et de la multitude des opérations ; autrement il est peut-être à craindre que la précipitation ne donne naissance aux désordres, à la confusion et, par suite, aux réclamations… »

Réponse du garde des sceaux, 5 mars 1789

« Lorsque S. M. a fixé le terme du 16 mars, elle n'a point eu l'intention de précipiter les opérations…, mais de les accélérer autant qu'il était possible. Si quelque obstacle réel s'oppose à ce que ce délai soit exactement observé, S. M. approuve… qu'il soit prorogé de quelques jours. Mais cette prorogation, subordonnée à la nécessité des circonstances, ne doit être ordonnée qu'avec beaucoup de prudence et de circonspection. Il est surtout indispensable que vous vous conformiez à l'ordonnance du bailliage principal pour que les députés d'Arques s'y trouvent.

APPENDICE II

Discussion sur l'admission des députés des juridictions a l'assemblée
des députés du Tiers État de la ville de Dieppe, le 6 mars 1789

Extrait du procès-verbal de l'assemblée

« Sur quoi s'est présenté M. Pocholle, bailli de Dieppe, juge civil, criminel
et de police de lad. ville et député de son bailliage par acte consigné sur
le registre extraordinaire du greffe dudit bailliage, dont il représente l'extrait,
dûment collationné, lequel dit sieur Pocholle, M. Langlois, son codéputé,
ayant déclaré se départir de sa députation, a demandé qu'il fût fait mention,
sur le présent cahier, des officiers du bailliage de Dieppe et spécialement du
nom de lui dit, sieur Pocholle, en sa qualité de député, et a ajouté que la
difficulté qu'on paraît élever aujourd'hui contre lui est tardive et mal
fondée.

Tardive, en ce que la députation des officiers du bailliage de Dieppe était
arrêtée et signée en vertu d'un billet d'avertissement de MM. les officiers
municipaux, du 28 février dernier, dont le dit sieur Pocholle est porteur et
qu'il représente, plusieurs heures avant la missive du 2 de ce mois, dont il
est également porteur.

Mal fondée, en ce que MM. les officiers municipaux ont jugé eux-mêmes
que le droit de s'assembler et de nommer des députés appartenait aux
officiers du bailliage de Dieppe, suivant l'article 26 du règlement du 24 janvier 1789 ; que les motifs apparents, exposés dans la missive de MM. les
officiers municipaux du 2 de ce mois, ne sont que des prétextes peu propres
à soutenir l'épreuve d'un sérieux examen ; que l'article 26 du règlement
précité, en parlant de corps et de corporation, n'entend donner l'exclusion
à aucun corps, non plus qu'à aucune espèce de corporation ; que la donner
aux corps de judicature par la raison *que l'article 26 les eût certainement
nommés les premiers s'il les avait eus en vue*, c'est moins respecter les dispositions de cet article que le tourner en dérision ; qu'il n'y a personne qui ne
professe que les corporations d'arts libéraux, de négociants, d'armateurs
doivent marcher avant les corporations d'arts et métiers. Cependant l'article 26 du règlement offre d'abord à nos yeux ces dernières corporations :
une inversion dans le texte de la loi serait donc une subversion totale de la
loi même ?

Qu'on ne peut nier que la loi, dont il s'agit, appelle au droit de nommer les députés *généralement tous les citoyens qui sont réunis par l'exercice des mêmes fonctions et forment des assemblées ou des corps autorisés*. Or les officiers du bailliage de Dieppe sont-ils réunis *par l'exercice des mêmes fonctions ? Forment-ils des assemblées ? un corps autorisé ?* S'il en est ainsi, comme tout homme sensé n'en peut douter, sur quoi pose donc la mauvaise querelle qu'on leur suscite aujourd'hui ?

Qu'il est plus que singulier qu'on tente de les éloigner de la rédaction du cahier de doléances, surtout dans la circonstance présente, et de leur enlever à la fois leur droit de suffrage, tandis qu'ils sont les juges naturels de la ville et de ses habitants de tout ordre.

Qu'ils ne se targueront point d'être au-dessus de leurs concitoyens par leurs lumières, mais qu'ils croient qu'on leur pardonnera de dire qu'ils ne sont pas absolument au-dessous de leur place. Un très célèbre philosophe de l'antiquité repoussait ainsi les éloges qu'il méritait à tant de titres : *tout ce que je sais, c'est que sais ne savoir rien*. Qu'ils sont rares à présent les philosophes de cette espèce et qu'il y a de petits esprits au contraire qui croient tout savoir alors qu'ils ne savent rien.

Que les députés du bailliage de Dieppe n'avaient pas besoin de leurs qualités de bailli et procureur fiscal pour passer immédiatement à l'assemblée même du bailliage d'Arques, sans entrer dans l'assemblée médiate de cet hôtel de ville ; que le procureur fiscal eût infailliblement obtenu ailleurs l'hommage dû à ses titres réels et personnels et que le bailli aurait eu de plus ceux de bailli de la châtellenie de Longueil, ceux de bailli de la baronnie de Saint-Martin-Église et enfin de bailli des comtés d'Aliermont et de Doûvrend ; que, comme avocat, il aurait pu encore se trouver à l'assemblée de son ordre. Qu'il serait extraordinaire, s'il n'eût voulu maintenir les prérogatives, essentiellement attachées au bailliage de Dieppe, qu'on ne l'eût point députe d'un seul des endroits, où il aurait présidé la commune et où il se flatte d'être considéré, et, ce qui est plus doux à son cœur, d'être aimé.

Que les temps où les baillis de Dieppe étaient maires perpétuels de cette ville, alternativement avec MM. les lieutenants généraux civils du bailliage d'Arques, ne sont point encore fort reculés et qu'il doit paraître bien étrange qu'on cherche maintenant à les dégrader et à les mettre, pour ainsi dire, au-dessous de rien.

Que l'exemple de ce qui se passe au parlement de Paris, supposé que les correspondants de MM. les officiers municipaux ne les aient pas induits en erreur, ne peut tirer à conséquence, que les magistrats du Parlement de Paris ont sans doute leurs raisons pour se conduire de la manière que MM. les officiers municipaux l'annoncent et que ces raisons, qu'il est facile de deviner, n'ont aucun rapport à la position particulière des officiers du bailliage de Dieppe.

Que les ranger dans la classe des habitants *qui ne se trouvent compris dans aucun corps, communauté ou corporation*, c'est fermer volontairement les yeux sur leurs fonctions, toutes publiques, et leur faire gratuitement une injure.

Qu'enfin les officiers du bailliage de Dieppe prendront la liberté d'interpeller tous MM. les députés présents déclarer s'ils s'opposent ou ne s'opposent pas à ce qu'ils soient compris parmi eux et de les prier de consigner leurs vues sur le registre par.. (mot illisible) de non opposition. Il n'y aura plus de cause à juger, MM. les officiers municipaux ne prétendant vraisemblablement pas créer seuls une difficulté pour se ménager l'avantage de la décider et devenir, à ce moyen, juges et partie. Signé Pocholle.

Par MM. Vasse, président de l'élection, et Le Guest, conseiller en ladite élection, députés de leur corps par délibération du 5 de ce mois, dont copie a été mise sur le bureau, et duquel (sic) il demande acte, a été dit qu'il donne adjonction à la réclamation de MM. les députés du bailliage de Dieppe et croit devoir ajouter que MM. les maire et échevins de la ville de Dieppe sont mal fondés en droit et en fait, ainsi qu'il est prouvé dans le soutien desdits sieurs députés du bailliage de Dieppe, qu'ils le sont aussi en justice, attendu que, par l'exclusion qu'ils prétendent donner aux députés de l'élection, ils priveraient MM. les députés des corps et communautés, ici assemblés, des lumières qu'ils peuvent recevoir des développements qu'ils ont à donner sur la nature des impôts, sur les inconvénients qui se sont introduits. Que les intentions de S. M., manifestées en tête du Règlement, sont absolument contraires aux prétentions de MM. les officiers municipaux, pour quoi ils demandent que MM. les députés des différents corps et communautés, ici présents, soient entendus, ce qu'ils ont signé, Vasse, Le Guest.

Par MM. Le Corbeiller et Le Roy, a été représentée une délibération de MM. les officiers du grenier à sel qui les députent pour la présente assemblée et demandent adjonction aux soutiens de M. Pocholle et M. Vasse, ce qu'ils ont signé, Le Roy, Le Corbeiller.

Par les députés du collège des avocats a été pris acte de ce qu'ils ne peuvent regarder la présente assemblée comme complète qu'autant que les différents corps de judicature, ici présents, concourront à toutes les motions qui font le sujet de la présente assemblée, pour quoi ils demandent qu'il soit procédé à l'admission des députés desdits corps de judicature qui, ayant été convoqués par MM. les officiers municipaux, ne peuvent être aujourd'hui écartés sous aucun prétexte. Car, entre les deux opinions contradictoires que ces MM. manifestent, pourquoi leur rétractation prévaudrait-elle à leur convocation ? On se serait donc joué desdits corps et de la confiance des députés présents en induisant les membres desdits corps à ne pas se présenter dans d'autres corporations où ils auraient la voix. Au surplus, MM. les officiers municipaux peuvent être constitués juges des difficultés sur l'exécution de l'article 26 précité, mais en tant qu'elles s'élèveront entre les députés ; et, sans le congé de ces MM., ils n'ont ni voix, ni droit d'en susciter contre le vœu de la commune. MM. les officiers de judicature sont au moins des citoyens réunis par l'exercice des mêmes fonctions. Donc, il n'est point à l'arbitraire, même des autres députés, d'exclure cet ordre de citoyens au préjudice de l'article 26 qui les appelle. Donc l'assemblée ne peut être légale et complète que par le concours des suffrages requis aussi expressément par la loi du susdit article 26. Pour quoi est soutenu que lesd. officiers de judicature ne peuvent être retranchés de la commune et de la présente délibération, ce qui paraît être le vœu général, ainsi qu'il va être confirmé par tous les députés qui composent cette assemblée et dont on ne peut refuser adhésion et suffrage au présent. Ce qu'ils ont signé, Petit, Houard.

M. Augustin Legriel [présente] une délibération de la juridiction consulaire de cette ville qui le députe avec M. Frédéric Jean pour la présente assemblée. A d'abord été demandé acte de la présentation du billet de convocation, non révoqué, en date du 28 de février dernier, délivré à M. Augustin Legriel, prieur-consul, pour faire assembler le corps du juge-consulaire, sur la foi duquel lesdits sieurs ont été députés et se présentent aujourd'hui, donnant pour leur admission la délibération en date du 4 de ce mois, énonciative de leurs pouvoirs, en résultance de laquelle lesdits sieurs députés doivent être admis et voter conjointement avec les autres députés des corps de judicature et autres corporations, donnant adjonction aux soutiens faits jusqu'à présent en la présente séance, ce qu'ils ont signé, Aug. Le Griel, Frédéric Jean.

M. Bourdon, en sa qualité de député pour les négociants et M. Etienne Vasse, député pour le même corps, par délibération qu'ils ont remise, ont dit que, par le règlement rendu pour la convocation des Etats-généraux, MM. les officiers municipaux n'ont droit que de juger les contestations qui s'élèveront sur l'article 26, mais que, s'il existe à présent une contestation, ce sont MM. les municipaux qui l'élèvent et qu'en conséquence ils ne peuvent être les juges ; pour quoi, donne adhésion au soutien de MM. les députés des avocats, étant d'avis que les corps de judicature soient appelés et admis à voter dans la présente assemblée, ce qu'ils ont signé, Etienne Vasse, Bourdon fils.

[Les députés des armateurs, des procureurs, des maîtres de chirurgie, des médecins, et successivement de toutes les corporations, donnent adhésion à l'avis des avocats].

Ouï l'occupant pour le procureur du roi, arrêté que son écrit de conclusions sera écrit à la suite du présent.

Messieurs, les fonctions, dont je me trouve chargé, seraient bien mieux remplis par celui dont j'occupe la place ; mais je me repose sur votre indulgence.

MM. les députés des juridictions de la ville de Dieppe, ici présents, vous demandent une représentation dans l'assemblée du tiers état de ladite ville, aux fins d'y procéder, conjointement avec les autres habitants, à la rédaction du cahier de doléances et représentations et à l'élection des 16 députés que doit fournir la commune.

Le règlement, annexé aux lettres de convocation, données par S. M. le 24 janvier dernier, et qui fait votre règle dans la circonstance présente, en faisant l'énumération des différents corps qui doivent nommer leurs députés pour l'assemblée que vous présidez aujourd'hui, ne fait aucune mention des corps de judicature ; l'article 26 ordonne aux habitants des villes, dénommées dans l'état annexé au règlement, de s'assembler par corporation, à l'effet de quoi les officiers municipaux seront tenus de faire avertir le syndic ou autres principaux officiers de chacune desd. corporations pour qu'ils aient à convoquer une assemblée générale de tous les membres de leur corporation d'arts libéraux, etc. et il dit ensuite : celle des négociants armateurs et généralement tous les autres citoyens, réunis par l'exercice des mêmes fonctions et formant des assemblées ou des corps autorisés, nommeront deux députés, etc.

Il est facile de voir, MM., que cet article ne fait mention [que] de ce qu'on appelle corporations ou communautés proprement dites, que les termes corps autorisés ne peuvent que se rapporter à ces corporations. Si le souverain avait cru devoir appeler les magistrats, il les eût sans doute nommés à la place qui leur convient, c'est-à-dire la première. Il ne les eût pas confondus avec toutes les professions mercantiles ou mécaniques dont, sans contredit, leurs fonctions les éloignent absolument. Et qu'on ne prétende pas que l'article, en désignant les différents corps qu'il appelle à nommer ses députés, ait suivi une progression ascendante qui se termine aux corps les plus distingués, ceux de judicature. Pour se désabuser de cette erreur, il suffit de jeter les yeux sur le modèle de procès-verbal de l'assemblée du tiers état des villes dénommées dans l'état annexé au règlement et l'on y verra que le souverain, en y nommant les corporations, les corps et communautés, n'entend par ce mot « corps » que des agrégations d'habitants de genre semblable, quoique d'espèce différente, puisqu'il place ce mot « corps », sur lequel on conteste, entre ceux de « corporations et de communautés », sur lequel on ne conteste point.

Le souverain n'a donc point appelé les magistrats comme magistrats dans le règlement du 24 de janvier dernier ; nous disons plus : qu'il ne le devait pas ; il ne le pouvait même pas. Que sont en effet, MM., les Etats généraux dont la convocation [nous] occupe en ce moment ? Une assemblée des représentants de la nation qu'il s'agit de consulter sur les impôts et les autres objets relatifs au bien public. C'est elle dont il faut obtenir le consentement pour les premiers et recueillir les lumières sur les seconds. D'un autre côté, que sont les magistrats ? Les ministres chargés de l'exercice du pouvoir de la juridiction du prince, les organes de la loi, en un mot les représentants du roi vis à vis de la nation. Ils ne sont pas la nation, mais les instruments du pouvoir qui la gouverne. Ils ne peuvent donc faire partie, comme magistrats, d'une assemblée composée de représentants de la nation parce qu'ils ne peuvent l'être d'elle à la fois et du roi.

Ce n'est pas dire que les magistrats ne soient pas citoyens et qu'à ce titre ils n'aient pu être appelés au nombre des représentants de la nation. Aussi, l'article 27 du règlement y a-t-il pourvu en donnant une représentation aux habitants composant le tiers état des villes qui ne se trouvent compris dans aucuns corps, communautés ou corporations. C'est là qu'ils doivent se présenter, non comme magistrats, mais comme simples citoyens.

Remarquez, MM., que les magistrats du Parlement, de la Cour des Comptes et de la Cour des Aides de Paris, que les officiers municipaux auraient été invités eux-mêmes à venir à l'assemblée de l'Hôtel de ville pour les États de 1614; ayant refusé de s'y rendre comme corps, [ils] ne firent aucune difficulté d'y comparaître comme bourgeois, sur la convocation des quarteniers, et qu'il en fût de même des officiers de Châtelet qui, n'ayant point été invités comme corps, s'y rendirent néanmoins comme bourgeois sur la convocation des quarteniers, tant ils étaient persuadés, sans doute, que ce qu'ils ne pouvaient, en qualité d'officiers du roi, ils le pouvaient en qualité de membres de la nation, d'après ces principes mêmes qui veulent que toutes les personnes, qui sont ici rassemblés, soient peuple et simplement peuple. Vous manqueriez à la commune que vous présidez. Vous manqueriez à la magistrature municipale que vous exercez et dont la popularité fait l'essence, si vous permettiez que des corps, dont vous aimerez toujours à respecter les augustes fonctions, mais qui enfin ne sont point peuple [mot illisible].. par leur présence apporter aucune gêne aux délibérations de la commune ici réunie.

Pour quoi nous estimons que, sans avoir égard à l'adhésion des différentes corporations, communautés et corps, les officiers des juridictions, ci-dessus nommés, soient déboutés de leur prétention et que le jugement à intervenir doit être exécuté provisoirement et nonobstant opposition ou appel, ce que ledit occupant a signé. Cavelier, pour le procureur.

Avant faire droit, ordonné que M. Houard, député du collège des avocats, fera transcrire à la suite du présent procès-verbal son plaidoyer. Et sur le refus de M. Houard, faisant droit, il est dit, quoiqu'il soit contre la constitution (?) des États généraux d'admettre au nombre des représentants de la nation les représentants du roi, en qualité de ses représentants, vu le vœu de la commune ici présente de cette ville, il a été arrêté que MM. les députés des corps de judicature, ici présents, seront admis au nombre des députés, sans tirer à conséquence pour les droits de la commune à future convocation d'États généraux, à laquelle fin les députés des corps, ici présents, vont être appelés pour faire apparoir de leurs pouvoirs.   *Signé :* L. NIEL.

En conséquence, ont été appelés MM. les députés du bailliage de Dieppe.

Se sont présentés : M. Pocholle, bailli, et M. Langlois, procureur fiscal, présents.

Pour l'élection d'Arques, M. Constant Vasse, président, et M. Le Guest, conseiller en l'élection d'Arques, présents.

Pour le grenier à sel, M. Le Roy, grenetier, et M. Le Corbeiller, président, présents.

Et pour la juridiction consulaire, M. Aug. Legriel, prieur, et M. Frédérik Jean, premier consul, présents.

Après quoi l'assemblée a été renvoyée à ce jourd'hui, 5 heures après midi.

APPENDICE III

Nous nous sommes, par notre lettre du 4 de ce mois, engagés à rendre compte à Votre grandeur de ce qui se passerait à l'assemblée du Tiers Etat de notre ville, du 6 de ce dit mois, et nous nous en acquittons.

Ce que nous avions prévu est arrivé ; des 7 juridictions qui siègent en cette ville, 4 ont envoyé chacune deux députés à cette assemblée et, quoique nous fussions convaincus que les juridictions n'avaient pas le droit d'assister, comme juridictions, à l'assemblée du Tiers Etat de cette ville, puisqu'il est contre la constitution des Etats généraux que, parmi les députés de la nation, soient admis les magistrats qui, comme magistrats, sont les représentants du roi, et qu'à raison de leur qualité de citoyens, ils peuvent, conformément à l'article 27 du règlement, se présenter à l'Hôtel de Ville avec les habitants qui ne se trouvent compris dans aucun corps, cependant, pour éviter la scission fâcheuse qui n'aurait pas manqué de s'ensuivre, puisqu'on avait osé nous menacer de rester malgré nous ou de se retirer tous, et qu'on avait su engager tous les députés des différentes corporations présentes à soutenir de leur vœu, qu'ils ont tous signé, les prétentions des dites juridictions, nous avons cru devoir prononcer ainsi qu'il suit :

« Quoiqu'il soit contraire à la constitution des Etats généraux d'admettre au nombre des représentants la nation les représentants le roi, en leur qualité de ses représentants, vu le vœu de tous les députés de la commune de cette ville, il a été arrêté que MM. les députés des juridictions, ici présents, sont admis au nombre des députés, sans tirer à conséquence pour les droits de la commune aux futures convocations d'Etats généraux.

Nous croyons, Mgr, par cette sentence avoir rempli ce que nous nous devions à nous-mêmes, comme chefs de la commune, que nous devions, malgré elle-même, arracher aux suites de l'erreur du moment. En nous en tenant à la rigueur de la loi nous mettions toute la ville en feu ; et, immanquablement, le Tiers Etat n'eut eu ni cahier, ni députés à l'assemblée du bailliage et nous aurions contredit le vœu de la commune qui, au surplus, est censée savoir ce qui lui convient ; mais nous avons empêché qu'il ne fût porté atteinte à ses droits sacrés pour l'avenir en ajoutant que c'était sans tirer à conséquence pour les droits de la commune aux futures convocations d'Etats généraux.

Nous serions très flattés, Mgr, que notre conduite eût votre approbation et que vous trouvassiez que nous avons bien saisi l'esprit de la constitution des Etats généraux.

Nous sommes, etc.

Le maire et échevins de Dieppe : L. Niel, Cousin-Despréaux, Cavelier, fils, Delestre. 10 mars 1789.

APPENDICE IV

Extraits de lettres du lieutenant général du bailliage d'Arques, relatives a la nomination des députés de Dieppe et aux incidents de l'assemblée préliminaire du bailliage . *Arch. nat, B^a 30.*

Lettre du 12 mars 1789

Voici un fait particulier d'influence résultant de la forme adoptée pour l'élection des députés de la ville de Dieppe, qu'il m'a été impossible de prévenir, et sur lequel je crois devoir vous exposer mes craintes, fondées sur ce qu'il arriverait que le siège d'Arques n'aurait aucun représentant légal en l'assemblée des trois états de Caudebec. Je suis le seul officier de ce bailliage qui ne soit attaché à aucune haute justice de son enclave. Le procureur du roi est en même temps revêtu d'office en la haute justice de Dieppe ; l'un des avocats du siège est bailli de cette justice ; les autres conseillers, et même les avocats sont juges de hautes justices. A ce moyen, le siège n'a pu nommer aucun député puisque je ne pouvais me députer seul.

Le règlement, art. XXVIII, n'a pu avoir son exécution. Je vous supplie, Mgr, de m'envoyer votre décision sur cet événement important.

Lettre du 13 mars 1789

Je crois devoir vous informer, Mgr, qu'à l'ouverture de la séance de ce jour, ayant commencé par recueillir les voix des députés de la commune de Dieppe, sur la nomination faite par le premier de ces députés de la personne du lieutenant général, président de l'assemblée, le procureur du roi a soutenu, qu'il n'était point éligible et, pour ne pas suspendre le cours des élections, j'ai ordonné qu'il serait passé aux élections suivantes dans l'ordre prescrit, ce qui n'a pas empêché que le lieutenant général n'ait été nommé par un grand nombre de députés. La question, Mgr, reste soumise à la décision qu'il vous plaira prononcer.

Lettre du 15 mars

... L'élection de ces députés, qui, aux termes du règlement, doit se faire à haute voix, a entraîné des longueurs et la dispersion des membres. Cette opération ne s'est terminée ce matin que par le vide de l'assemblée et le défaut des électeurs que j'ai constaté.

J'ai de suite procédé à la vérification des voix et, le délai fixé pour l'assemblée de Caudebec devenant de plus en plus fatal, j'ai nommé 109 députés à raison de 438 membres. Mais la lecture de cette nomination a... provoqué la retraite du procureur du roi et du très petit nombre de personnes restées jusqu'alors.

La lecture finie, j'ai indiqué le retour de l'assemblée à 2 heures de relevée, auquel temps, le plus grand nombre des membres étant réuni, ils ont demandé par acclamation une nouvelle vérification des voix ; ils ont demandé aussi qu'il y soit procédé par des commissaires que je nommerais. Quoique cette forme ne soit ni indiquée, ni prescrite, j'ai cru devoir déférer au vœu général pour ramener les esprits que la séance du matin avait peut-être un peu aliénés.

Voici, Mgr, l'état actuel des choses ; mais il reste bien peu de temps pour les opérations ultérieures et je doute que les députés d'Arques puissent se rendre demain 16 à l'assemblée des trois ordres.

APPENDICE V

Tableau des octrois de Dieppe

Extrait du mémoire de Pocholle « Enumération des octrois que perçoit la ville de Dieppe... » 19 août 1786. Arch. S.-Inf. C. 220.

20 l. d'ancien octroi par tonneau de vin vendu au détail.

3 l. d'ancien octroi par tonneau de cidre vendu au détail.

4 l. d'ancien octroi par barrique d'eau-de-vie vendue au détail.

9 l. d'ancien octroi par tonne de bière.

20 s. d'ancien octroi par muid de sel, employé tant à la consommation des habitants qu'à la salaison du poisson.

10 s. d'ancien octroi par tonneau de vin entrant par mer.

20 s. d'ancien octroi par barrique d'eau-de-vie de 30 pintes entrant par mer et par terre.

10 s. d'ancien octroi par tonneau de cidre et de poiré entrant à Dieppe pour être vendu au détail.

20 s. d'ancien octroi par lest de hareng entrant par terre et par mer.

5 s. d'ancien octroi par millier de fer.

5 s. d'ancien octroi par bœuf ou vache.

1 s. 3 d. d'ancien octroi par veau.

10 d. d'ancien octroi par mouton ou agneau.

2 s. 6 d. d'ancien octroi par porc.

On voit dans la suite du mémoire que l'édit de décembre 1647 a distrait, au profit du roi, la moitié des octrois de la ville et causé un grand découragement dans ses affaires ; alors on lui a donné un octroi additionnel de 5 l. par tonneau de vin et de 1 l. 10 s. par tonneau de cidre. Le tonneau de vin, vendu au détail, paie donc 25 l. et le tonneau de cidre, 4 l. 10 s., au lieu de 3 l. « Tel est encore le taux actuel ».

Dans une autre lettre de Pocholle, du 9 septembre 1786, on trouve le chiffre de la recette des octrois de Dieppe de 1776 à 1785.

Voici ce tableau, certifié par Bréant, greffier de la ville, directeur et receveur de la régie desdits octrois. On y verra que le produit de l'octroi avait beaucoup baissé pendant la guerre maritime, de 1778 à 1783.

1776 : 37,128 l.
1777 : 38,680 l.
1778 : 26,023 l.
1779 : 24,221 l.
1780 : 26,995. l.
1781 : 32,680 l.
1782 : 35,944 l.
1783 : 43.164 l.
1784 : 45.924 l.
1785 : 51.998 l.

« Ce qui revient, année commune de paix et de guerre, à 36.276 l. »

APPENDICE VI

Note sur les travaux du nouveau port de Dieppe

Les plans des travaux du nouveau port avaient été adoptés le 21 décembre
1777, par le Conseil général des Ponts et Chaussées auquel s'étaient joints,
sur la demande de Trudaine, deux membres de l'Académie des Sciences,
Darcy et Borda. Le plan consistait dans l'ouverture d'une nouvelle passe
avec la direction N. 1/4 N.-O. et dans l'exécution d'une écluse de chasse.
Les travaux de cette écluse furent commencés le 15 mai suivant. Mais le
projet de la nouvelle passe se heurta à une vive opposition : la municipalité
et les marins en contestaient l'utilité. Elle aurait coûté, du reste, près de
5 millions. Il y eut une vive polémique qui durait encore en 1789. Hardy
(Mémoires I, 268) ne cite pas moins de douze mémoires, procès-verbaux,
adresses, sur cette question, de 1777 à 1808. M. G. Lebas (*Histoire d'un port
normand*, p. 368, annexe IV) a publié un de ces mémoires, qui est favorable
à la thèse des Ponts et Chaussées, mais qui résume assez bien la question.
Cette opposition retarda longtemps les travaux. En 1787 seulement, on
commença la construction d'un môle en charpente qui devait protéger la
construction des musoirs et des jetées. Il coûta 600.000 livres et fut détruit
par la mer le 26 août 1793. Le 6 août 1791, une commission, envoyée à
Dieppe par l'assemblée nationale, conclut, comme le cahier de Dieppe le
demandait, à l'abandon de la passe projetée qu'elle jugeait inutile.

APPENDICE VII

Les éléments de ce tableau, qui nous paraît indispensablé pour apprécier
les chiffres et les prix que nous fournissent les cahiers de doléances, sont
empruntés aux *Tableaux comparatifs des mesures républicaines avec les
mesures anciennes*, de Périaux ét Lemarchand, publiés à Rouen en l'an VII,
et aux registres des vingtièmes qui nous donnent pour beaucoup de paroisses
les mesures de superficie, qui y étaient en usage, et la valeur en volume et
en poids du boisseau de blé froment. Nous avons utilisé aussi les *Renseignements statistiques sur l'état de l'agriculture, vers 1789*, de Ch. de Beaurepaire, et les *Salaires et Revenus dans la généralité de Rouen au 18e siècle*, de
A. Lefort.

Mesures de longueur. Pour les étoffes : l'aune de Rouen, de 44 pouces,
qui vaut 1 mètre 188 mil., le pouce correspondant à 0 m. 0271.

Mesures de superficie : l'acre d'Arques, contenant 4 vergées et 160 perches,
qui vaut 68 ares 64 centiares. Elle est sensiblement plus grande que l'acre
ordinaire qui ne vaut que 54 ares 67 centiares : la perche, mesure d'Arques,
est en effet de 22 pieds, 11 pouces carrés, ou 43 centiares, la perche ordinaire,
de 20 pieds 2 pouces carrés seulement, ou 34 centiares.

Pour les bois : l'arpent d'Arques, de 100 perches ou 42 ares 89 centiares,
plus étendu que l'arpent ordinaire, qui ne vaut que 34 ares 16 centiares. —
Le bois se vend à la corde de 4 stères.

Mesures de capacité. Pour les boissons : le pot-chopine d'Arques, qui contient un litre 823 mil. (1), le muid de cidre de 144 pots d'Arques (2), le
tonneau de trois muids.

Pour le sel : le muid de 12 setiers, le setier de 4 minots, le minot de 2 boisseaux. Le boisseau contient 16 pots et pèse de 48 à 50 livres ; le minot
contient 32 pots et pèse de 96 à 100 livres ; en pratique, on le compte pour
100 livres. Ces mesures sont celles des greniers.

---

(1) On emploie encore ce mot dans toute la Normandie ; mais aujourd'hui
on le compte pour deux litres et il est devenu l'équivalent du double litre.

(2) Le terme de muid n'est usité que dans une partie de la Haute Normandie ;
dans la région d'Auffay, Bacqueville, Tôtes, l'ancien muid de 144 pots est
compté aujourd'hui pour 300 litres.

Pour le blé, il y avait dans le bailliage d'Arques plusieurs boisseaux. Le boisseau mesure d'Arques, de 10 pots chopine, d'un poids de 30 livres de blé froment, n'était en usage que dans une partie des cantons actuels de Dieppe et d'Envermeu : à Envermeu, Ancourt, Belleville-sur-Mer, Berneval. Le boisseau, le plus commun dans la région, était celui de Bacqueville. Il contenait 16 pots et son poids était de 50 livres de blé froment. On l'appelle quelquefois la mesure de Bacqueville. Il était à peu près le seul en usage dans les cantons actuels de Bacqueville, Longueville, Tôtes, et la plus grande partie de ceux de Bellencombre et d'Offranville. A Arques même on se servait du boisseau de Bacqueville. Mais il y avait encore quelques autres boisseaux de moindre importance : un boisseau de 40 livres à Aubermesnil, Beaumets, Etran, Grèges, un boisseau de 46 livres à Bazomesnil, un boisseau de 52 livres à Braquemont et à Sauqueville, un boisseau de 60 livres à Louvetot.

Prix du blé. — Le prix du boisseau de blé froment, mesure de Bacqueville, était monté dans la seconde moitié du 18ᵉ siècle de 2 l. 10 s., année moyenne, vers 1750, à 5 l., année moyenne, vers 1780 (1). Mais au mois de mars 1789, il valait plus de 8 l. Le sac de 300 livres pesant valait environ 50 l., ce qui le mettrait à 33 ou 34 f. le quintal aujourd'hui, sans tenir compte de la différence de la valeur de l'argent et de l'augmentation du prix des denrées depuis cette époque. On payait le pain 4 sous la livre, au lieu de 2 sous et demi, les années précédentes.

----

(1) Ce prix de 5 livres est considéré comme un prix acceptable. Le cahier d'Epineville, petite paroisse où dominent les tisserands, demande que l'exportation soit prohibée quand le blé vaut plus de 5. l. 10 s. les 20 pots.

APPENDICE VIII

———

Lettre de Martin Lemaitre, d'Yvetot, a Necker. 29 mars 1789 (1).

A. Nat. B^a 30 (2).

Monseigneur de Nesque, ministre de France,

Supplie très humblement Martin Lemaître, demeurant à Yvetot-en-Caux, et vous remontre qu'il a été représenté dans les assemblées du tiers état toute chose utile ; mais je crois que l'on a oublié à représenter la misère des pauvres mercenaires aussi grande qu'il peut être. Car dans ses assemblées, il n'a paru que les plus riches fermiers de toutes paroisses et tout les plus aparessant qui, bien au delà de représenter la misère dans son degré quel peut être ; car tous les fermiers sont très félicités de vendre le blé bien cher et de voir le commerce tombé, dont ils se servent de cette circonstance pour avoir leurs domestiques et tout les gens utiles pour faire leurs travaux à meilleur marché et se trouvent élevés dans leur état par la misère du povre.

Puisque les bontés de notre bon roi, et aussi la vôtre, permettent au povre peuple de représenter leur misère, il aurait donc été à propos pour paraître dans les assemblées du tiers état, qu'il us été député de chaque paroisse un des premiers fermiers et un des plus povres particuliers, ce qui auret pu faire toute représentation utile, et les paroisses aurés contribué à la dépense de ce povre particulier. Tout les riches fermiers qui ont paru ont-ils pu représenter la misère, étant revêtus d'habits dorés et superflus ? Le povre n'est pas aimé du fermier et, même, il ose dire que ceux qu'il ne peuvent avoir de blé, qu'il mange de l'avoine et de la vesche. Tout le riche est contre le pauvre et c'est le membre le plus nécessaire de sur terre pour tous les travaux quelconques, celui qui verseret la dernière goutte de son sang pour notre bon Roy.

Le povre est flagellé de toutes parts. Tout est contre lui sans lui donner de secours. On lui a enlevé le blé durant l'été dernier pour l'anmagasiner de toutes parts, prévoyant que la récolte ne suffirait pas pour vivre le peuple durant l'année et voyant cette charté aussy grande, on vient à ouvrir les

———

(1) Nous avons respecté le style et l'orthographe.
(2) La lettre est recopiée textuellement au B. III, pp. 288-292.

magasins de blé ; un blé qui a été acheté 25 ou 26 livres le sac, et on le vant aujourd'hui au povre peuple 50 livres le sac à plus petite mesure.

Le povre n'est pas aveuglé ; il sait qu'il doit être du vieux blé, plus qu'il ne faut pour vivre une année la France. Encore le commerce tombé entièrement que l'on ne gangne rien. Comment pouvoir acheter du blé ? Il est à l'impossible au povre de vivre ; il jeûne journellement ; il meure de faim pour enrichir ses Messieurs qui ont anmagaziné le blé.

Vous, Mgr, qui avez tout pouvoir auprès de notre bon roy, que votre puissance vienne au secours du povre peuple pour lui sauver la vie : ils ne font que de respirer sous le poix de la grande misère. Si un petit sujet comme moy était admis auprès de votre autel, je croy que je feres connaître les auteurs de cette grande charté et du défaut de commerce, quoique je n'ay fait auqune zétude ; je vie dans la grosse écosse et povrement : met la divinité m'a conduit dans bien des états avec une heureuze mémoire auquel je scaurés auprès de votre grandeur utile à la nation.

Le povre peuple gémit et alarmé auprès de notre bon roy et auprès de vous, Mgr, à qu'il vous plaise de lui faire donner une diminution sur le blé et offriront des vœux à Dieu pour la conservation de vos jours et de votre grandeur, Mgr.

Yvetot, 29 mars 1789.

APPENDICE IX

Liste des principales paroisses industrielles et indication de leur industrie.

Auffay : Tannerie de cuir. Art. 4.

Les Aulthieux : « Les cotons qui font toute leur occupation ». Art. 2.

Bazomesnil : « La fabrique de toile en coton et la filature qui faisait subsister la majeure partie de notre paroisse ». Art. 6.

Beauville : « La seule industrie en usage dans la paroisse de Beauville consiste dans la fabrique de toilerie ». Art. 5. Id. à Bretteville, 4, à Reuville, 4, à Saint-Laurent-en-Caux, 4.

Belleville-en-Caux : sauf 4 fermes et 8 petits cultivateurs, le reste « tisserands et journaliers ». Art. 1.

Biville-la-Baignarde : mention d'ouvriers fabriquant toiles et siamoises. Art. 2. Id. à Sainte-Geneviève, 2.

La Chapelle-sur-Dun : « commerce des toiles et de la filature ». 2e partie, art. 10.

La Crique : « la filature du coton et du lin qui sont (sic) les seuls moyens de faire subsister les habitants du pays ». Art. 7.

Eurville : deux fermes à troupeaux et quatre petits laboureurs, le reste... toiliers et journaliers.

Gonnetot : « La seule et unique industrie... est la fabrique de toiles, dites gingas ». Art. 2.

Grainville-la-Renard : « Le commerce du pays de Caux, lequel commerce consiste en toiles et fils ». Remontrances et souhaits, art. 5.

La Heuze : « Le commerce et surtout la branche de coton, qui occupe dans cette contrée les femmes et les filles ». Art. 2.

Louvetot : « La branche de commerce qui met en œuvre les fils de coton et qui sert principalement à fournir à notre subsistance ». (2e alinéa).

Omonville : mention de toiliers et siamoisiers. Art. 13.

Royville est composé, en grande partie, de commerçants [en toiles et toileries]. Art. 15.

Saint-Martin-de-Veules : « un grand nombre d'ouvriers tisserands qui travaillent pour les bourgeois de Rouen ». (1er alinéa).

Saint-Martin-en-Campagne : « le commerce et occupation étant sur la filasse pour la pêche du poisson ». Art. 6, nota.

Saint-Ouen-le-Mauger : « plus des deux tiers des habitants sont tous ouvriers [tisserands] et manoeuvriers ». Art. 1.

Saint-Pierre-le-Petit n'est habité que par « des journaliers et toiliers ».

Sassetot : La majeure partie... ne tirent leur revenu que de la fabrique de siamoise. Art. 3.

Sotteville-sur-Mer : « La filature du lin et du chanvre, les toiles et cotonnettes sont son occupation ». (3e alinéa).

Ventes-d'Eawy (auj. *Les Grandes Ventes*) : mention des tisserands. Art. 1.

Ventes-Saint-Rémy : « L'occupation des femmes est de filer le coton ».

TABLE ALPHABÉTIQUE DES MATIÈRES

ET DES

NOMS DE PERSONNES ET DE LIEUX

Les noms des matières sont en **romaines grasses** ; les noms de personnes en PETITES CAPITALES ; les noms de lieux en *italiques*. — On n'a fait figurer dans cette table, ni les noms des comparants aux assemblées de paroisse ou à l'assemblée préliminaire, ni ceux des signataires des cahiers.

A

Abbayes. — Font valoir de grandes fermes, etc., sans payer d'impôt. I. 181. Prendre leur revenu pour les pauvres, les écoles, les accoucheuses. I. 114 ; pour les pauvres. I. 248. Pensions viagères sur les abbayes vacantes. I. 122, 241 ; II. 409 ; leur revenu attribué au roi. II. 498. Supprimer les petites abbayes. I. 218. Voir Communautés.

Abbés. — Commendataires. I. LV. Abbés et moines enlèvent la graisse de nos terres. II. 360 ; dévorent la substance du pauvre. II. 412. Restituer leurs biens aux pauvres. II. 408. Les pensionner jusqu'à l'extinction des dettes de l'Etat. I. 209.

Abbeville. — I. VI.

Abonnement. — Pour les impôts. I. 25, 255 ; pour les vingtièmes. I. 121 ; pour les vingtièmes et la taille. II. 464 ; pour les droits d'entrées dans les bourgs. II. 507.

Abus. — Du pouvoir militaire. I. 8 ; II. 562. Financiers. I. 79, 127. Pour les travaux des routes. II. 511, 570.

Accessoires. — Voir Taille.

Accouchements. — Cours. I. LII, 194 ; II. 392, 407.

Accoucheuses. — En avoir de bonnes dans les paroisses. I. 114.

Adjudications au feu. — Les supprimer. I. 17-18, 253 ; II. 566.

Administration. — Réforme. I. XXVII-XXIX.

Administration provinciale chargée de recouvrer l'impôt. I. 205 ; II. 456, 457. De juger les causes du fait I. 206.

Agriculture. — La protéger, l'encourager. I. 55, 114, 120, 154, 157, 164, 169, 171, 179, 266, 308 ; II. 389, 394, 399, 408. Prix et encouragements. I. 194.

Aides. — I. XXXVI-XXXVII. Droit onéreux et odieux. I. 241, très onéreux. II. 409, très à charge. II. 376. Les supprimer. I. 15, 46, 67, 70, 85, 88,

91, 93, 99, 123, 127, 132, 134, 140-141, 153, 156, 192, 197, 205, 255, 283, 303, 320; II. 334, 336, 341, 351, 372, 395, 400, 403, 411, 446, 470, 496, 498, 521, 565. Les réformer. I. 151; les remplacer. I. 176. Les réunir à un seul impôt. I. 217; II. 410. Leurs frais de perception. I. 124, 170, 292, 294. Réformer la perception. I. 313. Cour des Aides de Normandie I. xxxiii. Ordonnance des Aides I. xxxv.

Aiguirande (*Eygurande*) (Abbé d'). — II. 417.

Aînés de Caux. — I. 54, 55, 62 ; II. 400, 568.

Air mauvais. — I. 162. Voir Fièvres.

Aliermont. — Comté. I. xvii.

Alix ou **Allix.** — Député d'Envermeu, membre de l'assemblée du département d'Arques, commissaire-rédacteur du cahier du bailliage d'Arques. II. 552.

Ambrumesnil. — I. xv, xxvi. Cahier. I. 22-25.

Ancourt. — I. li, lii, lvii Cahier. I. 25-29.

Anglesqueville-sur-Saâne. — I. vii, xvii, xviii. Cahier. I. 29-33.

Angleterre. — I. xvii, xxi, xxxiv, xliii, xlvi, 13, 79, 118; II. 353, 565.

Anglais. — I. 112, II. 497. Voir Traité.

Angreville. — I. xvii. Cahier. I. 33-35.

Anneville-sur-Scie. — I. xlix. Cahier. I. 35-37.

Anoblissement. — Les abolir pour les charges de magistrature. I. 201.

Appeville. — I. xi. Cahier. I. 37-38.

Arbitres de paroisse. — Pour les petites causes. I. 242 ; II. 368, 446.

Archelles. — I. viii. Cahier. I. 38-39.

Archers. — I. 183. — Voir Maréchaussée.

Archevêque de Rouen. — Comte de Dieppe. I. vii, de l'Aliermont, xviii,

grand bénéficier, I. lv. Ses droits à Dieppe. I. 1, 15, II. 566.

Ardouval. — I. xlix. Cahier. I. 40-42. Tableau de la paroisse. I. 40-41.

Armes à feu. — Les interdire à ceux qui ne sont pas imposés à 30 livres : visites et saisies par la municipalité. II. 476. Les autoriser contre les corneilles. II. 517.

Arques. — Bailliage. I. v, vi, xv. xvi, xvii, xviii, xix, xxi, xxiii, xxiv, xxxiv, xxxv, xlvii, liv, lv, lvii, lx, 23, 38, 96, 103, 163, 174, 207, 307, 308 ; II. 400, 411, 529, 535, 557, 562, 575, 583, 588, 589. Election. I. vi, ix, xvi, 1, 6, 26; II. 401, 528, 557, 558. Département. I. xvi, xxi, xxv. Ville. I. xv, xxv, xxvi, xxvii, xxviii, l, liii, 77. Forêt: I. xx, lix, 29, 141, 214, 324. Maîtrise (des eaux et forêts). I. lix, 204, 227, 229. Vicomté. I. 68. Rivière. I. xxi. Cahier I. 42-45.

Artois. — Etats. I. 48.

Asséeurs de taille. — I. 82. Voir Tailles.

Assemblées électorales. — I. vi-xi ; II. 590.

Assemblées provinciales. I. xxviii-xxix. Les continuer. I. 88, 98, 244, 278 ; II. 340, 359, 402, 415, 442. Avec l'élection libre de leurs membres. I. xxix, 32, 302 ; avec les Etats provinciaux. I. 203 ; à défaut d'Etats provinciaux. I. 121, 194. Les charger de percevoir l'impôt. I. 88, 185, 253 ; II. 360 ; de le répartir. II. 360, 402; de le transmettre. I. 185, 214, 324; II. 459; de réformer les abus. I. 246. Leur donner une existence fixe. I. 34, 185 196; II. 532.

Assemblée provinciale de Haute-Normandie. — Son influence sur les cahiers. I. xxv. Exécuter ses décisions. I. 244, 245; la continuer pour répartir également l'impôt. I. 66.

Assemblées de département. — Leur donner une existence fixe. I. 185, 196 ; II. 532. Les continuer. I. 246 ; avec l'élection libre des membres. I. 202 ; les charger de recouvrer l'impôt. I. 253.

Assemblée du département d'Arques. I. XXI, XXV.

Assemblées municipales. — I. XXVIII. Les continuer I. 66, 202. Pour répartir l'impôt. I. 66 ; II. 374, 461. 495 ; la taille. I. 174, percevoir les deniers. I. 255, estimer les biens. I. 259 ; comme médiatrices ou juges des petits différends. I. 80, 106, 255 ; II. 466, 518. Les charger de surveiller la mendicité. I. 96, l'argent ou les travaux des routes. I. 97 ; II. 332 ; les mutations de domicile. I. 159. Son bureau chargé de percevoir et de transmettre l'impôt. II. 467.

Assemblée préliminaire. — Assemblée générale du bailliage. I. X-XI, 101, 103, 174, 175, 300, 302, 307. Procès-verbal. II-535-561. Cahier 562-572.

Ateliers de charité. — I. 60, 164, 289 ; d'entretien des routes. II. 569.

Attroupements. — Aux halles et marchés. I. 75, 120. Voir Halles. Troubles. De mendiants. I. 192, 288, 307 ; II. 393, 407 ; de vagabonds. I. 101 ; nocturnes I. 228, 266, 300, 307 ; II. 393, 407, 524. Voir Mendicité, Mendiants.

Aubermesnil. Cahier. I. 45-47.

Auberville-sur-Eaulne. — I. IX. Cahier. I. 47-50.

Auberges. — I. 197 ; II. 337.

Aubergistes. — I. 110, 170 ; II. 479.

Aucquemesnil. — I. VI. Procès-verbal I. 50.

Auffay. — I. VII, VIII, XII, XVII, XXII, XXIII, XXVI, XLI, XLVIII, LIV. Cahier. I. 50-58.

Aulthieux (Les). — I. XIII, XVII, XXIII, XLVI. Cahier. I. 58-60.

Aumâle. — I. XXI, XXII.

Aumônes. — I. 73, 128, 148, 245. Voir Pauvres.

Aunes et aunage. — I. 315. Voir Poids et mesures.

Auppegard. — I. VI. Procès-verbal. I. 60-61.

Auzouville-sur-Saâne. — I. XXX. Cahier. I. 61-65.

Avremesnil. — I. VIII, XLVI XLVII XLVIII. Cahier. I. 65-68.

B

Bacqueville. — I. VIII, XIII, XVI, XVII, XXII, XXIII, XXVI, XXX, XXXVI, XXXVII, XL, XLIV, LVI. Cahier. I. 68-74.

Bailliages royaux. — Les augmenter. I. 218, II. 336 ; étendre leur compétence. I. 8, 153 ; II. 398, 562 ; leur faire juger les dégâts du gibier. I. 265, taxer le blé I. 313.

Banalités. — I. LVIII. Les supprimer. I. 46, 48, 99, 107, 185, 187, 204, 255 ; II. 347, 378, 412, 425, 458, 472. De moulin. Abus. II. 388 ; la supprimer. I. 53, 112, 210, 214, 225, 228, 279, 324 ; II. 334, 410, 442, 470, 475, 497, 532, 568. La restreindre. II. 430. Liberté de construire des moulins. I. 53 ; II. 568. Banalité de moulin, four, pressoir. I. 32, 284.

Banqueroutes. — I. XLVIII, 221, 293. II. 337, 468, 482. Voir aussi Faillites.

Barre (*La*). — Faubourg de Dieppe. I. VI, 20.

Barrières. — Les reculer aux frontières. II. 392.

Baux. — Des biens de campagne. II. 477, de mainmorte. II. 431, 433.

Bazomesnil. — I. XIII, XXIII, XLVI, XLVII, XLIX. Cahier. I. 74-76.

Beatte d'Ausseville. — Lieutenant en l'élection d'Arques. I. XVI, 69, n. 1.

Beaumets. — I. xv, xxv, xxvi, xxvii. Cahier. I. 76-78.

Beaunay. — I. xxx. Cahier. I. 78-80.

Beauville-la-Cité. — I. xvi, xxiii, xxxii, xlvii. Cahier. I. 81-84.

Bellencombre. — I. xvii, xviii, xix ; II. 422. Cahier. I. 84-86.

Bellengreville. — I. xxix, xxx, l. Cahier. I. 86-88.

Belleville-en-Caux. — I. xxiii, xlvi, xlvii, xlviii, xlix. Cahier. I. 88-90. Tableau de la paroisse I. 89.

Belleville-sur-Mer. — I. xxxvi. Cahier. I. 90-92.

Belmesnil. — I. viii, xvi, xxx, lvi. Cahier. I. 92-94.

Bénéfices ecclésiastiques. — I. liv, lvii. Bénéfices-cures I.131,226,268,290. Voir Biens ecclésiastiques.

Bénéficiers. — Liste. I. lv. Revenu des gros bénéficiers attribué aux pauvres. I. 67, et à l'Etat, II. 412. Les imposer sans aucun privilège. I. 193. Voir Décimateurs.

Bénouville. — I. xv, xxxvi, xxxvii. Cahier. I. 94-97. Tableau des impôts. I. 95.

Berneval. — I. xix. Cahier. I. 97-99.

Bertreville. — I. xvi, xxvi, xxxviii, xlvii, xlix, 188. Cahier. I. 99-103.

Bêtes fauves, sauvages. — Les détruire. I. 41, 212, 222, 226, 229, 265, 318 ; II. 357, 366, 378, 389, 525, 570.

Béthune. — Rivière. I. xvi, xxi, lviii.

Biens de mainmorte, du clergé. — Voir Biens ecclésiastiques.

Biens ecclésiastiques. — I. lv, lvii. Abus dans leur administration. I, 29, 282. Doivent payer les impôts. I. 26,131, 210, 217, 220, 278 ; II. 458, 469, 509 ; les vingtièmes. I. 210. Sont le patrimoine des pauvres. I. 67 ; II. 391, 408. Donner aux pauvres le

tiers de ces biens. I. 24, une part du revenu des biens. I. 67, 96. Sont négligés. I. 57. Déclarer leurs aliénations irrévocables I. 57 ; II. 569. Pots-de-vin pour la location de ces biens ; les interdire. II. 433. Les confier aux administrations provinciales. I. 205.

Billards. — I. 53, 131. Jeux de billard I. 159. Voir Cafés.

Billets de change. — I. 14 ; II. 565.

Biville-la-Baignarde. — I. xii, xiii, xv, xxiii, xxix, xxx, xxxvi, xxxvii, liv. Cahier. I. 103-111.

Biville-la-Rivière. — I xlvii, lvi. Cahier. I. 111-113.

Blancmesnil. — I. li, lii. Cahier. I. 113-115.

Blanquet. — Armateur, échevin de Dieppe. I. 3.

Blatiers. — I. xlv, 316.

Blé. — I. xxii, xliii-xlv. Blé cher. I. 59, 64, 77, 85, 101, 104, 148, 161, 228, 266, 275, 281, 288, 301, 310, 319 ; 329 ; II. 334, 342, 378, 389, 412, 454, 459, 481, 497, 519. Disette de blé. I. 161, 132, 228. Proscrire le commerce et les enlèvements du blé. I. 59, 104, 222, 275 ; les embarquements, 228. Abus de l'exportation. I. 63-64, 71, 93, 288. L'interdire. I. 102, 118, 132, 178, 209, 211, 234, 253, 310 ; II. 374, 569. La réglementer. I 330. Faire porter le blé aux Halles. I. 64, 281. Le taxer. I. 151, 175, 260, 313, 330 ; empêcher la variation du prix. I. 56 ; II. 369. Etablir des magasins, des greniers de réserve. I. 56, 132, 151, 160, 164, 179, 228, 260, 262 ; II. 369, 454-455, 492, 568. N'en plus faire et ouvrir ceux qui existent. I. 274. Nécessité d'importer du blé I. 163 ; d'en faire venir aux Halles. I. 281.

Blés en terre. — Abîmés par les voyageurs. I.. 119 ; par les intempéries. I. 166. 208, 268, 318, 319, 328 ; II. 487-488, 514, 525, 527.

Blés mouchetés. — I. 26. Blé noir. II. 515. Blé germé. I. 268.

Blosseville. — I. XVIII, XIX. Cahier. I. 115-117. Tableau des impôts I. 115-116.

Blosseville (Vicomte de). — I. 115 ; II. 422.

Bloutière (*La*) (dép. *Manche.* arr. *Avranches*). — I. XII.

Bocage normand. — I. XXI.

Bois. — Voir Forêts. Bois taillis. I. 213.

Bois à brûler. — Rare et cher. I. XX, 26, 34, 207, 248, 255, 265 ; II. 334, 345, 472, 532. Le taxer. I. 284 ; II. 429, 532. Refus d'en vendre aux particuliers dans les forêts du roi. I. 92, 141 ; refus de laisser prendre le bois sec et les souches. I. 229. Faciliter son importation. I. 164.

Bois-Hulin. — I. XXIII, XLVII. Cahier. I. 117-119.

Bois-Robert. — I. VIII; XV. Cahier. I. 119-121.

Boissons. — Voir Droits.

Bonnetot. — Cahier. I. 121-123.

Bonport (Abbé de). — Évêque de Clermont. I. LV ; seigneur et patron d'Ardouval. I. 40.

Boquetons. Bosquets. — I. LIX, 234. Voir Remises à gibier.

Boucheries. Bouchers. — Voir Droits.

Boudeville. — I. XVI. Cahier. I. 123-125.

Boulangers. — Vendent trop cher. II. 455. N'ont pas de police. I. 64, 260.

BOULLARD. — Député d'Iclon, commissaire-rédacteur du cahier du bailliage. II. 552.

BOURBON (DUC DE). — I. 16 ; II. 466.

BOURDON. — Procureur du roi au bailliage, membre de l'Assemblée provinciale. I. XXV, n. 1 ; notice, 7,

n. 1 ; chargé de porter le cahier du bailliage à Caudebec. II. 572 ; député aux États généraux. I. 63, n. 3.

Bouretout (*Le*). — Hameau. II. 422.

Bourgay et La Chapelle, auj. *La Chapelle-du-Bourgay.* — I. XV. Cahier. I. 125-126.

Bourg-de-Saâne. — I. XVI, LVI. Cahier I. 126-128.

Bourg-Dun (*Le*). — I. XXXVIII, XLVII. Cahier. I. 129-133.

Bourgs. — I. XVIII, 31, 54, 297.

BOURVAL (DE). — II. 479 480.

Bouteilles. — I. V.

Brachy. — I. XVI. Cahier. I. 133-134.

Bracluit ou *Bracquetuit.* — I. VI, XII, XLVIII, LI. Cahier. I. 134-136.

Brametot. — I. XLI, XLII. Cahier. I. 137-139.

Braquemont ou *Bracquemont.* — I. XI XXXII. Cahier. I. 140-142.

Brassage. — Entrées au brassage. I. 297. Voir Cidres, Droits sur cidre.

Bray. — Pays. I. XVIII, XXI, XXXVIII. 214 ; II. 324. Vallée. II. 459.

Bretagne. — I. XXXV, 81.

Bretteville-en-Caux. — I. XVI, XXIII. Cahier. I. 143-144.

Bricqueville-la-Blouette (Manche, arr. Coutances). — I. XII.

BRIDREY. — I. XV.

Bûcherons. — II. 365, 523 528.

Bureaux. — De charité : dans chaque paroisse. I. 101, 175, 266-267, 304, 307 ; II. 354, 404 ; de secours. I. 192. Les établir de distance en distance. I. 289. — De consignation. I. 153, 157 ; de finances. I. 39, 182 ; de recettes. I. 62, 68, 208, 257 ; II. 491. — De loterie. II. 568. — De péage pour l'entretien des routes. I. XXXIV, 79, 118, 136, 278, 296 ; II. 353, 362, 439, 530.

Bureau intermédiaire. — I. 11, 32, 202 ; II. 563.

Bures et Burette. — I. VII. Cahier. I. 144-146.

Buvettes. — I. 30, 31. Voir Cafés.

C

Cabarets. — Voir Cafés. Cabaretiers. I. 110, 170 ; II. 479.

Cafés. — I. LII-LIII. Abus et dangers. I. 71, 182, 196, 242, 256, 322 ; II. 356, 410. Les supprimer : I. 30, 31, 43, 53, 103, 131, 147, 159, 171, 197, 220, 293, 295, 332 ; II. 337, 342, 396, 429, 436, 446, 450, 451, 474, 482, 492, 519, 567-568. En diminuer le nombre. I. 93. Les réglementer et les surveiller. I. 110, 258-259. II. 479.

Cahiers. — Des paroisses ; groupes de cahiers. I. XI-XVII. Cahier du bailliage. I. 63, 151, 174, 175, 300, 301. Texte du cahier. II. 562-572.

Calleville-les-Deux-Eglises. — I. IX, X. Cahier. I. 146-148.

Canehan. — Cahier. I. 148-150

Canonniers-Auxiliaires. — I. 13, 142, 234 ; II. 564. Gardes-côtes. I. 116, 142. Matelots. I. XLII, XLIII, 116.

Canonniers-bourgeois. — I. 20 ; II. 561.

CANOUVILLE (DE). — II. 376.

Canteleu. — I. XVI, XXIX, XXX, XLI, XLV. Cahier. I. 150-152.

Cany. — Bailliage. I. V, VII Ville I. V.

Capitation. — I. XXXI-XXXII, XXXIX. Trop lourde. I. 37, 66 ; arbitraire. I. 18, II. 567. Réglement nouveau et rôles ouverts à tous les contribuables. I. 18. II. 567. Capitation noble. I. 131, roturière, I. 23. Capitation de Dieppe : la diminuer. I. 18 ; II. 567. Capitation sur tous les citoyens, impôt nouveau. I. 198. II. 339, 490. Voir Taille.

Carie. — Du blé. I. XXXVI, 70, 169 ; II. 497.

Castelier (Le). — I. XVI, XLVII. Cahier. I. 152-155.

Casuel. — Des curés et vicaires. I. LV, 257, 304.

Catteville. — Hameau. II. 508. Comte MALDERRÉ DE CATTEVILLE. id.

Caudebec. — Bailliage. I. V ; élection I. 183. Ville. I. 46, 58, 63, 222 ; II. 551, 553, 554, 555, 572.

Caux. — Bailliage. I. XIX, XXIII, XXIV, XXVII, XXXI, XVLI, XLVIII, LVII, LIX, 43; II. 402, 535, 551, 552, 553, 557, 560, 562, 572. Pays. I. 112, 124, 253, 301, 307 ; II. 350, 383, 390. Coutume. II. 404, 457. Halles. I. 315.

CAVELIER. — Echevin de Dieppe, membre du Bureau intermédiaire. I. 3, n. 5.

Cent-Acres. — I. XVI, XLVII. Cahier I. 155-156.

Chambre. — De commerce. I. XLVI ; des Comptes. I. 130, 246.

Champart. — I. 188.

Chancel. — I. 48 ; II. 347.

Chanoines. — I. LV, 209 ; II. 408.

Chansons obscènes. — I. 263.

Chanvre. — I. XXII ; II. 389, 488.

Chapelle-Bénouville (La). — I. XLVI. Cahier. I. 158-160. Tableau des impôts. I. 158-159.

Chapelle-sur-Dun (La). — I-XIII, XIX, XXIII, XXXII, XLV, XLVI, XLVII, XLVIII. Cahier. I. 160-165.

Charbon de terre. — I. XX. Commerce encouragé. I. 194.

Charges. — De finances ou offices financiers. Trop multipliées, trop coûteuses. I. 72, 83, 93, 125, 128, 172, 293, 295. De judicature et de finances ; les rembourser. I. 12 ; II. 564. Charges publiques trop lourdes : faire contribuer le clergé et la noblesse. I. 109-110, 115, 131, 185 ; II. 497. Voir Impôts.

Chasse. — I. LVIII-LIV. Abus du droit de chasse. I. 187, 252 ; II. 349, 396.

Chasse-moute. — I. 53.

Chaussée (La). — I. XII. Cahier, I. 165-166.

Chemins. — Grands chemins ; voir Routes. Vicinaux : particuliers obligés de les entretenir. I. 97 ; II. 435, 467 ; de traverse, id. I. 221. Employer la corvée de la paroisse à ses chemins et rues. I. 256.

Cherté. — Du blé ; voir Blé : du pain, voir Pain. Des denrées. I. 162 ; des vivres. II. 444 ; des fourrages. I. 161.

Chevaux. — Pas d'entraves à leur production et commerce. I. 12 ; II. 564. Cheval royal. I. 150. Voir Étalon. Cheval mâle, entier ; le permettre aux cultivateurs. I. 36, 186 ; II. 400.

Chiens enragés. — I. 194.

Chirurgiens de village. — Leur ignorance. I. LII, 195, 248.

Cidre. — I. 52, 274. Voir Droits d'entrée.

Citadelles intérieures. — Les supprimer. I. 265.

Clais. — Dép. S.-Inf. ; arr. Neufchâtel. I. XV.

Clergé. — I. LIV-LVII. Ses privilèges. II. 469. Les privilégiés du clergé. II. 359. Voir Ecclésiastiques. Haut clergé. I. LV, 159.

Code. — Rédaction d'un nouveau code civil et criminel. I. XXX, XXXI, 80, 110 ; II. 356, 393. Réforme du code civil et criminel, I. 72, 93, 128 ; II. 376, 446 ; du code criminel. I. 9 ; II. 393, 407, 563.

Cognard ou **Cogniard.** — Député de Saint-Pierre-le-Viger, commissaire-rédacteur du cahier du bailliage II. 552.

Collecteurs. — De taille, d'impôts. Représentent insuffisamment la communauté. I. 44 ; les faire assister de notables. II. 351. Injustice du collecteur principal I. 130, 225, 314 ; des collecteurs des vingtièmes. I. 130. Sont trop nombreux. I. 114. Devaient porter l'argent au trésor. I. 282, 303 ; II. 413. Critique du système. II. 462-463. — Collecteurs du sel. I. XXIV, 290.

Collégiales. — I. 218.

Colmesnil. — Cahier. I-166-168.

Colombiers. — I. LIX. Plaintes. I. 36, 103, 182, 241, 251, 252 ; II. 348, 388, 410, 477, 480, 497. Les détruire : I. 28, 33, 44, 73, 93, 112, 114, 214, 220, 230, 234, 260, 262, 274, 280, 293, 304, 324 ; II. 334, 412, 431, 514. Les laisser aux seuls possesseurs de fief. II. 354 ; supprimer les colombiers sans titre. II. 568. Les fermer pendant les semailles et la récolte. I. 80, 107, 119, 132, 147, 187 ; II. 351, 453, 485 ; de la mi-juillet à la mi-novembre. I. 260 ; du 1er août au 1er novembre. I. 298 ; de la mi-mars au 1er mai et du 1er juillet à la fin d'octobre. II. 420.

Colporteurs. — I. 105 ; II. 476.

Colza. — I. XXII, XLV, 208, 259, 313-314, 328 ; II. 453.

Commerce. — Défaut, inactivité langueur, chute, ruine du commerce, I. XLV-XLVIII, 52, 59, 63, 128, 162, 281, 288, 319-320 ; II. 350, 375, 422. 444, 450, 454, 467-468 ; depuis un an et demi. I. 68 ; depuis 2 ou 3 ans. I. 192 ; depuis le traité avec les Anglais, avec l'Angleterre. I. 112. 242, 301, 307. L'encourager. I. 114. 164 ; le faire revivre. I. 252 ; II. 350. Supprimer les privilèges de commerce et les compagnies exclusives. I. 13 ; II. 565. Commerce du blé, voir Blé ; du charbon de terre ; voir Charbon ; des chevaux, voir Chevaux ; du coton, voir Coton.

Commis et employés des aides, des fermes. — I. xxxvii-xxxviii. Trop nombreux. II. 521 ; absorbent la plus grande partie de l'impôt. I. 70. Vivent aux dépens du peuple. I. 31, 201 ; II. 339 ; sont les furets des fermes. II. 385 ; les sangsues du peuple. I. 249, 257, ; tiennent le peuple en esclavage. I. 248 ; favorisent la fraude. I. 108. Les pensionner ou les incorporer. I. 132. Les supprimer. I. 79, 96-97, 170, 205, 223, 246, 257, 296, 331 ; II. 478, 563. Les réformer. II. 474.

Commission intermédiaire. — I. xxv, xxviii, xxix. Publier ses dépenses. I. 32, 202-203.

Committimus. — I. 9 ; II. 478, 563

Communautés (d'arts et métiers). — Leurs maîtres exempts du service de la marine. I. 19, II. 567.

Communautés religieuses. — Possèdent les deux tiers du revenu ecclésiastique sans aucune charge. I. 241. Font valoir des fermes sans payer d'impôt. II. 493. Les réduire au quart. I. 256 ; à deux par diocèse. II. 439, 440. Les forcer à vendre leurs terres incultes. II. 478. Les convertir en hôpitaux, maisons d'instruction ou de retraite. I. 256.

Communautés de filles. — Faire payer leurs biens. II. 471.

Communes (Biens communaux) — I. lix. Usurpées par les seigneurs. I. 181, 217, 253, II. 348. Conservation des droits de communes. I. 196. Les louer ou vendre au profit du roi. II. 420. Les partager au profit des habitants. I. 192 ; des communautés. I. 309 ; par feu. II. 478 ; entre les propriétaires à proportion de leur propriété. I. 155, 158 ; II. 342, 399, et non par tête. I. 155 ; II. 399.

Comparants. — Leur nombre. I. viii.

Leur profession et leur situation sociale. I. ix, x.

Congés de l'amirauté. — I. 14. II. 565.

Constituante. — I. xxi, xxix, xl.

Constitution. — I. xxv-xxvii, 8.

Contrats à la grosse. — I. 14.

Contrats de mariage. — Passés sous seing privé. I. 97 ; II. 570.

Contrebandiers. — I. 97, 108, 313.

Contrôle (des actes). — Le supprimer ou l'alléger. I. 97. Assure l'intérêt public [le maintenir]. I. 138. Droits de contrôle et centième denier ; sont lourds et compliqués. I. 53 ; de contrôle et ancienne insinuation ; les faire régir par les Etats provinciaux et les abonner aux notaires. I. 24-25 ; de contrôle, centième et insinuation ; les modérer. I. 220. Droits de contrôle : leur progression effrayante ; les circonscrire. I. 196, 197. Leur perception arbitraire qui nuit au commerce et trouble les familles. II. 360. Modifier leur tarif ou les supprimer. I. 206. Les réduire et faire un tarif très modéré. II. 570.

Droits de contrôle et de parisis du poids-le-roi à Dieppe, Rouen, etc. — Les supprimer. I. 16 ; II. 566.

Contrôleurs des aides. — Les supprimer. I. 25 ; II. 430. Voir Aides, Commis.

Contrôleurs des vingtièmes. — Leur arbitraire. I. 82, 143 ; leur ignorance. I. 130 ; leur négligence. I. 210. Trompés ou intimidés. II. 461. Exigent la grosse de la tutelle. II. 430-431.

Corbeaux, Corneilles. — I. lix. Ordonner leur destruction. I. 80, 108, 179 ; II. 477 ; l'autoriser II. 515. Font tort à la récolte. II. 439.

Corneville. (Abbé de). — II. 372.

Corvée. — I. xxxiv, xxxvii. A charge au Tiers Etat. I. 147 ; aux campagnes. I. 25 ; II. 376. Faire payer les trois ordres. I. 46, 122, 282 ; II. 304, 446 ; tous les propriétaires. I. 87, 245 ; les commerçants. I. 199 ; II. 339, 388 ; les voitures, voituriers, rouliers, voyageurs : I. 71, 79, 84, 118, 170 ; II. 350, 353, 372, 436, 465, 498, 569 ; ceux qui en usent. I. 124, 127, 170 ; II. 530. Plaintes contre la corvée en argent. I. 83, 132-133, 170, 185, 232, 271, 320, 332 ; II. 345, 352-353, 376, 386, 392, 450, 464, 472, 474, 498, 501, 530. Répartie arbitrairement. II. 453 ; l'adjuger aux riverains. I. 47, 48, 208. La diminuer sur les campagnes, I. 25, sur les paroisses des vallées. I. 245. La supprimer. I. 165.

Cotecote. — I. 21. Voir *Dieppe-faubourgs*

Cotentin. — I. XII, XXX, XXXVIII, LIII, LVII, LX.

Coton. — I. XVII, XXIII, XXIV, XLV, XLVI. Chute, stagnation, dépérissement du commerce du coton, I. 59, 275, 288 ; II. 528 ; des toiles et fils de coton. I. 310 ; de la fabrique de toile en coton. I. 76, 118. Faire revivre la filature du coton. I. 179, le commerce des toiles et fils. I. 252-253. Diminution sur les cotons, causée par le traité de commerce. I. 118. Cotonnette. II. 488.

COUSIN-DESPRÉAUX. — Négociant, échevin de Dieppe, membre de l'Assemblée provinciale I. XXV, n. 2 ; 2, n. 1 ; notice, 3, n. 3.

Coutances. — Bailliage I. XV, XXVIII.

Coutume. — De Normandie I. XXX, XXXI, LIX. De Caux. I. XXXI, 55, 204 ; II. 457 ; coutume locale. II. 508.

Coutumes. — Les unifier. I. 62, 88, 204, 207-208, 255 ; II. 316.

Couvents. — Voir Abbayes. Communautés, Moines.

Couvertures. — I. 30, 31.

Crasville-la-Roquefort. — I. XVI, XXXVII, LVI. Cahier. I. 168-173.

CRENY-DE-SAINT-OUEN. (Mme de). — II. 447.

Crespeville. — I. X, XVI, XXVI. Cahier. I. 173-176.

Cressy. — Cahier. I. 176-177.

Crique (La). — I. XXIII. Cahier. I. 177-179. Tableau des impôts. I. 178.

Criquetot-sur-Longueville. — I. XVI, XXVI. XLVI, XLVII, XLIX, LII, LIX. Cahier. I. 179-183.

Crise industrielle. — I. XLV, XLVIII.

Crocq. Forêt du. — I. 229.

Croixdalle. — I. XVI, XXIX. Cahier. I. 183-186.

Cropus. — I. LIX. II. 348. Cahier. I. 186-187.

Crosville-sur-Scie. — I. XI. Cahier. I. 187-190.

Cuirs. — Cuirs des colonies ; prime à l'entrée en France. I. 14 ; II. 565. Tanneries de cuirs ; leur débit diminué, le prix des cuirs augmenté. I. 52. Droits sur les cuirs ; I. 24, 30, 73, onéreux. I. 123 ; onéreux et odieux. I. 241. Les anéantir. I. 49. Les supprimer. I. 67-201, 205, 220, 236, 273, 285 ; II. 339, 403, 409, 411, 442. Abolir la marque des cuirs. I. 195, 197, 205.

Cultivateurs. — I. IX, 67, 127, 171, 252, 261, 326. Voir Laboureurs. Cultivateurs-herbagers. I. IX.

Cures. — Fortes cures. I. 114 ; cures inutiles. I. 206.

Curés. — Ont un revenu insuffisant. I. 181, 327 ; II. 437, 448 ; une portion congrue dans les bourgs. I. 54, 181 ; de gros bénéfices dans le pays de Caux. I. 226 ; II. 383. Font valoir des terres, des dîmes, sans payer d'impôt. I. 36, 118, 226, 315 ; II. 366, 372, 376, 423, 446, 493, 508, 521. Ne paient pas

les vingtièmes. I.83, 112. Ne font pas
valoir la dîme par eux-mêmes. I. 230.
Leur donner la présidence de l'assemblée municipale. I. 106,202 Leur
faire juger, avec le seigneur et les
notables, les petites affaires. II. 341,
398.

D

Dampierre. — Cahier. I. 190-191.

Décimateurs. — Gros décimateurs.
I. LV. LVI. Ont les deux tiers des
dîmes. I. 73, 216, 324; II. 458. Leur
avidité, réduisent les curés à la portion congrue. II. 437 : ne font aucun
bien aux églises, aux curés, aux pauvres. I. 268 ; II. 376, 480. Devraient
construire et réparer les églises et les
presbytères. I. 29, 48, 109 ; II. 347,
354 ; contribuer pour les pauvres.
I. 46, 67, 73, 134, 221, 245, 292, 295 ;
II. 372-373, 404, 442, 445. Les taxer
pour les pauvres. I. 109, 216 ; II. 477.

Décimes. — I. 131 ; II. 355, 498.

Décrets. — Les abréger. I. 157 ; II. 398.
Procédure longue et ruineuse ;
l'anéantir. I. 153.

**Défaut de monde, de bras pour la
culture**. — I. 34, 185, 196 ; II. 472.

Défrichements. — Mention. I. 109 ; les
encourager. I. 194.

Délibération en commun. — Aux États
généraux. I. XXVI, 8, 43, 100, 174,
182, 190-191, 299, 306, 307 ; II. 511,
562 ; au bailliage. I. 264.

Denestanville. — I. XI, XLVII, XLIX.
Cahier I. 191-192.

DENIZART. — DENISART, juriscon-
sulte. I. 48 ; notice, n. 3.

Dénombrement. — Des terres. II. 384.

Dépôts. — De grains. I. 194. Voir Blé.
Greniers. — De mendicité. I. 267.

Députés. — Des paroisses. I. XXI ; aux
États généraux ; appel à leurs
lumières, à leur justice. I. 68 ; II. 404,
413 ; à l'assemblée générale du
bailliage de Caux ; les choisir dans
les différentes classes. I. 63. Election
de ces députés. II. 553-556. Liste. II.
557-559.

Derchigny. — I. XV, XXI, XXVII, XXXVI,
LII, 28. Cahier. I. 193-195.

Dette. — De l'Etat. I. 121 ; la montrer
fidèlement. I. 322 ; dette nationale
immense. II. 360. Des particuliers.
I. 106.

Dieppe. — Arrondissement. I. XVII. Ville
I. V, VI, VII, VIII, XI, XIII, XXI, XXII,
XXV, XXVI, XXVII, XXXIV, XXXV,
XXXVI, XXXVII, XLI, XLIII, XLVII, LI,
LIII, LVII, 16, 18, 46, 58, 170, 207,
256, 290, 322 ; II. 350, 361, 369,
394, 402, 415, 459, 471, 510, 516,
565, 566, 567. Routes ; voir Routes.
Notice. I. 1-3. Procès-verbal. I. 3-7.
Cahier. I. 7-20.

Dieppe-Faubourgs. — Cahier. I. 20-22.

Dîmage. — II. 445,

Dimanche. — Profané. I. 182 ; II. 450.
Marchés du dimanche. Les abolir.
I. 171, 182, 235, 262 ; II. 450.

Dîmerons. — II. 356.

Dîmes. — Accrues par les défriche-
chements. I. 109. Les amodier en
argent. I. 24 ; II. 511. Les ramener à
leur attribution primitive ; entretien
des prêtres, de l'église et des pauvres.
I. 96, 150, 159; 287 ; II. 374 ; les
répartir entre les pauvres, le curé et
l'Etat. II. 440 ; les employer à des
bureaux de charité. II. 404. Attribuer aux pauvres une partie des
dîmes du clergé. I. 154, 157, des
moines. I. 128. Abolir celles des
communautés. I. 257. Grosses dîmes
d'abbayes : ne paient pas d'impôt.
I. 134 ; II. 508. Les affermer au

profit des pauvres. II. 511. En interdire l'adjudication aux curés. I. 49-50.

Dîmes insolites. — Les supprimer. I. 205 ; II. 334, 389, 417-418, 457 ; ou les convertir en argent. II. 569. Dîmes de laine et charnage. I. 48 ; II. 347; de seigle, trèfle, cochons de lait, agneaux et poulets. I. 285. Vertes dîmes. II. 417, 440.

Dîme seigneuriale. — II. 425.

Domaines de la couronne. — Les administrer économiquement. II. 392. Les aliéner. I. 56, sauf les forêts. I. 265 ; les abonner à la province. I. 24. Terres vaines du domaine ; les aliéner ou enrenter. I. 155 ; II. 342, 399. Aliéner les petits domaines. II. 568.

Domestiques. — Rapports avec les maîtres. I. 109 ; II. 476. Difficulté d'en avoir. I. 149 ; mettre une taxe sur ceux des villes. I. 185-186 ; II. 360-361, 470-471, 473.

Domiciles. — Autorisé par les officiers municipaux. I. 54 ; II. 568. Mutations. I. 159. Translations. I. 282 ; II. 509 ; y payer la taille. II. 463.

Don gratuit. — Des villes, de Dieppe, Coûteux. I. 21, 322 ; II. 388. Le supprimer. I. 214, 273, 324. Remis à certains bourgs. II. 422. — Du clergé. I. 109.

Douanes. — I. xxxvi, xxxvii, xlviii. Les renvoyer aux frontières. I. xii, II. 564. Douanes des ports. I. 138 Douanes (intérieures) ; en supprimer une partie. II. 467. Voir Traites.

Doudeville. — Canton. I. v, xii.

Douvrend. — I. xvii, xlii. — Cahier. I. 195-197.

Dracqueville. — I. xii, xv, xxvii, xxviii, xxx, xxxix, xl, xlii, liv. — Cahier. I. 197-203.

Droits féodaux. — I. lviii-lix. Abus. I. 241 ; les réformer. I. 265. Voir Banalités, Champart, Chasse, Colombiers, Pigeons, etc.

Droits (fiscaux). — D'aides et de gabelles. I. 15 ; II. 565. Voir ces mots. Des boissons. I. 21, 24, 79, 85, 149-150, 220, 305 ; II. 506. Les diminuer sur les boissons indispensables. I. 24, 305. Un seul droit sur les boissons et produits particuliers à chaque province. I. 262. Droits de transport. II. 496, 521 ; d'entrée. Voir Droits d'entrée. — De boucheries. I. 67, 73, 138 167 ; II. 403, 411 ; d'inspecteurs aux boucheries. I. 30, 84, 85, 138, 144, 201 ; II. 339, 490 ; dans les bourgs. I. 30, 85. Sur les viandes. I. 24, 304. Voir aussi Pied-fourché. — Droits des denrées : les font renchérir. II. 521. Abus et exactions. II. 392, 407. — Droits d'entrée. Les supprimer. I. 156 ; II. 398. Sur les boissons et denrées, id. I. 95 ; II. 435. Sur les boissons, dans les villes. I. 153, 156, 220, 236, 255, 273, 285 ; II. 398, 442, 474 ; dans les bourgs, sur le cidre. I. xxxvi, 30, 31, 52, 95, 220, 285 ; II. 433, 442, 450, 500, 506-507, 516, 524. A Dieppe, abus et excès. II. 516. — Droits d'entrée, voyage, pontage, quatrième. I. 95 ; d'entrée, péage et quatrième. II. 435 ; d'entrée, subvention, jauge et courtage I. 30 ; de halle, I. 91, 236. De halle à Dieppe [palette]. I. 290 ; de halle et palette. I. 194. — De pied-fourché. I. 138, 167, 273 ; II. 420, 490. De poisson. I. 138. De quatrième. I. 95, De quatrième au Pollet. I. 19 ; II. 567. De quayage. I. 16 ; II. 566. — Droits sur les cuirs. Voir Cuirs.

Droits royaux — Sur l'expédition des sentences. I. 9, 153 ; II. 341, 398. Sur les actes de judicature. I. 153, 157. Droit de provision des charges. I. 12.

Droit de franchise ou capitation. — Pour remplacer les aides et corvée. II. 490.

Droit territorial. — Sur toutes les propriétés pour remplacer tous les impôts. I. 167.

Droit de transit. — Sur les marchandises et denrées pour remplacer les droits sur les boucheries et sur les cuirs. I. 201.

Droits substitués aux aides. — Les percevoir sur les fruits en nature. II. 569.

E

Eau-de-vie. — Prime à l'exportation. I, 14, II. 565. Excès des droits. I. 141. Interdire la vente au détail. I. 220.

Eau de mer. — Permettre d'en prendre. I. xxxvi, 26, 48, 92, 99, 113, 114, 194, 248 ; II. 363, 370, 392, 407, 442, 515, 518, 569.

Eaux et forêts. — I. 141. Supprimer la maîtrise. I. 88, 204.

Eaulne. — Rivière. I. xvi, xxi, lviii.

Eawy. — Forêt. I. xi, xix, xx, lix. Remplie de sangliers. I. 226 ; nuisible aux riverains. II. 527.

Ecclésiastiques. Etat ecclésiastique. — Possèdent tout et ne paient presque rien. I. 232. Ont d'immenses revenus, doivent contribuer aux charges. I. 214, 324. Leur faire payer les impôts. II. 458, la taille. II. 463. Voir Bénéficiers, Clergé, Décimateurs. — Ecclésiastiques réguliers. Inutiles à la Société. I. 172. Voir Abbayes Communautés, Moines.

Ecoles. — I. 41. Maîtres et maîtresses d'école. Mention I. 136 ; en établir dans les campagnes. I. 114 284. Etablir des écoles gratuites. I. 159. II. 492. Voir Instruction.

Edits bursaux. — II. 385.

Education publique. — Négligée dans les campagnes. I. 29. Voir Instruction.

Eglises. — Reconstruction, réparation. Voir Clergé, Décimateurs.

Elections. — Tribunal. Le supprimer. II. 402. Mention pour la taille. II. 461-462, 480. Election (d'Arques). I. 189.

Emeutes. — Voir Troubles.

Employés. — A la perception : foule innombrable, sangsues du peuple. I. 74 ; énumération. II. 394 ; les réduire. II. 407, les supprimer. I. 205. Des gabelles : les supprimer. II. 454. Voir Commis.

Emprunt. — Consenti par la nation. I. 10 ; II. 563 ; par les Etats généraux. I. 56.

Enclos des villes et bourgs. — II. 400.

Encordeurs jurés. — II. 429-430, 456.

Enfants trouvés. — II. 393, 407.

Engagistes. — I. 56.

Enharrements. — Les interdire. I. 65, 288

Enrôlements. — Pour la milice : doivent être volontaires et non forcés. I. 13, 199-200 ; II. 566. Voir Milice. — Pour la taille. Voir Taille.

Entraves fiscales. — Gênent l'agriculture. I. 95, 183, 300, 308 ; II. 392, 407 ; le commerce. I. 288, le commerce des chevaux. I. 11-12, 167 ; II. 484, 564. Dans les douanes et passages. II. 467. Sur la navigation avec les colonies. I. 14 ; II. 565. Sur la navigation, la pêche et l'industrie. II. 392.

Entrées. — Voir Droits d'entrée.

Entrepôt. — Dans les ports. I. 14 ; II. 565. A Dieppe. I-14 ; II. 565. De blé. II. 568. Voir Blé.

Envermeu. — Canton I. xvii. Bourg. I. xvii, xxi, xxvi, xxix, xxx, xxxi, lv, lvi, lvii ; II. 417. Cahier. I. 203-206.

Epineville. — I. XI, XIX, XX, XXX. Cahier. I. 206-209. Tableau de la paroisse. I. 207.

Equiqueville. — I. XXVII, XXXII. Cahier. I. 209-211.

Essarts du Manoir-Duval. — Hameau de Freulleville. I. 229.

Estimation des biens. — I, 138.

Etables. — I. XXXII. Cahier. I. 211-213.

Etalons. — Trop fins, épuisés. Les supprimer. I. 27 ; II. 400, 412, 420. Augmenter le nombre. I. 285. Supprimer le droit d'étalon. I. 167 ; II. 484, 485 ; le garde-étalon. I. 36, 293 ; II. 420, 439. Voir aussi cheval royal, mâle, entier.

Etapes. — II. 422.

Etats généraux. — I. XXVI, XLVIII. Mention. I. 46, 323 ; II. 336. Périodiques. — I. 10, 74, 100, 174, 182, 264, 299, 307 ; II. 361, 471, 511, 563 ; tous les trois ans. II. 371. Délibération en commun et vote par tête. I. 8, 43, 74, 206, 299, 307 ; II. 356, 510-511, 562 ; avec réserve. I. 58. Pourront seuls voter l'impôt. I. 23, 57, 264. Doivent diminuer les frais de perception. II. 377.

Etats de Normandie. — I. XXVII-XXVIII. Mention I. 267. Les restituer, avec le vote par tête et l'organisation des Etats généraux. I. 10-11 ; II-563. Les restituer. I. 44, 264. Les établir. I. 46, 100, 300, 308 ; II. 336 ; à côté des assemblées provinciales. I. 203. Les charger de l'administration et de l'extirpation des abus. I. 10-11 ; II. 336. 563.

Etats provinciaux. — Les rétablir. I. 322 ; II. 495. Les établir. I. 23, 182, 194, 203, 234, 255 ; à défaut du maintien des Assemblées provinciales. I. 121, aux lieu et place de l'Assemblée provinciale. II. 354. Chargés d'asseoir et de répartir les impôts. I. 11 ; II. 563 ; de connaître des contestations sur l'impôt. I. 23, et du contrôle, 24.

Etats-Unis. — Traité de commerce ; l'abroger. I. 13 ; II. 565.

Etoffes. — De nos manufactures, obligatoires pour tous les Français. I. 153. II. 398, 569.

Etran. — I. VIII. Cahier. I. 213-215.

Eu. — Bailliage. I. VI ; comté. I. XVII ; grenier à sel. I. XXXV ; forêt. I. 141.

Eurville. — I. XXIII, XLVI, XLVIII. Cahier. I. 215-216. Tableau de la paroisse. I. 215.

Exportation. — Des sels, vins, eaux-de-vie, denrées des colonies. La gratifier. I. 14 ; II. 565. Des grains ; l'interdire. II. 569. Voir Blé.

F

Fabricants. — Abandonnent. I. 328. Ouvriers fabriquant toiles et siamoises. I. 105.

Fabrique. — De toile en coton, de toilerie. I. 76, 83. De gingas. I. 238 ; de siamoise. II. 482.

Fabriques étrangères. — Le public y court. I. 63.

Faillites. — II. 436. Voir aussi Banqueroutes.

Familles de cahiers. — Voir Cahiers.

Fécamp. — Abbaye. II. 508 ; abbé. II. 423, 448 ; religieux. I. 290.

Fermages. — Prix extraordinaire. I. 327. Mention. I. 144, 315 ; II. 374.

Fermes. — Mention. II. 523, 527. Fermes à troupeau. I. 89, 215. Plaintes contre les nobles et les communautés qui font valoir les principales fermes sans payer d'impôt. II. 493. Défendre aux communautés de les faire valoir par elles-mêmes. II. 399. Fermes du domaine. II. 525-526. Réunion de fermes. I. xxii.

Fermes. — D'impôt. I. xxxvii, xxxix, 27. Fermes générales, fléau du trône et de la nation. I. 249. Les anéantir. I.252. Les supprimer. I.96-97, 159 ; II.336, 435 ; en supprimer les employés. I.238,328. Fermes d'aides, gabelle, tabac : simplifier les droits de perception. II.355. Ferme du tabac, anéantit les deux tiers du revenu. I.124, 169. Sous-ferme du contrôle. I.138.

Fermiers. — Paient les droits au lieu de leurs maîtres, cesseront leurs fermages. II.363-364. Vexés par les mendiants. I.75, II.477. Ne pas prendre pour fermiers des gens sans aveu. II.413. Rôle des fermiers dans les assemblées électorales. I.ix-xi ; II.590.

Fermiers généraux. — I.xxxviii. Les plus avides des déprédateurs. II. 385, des demi-dieux. II.502. Ont les deux tiers du revenu des aides, gabelles et cuirs. I.147. Absorbent plus de la moitié des impôts. II.402. Fermiers des boissons. II.502, du sel. II.524. Les supprimer. I.147, surtout ceux du sel et du tabac. I.179.

Fiefs. — De haubert. I.lix, II.355. Possesseurs de fiefs dédaignent les murmures des cultivateurs. I.152. Fiefs nobles tombés en roture. I.28. Des religieux. I.112, 218, II.355 ; les vendre au profit de l'Etat.

Fièvres. — I.xix. II.367, 369, 411, 480, 514.

Filateurs. — I.xxiv.

Filature. — I.xlv-xlvi. Du coton. I.76, 164, 179, 253 ; II.412, 488, 528. Du lin. I.179. Du lin et du chanvre. II.488.

Filasse. — Pour la pêche. II.425.

Finances. — Comité national pour les inspecter. I. 56.

Financiers. — S'engraissent de leur sang et de leurs larmes ; en détruire I.271.

Foires et marchés. — Droits égaux partout. I.220. Assurer la sécurité du cultivateur. I.154 ; II.399. Voir Marchés.

Fontaine-le-Dun. — Canton. I.xvii. Paroisse. I.xxii, xlv, lvi, lix. Cahier. I.216-219.

Fontelaye (La). — Cahier. I.219-221.

Forêts. — I.xx. Forêts du roi : les mieux administrer. I.155, 182, 194, 236, 248, 300 ; II.342, 399 ; plus économiquement. II.392. Les améliorer. I.34. II.473, 522. Exécuter les lois forestières pour les forêts du domaine et de mainmorte. I.265. Modifier l'administration pour les ventes de bois. I.204, les adjudications. I.250,253. Délivrer du bois aux riverains. I.212 ; aux pauvres. II.334, Riverains privés des droits d'usage. I.229. Forêt d'Arques mal administrée ; on ne peut y avoir de bois. I.2 , 92, 141.

Fossé (M. du). — I.348.

Fouage. — Impôt territorial de fouage. I.255.

Fourrages rares et chers. — I.161.

Fours. — Fours habités. I.75. Fours banaux. I.220. Voir Banalités.

Frais. — De justice. Enormes : I-34, 185 ; II-470, 532. Les simplifier, I-205. Frais et présents. II.360. De procédure. II.356. Voir Justice. — Frais de perception. Voir Perception, Commis, Fermes, Régie.

Franchise. — Du sel. I.273, du sel et du tabac. I.138. Du tabac. I.274. Voir Sel, Tabac. Du pied-fourché, cuirs, boucheries, aides et gabelle. I.138.

Franchise. — Ou capitation, impôt à créer sur les personnes. I-xxxix, 198 ; II.339, 490.

Franc-salé. — I. xxxiv.

Frenaye (La).— I. xl. Cahier. I. 221-224.

Fresles. — I. liv, lviii. Cahier. I. 224-227.

Freulleville. — I. viii. Cahier. I. 227-232. Impôts. I. 221.

Fusils. — Les autoriser pour tuer les corneilles. I. 108 ; II. 515. Les interdire à ceux qui ne paient pas 20 livres du principal de la taille. II. 420. Voir Armes à feu.

G

Gabelle. — I. xxxiv-xxxvi. Onéreuse. I. 46, 62, 84 ; II. 409 ; onéreuse et odieuse. I. 241 ; désastreuse. I. 91 ; infâme. II. 502 ; tourmentante. II. 509 ; effrayante pour tous les ordres. I. 108 ; tient le sel à un prix excessif. II. 496. Source de vexations. I. 46, 185, 196 ; II. 472, 532. La supprimer, l'anéantir. I. 15, 24, 34, 46, 67, 70, 87, 93, 95, 99, 108, 112, 123, 124, 127, 132, 134, 141, 153, 156, 163, 165, 169, 185, 192, 193, 204, 208, 211, 214, 217, 219, 241, 255, 262, 273, 281, 283, 292, 296, 298, 303, 320, 330 ; II. 336, 339, 340, 344, 346, 351, 362, 372, 376, 385, 392, 397, 409, 411, 415, 418, 429, 442, 451, 456, 470, 473, 495, 496, 502, 509, 532. En réformer les abus. I. 15 ; II. 565. Une seule taxe pour la gabelle et les aides. II. 360, 511. Egalité entre les provinces. I. 201.

Gaillarde (La). — I. viii, x, lix ; Cahier. I. 233-235.

Gardes. — Des côtes. I. 79 ; des forêts. I. 229 ; des portes. II. 516.

Gardes-chasse. — I. lix ; II. 349, 371.

Garde-côte. — Milice, canonniers, paroisses. — I. 91, 99, 116, 142 ; II. 370, 424.

Gardes-gardiennes. — II. 478.

Garennes. — Les détruire. I. 114, 262 : II. 352 ; détruire les garennes sans titre. II. 568. Mention I. 241.

Gelées. — I. 208, 318.

Généralités. — I. 55, 235.

Génie. — Corps du génie, dangereux à l'Etat. I. 249 ; voir Ingénieurs.

Gibier. — I. lix, 241. Multiplié par les seigneurs. II. 348. Le diminuer. I. 148 ; II. 265, 399. Le détruire. I. 155, 189, 280, 320 : II. 342, 378, 420, 451, 474. Permettre de le tirer. I. 33. Voir Lapins, Lièvres, Perdrix, Remises [à gibier].

Gingas. — I. xxiii, 238.

Glanage. — I. 220.

Glicourt. — I. xi, xv, xxvii. xxxvi. Cahier. I. 235-236.

Gonnetot. — Cahier. I. 236-239. Tableau des impositions, 237.

Gonneville. — I. xxix-xlvii. Cahier. I. 240-243.

Gonseville (M¹ᵉ DE). — II. 417.

Gouchaupré. — I. vii, xii. Cahier. I. 243-244.

Gouillon (Abbé de Goyon). — II. 480.

Gouret (Le). — I. xix, xxviii, lvi. Cahier I. 244-247.

Gout. — Maître des requêtes du comte d'Artois. I. 41.

Gouverneurs. — De province. I 45. Des citadelles intérieures. I. 265.

Graincourt. — I. xv, xxvii, lii. Cahier. I. 247-248.

Grains. — Voir Blé.

Grainville-le-Renard. — I. viii, xiv, xxiii, xxiv, lix. Cahier. I. 248-254.

Greffiers. — I. 32, 202.

Grèges. — I. XXX, XL, LI, LII, LVI. Cahier. I. 254-257.

Grêle. — I. 162 ; II. 404.

Greniers. — A sel. I. XXXIV-XXXV, 189. Voir Sel. Greniers publics. II. 369 ; de réserve. I. 262. Voir Blé. Greniers particuliers. Sans grain. I. 245.

Greuville. — I. XVI, XLI, XLV. Cahier. I. 257-260.

Gruchet-Saint-Siméon. — I. XIII, XVI, XXX, XLI, LII, LIII. Cahier. I. 260-263.

Guet. — I. 116.

Gueures. — I. XIII, XXV, XXVI, XXVII. Cahier. I. 263-267.

Guilmécourt (*Saint-Amand-de*). — Cahier. I. 267-270.

H

Halles. — I. XLIV-XLV. — Désordre, rumeurs, troubles, violences. I. 85, 105, 132, 147, 160, 161, 175, 183, 281, 329 ; II. 342, 437, 492. Rétablir la sûreté des chemins et des halles. I. 120. Observer la police des halles ; y faire porter le blé. I. 64, 154, 163, 175, 281 ; II. 374. Halle de Dieppe; abus. I. 290.

Haras. — Inutiles. I. 79 ; les supprimer. I. 49, 206 ; II. 346, 396, 439 ; droits de haras. I. 242 ; inspection des haras. I. 186.

HARCOURT (DUC d'). — I. LVIII.

Haut clergé. — I. LV, LVI. Voir clergé. Décimateurs.

Haute-Normandie. Voir Normandie.

Havre (Le). — Bailliage. I. V. Ville. I. V., 16 ; II. 566.

Hellet (Le). — Verrerie. I. XXIII.

Herbouville. — I. XIV, XXXI, XXXIII, XXXVIII. Cahier. I. 270-271.

HERBOUVILLE (MARQUIS d'). — I. XXVIII ; II. 404.

Hérédité. — Des enfants I. 243, des offices de finances. II. 330.

Hermanville. — I. XV-XXVII. Cahier. I. 271-272.

Heugleville-sur-Scie. — I. VIII, XLVII, LIX. Cahier I. 272-274.

HEURTAULT DE LAMMERVILLE. — I. XXXIX, 67, 246 ; II. 403. Notice. I. 67, n. 1.

Heuze (La). — I. XVII, XXIII, XLIX. Cahier. I. 275-276.

HEUZE (COMTE DE LA). — II. 523, 525.

Hivers. — Rigoureux. I. 257, 328 ; II. 528.

Hollande. — I. 72.

Honfleur. — I. 16 ; II. 566.

Hôpitaux. — I. LII, dans les couvents supprimés. I. 256, par bailliage. I. 308, de 6 lieues en 6 lieues. II. 492. Hôpital de Criel. I. 270.

Hotot-sur-Dieppe (auj. *Hautot-sur-mer*). I. XX. Cahier I. 277-280.

Houard. — Avocat à Dieppe. I. 58, rédacteur du cahier du bailliage II. 552. Notice I. 5, n. 3.

Huiles. — Ventes à l'étranger, I. 314 ; taxe. II. 502.

Huissiers. — I. 110, 119, 154, 157, 220 ; II. 440-441, 466 ; leur rapacité. I. 242 ; les supprimer. II. 443 ; les taxer. I. 220. Huissiers priseurs-vendeurs. Voir Priseurs-vendeurs.

Hybouville. — I. V ; II. 543.

I

Iclon. — I. XLIX, 165. Cahier. I. 280-283.

Ifs (Les). — I. LI, LII, LVIII. Cahier. I. 283-285.

Ile-Dieu (Abbé de l'). — II. 445.

Imbleville. — I. xv. Cahier I. 286-287.

Importation. — De blé, de bois, de marchandises. Voir ces mots.

Impositions. Impôts. — Trop d'impôts. I. 39, 59, 276, 281 ; II. 405, 444, 474. Trop lourds. I. 23, 34, 52, 269, 310 ; II. 410, 411, 469, 532 ; prennent la moitié du revenu. II. 428 ; pèsent sur les campagnes. I. 325 ; sur le Tiers-Etat. II. 388. Répartition arbitraire, inégale, I. 23, 55, 141, 186, 193 ; II. 344, 409, 532. Perception simplifiée et moins coûteuse. Voir Perception, Recettes, Receveurs. Les diminuer. I. 120, 289, 330 ; surtout les impôts sur les objets de consommation et de commerce. I. 331. Les supprimer et remplacer tous. I. 11, 243, 255, 276 ; II. 564. Impôt consenti, octroyé par la nation, les Etats-généraux. I. 10, 23, 45, 57, 247, 193, 264 ; II. 563. Durée limitée. I. 303. Répartis par les Etats provinciaux, les assemblées provinciales et municipales. Voir ces mots. Perçus par l'administration provinciale, l'assemblée provinciale, les municipalités. Voir ces mots. Versé directement. I. 39, 63, 163, 322. Réparti également sur les trois ordres. I. xxxviii, 11, 26, 46, 55, 73, 83, 90, 99, 112, 119, 122, 125, 128, 145, 146, 147, 152, 156, 159, 164, 171, 177, 179, 184-185, 193, 196, 198, 204, 217, 220, 224, 234, 240, 253, 264, 271, 278, 281-282, 293, 303, 308, 321, 326, 328 ; II. 335, 341, 355, 359, 382-383, 392, 395, 397, 402, 405, 409, 420, 428-429, 446, 468, 474, 485, 493-494, 518, 520, 564 ; d'après le revenu. I. 259 ; II. 355. Faire contribuer le clergé et la noblesse. I. 115, 131, 232, 290 ; II. 437, 456, 498, 516. Un seul impôt. I. xxxviii-xxxix, 43, 63, 86, 112, 137, 153, 156, 167, 214, 217, 224, 240, 243, 245, 271, 321, 324 ; II. 372, 384, 395, 397, 425, 453, 459, 485, 500, 511 ; pour les aides, gabelle et contrôle. II. 360. Un seul rôle. I. 297. Les diviser en subsides ordinaires et extraordinaires. I. 11, 264-265 ; II. 564. Deux impôts à défaut d'un seul. II. 569. Deux impôts : un sur les biens-fonds ; un sur les personnes. I. 198 ; II. 339, 490-491. Deux impôts principaux, vingtièmes et taille. II. 438. Deux sur les propriétaires ; un seul sur les autres. I. 252. Impôt territorial de fouage. I. 255. Impôt réel sur les terres. I. 296. Impôt sur les terres et propriétés. II. 384 ; sur les propriétaires. I. 137 ; sur les prêts d'argent. II. 385 ; sur les domestiques. I. 185 ; II. 360-361, 470-471, 473 ; sur les chiens, carrosses, livrées. II. 334 ; sur les boissons, les boucheries, les denrées, les entrées. Voir Droits ; sur les cuirs, le pied-fourché. Voir ces mots.

Incendie. — De Veules. I. xviii ; II. 422.

Indigence. — I. 68, 161, 281.

Indigents. — II. 334, 378, 390, 391 (souffrent de la faim et de la nudité), 459.

Indigos. — I. 14, 65 ; II. 565.

Industrie. — I. xxiii-xxiv. Paroisses industrielles. II. 592-593. Crise. I. xlv-xlviii.

Incrville. — I. v.

Ingénieurs. — Des Ponts et Chaussées. I. 72 ; II. 386. Voir ce mot.

Injures et voies de fait. — I. 106 ; II. 476. Voir Assemblée municipale, Municipalité.

Innocents (Les). — I. xvii, xlix. Cahier. I. 287-289.

Inondations. — I. 162, 165, 189.

Inspecteurs. — Des Ponts et Chaussées.

I. 72. Voir ce mot. Aux bouchers. I. 30. Voir Droits. Des haras. I. 72, 79. Voir Haras.

Inspection. — Des toiles et toileries. I. 386-387.

Instruction. — Des enfants. I. LI-LII. Voir Education, Ecoles. Maisons d'instruction gratuite à la place des couvents supprimés. I. 256. Des procès criminels. I. 9 ; II. 563.

Intendant. — I. XXVII, XXXVI ; II. 462.

Intérêt. — De l'argent. I. 55-56.

Intraville. — I. XXXVI. Cahier. I. 289-291.

Invalides. — I. 27, 256 ; II. 426.

Israélites. — Modernes. II. 385.

J

Jauge et courtage. — Voir Droits.

Janval. — Voir *Dieppe-faubourgs.* I. 21.

Jardins — I. 21-22.

Jeux. — De hasard ; les interdire. I. 131, 221 ; II. 337, 568 ; mention. II. 492. De domino. I. 159 ; II. 337.

Journaliers. — I. IX, XXI, 39, 95, 216, 317 ; II. 447, 515, 523.

Juges. — Astreints à un stage, à la résidence. I. 9 ; II. 562-563 ; doivent motiver leurs sentences II. 440. Juges ordinaires et naturels. I. 45 ; II. 562. Juges royaux. I. 64 ; seigneuriaux. II. 334.

Jumièges. — I. LV.

Juridiction. — Deux degrés seulement. I. 9 ; II. 563 ; en réduire les degrés. II. 446. Juridictions royales ; faire de nouveaux arrondissements. II. 562 ; de campagne, abus. II. 410 ; d'exception, les réformer, I. 313. Consulaires. I. 14 ; II. 565.

Jurisprudence. — Obscure ; l'anéantir. II. 517.

Justice. — I. XXIX-XXXVI. Mal administrée, mal organisée. I. 62, 72, 80, 88, 118, 123, 148; 153, 205, 263, 324 ; II. 334, 386, 407, 457, 472, 477. Lente et coûteuse. I. 28, 34, 72, 95, 106, 110, 148, 153, 157, 185, 205, 214, 218, 220, 242, 265 ; II. 334, 341, 360, 394, 398, 435, 457, 458, 470, 477, 532. La réformer. I. 8, 80, 88, 95, 205, 218 ; II. 334, 335-336, 341, 360, 376, 405, 446, 468, 562-563. La rapprocher. I. 35, 95-96, 152, 185, 245, 255 ; II. 415, 435. La rendre gratuitement. I. 209, 255.

Justices. — Hautes justices. Les supprimer. I. 88, 201-202, 206, 304 ; II. 339, 360, 470. Mention. II. 383.

L

Labbé. — II. 551.

Laboureurs. — I. 64, 67, 118, 229 ; insultés dans les halles et marchés. I. 120-121, 175 ; forcés de céder le blé au prix imposé par les acheteurs, les pauvres. I. 120-121, 160 ; II. 492. Voir Halles. Marchés.

Laines. — I. 65, 118.

Lamberville. — I. XVI. Cahier. I. 291-294.

Lammerville. — I. XVI. Cahier. I. 294-295.

Lammerville (Heurtault de). — Voir Heurtault.

Langlois. — I. XVI, 298, n. 2.

Lapins. — I. LIX. Trop nombreux. I. 132, 212, 241, 252, 265, 298 ; multipliés par les seigneurs. I. 80 ; nuisent aux récoltes. I. 36, 107, 187, 234, 251 ; II. 357, 366, 370, 410, 439, 497. Les détruire. I. 39, 132, 234, 280 ; II. 334, 352, 363, 375, 420, 443, 453-454, 474, 477, 519 ; les fureter. I. 107 ; II. 420.

Lavandier. — I. XIII. Notice. I. 51, n. 2.

Législation. — Participation de la nation. I. 10 ; II. 563. Abus. II. 386.

Lelong. — Commissaire rédacteur du cahier du bailliage. II. 552.

Lestanville. — I. xlvii, xlix. Cahier. I. 295-296.

Le Vacher. — Commissaire-rédacteur du cahier du bailliage. II. 552.

Liberté personnelle. — I. xxv, 8, 13, 44-45, 264 ; II. 562, 564.

Liberté. — Des biens. I. 264. De tout à l'intérieur. II. 425.

Lièvres, levrauts. — Nuisibles. I. 36, 234, 252, 265, 280 ; II. 439, 497. Multipliés par les seigneurs. I. 80. Les détruire. I. 80, 280 ; II. 420.

Lihou. — Verrerie. I. xxiii.

Lin. — I. xxii, xxiii, xlv. Culture du lin. I. 208, 314 ; II. 389 ; dîme. II. 289 ; filature. I. 179.

Lindebeuf. — I. xviii. Cahier. I. 296-298.

Lintot. — I. x, xvi, xxiv, xxvi, xlvii, li, 188. Cahier. I. 298-302.

Livres. — Mauvais I. 256.

Logement. — Des gens de guerre ; des troupes. — I. 19-20, 116, 147, 240 ; II. 465, 493, 495, 505, 567. Des em- (de gabelle). II. 425.

Loi. — Une seule dans le royaume. I. 62 ; consentie par la nation. I. 264. Réformer les lois civiles et crimi- nelles. I. 72, 265. Lois simples et uni- formes. II. 393. Lois forestières ; les observer. I. 265. Lois sur les impôts ; les abolir. I. 200. Lois économiques. II. 391.

Longueil. — I. xv. Cahier. I. 302-305.

Longueville. — Bailliage. I. vi, xviii, 308. Duché. I. xviii, Bourg. I. xvi, xxiii, xxvi, xlvii, lii. Cahier. I. 305-309.

Longeril. — Commissaire-rédacteur du cahier du bailliage. II. 552.

Loteries. — Les supprimer. I. 44, 293 ; les jeux de loterie. I. 221 ; les bureaux de loterie. II. 568.

Louvetot. — I. xvii, xxiii, xlvi. Cahier. I. 309-311.

Luneray. — I. viii, xvi, xxii, xlv. Cahier. I. 311-316.

Luxe. — Mention. I. 182, 256. Le répri- mer. I. 209 ; II. 491. Le modérer. I. 221. Droit sur les objets de luxe. I. 255.

Luzerne. — Mention. II. 375.

M

Magasins. — De grains : les faire ouvrir. II. 455. De blé ; voir Blé. Magasins et greniers des cultivateurs ; les visiter. II. 342.

Maind-'œuvre. — Plus chère. I. 162.

Mainmorte. — Voir Biens de main- morte.

Maintru. — I. xix. Cahier. I. 316-318.

Maisons. — De force. I. 154 ; II. 341, 399. D'instruction et de retraite. I. 256. Religieuses. II. 355 ; Voir Mo- nastères.

Maîtres. — Rapports avec les domes- tiques. I. 106 ; II. 476.

Maîtres. — Des corporations. I. 19 ; II. 567.

Maîtres et maîtresses d'école. — Voir Ecoles.

Maîtres de poste. — Supprimer leur privilège financier. I. 246 ; II. 506.

Maîtres des eaux et forêts. — Les sup- primer. I. 72.

Maître des œuvres. — De Dieppe. I. xxxvii, 290.

Maîtrise des eaux et forêts. — La supprimer. I. 88, 204.

Maladies. — II. 411, 518.

MALDERRÉ DE CATTEVILLE. — Voir Catteville.

Manéhouville. — I. xi. 188. Cahier. I. 318-320.

Manoir-Duval. — Hameau de Freulleville. I. 229.

Manque. — De bras. I. 27. Voir défaut. Manque de travail. I. 76, 101 ; d'ouvriers. I. 116.

Mans. — II. 523.

Manufactures. — Dépérissent, cessent. I. 132, 162, 281 ; II. 444. De coton. I. 288 ; du pays de Caux. I. 301, 307. Les protéger. I. 153, 157 ; II. 398. Les encourager. I. 59, 114 ; II. 569 ; leur rendre l'activité. I. 288, 310. Travaillent avec trop d'épargne. I. 275. De verre. 518. Voir Verreries.

Marais. — II. 518.

Marchandises. — I. 63. Etrangères. I. xxxvii, 163.

Marchands. — I. 63.

Marchés. — Pas fournis. I. 85-86. Troublés. I. 79, 85, 120, 160 ; II. 342, 437, 492. Prix du blé imposé de force. I. 75, 120, 147, 160. Voir Halles. Du dimanche ; voir Dimanche. Marché de Torcy-le-Grand. II. 500.

Maréchaussée. — I. xviii, l, 39, 110 ; II. 476, 505. Plaintes. I. 105, 194, 248. Augmenter les résidences. I. 88, 206, 246 ; II. 466.

Mares. — I. 106 ; II. 477.

Marins. Gens de mer. — I. 99 ; II. 424. Infirmes, tombent à la charge des paroisses. II. 432.

Marque. — Droit de marque. I. 196-197 ; voir Cuirs. Des voitures. I. 194.

Martigny. — I. xi, xiii, lii. Cahier. I. 320-323.

Martin-Eglise. — Cahier. I. 323-324.

Matelots. — I. xlii, 18, 116, 142 ; II. 370, 424. Classés. I. 13, 91 ; II. 565. Côtiers. I. 91.

Ménages. — Pauvres. I. 327-328 ; II. 422, 509.

Mendiants. — Très nombreux. I. 105 ; II. 436, 474 ; quatrième partie des habitants II. 482. Etrangers, vagabonds : multitude, processions. I. 31, 34, 60, 66-67, 75, 90, 162, 276, 279, 284. Attroupés, brigands, usent de violence. I. 75, 101, 180, 192, 219, 242, 266 ; II. 353. Leur défendre de mendier. II. 336, 420, 476, de mendier hors paroisse. II. 440, 445. Les faire surveiller par les municipaux. I. 151.

Mendiants de nuit. — I. xlix, 60, 83, 105, 116, 118, 147-148, 171, 174, 178, 196, 276, 279, 311, 332 ; II. 334, 350, 363, 366, 389, 393, 404, 407, 412, 415, 444, 453, 474, 519. Attroupés, usent de violence. I. 83, 118, 162, 174, 219, 228, 242, 281, 300, 303-304 ; II. 393, 407, 445, 524.

Mendicité. — I. xvii, xlix. Très fréquente. I. 104, 279, 327-328 ; II. 476. Depuis le traité de commerce. I. 242. Fléau des campagnes. I. 71, 112, 120 ; II. 345, 532. Ecrase les cultivateurs. II. 376. Abus et dangers. I. 44, 48, 120, 162, 256, 281 ; II. 353. La supprimer, l'abolir. I. 31, 35, 71, 124, 128, 154, 157, 170, 178, 190, 193, 214, 219, 234, 262, 289, 292, 294, 296, 307, 312, 324, 332 ; II. 341, 348, 393, 399, 404, 473, 491, 509, 533. L'empêcher. I. 47, 63, 93, 96, 322 ; la réformer. I. 220. Règlement général. I. 174, 300, 307. Y pourvoir dans chaque paroisse en faisant contribuer les bénéficiers et décimateurs. II. 568. Etude de la mendicité ; ses deux espèces. II. 466-467. Défense aux mendiants de sortir sans un certificat. I. 112.

Mer. — Influence mauvaise. I. xix-xx, 21, 116, 161, 162, 277 ; II. 424, 450, 487, 514.

Mesnil-aux-Moines. — I. xii. Cahier. I. 325-326.

Mesnil-Rury. — I. xi, xlv, xlix. Cahier. I. 326-329.

Mesnil-Saint-Germain. — I. xiv, xlix, l. Cahier. I. 329-332.

Mesures. — Uniformes dans la province. I. 49, 234, 262 ; II. 346 ; dans le royaume. I. 62, 152, II. 355, 468, 485, 588-589. Mesures de grains. I. 316 ; II. 431, 588-589. Voir Poids et mesures.

Métier. — Obligatoire pour les jeunes gens. I. 197. Métiers divers. II. 356.

Meulers. — I. xl. Cahier. II. 333-335.

Meuniers. — Abus, concussions, vols. I. lviii, 53, 64, 188-189, 225-226, 228, 279, 284 ; II. 364-365.

Milice. — I. xli-xliii. Plus d'enrôlements forcés. I. 13, 97, 199, 266 ; II. 564. Accable la jeunesse. I. 139, 228 ; II. 504 ; qui se marie sans avoir de situation. I. 54, II. 409, 568. Nuit au roi et à ses sujets. II. 504. La remplacer par un impôt sur les célibataires. I. 139, 266. Interrompre le tirage. I. 132. Milices des côtes, éloignent la jeunesse. I. 149. Milice de garde-côte. I. 99.

Mines. — II. 398.

Minot. — Voir sel.

Misère. Détresse. — I. xvii, xlviii-xlix. Grande, extrême, générale. I. 37, 41, 52, 90, 102, 144, 161, 180, 192, 216, 222, 234, 238, 256, 301, 330 ; II. 334, 348, 374, 378, 389, 424, 448, 450, 454, 489, 519, 527-528.

Mœurs. — I. lii. Bonnes mœurs. I. 54. Dépravées. I. 256 ; les réformer. I. 332. Mœurs des ecclésiastiques. I. 205.

Moines. — I. lv, lvii. Trop riches. I. 159, 383-384. Inutiles. I. 96, 193, 248. Ne font pas l'aumône ; les y forcer. I. 83, 122-123, 125, 128, 193 ; II. 409, 412. Leur enlever leur superflu. II. 383 ; les pensionner. I. 221 ; les supprimer. I. 205 ; II. 366. Voir Communautés, Couvents, Religieux.

MONACO (PRINCE DE). — II. 517.

Monarchie. — I. xxvii, 210.

Monarque, — Veut régner par la loi. I. 264.

Monastères. — N'ont plus le quart. I. 29.

Monopoles. — I. 65 ; II. 394, 408. Du blé. I. 288, 310.

Monopoleurs. — II. 374.

Mont-de-Bourg. — I. l. Cahier. II. 335-338.

Montreuil. — I. vi, xv, xxvii, xxxix. Cahier. II. 338-340.

Mortemer. — I. 197.

Moulin. — A eau I. 75. Banal. I. 188-189. De contrainte. I. 220. Frais et abus. II. 360, 364-365, 388, 410, 470. Moulin libre. I. 304. Liberté d'en construire. I. 53. Voir Banalité.

Moutage. Moute. — Droit. I. 164, 279 ; II. 364.

Moutons. — Perte. I. 318. Parc. I. 269. Moutons à l'anglaise. I. 194.

Muchedent. — I. xvi. Cahier. I. 340-343.

Muchepots. — I. 110 ; II. 479.

Municipalités. — Les maintenir. II. 470. Les charger d'évaluer les terres. I. 151, 262, 314 ; de juger sans frais les petites affaires. I. 72, 124-125, 221, 293 ; II. 340, 413, de dresser des procès-verbaux. I. 258, de pourvoir à la mendicité. I. 312, à la subsistance des pauvres. II. 399, de répartir les impositions. I. 34, 185, 246, 278 ;

II. 532, de les répartir et recouvrer. II. 360, 470, 485, de les verser. II. 470.

Municipaux ; députés, membres, officiers municipaux. — Droit d'autoriser et de supprimer le domicile. I. 54, 220 ; de terminer les procès au-dessus de 40 l. I. 221 ; de faire des procès-verbaux de torts et dommages. I. 151, 312 ; de vérifier la valeur des terres. I. 262. Leur donner la police des cafés. I. 258, 312, des attroupements, des chemins et des mendiants. I. 151.

N

NECKER. — I. XII, XIV ; II. 368, 386. Allusion. I. 323. Nouveau Sully. II. 381.

NÉEL. - Commissaire-rédacteur du cahier du bailliage. I. 311 ; II. 552. Notice. I. 311, n. 1.

Négociants. — I. 186. Doivent contribuer pour les routes. I. 211 : II. 362 ; pour les pauvres. I. 154, 157.

Neufchâtel. — Bailliage. I. V, VI, VII, VIII, XII, XV, XXI, XXVIII, LIII, LVIII, LIX ; arr. I. XIX ; ville I. XXI, 232 ; II. 378, 415. Routes. Voir Routes.

Neuville et Puits. — I. VIII, LI, 28 ; II. 550. Cahier. II. 343-344.

NIEL. — Maire de Dieppe. I. 3 ; II. 550-551. Notice. I. 3, n. 3.

Noble. — Des moines, des religieux. Le vendre. I. 74, 94, 128, 172. Fiefs nobles des religieux : s'en emparer. I. 218 ; II. 355.

Nobles, Noblesse. — I. LVII-LX. En restreindre le bénéfice. I. 201. Deux sortes de nobles. II. 382-383. Se soustraient aux charges. I. 241. Ne servent plus à leurs frais. I. 96, 109-110, 214, 324 ; II. 382, 437, 459, 469, 493-494. Font valoir sans payer taille ou impôts. I. 147, 151, 278, 298 II. 372, 463. Ont tout avec le clergé et ne paient presque rien. I. 232, 271 ; ne partagent pas avec le cultivateur. I. 115 ; ont de grands biens et revenus sans payer leur part. I. 131, 159, 184-185, 328 ; II. 493. Doivent payer comme le Tiers-état. I. 185 ; II. 359, 372, 382, 409, 420, 428-429, 498, 516. Ne paient pas leur part de ving-tièmes. I. 210. Les imposer à la décharge du Tiers-état. I. 55.

NOËL. — Journaliste. I. XXII.

Normandie. — I. VII, XX, XXVII, XXVIII, LIII, LV. LIX, LX, 43, 46, 54, 79, 80, 81, 101, 121, 203, 228, 239, 245, 250, 267, 296, 300, 308 : II. 363, 369, 466, 474. Haute Normandie, I. 228, 296. Basse. I. XXVII.

Notables. — De paroisse. I. 130, 164, 259, 261-262, 284, 312 ; II. 341, 398, 568. Voir Municipaux, membres municipaux. Notables de 1787. II. 381.

Notaires. — Rapacité. I. 242.

Notre-Dame-d'Aliermont. — I. XVI. Cahier. II. 344-347.

Notre-Dame-d'Envermeu. — II. 417. Voir Envermeu.

Notre-Dame-du-Parc. — I. XLIX, LIX. Cahier. II. 347-349.

Novales. — I. 243.

Numéraire. — Préféré à la propriété. I. 55-56. Passe à l'étranger. I. 314. Numéraire étranger, I. 55.

O

Octrois. — I. XXXVI-XXXVII. De Dieppe. I. 16, 91 ; II. 566, 585-586.

Offices. — De finances ; les rembourser. I. 330-331.

Officiers. — Municipaux de Dieppe : règlement d'élection. I. 16, 17 ; II. 566. De paroisse. Voir Municipaux, membres municipaux. D'élection. I. 246 ; d'état-major. I. 265 ; de la maîtrise d'Arques. I. 227-230. Voir Maîtrise.

Offranville. — I. viii, xlviii. Cahier. II. 349-352.

Omonville. — I. xiii, xxiv, xxvi, xxvii, lii, lvii, 188. Cahier. II. 352-356.

Orages. — I. 268, 319 ; II. 369.

Ordonnance. — Criminelle. I. 24. De commerce. I. 14 ; II. 565.

Orival. — I. xlviii. Cahier. II. 357-358.

Osmoy-sous-Bures. I. vii, ix, xxvi, xxvii, xl. Cahier. II. 358-361.

Ouragans. — I. 161.

Ouville-la-Rivière. — Cahier. II. 361-365.

Ouvrages. — Du roi, lents et chers. I. 250 ; II. 427. Des manufactures. I. 59. Les soumettre à une inspection sévère. I. 288.

Ouvriers. — I. ix, x, xxiii, xlvi-xlvii. Renvoyés, sans travail. I. 76, 162, 180, 281, 320, 332 ; II. 454 ; souffrent de la vie chère. I. 331, ne peuvent donner du pain à leur famille. I. 148. Ont droit à un juste salaire. I. 59. Ouvriers tisserands cherchent leur vie II. 422. Manque d'ouvriers [agricoles]. II. 435. Passent leur temps au café. II. 337. Ouvriers et journaliers. II. 356

P

Palette. — Droit. I. xxxvi, xxxvii, 194. Voir Droits.

Pain. — Cher. I. xliv, 52, 260 ; II. 455. De 42 à 48 sous les 12 livres. II. 390. Prix fixé tous les 2 ou 3 mois. II. 364. Surveiller la vente. I. 164 ; II. 392.

Paix. — Tribunal de paix. Voir Tribunal.

Parent de Saint-Ouen. — II. 446.

Paris. — Routes de Dieppe à Paris. I. xxi. Voir Routes.

Parlement. — I. xii, xxiii, xxxix. De Rouen ; arrêt. I. 30 ; remontrances. II. 437. De Toulouse ; arrêt. I. 48.

Paroisses. — I. v, vi. Surchargées, autorisées à se faire aider par une autre. I. 235 ; II. 518. Les charger de percevoir la cotisation. I. 217, de la faire passer directement. I. 212, 217 ; de veiller à la mendicité et aux cafés I. 242. Un seul préposé pour y cueillir les deniers. I. 302. Tribunal de paroisse. I. 35 ; II. 346.

Parquage. — De bêtes à laine. I. 269.

Passage. — Droit. I. 262. De troupes. Voir Troupes.

Passé. — De Dieppe. I. 16 ; II. 587.

Pâturages. — I. 108 ; II. 348. Pâturage des terres. I. 280.

Pauvres. — I. xlviii-l. Très nombreux. I. 104-105, 255-256, 268, 290, 317, 326 ; II. 427, 480, 497, 523-524 ; ne peuvent gagner leur vie. I. 64 ; sans pain. II. 409 ; épuisés par l'hiver. I. 102 ; menacés de périr. II. 390 ; morts de faim et de froid. I. 161. Privés de pâturage. I. 181 ; d'usage des forêts. II. 334. Pauvres étrangers. I. 77, 90, 208, 288 ; II. 486 ; inconnus. II. 363 ; vagabonds. I. 216, 276 ; honteux. I. 135, 310 ; masqués. I. 194. Attroupés, avec menaces et violences. I. 75, 135, 180, 213 ; II. 404, 476, 477 ; dans les halles. I. 183 ; II. 477. Y font le prix du blé. I. 75, 147, 175, ou l'enlèvent. I. 175, 183. Pauvres de nuit. I. 213, 238, 248, 288, 310, 317, 328, 334 ; II. 366, 486 ; armés. I. 135. Les nourrir aux frais de la paroisse. I. 31, 44, 63, 77, 79, 112, 117, 124,

148, 154, 157, 164, 171, 175, 192, 208, 219, 220, 262, 266-267, 292, 296, 298, 304, 307, 324 ; II. 341, 350, 413, 420, 436, 448. Les secourir. I. 114 ; II. 427 ; sur le revenu des abbayes, des bénéfices, des dîmes. I. 67, 73, 83, 114, 172, 216, 221, 304 ; II. 373, 374, 412, 440 ; par une cotisation générale. II. 391, 399, 407, 445 ; par un bureau de secours. I. 192, 304 ; II. 354, 369, 404. Les fixer dans la paroisse. I. 101, 118, 307 ; II. 430, 440. Leur imposer un certificat. I. 112, 180, 213, 298, 332 ; II. 346, 430. Leur procurer du travail. II. 476. Ont un patrimoine. I. 67 ; II. 391, 393, 408. Alléger leurs impôts. I. 164 ; soutenir le pauvre et le faible. II. 378. Les deux espèces de pauvres. I. 238. Mention. I. 66 : II. 519, 523.

Pays conquis et reconquis. — I. 48 ; II. 347.

Péages. — I. xxxiv, xxxvi, 201 ; II. 339, 435.

Pêche. — I. 2, 15, 114 ; II. 392, 489, 565, 566.

Pelletot. — I. v.

Pensions. — Mention. I. 200. Mal données. II. 386. Les supprimer. I. 28 ; II. 426. Pensionner les ecclésiastiques. I. 205, 209, 221, 256 ; II. 440 ; les gens du fisc. I. 12, 62 ; II. 564. Pensions viagères aux serviteurs de l'Etat, sur les abbayes. I. 122, 241 ; II. 409 ; aux veuves de marins. I. 99. Pension congrue. II. 437 ; voir Portion congrue.

Perception. — Frais et lenteur. I. 59, 78-79, 121, 164, 186, 205, 223, 262, 276, 281, 289, 303, 331 ; II. 377, 402, 446, 456-457. La simplifier. I. 88, 177, 205, 223, 246, 262, 311, 330 ; II. 384, 402, 442. Perception des droits sur les denrées ; abus. II. 392, 407 ; des aides et du sel forcé ; abus. I. 313.

Perdrix. — Nuisent aux récoltes. I. 252 ; II. 439. Les détruire. I. 80 ; II. 420.

Pernet. — I. vii, xxvi.

Perte. — D'animaux. I. 75, 318 ; II. 404, 524. De grains, de récolte. I. 21, 252 ; II. 392, 404, 407.

Peuple. — Menu, pauvre peuple. I. 64, 85, 161, 228, 229, 232 ; vexé par la gabelle. II. 351 : par les commis. II. 336 : ne peut vivre. II. 374. Révolté contre les laboureurs. I. 64.

Philippe vi. — II. 385.

Pied fourché. — Voir Droits.

Pigeons. — Augmentés par les colombiers. I. 80, 107 ; II. 411 ; nuées. II. 514. Nuisent aux grains. I. 44, 53, 114, 132, 230, 251, 320 : II. 363, 400, 411, 451, 453, 482. Les tirer. I. 33, 53, 304. Les détruire. II. 375, 453, 475, 519 Les renfermer pendant les semailles et la récolte. I. 192, 320 ; II. 400, 451, 453. Pigeons colombreaux. II. 395. De colombier. II. 348.

Piqueurs. — II. 386.

Pitié. — Hameau de Saint-Pierre-le-Vieux. II. 422.

Plaidoiries. — Voir Procès.

Plantations. — De bois, de taillis. I. 34, 300 ; sur les terres incultes. I. 155, 265 ; II. 342, 346, 399, 477-478. Les encourager. II. 569. D'arbres fruitiers sur les routes. II. 368-369.

Plébéiens. — II. 382.

Pied-fourché. — Voir Droits.

Pocholle. — Bailli de Dieppe. I. xliii, 58 ; II. 552. Notice. I. 5, n. 5.

Poids et mesures. — I. xlviii. Varient. I. 315-316. Les rendre uniformes dans le royaume. I. 12, 62, 88, 152, 204, 255, 259, 316 ; II. 355, 392, 468, 485, 564. Dans la province. I. 262. Voir Mesures.

Pois et vesces. — II. 488.

Police. — Des boulangers. I. 64 ; du pain. I. 262 ; des halles. I. 163, 175, des foires et marchés. II. 399. De la paroisse. II. 418.

Pollet (Le). — I. xxiv, 19.

Pommeréval. — I. lvi. Cahier. II. 365-366.

Pontage. — I. 95. Voir Droits.

Ponthieu. — Sénéchaussée. I. vi.

Ponts et chaussées. — Taxe, impôt. I. 210 ; II. 339, 439.

Portion congrue. — I. 54 : les augmenter. II. 568.

Ports. — Francs, privilégiés. I. 13 ; II. 565. Ports français, étrangers. I. 14 ; II. 565. Port de Dieppe. II. 566.

Poste. — I. 111, 246. Maîtres de poste. Voir Maîtres.

Pot-de-vin. — II. 431, 433.

Poulains. — I. 150.

Pourville. — I. xii, Cahier. II. 366-367.

Pouvoir. — D'administration et de juridiction. Pouvoir arbitraire, militaire. I. 8 ; II. 562.

Prairies. — Prairies artificielles. I. xxii-xxiii, 108 ; II. 477.

Mention de prairies. — I. 36, 189.

Praticiens. — I. 63 ; leur rapacité. I. 242.

Prélats. — II. 383, 516.

Préposés. — A l'impôt, les supprimer. I. 28. Un seul par paroisse. I. 209 ; II. 440.

Presbytères. — Mention. II. 480. Reconstruction : en décharger les propriétaires. I. 221. En charger le curé, les décimateurs. I. 48, 109, 221 ; II. 347, 354, 482.

Présidiaux. — Sans appel au-dessous de 300 l. II. 446.

Pressoirs. — II. 506. Banaux. I. 32 ; de contrainte. I. 220.

Prêt à usure. — II. 385.

Prêtres. — Séculiers et réguliers. II. 516.

Prières publiques. — II. 337.

Prieurés. — I. 181.

Prieurs. — I. 209 ; II. 408.

Primes. — Aux navires français. I. 14 ; II. 565.

Prisées et ventes — Liberté de choisir l'huissier. II. 354, 475.

Priseurs-vendeurs. — Exactions et abus. II. 465-466. Réduire leur tarif. I. 253 : II. 518. Les supprimer. I. 49, 88, 119, 154, 157, 183, 202, 206, 300, II. 354, 398-399, 443, 457, 569.

Prisons. — I. 9 ; II. 443, 563.

Privilèges. — I. xxv, 55. Les supprimer. I. 23, 87, 192, 308 ; II. 469. Privilèges pécuniaires ; les supprimer. I. 32, 46, 93, 101, 122, 151-152, 182, 198, 300, 311, 315 ; II. 335, 338, 409, 439, 495, 564. Privilèges du clergé et de la noblesse. I. 38, 55 ; II. 494. De la noblesse. Ne sont plus justifiés I. 214, 324 ; II. 382, 459, 469, 493-494. Ne doivent s'étendre qu'aux rangs et aux distinctions. I. 122 ; II. 409. Privilèges de ceux qui ont des charges. I. 72-73. Privilège de gabelle. I. 208. Des routes. I. 192. Privilèges [commerciaux]. I. 13 ; II. 565.

Privilégiés. — Ne paient presque rien. I. 281. Privilégiés à la taille. I. 315. Propriétaires privilégiés doivent payer la corvée. I. 66, 245.

Prix. — A l'agriculture. I. 194.

Procédures. — Longues, ruineuses. I. 95 ; II. 356, 435. Les abréger. I. 322 ; II. 398, 405, 475. Sur décrets. I. 153.

Procès. — Durée et frais. I. xxix, 8, 24, 62, 72, 110, 148, 214, 218, 243, 304

324 ; II. 369 ; fléau de la Normandie. II. 466. Les abréger. II. 375, 443, 562. Les réviser plus promptement. I. 24. Procès pour le sel. I. 231, 232, 268 ; II. 403.

Procès-verbaux. — D'arpentage. II. 384. Des commis. II. 464 ; des notables de paroisses. I. 261, 312 ; II. 568.

Procureurs. — Rapacité. I. 242 ; les supprimer. II. 440.

Procureur du roi. — I. 194, 259, 327.

Propriétaires. — I. 30, 59, 63, 137, 221, 238. 254 ; II. 385. Nobles I. 315. Privilégiés. I. 66, 245. Hors paroisse. I. 318 ; II. 524.

Propriétés. — Entreprises sur les propriétés. I. 106. Les conserver. I. 196 ; II. 346, 429. Les respecter. I. 187. Propriétés rurales. I. 183, 301, 308. Les imposer toutes au rôle de la paroisse. I. 32, 200 ; à la corvée. I. 87. Droit unique sur les propriétés. I. 167, 271.

Province. — Demande des Etats et son abonnement. I. 255. Lui confier la répartition des impôts. I. 192.

Pubel (Le). — Prieuré. II. 526

Puînés de Caux. — I. 54-55.

Puits et mares. — I. 106-107. II. 477.

Puits (Puys). — I. VIII. Voir *Neuville et Puits.* II. 343-344.

Q

Quatrième. — Sur boissons. Voir Droits.

Quiberville. — I. XIII, XLIII. Cahier. II. 367-371.

R

Rabette. — I. XXII, 328. Restreindre la culture. I. 259, 313-314 ; II. 453.

RAIMBOUVILLE (DE). — II. 348.

Rainfreville. — I. XXVI ; II. 477. Cahier. II. 371-373.

Ravins, ravines. — I. 75, 85, 188, 189, 231 ; II. 445.

Recettes. — Les supprimer. I. 214, 324 ; II. 440. Supprimer les recettes de gabelle. II. 459.

Receveurs. — Nombreux et coûteux. I. 67, 185, 217 ; II. 489. Les anéantir. I. 252 ; les supprimer. II. 394 ; les diminuer. II. 407. Les taxer. II. 475. Receveurs des tailles ; leur partialité. I. 246 ; II. 462. Les supprimer. I. 72, 83, 93, 125, 130, 172, 239, 282, 293, 296 ; II. 385. Receveur de l'élection : le taxer à 6.000 l. II. 498. Receveurs des vingtièmes. I. 130. Receveurs généraux et particuliers. I. 137-138 ; II. 355. Particuliers. II. 467. Un seul receveur général dans la province ; lui verser directement. I. 72, 130, 137, 172, 296.

Récolte. — I. XLIII, XLIV. De 1787, abondante. I. 86 ; II. 374 ; de 1788, très médiocre. I. 37, 75, 135, 166, 317, 319, 327 ; II. 374, 446, 523. Voir aussi Blé.

Réforme. — Des impôts, de la justice, de la dîme. Voir ces mots.

Régie. — Des aides, des impôts. Frais. I. 97, 163, 281, 323 ; II. 377 ; la supprimer. I. 214.

Régiments provinciaux. — II. 409.

Régisseurs généraux. — Des aides ; tyrannie et vexations. II. 336. Les supprimer. I. 70-71, 83, 125, 293.

Registres des curés. — II. 440.

Règlement. — Du 24 janvier. I. VII, VIII, 3, 4, 6, 17 ; II. 550, 551, 566, 576, 579, 582, 583. Règlement sur l'élection des officiers municipaux de Dieppe. I. 17 ; II. 566 ; sur les maîtrises. I. 19 ; II. 567 ; sur l'appro-

visionnement de Dieppe en bois. I.
17 ; II. 566. Sur la mendicité. I. 174.
Voir Mendicité. Sur les ventes de
bois. II. 336. Voir Bois.

Religieux. — Titres, fiefs, contraires
à leur vœu ; les vendre. I. 112, 172,
218. Voir aussi Noble des religieux.
des moines. Ne font pas l'aumône.
I. 73, 148. Les réunir à leur chef
couvent. I. 29, 218 ; supprimer les
religieux et religieuses. II. 412.

Religion catholique. — Conserver ses
prérogatives. I. 219.

Remises, retraites à gibier. — I. 181.
320 ; les détruire. I. 234 ; II. 439.

Remparts. — De Dieppe. I. 19 ; II. 567.

Rentes. — Perpétuelles et viagères. I.
264-265 ; retenues sur ces rentes.
I. 200. Seigneuriales. I. 40, 237-238.
II. 360, 508.

Répartiteurs. — I. 87, 225.

Répartition. — Des impôts : arbitraire.
I. 34. 141. 300. 326 ; II. 532. Les
répartir également. I. 193, 262 ; II.
446 ; d'après les propriétés et facultés
I. 177 ; II. 518. De la taille par le
collecteur ; critique. I. 225 ; II. 461-
463 ; la répartir d'après la valeur
des terres. I. 151, les ressources du
pays. II. 450. Voir Taille. Répartition
des terres en trois classes. II. 521.

Report. — D'impositions. I. 269.

Réunions. — De paroisses. I. XIX, de
fermes. I. XXIII.

Reuville. — I. XVI, XXIII. Cahier. II.
373-375.

Réverbères. — I. 313.

Revenus. — Ecclésiastiques ; abus. I.
205. De France, connus en un mois.
I. 259.

Révoltes. — Voir Troubles, Halles,
Marchés.

Ribeuf. — I. IX, XXX. Cahier. II. 375-
377.

Ricarville. — I. XXXI, XLVIII, LVIII·
Cahier. II. 377-379.

RICQ (DE). — II. 372.

ROCHEFOUCAULD (LA). — Archevêque
de Rouen. I. LV.

Roi. — Tient son autorité de Dieu. I.
210 ; la continuer et augmenter. I.
113 ; a la puissance législative. I. 90 ;
son autorité invoquée contre la
banalité de moulin. I. 225. Ignore les
abus commis en son nom. I. 252.
Roi de tous les états ; tous doivent
l'entretenir. I. 139. Eloge du roi I..
252 ; II. 368, 381, 391, 504.

Rôle. — D'impôts. Les payer tous sur
un seul rôle. I. 297. Voir Impôts.

Romain. — I. V.

Roturiers. — I. 185 ; II. 381. Voir
Tiers état.

Rouen. — Bailliage. I. VI. Généralité.
I. XXIV ; II. 528 ; élection. I. VI, 183 ;
département. I. 226. Ville. I. LIV, LV,
LVII, 130, 296, 297, 322 ; II. 366,
386. 447.

Roues. — A jantes larges : les prescrire.
— I. 102, 175, 181, 301 ; II. 353, 400,
474, 510, 569. Liberté laissée aux
voituriers. II. 471.

Rouliers. — I. 84 ; II. 350, 500.

ROUSSELET. — Député de Thibermesnil,
commissaire rédacteur du cahier du
bailliage. II. 552.

Routes. — I. XX-XXII, XXIII, XXIV.
Plaintes contre l'impôt nouveau. I.
79, 83, 102, 115, 232, deuxième taille.
I. 181 ; pèse sur les campagnes.
I. 210-211, 170, 270. Routes plus
onéreuses et plus mauvaises. I. 189,
220 ; plus mauvaises. I. 181. Mal
administrées. I. 106, 196, 322 ; II.
392, 407, 500 ; mal entretenues,
dégradées. I. 148, 165, 181 ; II. 353.
N'avancent pas. I. 118-119, 212, 322 ;
II. 342, 368, 378, 498, 500, 501.

Inutiles aux paroisses. I. 36; II. 378, 530.
Servent aux riches, aux villes. I. 210-
211, 245 ; II. 346, 362. Faire contribuer tous les ordres. I. 109 ; II.
334, 404, 446 ; les commerçants des
villes. I. 121, 279; ceux qui dégradent
les routes. I. 71, 93, 124, 127-128, 170,
262, 530 ; les voitures, voituriers,
rouliers, voyageurs. I. 79, 84, 118,
136, 138, 170, 279, 296 ; II. 350,
353, 362, 372, 436, 498, 569. Donner
l'option aux paroisses de faire les
ouvrages par elles mêmes ou établir
des ateliers. II. 569. Indemniser les
propriétaires pour dommages et
pertes des fonds. II. 395, 524. Routes
de charité ; n'en point accorder aux
seigneurs. II. 456.

Routes. — De Dieppe à Envermeu :
critique du tracé. I. 28 ; à la forêt
d'Arques. II. 459 ; à Forges, inutile
à la vallée. II. 361, 378, 471 ; au
Hâvre. I. 162 ; à Mortemer. I. 197 ;
à Neufchâtel, par la vallée, pas com-
mencée, très réclamée. I. 39, 214,
232, 323 ; II. 378, 415 ; à Paris, par
Forges. I. 41, 317 ; II. 524 ; à Paris
par Magny-en-Vexin. I. 77 ; à Rouen.
I. 39, 170, 175, 297, 302 ; II. 350.

Rouxmesnil. — Cahier. II. 379-380.

Royville. — I. XIII, XIV, XXIII, XXVI,
XXVIII, XXXVIII, XL, LIV, LV. Cahier,
II. 380-387.

Rues. — Des villages. I. 256, 262.

Rumeurs, émotions, séditions. — II.
437, 492. Voir Halles, Marchés.

S

Saâne. — Rivière. I. XIX, XLVI.

Sainfoins. — Dîme. II. 418.

Saint-Amand. — Abbaye. I. LV, 41 ;
II. 366, 525.

Saint-Aubin-le-Cauf. — I. XIII, XLIX.
Cahier. II. 387-389.

Saint-Aubin sur-Mer. — I. XIII, XIV,
XV, XXX, LII. Cahier. II. 389-394.

Saint-Aubin-sur-Scie. — I. LIX. Cahier.
II. 394-396.

Saint-Crespin. — I. XVI, XXIII, XLVI.
Cahier. II. 396-400.

Saint-Denis-d'Acquelon. — I. VIII, X.
Cahier II. 400-406.

Saint-Denis-du-Val. — I. XI, XV. Cahier.
II. 406-408.

Saint-Denis-sur-Scie. — I. XLI. Cahier.
II. 408-410.

Saint-Hellier. — I. XIII, XIX, LVI. Cahier.
II. 410-413.

Saint-Honoré. — I. XVI, XLVII. Cahier.
II. 413-414.

Saint-Jacques-d'Aliermont. — I. XVI.
Cahier. II. 414-415.

Saint-Just. — I. XVI; XLI. Cahier. II.
415-416.

Saint-Laurent-d'Envermeu. — I. VIII,
XII, 243 ; II. 508. Cahier. II. 416-418.

Saint-Laurent-en-Caux. — I. XVI, XXIII.
Cahier. II. 418-419.

Saint-Mars. — I. XII. Cahier. II. 419-
420.

Saint-Martin-de-Veules. — I. VIII,
XVIII, XIX, XX, XXIII, XLVI, XLVII.
Cahier. II. 421-423.

Saint-Martin-en-Campagne. — I. VIII,
XIX, XXIII, LVIII. Cahier. II. 423-426.

Saint-Martin-sous-Bellencombre. — I.
XII, XLIX. Cahier. II. 426-427.

Saint-Nicolas-d'Aliermont. — I. VIII,
XIII, XVII, XVIII, XIX, XXIII, XXXI.
Cahier. II. 427-431.

Saint-Nicolas-de-Veules. — I. VIII,
XVIII, XIX, XLIX. Cahier. II. 431-433.

Saint-Ouen. — Abbaye. I. LV.

Saint-Ouen-le-Mauger. — I. XV, XXXVI,

XXXIX. Cahier. II. 434-438. Tableau des impôts, 434.

Saint-Ouen-prend-en-Bourse. — I. LVI. Cahier. II. 438-441.

Saint-Ouen-sous-Bailly-en-Rivière. — I. IX. Cahier. II. 441-443.

Saint-Ouen-sous-Bellencombre. — I. XII, XVII. Cahier. II. 443-444.

Saint-Ouen-sur-Brachy. — I. XIX, XXX. Cahier. II. 444-447.

Saint-Pierre-Epiné. — Faubourg de Dieppe. I. 21.

Saint-Pierre-le-Petit. — I. XII, XXIII, XLVII, XLIX. Cahier. II. 447-448.

Saint-Pierre-le-Vieux. — I. XLIX. Cahier. II. 449-451. Tableau des impôts, 449-450.

Saint-Pierre-le-Viger. — I. XVI, XLV, XLVII. Cahier. II. 451-455.

Saint-Rémy. — Faubourg de Dieppe. I. 21.

Saint-Quentin. — Paroisse. I. V.

Saint-Quentin. — Ville. I. LIV.

Saint-Saëns. — II. 411.

Saint-Sulpice [de Bellengreville]. — I. 28. Cahier. II. 455-457.

Saint-Vaast-d'Equiqueville. — I. XXXII, XLIV. Cahier. II. 457-459.

Saint-Vaast-du-Val. — I. XXXII. Cahier. II. 459-468.

Saint-Valéry-en-Caux. — Grenier à sel. I. XXXV Ville, mention. I. 207.

Saint-Valéry-sous-Bures. — I. VII, VIII, IX, XIV, XV, XXVI, XXVII, XXIX, XL. Cahier. II. 468-471.

Saint-Victor (en Caux). — Abbaye, abbé. II. 338, 423.

Saint-Wandrille. — Abbaye, abbé. I. LV, 268, 297.

Sainte-Agathe-d'Aliermont. — I. XVII, XL. Cahier. II. 471-473.

Sainte-Foy. — Cahier. II. 473-475.

Sainte-Geneviève. — I. XII, XIII, XV, XXIII, XXXVII, LIV. Cahier. II. 475-479.

Sainte-Marguerite. — I. XII, XIX. Cahier. II. 479-481.

Sangliers. — I. LIX, 212, 227, 229 ; II. 334.

Sasselot-le-Malgardé. — I. XI, XXI. Cahier. II. 481-483.

Saucqueville. — I. VIII, X. Cahier. II. 483-486.

Sceau. — Droit d'évocation et attribution de sceau. I. 9 ; II. 563.

Scie. — Rivière. I. LVIII.

Seigle. — II. 488. Dîme. I. 285. Voir Dîmes.

Seigneurs. — Corps d'autorité. I. 44-45 ; usurpent les communes. I. 181, 217 ; ne secourent pas les pauvres. I. 180. Paient peu. I. 269 ; font valoir sans payer. I. 36, 79 ; II. 355, 364 ; sans payer la taille. I. 82. Ne paient pas leur part de vingtièmes. I. 82, 143, 212, 213, 223, 238. Doivent payer comme le peuple. II. 456. Voir Nobles, noblesse. Seigneurs laïcs et ecclésiastiques. I. 79, 143 ; leurs entreprises contre le pauvre et le faible. II. 378. Grands seigneurs ; les imposer. I. 193 ; II. 516. Seigneurs et princes du sang ; ne doivent pas entretenir de bêtes fauves et noires. I. 226. Seigneurs de campagne et colombiers. I. 260, 298. Voir Colombiers, Pigeons. Plaintes contre le seigneur de la paroisse. I. 36, 243 ; II. 348-349, 371, 372, 396, 479-480, 517.

Seigneuries de mainmorte. — Les aliéner pour les pauvres ou l'Etat. I. 205, 218 ; II. 569.

Sel. — I. XXXIV-XXXVI. Utile à la culture. I. 27, 38, 70, 87, 95, 117, 156, 169, 274 ; II. 344, 392, 411, 496. Prix

excessif. I. 36, 63, 95, 127, 149, 153,
209, 239, 268, 273 ; II. 442. Indication du prix. I. 87, 149, 122-123, 239,
279, 291, 328 ; II. 362, 366, 402-403,
423, 474, 482-483. Paroisses surchargées. I. 141, 207 ; II. 515, 524. Ne
peuvent en user pour les salaisons.
I. 62, 79, 141,149, 189, 279 ; II. 403,
515. Vexations et poursuites. I. 231-
232, 313 ; II. 402-403, 411, 429, 463-
464. 515. Supprimer l'impôt. I. 43, 48 ;
le modérer. I. 27, 63, 136 ; II. 388, 518.
Le réformer. I. 151, 239, 252 ; II. 349,
521. Prix égal partout. I. 81-82, 239.
Le lever comme dans les élections
de Rouen et de Caudebec. I. 183. Sel
libre. I. 24, 38, 48, 79, 138, 153, 190,
232, 234, 248, 284, 303, 313 ; II. 378,
397-398, 420. Libre et marchand. I.
48, 153, 156, 168 ; II. 484. Marchand,
commerçable. I. 117, 156, 283 ; II.
341, 451, 463. Taux marchand. I. 95,
117. Sel prohibé. I. 108. Sels immondes ; les délivrer aux cultivateurs. II. 569.

Sergents . — I. 110, 220. Voir Huissiers.

Sévis. — I. XII. Cahier. II. 486-487.

Siamoises. — I. XXIII, 105 ; II. 482.
Siamoisiers. II. 356.

Significations. — De domicile. I. 262,
270, 282 ; de départ. I. 270.

Sotteville-sur-Mer. — I. XX, XXIII, XLVI,
XLIX. Cahier. II. 487-489. Tableau
des impositions. II. 487, 488.

Stage. — Des juges. I. 9 ; II. 562-563.

Subvention. — I. 31. Voir Droits.

Subsides. — Ordinaires et extraordinaires. I. 11, 264-265 ; II. 564.

SULLY. — I. XIII ; II. 381.

Sûreté. — Des chemins, des halles. I.
120 ; des foires et marchés. I. 154. Voir
ces mots.

Syndic. — De la paroisse. I. 112, 303 ;
son agrément nécessaire pour le
domicile. II. 568 ; chargé de la
police. II. 418. Syndic municipal.
II. 411. Syndic des biens ; mention.
II. 358.

T

Tabac. — Cher. I. 95 ; mauvais. I. 79.
Frais de perception. I. 124, 169, 292,
294, 355. Abolir le droit exclusif,
l'impôt. I. 12, 70, 93, 95, 124, 127,
134, 138, 255, 292, 294 ; II. 341, 446,
564. Franc et libre. I. 138, 153, 156,
274, 284 ; II. 341. Mettre un droit à
l'entrée. I. 12 ; II. 564 ; au débarquement. I. 252. Liberté de culture. I.
95 ; II. 435.

Taille. — Lourde. I. 59 ; II. 350, 351,
376, 402, 454, 458 ; arbitraire. I. 118 ;
dépassée par les accessoires et la
capitation. I. 37, 66 ; II. 402. Mal
répartie. I. 91, 151, 174, 225, 246,
293, 315 ; II. 450, 480, 528. Critique
de la répartition. I. 151, 225, 246, 314 ;
de la répartition et de la perception.
II. 461-463. La rendre égale et juste.
I. 246, 247 ; la répartir sur toutes les
possessions. II. 437 ; sur les seigneurs
et les curés faisant valoir terres ou
dîmes. I. 118, 188 ; II. 372. La payer
dans la paroisse où sont les terres.
I. 36, 188 ; II. 441, 449-450, 463. La
faire répartir par les assemblées
municipales. I. 188. Voir Assemblées
municipales. Y abonner la Normandie. II. 464. La diminuer. I. 120,
144 ; II. 344, 374. La supprimer.
II. 446, 449, 521.

Taille et suites. — I. 237, 290 ; II. 344,
524. Taille et autres tailles. II. 493-
494. Taille et droits-y-joints. II. 446-
447, 530.

Taille et accessoires. — Mention. I. 21,
63, 128, 140 ; II. 363, 495 Lourds,

excessifs. I. 38, 148, 171 ; II. 454, 513. Mal répartis. I. 171, 314 ; II. 528. Les répartir également. I. 66, 128, 171, 245 ; sur les trois ordres. I. 131. Les réunir en un seul impôt. I. 63.

Taille et capitation. — Mention. I. 114, 138, 178, 217, 318, 321 ; II. 400, 423, 439, 497, 500. Lourds. I. 52 ; II. 376, 432. Chargent le Tiers état. II. 333. Les supprimer. I. 138, 255 ; les joindre au territorial. II. 420. Les répartir également. I. 94, 220 ; sur les trois ordres. I. 234 ; II. 333, 495 ; y assujetir les nobles faisant valoir. I. 278. Taille et capitation roturières : les réduire. I. 23, 305. Taille, capitation et suites ; mauvaise répartition. I. 31, 130.

Taille, accessoires et capitation. — Mention. I. 21, 27, 66, 147, 149, 158-159, 198, 199, 207, 240, 245, 286, 318, 325 ; II. 338, 357-358, 409, 428, 434. Lourds. I. 83, 87, 149, 167 ; II. 402 ; surchargent le Tiers état. I. 121, 122, 125, 147, 210, 240, 293, 321 ; II. 340, 341, 388, 409 ; arbitraires. I. 114. Vicieux dans leur nature et leur répartition. I. 73, 83, 87, 125, 292. Les supprimer. I. 162, 167, 255 ; II. 484. Les réunir en un seul impôt supporté par tous. I. 32, 240 ; II. 395.

Tanneries. — De cuirs. I. XXIII, 52 ; de filets et cordages. I. 207.

Tarifs. — De contrôle. Voir Contrôle.

Taux. — De l'argent. I. 55.

Tavernes. — II. 337. Voir Cafés.

Taxe. — Du blé. I. XLV. Voir Blé. Des pauvres. Voir Pauvres. Sur les valets. II. 361 ; sur les domestiques. II. 470-471. Sur les voitures, etc. I. 36, 138 ; II. 569. Voir Routes.

Tempêtes. — I. 161, 257. Voir Vents.

Terres. — Mauvaises. I. 136 ; en pentes. II. 450 ; argileuses. II. 445. Vaines et vagues ; les partager entre les propriétaires. I. 155, 158 ; II. 342, 399. Incultes : les cultiver ou les planter. II. 477-478. Terres nobles des religieux. Voir Noble. Terres données aux pauvres par les fermiers. II. 389.

Thibermesnil. — I. IX, XXXIX, LI, LII. Cahier. II. 490-492.

THIBOUTOT. (MARQUIS DE). — II. 375

Thiédeville. — I. XII. Cahier. II. 493-494.

Thil (Le). — I. XII, XVI. Cahier. II. 494-495.

THOURET. — I. XII, XXII, XXV, XXVIII.

Tiers État. — I. LIV-LX. Malheureux. II. 404 ; chargé seul des impôts. I. 73, 122, 146-147, 210, 318, 321 ; II. 388, 409, 525. Paie seul les vingtièmes à leur valeur. I. 210.

Tirage au sort. — Des marins. II. 489 ; de la milice. I. 54.

Tissage. — De coton, de lin. Voir ces mots.

Tisserands. — I. IX, X, XI, XXIV, 83, 89-90, 238 ; II. 422.

Tocqueville-en-Caux. — I. XLVII. Cahier. II. 495-499. Tableau des impôts, 497.

Toileries, toiles. — De coton. I. XVI, XXIII. Chute, ruine. I. 76, 83, 164, 253, 314 ; II. 398. Toiles gingas. I. 238 ; toiles et cotonnette. II. 488. Toiles et siamoises. I. 105.

Toiliers. — I. 216 ; II. 356, 448.

TORCY-DUMOUCEL (MADAME DE). — I. 317.

Torcy-le-Grand. — I. VII, XVIII ; II. 422. Cahier. II. 499-500.

Torcy-le-Petit. — I. XXI, XXXVI, XXXVIII. Cahier. II. 500-503.

Le Torp (Le). — I. XIII, XVI. Cahier. II. 503-504.

Tostes ou *Tôtes*. — I. x, xii, xv, xviii, xxiii, xxvii, xxviii, xxx, xxxix, xlii, liv, 90. Cahier. II. 504-507

Tourville-la-Chapelle. — Cahier. II. 507-509.

Tourville-sur-Arques. — I. xxvi. Cahier. II. 509-511.

Traitants. — II. 385.

Traité. — De commerce avec l'Angleterre. I. xlvi, xlvii ; nuisible au commerce, aux manufactures. I. 102, 132, 180, 242, 301, 307 ; II. 497. L'abolir. I. 112, 118 ; rompre les traités avec l'étranger. I. 132. Traités avec l'Angleterre et les Etats-Unis : souhaits de suppresssion. I. 13 ; II. 565.

Traites. — Les reculer aux frontières. I. 206 : II. 392.

Translations de domicile. — I. 262, 282 : II. 509.

Transport. — D'impositions. I. 32, 36, 116, 200 ; de troupes. I. 199 : II. 338.

Trèfles. — Mention. I. 285 ; II. 389, 418, 488.

Treizièmes. — I. 32.

Tribunal, Tribunaux. — Leur composition. I. 201 ; leurs vices. I. 106. Les réformer suivant l'édit [de 1788]. I. 121, 141 ; en établir de proche en proche. I. 263, 316 ; II. 435. Etablir un tribunal de paix dans la paroisse. I. xxix, 35, 64, 153, 157, 185, 197 ; II. 346, 360, 470. Supprimer les tribunaux inutiles. I. 88. Tribunaux d'exception : les supprimer. I. 255 ; les réunir aux tribunaux ordinaires. I. 24, 304 ; supprimer ceux d'élection et de gabelle. II. 402.

Trop bu. — I. 194, 269 ; II. 509.

Troubles. — I. xliv-xlv, 61, 64, 66, 75, 79, 154 : II. 405. Voir Halles, Marchés.

Troupes. — Passage. I. 90, 116 ; II. 505. Transport. I. 199.

U

Ustensiles. — I. 282 ; II. 493. Voir Taille.

V

Vagabonds. — I. 101, 110, 154, 158, 242, 276, 279 ; II. 341, 369. Voir Mendiants.

Vaisseaux. — Du roi ; trop coûteux. I. 250.

Val de Grèges. — I. 28.

Vallée. — De Dieppe à Neufchâtel. I. 232. Paroisses des vallées. I. 245.

Valognes. — Bailliage. I. xv, xxviii.

Vandreville. — I. xvi, xxvi, xlviii. Cahier. II. 512.

Varengeville. — I. xiii, xiv, xxxvi, xxxvii, xxxix. Cahier. II. 512-517.

Varenne. — Rivière. I. xxi, lviii.

Varvannes. — I. xix. Cahier. II. 517-519.

Vauban. — I. xxxvii.

Vénalité. — Des charges : source d'abus et de vices dans la justice. I. xxx, 34, 123, 185, 242. II. 368, 532. La supprimer. I. 185, 197, 201, 255 : II. 339, 346. Suppression espérée. I. 9 ; II. 562.

Vénestanville. — I. xlvii. Cahier. II. 519-522.

Ventes. — Abus dans les ventes de bois. I. 212, 250 : II. 336 ; le vendre à l'encan. I. 253. Mention des ventes à l'encan. I. 209. Ventes de meubles. I. 154, 157. Ventes forcées et des pupilles. II. 443.

Ventes d'Eawy (auj. *Les Grandes-Ventes*). — I. viii, xviii, xix, xxi, xxiii, 422. Cahier. II. 522-526.

Ventes-Saint-Rémy. — I. xi, xix, xxiii, xlix, li. Cahier. II. 526-529

Vents. — De mer. I. 21, 99, 130, 161, 277 ; II. 367, 432, 450, 480, 487-488, 514. Vents de juin 1788. I. 208 ; II. 422.

Verreries. — I. xxiii ; les supprimer. II. 430 ; ne pas les supprimer. II. 528-529.

Veuves. — Des marins. I. 99.

Viandes. — Impôt sur les viandes. I. 24. Voir Droits. Les affranchir. I. 84.

Vibeuf. — I. xii. Cahier II. 529-530.

Vicaires. — I. 172, 243, 257.

Vienne. — Rivière. I. xlvi.

Villes maritimes. — Privilégiées. II. 403.

Vin. — Droit. I. 140-141 ; II. 516.

Vingtièmes. — I. xxxii-xxxiii. Mention. I. 95, 97, 178, 199, 212 : II. 437, 497, 500, 524. Augmentés. II. 358, 528, par l'arbitraire du contrôleur. I. 82, 143, 237. Répartition injuste. I. 73, 91, 128, 130, 223 ; II. 460-461, 503, 509. Les répartir également sur les trois ordres. I. 94, 128, 131, 212, 238, 282 ; II. 355 : sur tous les biens et revenus. I. 23, 138, 220, 223, 238, 255. Abonner la Normandie. I. 121 ; II. 464. Les supprimer. I. 138, 167, 255.

Vitefleur — II. 422.

Voisin de la Noiraye. — I. vi.

Voitures, voituriers. — Les faire payer pour les routes. Voir Routes.

Volières. — I. 168, 230. 260, 262, 293 ; II. 351. Voir. Colombiers.

Voyageurs. — I. 111, 118-119 ; II. 337 ; à cheval. I. 136, les faire payer pour les routes. Voir Routes.

Voye de bois. — I. 284.

W

Wanchy. — I. xvii, li. Cahier. II. 531-533.

Y

Yerville. — Canton. I. xvii.

Young. — I. xxii, xxiii-xxiv.

Yvérrique. — I. v.

Yvetot. — Arr. I. xvii ; ville. I. xxii ; Halles ; troubles sanglants. I. xlv, 329.

ERRATA

1. page XIII, ligne 17, *au lieu de* Saint-Martin-le-Cauf, *lire* Saint-Aubin-le-Cauf.

page XV, ligne 17, *au lieu de* Le Bourguay, *lire* Le Bourgay.

page XIX, ligne 34, *au lieu de* Saint-Martin-la-Campagne, *lire* Saint-Martin-en-Campagne.

page XXII, ligne 30, *au lieu de* Dieppe, *lire* Arques.

page XXIII, ligne 36, *au lieu de* Croismare, *lire* Croixdalle.

SOMMAIRE

Introduction. . . . . I. v-lx.

Bibliographie . . . . I. lxi-lxvi.

Observations préliminaires. . . . . I. lxvii-lxviii.

Cahiers des villes et paroisses. . . . . I. 1-332 ; II. 333-533.

Assemblée générale du Tiers état . . . . II. 535-561.

Cahier du Tiers état. . . . . II. 562-572.

Appendices. II. 575-593.

Table alphabétique des matières et des noms. . II. 595-627.

Errata . . . . II. 628.

IMP. CAMILLE ROBBE. O. MARQUANT, SUCC[r] , LILLE

COLLECTION DE DOCUMENTS INÉDITS

SUR

L'HISTOIRE ÉCONOMIQUE DE LA RÉVOLUTION FRANÇAISE

Publiés par le Ministère de l'Instruction Publique (1)

Procès-verbaux du Comité des finances de l'Assemblée Constituante, publiés par Camille BLOCH. — Première partie. — Un vol. de XLIX-316 pages (1922).
  La publication sera complète en deux volumes.

Procès-verbaux et rapports du Comité de mendicité de la Constituante, publiés et annotés par Camille BLOCH et Alexandre TUETEY. — Un vol. de LX-847 pages (1911).

Le partage des biens communaux. Documents sur la préparation de la loi du 10 juin 1793, publiés par Georges BOURGIN. — Un vol. de XXIV-756 pages (1908).

L'industrie sidérurgique en France au début de la Révolution, par Hubert BOURGIN et Georges BOURGIN. — Un vol. de XXV-561 pages (1920).

Procès-verbaux des Comités d'agriculture et de commerce de la Constituante, de la Législative et de la Convention, publiés par Fernand GERBAUX et Charles SCHMIDT. — Quatre vol. de XXIV-775 pages, XXXI-819 pages, XIV-760 pages, XVIII-813 pages (1906-1910).
  Sera complété par une table alphabétique générale, qui est sous presse.

Les Comités des droits féodaux et de législation et l'abolition du régime seigneurial (1789-1793). Documents publiés par Ph. SAGNAC et P. CARON. — Un vol. de XLVIII-826 pages (1907).

Correspondance du Ministre de l'Intérieur relative au commerce, aux subsistances et à l'administration générale (16 avril-14 octobre 1792), publiée et annotée par Alexandre TUETEY. — Un vol. de XLVI-760 pages (1917).

DÉPARTEMENT DES HAUTES-ALPES. — *Recueil des réponses faites par les communautés de l'élection de Gap au questionnaire envoyé par la Commission intermédiaire des Etats du Dauphiné*, publié par l'abbé GUILLAUME. — Un vol. de XVII-826 pages (1908).

DÉPARTEMENT DE L'AUBE. — *Cahiers de doléances du bailliage de Troyes (principal et secondaires) et du bailliage de Bar-sur-Seine pour les Etats généraux de 1789*, publiés par J.-J. VERNIER. — Trois vol. de LXXVIII-690 pages, 793 pages, LXIX-617 pages (1909-1911).

COLLECTION DE DOCUMENTS INÉDITS

DÉPARTEMENT DES BOUCHES-DU-RHÔNE. — *Cahiers de doléances de la sénéchaussée de Marseille pour les Etats généraux de 1789*, publiés par Joseph FOURNIER. — Un vol. de LXI-557 pages (1908).

DÉPARTEMENT DES BOUCHES-DU-RHÔNE. — *Documents relatifs à la vente des biens nationaux*, publiés par Paul MOULIN. — Quatre vol. de LXXII-592 pages, 674 pages, 647 pages, 581 pages (1908-1911).

DÉPARTEMENT DE LA CHARENTE. — *Cahiers de doléances de la sénéchaussée d'Angoulême et du siège royal de Cognac pour les Etats généraux de 1789*, publiés par P. BOISSONNADE. — Un vol. de 555 pages (1907).

DÉPARTEMENT DU CHER. — *Cahiers de doléances du bailliage de Bourges et des bailliages secondaires de Vierzon et d'Henrichemont pour les Etats généraux de 1789*, publiés par Alfred GANDILHON. — Un vol. de LI-812 pages (1910).

DÉPARTEMENT DES CÔTES-DU-NORD. — *Les vicissitudes du domaine congéable en Basse-Bretagne à l'époque de la Révolution*. Documents publiés par Léon DUBREUIL. — Deux vol. de 560 et 475 pages (1915).

DÉPARTEMENT DU GARD. — *Cahiers de doléances de la sénéchaussée de Nîmes pour les Etats généraux de 1789*, publiés par F. BLIGNY-BONDURAND. — Deux vol. de LV-580 et 676 pages (1908-1909).

DÉPARTEMENT DE LA HAUTE-GARONNE. — *Recueil de documents sur l'assistance publique dans le district de Toulouse de 1789 à 1800*, publié par J. ADHER. — Un vol. de XXVIII-606 pages (1918).

DÉPARTEMENT DE LA HAUTE-GARONNE. — *Le Comité des subsistances de Toulouse (12 août 1793-3 mars 1795).* Correspondance et délibérations publiées par J. ADHER. — Un vol. de XLVIII-413 pages (1912).

DÉPARTEMENT DE LA GIRONDE. — *Documents relatifs à la vente des biens nationaux*, publiés par M. MARION, J. BENZACAR, CAUDRILLIER. — Tome Ier : *Districts de Bordeaux et de Bourg* ; tome II : *Districts de Bazas, Cadillac, La Réole, Lesparre, Libourne.* —Deux vol. de XXXVIII-710 et 646 pages (1911-1912).

DÉPARTEMENT D'ILLE-ET-VILAINE. — *Cahiers de doléances de la sénéchaussée de Rennes pour les Etats généraux de 1789*, publiés par Henri SÉE et André LESORT. — Quatre vol. de CXI-650 pages, 753 pages, 835 pages, 571 pages (1909-1912).

DÉPARTEMENT D'ILLE-ET-VILAINE. — *Documents relatifs à la vente des biens nationaux*, publiés par Adolphe GUILLOU et Armand REBILLON. — *Districts de Rennes et de Bain.* — Un vol. de LXXIX-773 pages (1911).

DÉPARTEMENT D'ILLE-ET-VILAINE. — *La situation économique du clergé à la veille de la Révolution dans les districts de Rennes, de Fougères et de Vitré*, par Armand REBILLON. — Un vol. de CXXIX-780 pages (1913).

DÉPARTEMENT DU LOIRET. — *Cahiers de doléances du bailliage d'Orléans pour les Etats généraux de 1789*, publiés par Camille BLOCH. — Deux vol. de LXXV-800 et II-516 pages (1906-1907).

DÉPARTEMENT DE LOIR-ET-CHER. — *Cahiers de doléances des bailliages de Blois et Romorantin pour les Etats généraux de 1789*, publiés par le Dr LESUEUR et A. CAUCHIE. — Deux vol. de XLIX-576 et 510 pages (1907-1908).

DÉPARTEMENT DU LOT. — *Cahiers de doléances de la sénéchaussée de Cahors pour les Etats généraux de 1789*, publiés par Victor FOURASTIÉ. — Un vol. de XIV-382 pages (1908).

DÉPARTEMENT DE MAINE-ET-LOIRE. — *Cahiers de doléances des corporations de la ville d'Angers et des paroisses de la sénéchaussée particulière d'Angers pour les Etats généraux de 1789*, publiés, annotés et précédés d'une introduction par A. LE MOY. — Deux vol. de CCLXV-418 et 843 pages (1915-1916).

DÉPARTEMENT DE LA MANCHE. — *Cahiers de doléances du bailliage de Cotentin (Coutances et secondaires) pour les Etats généraux de 1789*, publiés par Emile BRIDREY. — Trois vol. de 808 pages, 806 pages, 656 pages (1907-1914).
Sera complète par une table alphabétique générale, qui est en préparation.

DÉPARTEMENT DE LA MARNE. — *Cahiers de doléances pour les Etats généraux de 1789*, publiés par Gustave LAURENT. — Tome Ier : *Bailliage de Châlons-sur-Marne* ; tome II : *Bailliages de Sézanne et Châtillon-sur-Marne réunis, Ire partie, Sézanne* ; tome III : *Bailliages de Sézanne et Châtillon-sur-Marne réunis, 2e partie, Châtillon-sur-Marne*. — Trois vol. de XXXII-872 pages, CCXXVIII-794 pages, 504 pages (1906-1911).
La publication sera complète en quatre volumes.

DÉPARTEMENT DE LA HAUTE-MARNE. — *Les subsistances en céréales dans le district de Chaumont de 1788 à l'an V.* Documents publiés par l'abbé Ch. LORAIN. — Deux vol. de LXVII-796 et 863 pages (1911-1912).

DÉPARTEMENT DE MEURTHE-ET-MOSELLE. — *Cahiers des bailliages des généralités de Metz et Nancy pour les Etats généraux de 1789. Première série : Département de Meurthe-et-Moselle.* — Tome Ier : *Cahiers du bailliage de Vic*, et tome II : *Cahiers du bailliage de Dieuze*, publiés par Charles ETIENNE. — Deux vol. de XXXVI-774 et 443 pages (1907-1912).
La publication sera complète en trois volumes.

DÉPARTEMENT DU NORD. — *Documents relatifs à l'histoire des subsistances dans le district de Bergues pendant la Révolution (1788-an V)*, publiés et annotés par Georges LEFEBVRE. — Deux vol. de CXXIV-670 et 704 pages (1914-1921).

DÉPARTEMENT DE L'ORNE. — *Recueil des documents d'ordre économique contenus dans les registres des délibérations des municipalités du district d'Alençon (1788-an IV)*, publié par Félix MOURLOT. — Trois vol. de XXIII-766 pages, 672 pages, 648 pages (1907-1911).

DÉPARTEMENT DU RHÔNE. — *Documents relatifs à la vente des biens nationaux*, publiés par Sébastien CHARLÉTY. — Un vol. de XVIII-722 pages (1906).

DÉPARTEMENT DE LA HAUTE-SAÔNE. — *Cahiers de doléances du bailliage d'Amont*, publiés, annotés et précédés d'une introduction par Ch. GODARD et Léon ABENSOUR. — Tome 1er. — Un vol. de 555 pages (1918).

La publication sera complète en deux volumes.

DÉPARTEMENT DE LA HAUTE-SAVOIE. — *L'abolition des droits seigneuriaux en Savoie (1761-1793)*. Documents publiés par Max BRUCHET. — Un vol. de CIII-638 pages (1908).

DÉPARTEMENT DE SEINE-ET-OISE. — *Les subsistances dans le district de Versailles de 1788 à l'an V*. Documents recueillis et publiés par A. DEFRESNE et F. EVRARD. — Deux vol. de CLVII-365 et 583 pages (1921-1922).

DÉPARTEMENT DES DEUX-SÈVRES. — *Cahiers de doléances des sénéchaussées de Niort et de Saint-Maixent et des communautés et corporations de Niort et Saint-Maixent pour les États généraux de 1789*, publiés par Léonce CATHELINEAU. — Un vol. de XLI-463 pages (1912).

DÉPARTEMENT DES VOSGES. — *Documents relatifs à la vente des biens nationaux*, publiés par Léon SCHWAB. — *District d'Epinal, District de Remiremont*. — Deux vol. de LXXXVII-384 pages et LXXXI-394 pages (1911-1913).

DÉPARTEMENT DE L'YONNE. — *Cahiers de doléances du bailliage de Sens pour les États généraux de 1789*, publiés par Charles PORÉE. — Un vol. de XXXVIII-846 pages (1908).

DÉPARTEMENT DE L'YONNE. — *Documents relatifs à la vente des biens nationaux dans le district de Sens*, publiés par Charles PORÉE. — Deux vol. de CCXLV-500 et 741 pages (1912-1913).